Gesundheit u

Herausgegeben von
U. Bauer, Essen, Deutschlan
U. H. Bittlingmayer, Freiburg, Deutschland
M. Richter, Halle, Deutschland

Der Forschungsgegenstand Gesundheit ist trotz reichhaltiger Anknüpfungspunkte zu einer Vielzahl sozialwissenschaftlicher Forschungsfelder – z. B. Sozialstrukturanalyse, Lebensverlaufsforschung, Alterssoziologie, Sozialisationsforschung, politische Soziologie, Kindheits- und Jugendforschung – in den Referenzprofessionen bisher kaum präsent. Komplementär dazu schöpfen die Gesundheitswissenschaften und Public Health, die eher anwendungsbezogen arbeiten, die verfügbare sozialwissenschaftliche Expertise kaum ernsthaft ab.

Die Reihe „Gesundheit und Gesellschaft" setzt an diesem Vermittlungsdefizit an und systematisiert eine sozialwissenschaftliche Perspektive auf Gesundheit. Die Beiträge der Buchreihe umfassen theoretische und empirische Zugänge, die sich in der Schnittmenge sozial- und gesundheitswissenschaftlicher Forschung befinden. Inhaltliche Schwerpunkte sind die detaillierte Analyse u. a. von Gesundheitskonzepten, gesundheitlicher Ungleichheit und Gesundheitspolitik.

Andreas Mergenthaler

Gesundheitliche Resilienz

Konzept und Empirie zur Reduzierung gesundheitlicher Ungleichheit im Alter

Springer VS

Andreas Mergenthaler
Wiesbaden, Deutschland

Dissertation Johannes Gutenberg-Universität Mainz, 2011

ISBN 978-3-531-19230-7 ISBN 978-3-531-19231-4 (eBook)
DOI 10.1007/978-3-531-19231-4

Die Deutsche Nationalbibliothek verzeichnet diese Publikation in der Deutschen Nationalbibliografie; detaillierte bibliografische Daten sind im Internet über http://dnb.d-nb.de abrufbar.

Springer VS

Einbandentwurf: KünkelLopka GmbH, Heidelberg

Springer VS ist eine Marke von Springer DE. Springer DE ist Teil der Fachverlagsgruppe Springer Science+Business Media.
www.springer-vs.de

Inhalt

Abbildungsverzeichnis

Tabellenverzeichnis

Vorwort

Die vorliegende Arbeit knüpft an die Forschungen zu sozial bedingten Ungleichheiten der Gesundheit im hohen Lebensalter, insbesondere bei den 65jährigen und Älteren, an. Sie möchte einen Beitrag zur Erweiterung der konzeptionellen Perspektive der „Health Inequalities"-Forschung liefern und diese auch durch eigene empirische Befunde ergänzen. Dabei stützt sich die Arbeit auf den Ansatz gesundheitlicher Resilienz bzw. Widerstandsfähigkeit. Dieses Konzept ist besonders für die Erforschung sozialer Determinanten gesundheitlicher Disparitäten innerhalb von Statusgruppen geeignet. Hierdurch zeigen sich möglicherweise Ansatzpunkte, die für praktikable Interventionen zur Verringerung gesundheitlicher Ungleichheiten im hohen Lebensalter genutzt werden können.

Die vorliegende Arbeit wurde im Jahr 2010 am Institut für Soziologie der Johannes Gutenberg-Universität Mainz als Dissertation eingereicht und von Professor Dr. Stefan Hradil und Professor Dr. Peter Preisendörfer begutachtet. Für die Veröffentlichung habe ich das ursprüngliche Manuskript unter Berücksichtigung der Kommentare beider Gutachter überarbeitet.

Seit dem Beginn meiner Arbeiten an dieser Schrift im April 2007 war eine Vielzahl von Menschen mehr oder weniger direkt in dieses Projekt involviert. Sie hatten einen maßgeblichen Anteil am Gelingen des Vorhabens. Ihnen allen gebührt mein ausdrücklicher Dank.

An erster Stelle möchte ich meinen Doktorvater und langjährigen akademischen Lehrer, Professor Dr. Stefan Hradil, nennen, der bereits meine Diplomarbeit betreute und mir unmittelbar nach dem Abschluss meines Studiums die ersten Schritte meiner wissenschaftlichen Laufbahn ermöglichte. Für seinen persönlichen Einsatz, seine umfassenden, konstruktiven Kritiken, dem geduldigen Aushalten und – wenn nötig – dem „Begradigen" mancher akademischer Um- und Irrwege, die ich im Laufe des Entstehens dieser Arbeit gegangen bin, gebührt ihm mein herzlicher Dank.

Mein besonderer Dank gilt außerdem der Direktorin des Instituts für Medizinische Biometrie, Epidemiologie und Informatik (IMBEI) der Universitätsmedizin Mainz, Professor Dr. Maria Blettner, dem Leiter des am IMBEI angesiedelten Deutschen Kinderkrebsregisters, Dr. Peter Kaatsch und dem ehemaligen Leiter der AG Epidemiologie, Professor Dr. Hajo Zeeb sowie sämtlichen Mitarbeiterinnen und Mitarbeitern des IMBEI. Sie ermöglichten mir, als fachlichem

„Exoten“, nicht zuletzt durch ihr persönliches Engagement und ihre fachliche Unterstützung, einen intensiven und ausgesprochen lehrreichen Einblick in die Arbeitsweise naturwissenschaftlich-epidemiologischer Wissenschaften. Zugleich ließen sie mir großzügige Freiräume zur Verfolgung meiner sozialwissenschaftlich geprägten Interessen und zum Verfassen der Dissertation. Für ihre Tipps, Ratschläge und kritischen Kommentare, insbesondere der methodisch-statistischen Abschnitte der Dissertation sowie für die emotionale Unterstützung, die ich während kritischer Phasen des Erstellungsprozesses erfahren habe, sei ihnen ebenfalls ein herzliches Dankeschön ausgesprochen.

Den Mitarbeiterinnen und Mitarbeitern des Mainzer Instituts für Soziologie bin ich ebenfalls zu Dank verpflichtet. Besonders möchte ich mich bei Dr. Jürgen Schiener und Felix Wolter, M.A. für den schnellen und unkomplizierten Zugang zu den aktuellsten Daten des Sozio-ökonomischen Panels und für die äußerst hilfreichen methodischen Ratschläge bedanken. Ebenso möchte ich mich bei den Datenhaltern des Alters-Surveys am Deutschen Institut für Altersfragen, Berlin für die Erlaubnis bedanken, dass ich diese Datenquelle für die Untersuchung einzelner Fragestellungen meiner Arbeit nutzen durfte.

Ohne zahlreiche Hilfen aus dem privaten Umfeld wäre diese Arbeit sicherlich nicht zustande gekommen. In der Endphase des Vorhabens war hier u.a. die „Dienstagsrunde“ von Bedeutung, bei deren Mitgliedern ich mich bedanken und ihnen alles Gute für ihre akademische und private Zukunft wünschen möchte. Nicht zuletzt gebührt mein größter Dank meinen Eltern, ohne deren nimmermüde, aufopferungsvolle Unterstützung weder das vorliegende Werk, noch die vielen Schritte auf dem Weg dorthin geglückt wären. Sie haben mir während der letzten drei Jahrzehnte immer wieder gezeigt, was es bedeutet, auf den Schultern von Riesen zu stehen. Die vorliegende Arbeit widme ich daher meinen Eltern, Ingrid und Norbert Mergenthaler.

Mainz, August 2011 — Andreas Mergenthaler

"An important point (…) is that socioeconomic inequalities [in health, A.M.] exist; also among the elderly. These inequalities must not be neglected. The next step is to explain why health inequalities exist among the elderly" (Huisman/Kunst/Mackenbach 2003, S. 872).

"Although we as researchers cannot decide upon and implement measures reducing health inequalities, it is our task to provide the research base for interventions and policies…" (Lahelma 2006, S. 339).

1 Einführung

1.1 Das Forschungsproblem

Die Erforschung sozial bedingter gesundheitlicher Ungleichheiten konzentrierte sich – seit der „Wiederentdeckung“ dieses Phänomens durch den britischen „Black Report“ aus den frühen 1980er Jahren – auf die Bevölkerung im erwerbsfähigen Alter, was Vertreter des Fachs zutreffend als „Employment Bias“ bezeichneten (vgl. Dahl/Birkelund 1997, S. 871; McMunn 2006, S. 268). In Folge dessen begann die wissenschaftliche Auseinandersetzung mit diesem sozialen Phänomen in der Bevölkerung im hohen Alter, d.h. bei Menschen jenseits des 65. Lebensjahres, erst ein bis zwei Dekaden später als die entsprechenden Forschungen zum mittleren Erwachsenenalter.[1] Dieses relativ junge Forschungsgebiet ist bislang – wie die Forschung zu gesundheitlicher Ungleichheit insgesamt – auch in Deutschland noch nicht weit entwickelt, wenngleich in den letzten Jahren verstärkte Aktivitäten zu verzeichnen waren (vgl. Abschnitt 2.2). Daher spiegelt das erste der oben stehenden Zitate den aktuellen Forschungsstand zu sozial bedingten Ungleichheiten der Morbidität im Rentenalter zutreffend und bereits recht umfassend wider.[2]

Die vorliegende Untersuchung setzt an diesem speziellen Bereich der sogenannten „Health Inequalites“-Forschung an. Dabei steht nicht etwa die Beschreibung des sozialen Ungleichheitsgeschehens der Morbidität im Rentenalter im Vordergrund. Die vorliegenden Befunde sprechen praktisch geschlossen von einem Fortbestehen gesundheitlicher Ungleichheiten im hohen Lebensalter nach der Stellung im Schichtungsgefüge, wenn auch im Vergleich zu jüngeren Altersgruppen in zumeist verringertem Ausmaß (vgl. Abschnitte 2.1.2 und 2.2).[3] Der

[1] Unter „älterer“ bzw. „alter“ Bevölkerung bzw. der Bevölkerung im „hohen“ oder „höheren“ Lebensalter bezeichne ich in dieser Arbeit die zum gegenwärtigen Zeitpunkt 65jährigen und älteren Menschen. Diese Begriffsbestimmung orientiert sich an der sogenannten „konventionellen Altersgrenze“ (Personen ab 60 bzw. 65 Jahren) (vgl. Gärtner/Luy/Mai 2005, S. 54).

[2] Das Gleiche trifft für die Erforschung sozialer Ungleichheiten der Sterblichkeitsverhältnisse (Mortalität) im Rentenalter zu, die in der vorliegenden Arbeit jedoch nicht im Vordergrund stehen (vgl. Abschnitt 2.1.2).

[3] Vertreter der „Health Inequalities“-Forschung bezeichnen diesen Zusammenhang im Allgemeinen als „Schichtgradienten“ bzw. als „sozioökonomischen“ oder „sozialen Gradienten“ ungleicher Ge-

Wissenszuwachs durch eine weitere derartige Studie wäre daher meines Erachtens marginal. Vor diesem Hintergrund geht es vielmehr, wenn auch nicht ganz im Sinne des Zitats von Huisman und Kollegen, um den „next step" in der Erforschung dieser sozialen Tatbestände.

Gesundheitliche Ungleichheiten laufen grundlegenden normativen Gleichheitsvorstellungen und den hieran orientierten wohlfahrtsstaatlichen Zielen entwickelter Gesellschaften wie der Bundesrepublik Deutschland zuwider. Daher konvergieren die Forschungsanstrengungen letztlich im Hervorbringen von Erkenntnissen, die zur Reduzierung oder gar zur langfristigen Beseitigung dieser als „ungerecht" wahrgenommenen Ungleichheiten führen. Um dieses Ziel zu erreichen, sind in der gegenwärtigen deutschen Forschungslandschaft, die – gerade im Hinblick auf das Rentenalter – fast ausschließlich aus deskriptiv ausgerichteten Studien besteht (vgl. Abschnitt 2.1.2), weiterführende konzeptionelle und empirische Anstrengungen von Nöten. Die Forderung nach sozialtheoretisch angeleiteten, „erklärenden" Ansätzen, welche die Vertreter des Fachs übereinstimmend als Voraussetzung erfolgreicher Interventionen mit dem Ziel gesundheitlicher Chancengleichheit ansehen, wurde jedoch bislang recht selten eingelöst. In Folge dessen beginnt sich bereits jetzt, nach einer anfänglichen und vielversprechenden Intensivierung der Forschungsdiskussion in den Jahren 2005 bis 2008, eine konzeptionelle wie empirische Stagnation des Forschungsgebiets abzuzeichnen.

Um dieser Gefahr entgegenzuwirken, erweitert die vorliegende Untersuchung den Blickwinkel bisheriger Forschungsanstrengungen mit dem Ziel, Ansatzpunkte aufzudecken, die zu einer *Verringerung des sozialen (Schicht-) Gradienten ungleicher Gesundheitschancen im hohen Lebensalter* führen könnten. Eine solche „Verringerung" sozial bedingter gesundheitlicher Ungleichheiten zielt auf die Stärkung gesundheitlicher Ressourcen bei den am stärksten benachteiligten Statusgruppen ab. Hierdurch soll die gesundheitliche Chancengleichheit, in diesem Falle die Aussicht auf einen gesunden Lebensabend, vor allem bei sozioökonomisch schlechter gestellten Gruppen im Rentenalter verbessert werden. Das strategische Leitbild dieser Bemühungen ist das Schließen gesundheitlicher „Gräben" („Health Gaps"), d.h. der Reduzierung gesundheitlicher Disparitäten zwischen sozioökonomisch benachteiligten Gruppen und der privilegiertesten Gruppe bzw. dem Durchschnitt der jeweiligen Altersgruppe (vgl. Graham 2008, S. 464f.; Richter/Hurrelmann 2009, S. 27; Mielck u.a. 2009, S. 469).

---

sundheitschancen. In der vorliegenden Arbeit verwende ich diese Termini synonym. Eine ausführliche Begriffsbestimmung und entsprechende empirische Befunde finden sich in Abschnitt 2.

1.2 Demografische und epidemiologische Rahmenbedingungen

Die Bedeutsamkeit des Forschungsproblems ergibt sich keineswegs nur aus der wissenschaftlichen Fachdiskussion. Darüber hinaus spielen vor allem demografische sowie epidemiologische und, damit eng zusammenhängende, sozial- und gesundheitspolitische sowie wirtschaftliche Aspekte eine immer wichtigere Rolle. Die gesundheitliche Lage der Bevölkerung in Ost- und Westdeutschland prägen gegenwärtig – ähnlich wie in anderen entwickelten Gesellschaften[4] – zwei zeitlich stabile und in der sozial- und gesundheitswissenschaftlichen Forschung immer wieder empirisch bestätigte „Megatrends“[5]: Ein kontinuierlicher Anstieg sowohl der durchschnittlichen, vor allem aber der ferneren *Lebenserwartung* höherer Altersgruppen jenseits des 60. Lebensjahres sowie die Dominanz *chronischer, altersassoziierter Krankheiten* (bspw. Herz-Kreislauf- oder Krebserkrankungen), die sowohl das Morbiditäts- als auch das Mortalitätsgeschehen bestimmen (vgl. Rosenbrock/Kümpers 2006, S. 248; Rosenbrock/Kümpers 2009, S. 388f.).

Diese beiden „Megatrends“ bilden umfassende demografische und epidemiologische Rahmenbedingungen und machen hierdurch die gesamtgesellschaftliche Bedeutung des Forschungsgegenstandes erst völlig sichtbar. Beide Entwicklungen verstärken die Relevanz des sozialen Problems gesundheitlicher Ungleichheiten im hohen Lebensalter in naher Zukunft, da sie einen stetig wachsenden Anteil der deutschen Bevölkerung betreffen, falls Gesundheits- und Sozialwissenschaftler keine gangbaren Wege zur Reduzierung des Phänomens finden. Die beiden folgenden Abschnitte stellen daher die wesentlichen Merkmale dieser makrostrukturellen Entwicklungen überblicksartig dar.

---

[4] Konkret sind hierunter in erster die Linie die Mitgliedstaaten der „Organisation für Wirtschaftliche Zusammenarbeit und Entwicklung“ („Organization for Economic Cooperation and Development“, OECD) zu verstehen, zu denen rund 30 marktwirtschaftlich und demokratisch verfasste Gesellschaften mit vergleichsweise hohem Pro-Kopf-Einkommen gehören, u.a. Italien, Schweiz, Frankreich, Großbritannien, Norwegen, Schweden, USA und Kanada.

[5] Der Begriff „Megatrend“ geht auf den US-amerikanischen Zukunftsforscher John Naisbitt zurück, der mit diesem Begriff in einer gleichnamigen Monografie aus dem Jahre 1982 recht unscharf „...ten major tranformations taking place right now in (...) [the American, A.M.] society“ (Naisbitt 1982, S. 11) bezeichnete. Es handelte sich hierbei u.a. um den Wandel von der Industrie- zur Informationsgesellschaft, der nationalen Ökonomie zur Weltwirtschaft oder der repräsentativen zur partizipatorischen Demokratie (vgl. Naisbitt/Aburdene 1990, S. 10).

1.2.1 Anstieg der ferneren Lebenserwartung und demografisches Altern

Während des größten Teils der Menschheitsgeschichte betrug die durchschnittliche Lebenserwartung bei Geburt rund 30 Jahre (vgl. Deutscher Bundestag 1998, S. 73). Noch in der Zeit des Übergangs vom 18. ins 19. Jahrhundert erreichten die Menschen in Deutschland im Durchschnitt nur ein Alter von 28 Jahren. Ihre Lebenserwartung bei Geburt unterschied sich kaum von der durchschnittlichen Lebenserwartung der Menschen früherer Jahrhunderte (vgl. Miegel 2002, S. 17). Die Säuglingssterblichkeit, d.h. das Risiko eines Neugeborenen, während des ersten Lebensjahres zu sterben, war ausgesprochen hoch. Auch in den Jugend- und Erwachsenenjahren war der Tod durch Hunger, Infektionskrankheiten und kriegerische Auseinandersetzungen ein ständiger Wegbegleiter. Zwar gab es zu allen Zeiten Menschen, die ein Alter von 80, 90 oder gar 100 Jahren erreichten. Diese Menschen stellten jedoch ausgesprochene Ausnahmen dar, deren imposantes Lebensalter bisweilen Stoff zur Mythenbildung bot. Erst mit der einsetzenden Industrialisierung begann die Sterblichkeit in Mitteleuropa allmählich zu sinken. Dabei spielten Fortschritte in der medizinischen Versorgung, des Zugangs zu sauberem Wasser und sanitären Einrichtungen, eine verbesserte Ernährungslage und Wohnsituation sowie die verbesserten Arbeitsbedingungen und der gestiegene materielle Wohlstand eine große Rolle.

Nachdem gegen Ende des 18. Jahrhunderts bereits die Säuglingssterblichkeit kontinuierlich zurückgegangen war, sank in der zweiten Hälfte des 20. Jahrhunderts auch die Sterblichkeit älterer Menschen deutlich. Während vor rund 130 Jahren nur rund 31% der Männer und 36% der Frauen das 60. Lebensjahr erreichten, konnten in den Jahren 2002/2004 hingegen schon etwa 88% der deutschen Männer und 93% der deutschen Frauen dieses Alter erreichen (vgl. Statistisches Bundesamt 2006, S. 13). Sozial- und Bevölkerungswissenschaftler übertreiben angesichts dieser Zahlen nicht, wenn sie feststellen: „*Wir nähern uns* [in der Bundesrepublik Deutschland, A.M.] (...) *einem Zeitpunkt, zu dem vor dem 60. Lebensjahr fast niemand mehr stirbt*“ (Schwartz 1999, S. 236 zit. n. Mai 2003, S. 30, Hervorhebungen im Original).

Seit Beginn der 1970er Jahre lag die relative Zunahme der ferneren Lebenserwartung der über 65jährigen deutlich über der aller jüngeren Altersgruppen in Deutschland. So beobachtete die Bevölkerungsstatistik zwischen den Jahren 1960 und 1995 im Jahresdurchschnitt ein Anstieg der Lebenserwartung bei Geburt um 0,3%, bei den 65jährigen aber um 0,6% (vgl. Deutscher Bundestag 1998, S. 74). Den während der letzten 20 Jahre beobachteten und den zukünftig zu erwartenden Anstieg der Lebenserwartung in Deutschland beeinflussen fast ausschließlich diese höheren Altersgruppen (vgl. Mai 2003, S. 28; Wiesner 2001, S. 20).

In absoluten Zahlen hat sich die fernere Lebenserwartung daher in den letzten 130 Jahren bei alten und hochaltrigen Menschen beträchtlich erhöht.[6] Nach der Sterbetafel der Jahre 2006/2008 konnte ein 65jähriger Deutscher mit einer weiteren Lebenserwartung von rund 17 Jahren, eine 65jährige Deutsche gar mit mehr als 20 weiteren Jahren rechnen (vgl. Statistisches Bundesamt 2009, S. 31). Die heute 65jährigen in der Bundesrepublik haben somit durchschnittlich noch fast ein Viertel ihres Lebens vor sich (vgl. Robert Koch-Institut 2006, S. 15).

Eine wesentliche demografische Folge des Anstiegs der Lebenserwartung ist die absolute und anteilsmäßige Zunahme der älteren Bevölkerung, insbesondere der Hochaltrigen, im Vergleich zur Bevölkerung des ökonomisch aktiven Erwachsenenalters und des Kindes- und Jugendalters an der Gesamtbevölkerung der Bundesrepublik Deutschland (vgl. Schönmakers 2005, S. 40; Mai 2003, S. 26).[7] In bevölkerungsstatistischer Hinsicht erhöht sich hierdurch das Durchschnittsalter der Gesamtbevölkerung. Diesen in allen entwickelten Gesellschaften bemerkenswert stabilen, langfristig wirksamen Bevölkerungswandel bezeichnen (Sozial-)Wissenschaftler auch als *demografisches Altern.*

Der Prozess demografischen Alterns lässt sich in Deutschland bis ins 19. Jahrhundert zurückverfolgen und ist im Deutschland des frühen 21. Jahrhunderts schon relativ weit fortgeschritten. Im internationalen Vergleich nimmt Deutschland daher gegenwärtig, sowohl was das Ausmaß als auch die zeitliche Entwicklung des Wandels betrifft, eine vordere Position ein. So betrug der Bevölkerungsanteil der über 65jährigen im Jahr 2000 in der Bundesrepublik gut 16%. Dies entsprach im europaweiten Vergleich dem sechsthöchsten Anteil alter Menschen. Der Zeitraum um das Jahr 2000 markierte hierbei eine „demografische Wende“: Seitdem lebten in Deutschland mehr Menschen über 60 Jahre als Menschen unter 20 Jahren (vgl. Walla/Eggen/Lipinski 2006, S. 29).

Diese Zahlen verdeutlichen, dass der gesellschaftliche Wandel in Folge demografischen Alterns und die damit verbundenen gesundheits- und sozialpolitischen Herausforderungen in der Bundesrepublik Deutschland keineswegs erst in ferner Zukunft zu meistern sind, auch wenn sie voraussichtlich erst in den kommenden Jahrzehnten in voller Deutlichkeit zutage treten. Dieser Bevölkerungsprozess nimmt in der Zukunft lediglich an Intensität zu; neu ist er allerdings nicht, sondern prägt seit Jahrzehnten die demografische Entwicklung Deutsch-

---

[6] Mit den Begriffen „Hochaltrigen“ bzw. „Hochbetagten“ bezeichne ich in dieser Arbeit die 80jährigen und Älteren. Für diese Altersgruppe verwende ich in den folgenden Abschnitten die Begriffe „alte Alte“ und „Viertes Lebensalter“ synonym. In gleicher Weise definieren Gärtner/Luy/Mai 2005, S. 54, Mai 2003, S. 112, Statistisches Bundesamt 2006, S. 42, Schimany 2003, S. 243 und 270f., Tews 1999, S. 140 sowie Backes/Clemens 2003, S. 37 die Begriffe „Hochaltrigkeit“ bzw. „hochbetagte Bevölkerung“.

[7] Dies bezeichnen Forscher auch als „Alterung von oben“ (vgl. Schimany 2003, S. 258; Schwarz 1997, S. 357).

lands (vgl. Backes/Clemens 2003, S. 32; Mai 2003, S. 11; Gärtner/Luy/Mai 2005, S. 30). Daher sind Forschungen aus den unterschiedlichsten wissenschaftlichen Perspektiven, die zur Bewältigung der Folgen dieses Bevölkerungswandels beitragen können, schon heute sinnvoll und notwendig, um für zukünftige Szenarien einer alternden Gesellschaft gerüstet zu sein.

1.2.2 Die Entwicklung der Morbidität

Mit steigendem Lebensalter nehmen im Allgemeinen sowohl die Zahl als auch der Grad gesundheitlicher Beschwerden, Behinderungen und behandlungswürdiger Krankheiten im Vergleich zu jüngeren Altersgruppen deutlich zu (vgl. Müller/Heinzel-Gutenbrunner 2005, S. 129). Dies gilt insbesondere für ko- und multimorbide Zustände, d.h. die Prävalenz von zwei und mehr chronischen Erkrankungen pro Person (vgl. Abschnitte 4.3 und 5.2.2). Das Morbiditätsgeschehen moderner Gesellschaften findet in quantitativ bedeutsamem Ausmaß weitgehend im hohen Lebensalter jenseits des 65. Lebensjahres statt, ist also in aller Regel ein Altersphänomen. So betrachten Ärzte und Epidemiologen bspw. Krebserkrankungen (sogenannte „bösartige Neubildungen") als typische Alterskrankheiten. Das Risiko, an einer Form bösartiger Neubildungen zu sterben, steigt etwa ab dem 50. Lebensjahr deutlich an und erreicht den Höhepunkt bei den etwa 80jährigen (vgl. Klotz 2007, S. 141). Das mittlere Erkrankungsalter für alle Krebserkrankungen lag in Deutschland zwischen 1980 und 2004 für Männer und Frauen bei 69 Jahren (vgl. RKI/GEKID 2008, S. 17).

In Folge dieser Morbiditätsrisiken steigen unter älteren Menschen sowohl die Zahl der ambulant behandelten Patienten als auch der stationären Krankenhausaufenthalte sowie die durchschnittliche Dauer der Behandlungen (vgl. Menning 2006a, S. 14). Bereits heute wendet der deutsche Staat einen Großteil der Sozialausgaben für die Gesundheit älterer Menschen auf – mit steigender Tendenz (vgl. Guillemard 1994 zit. n. Lampert 2000, S. 159; BMFSFJ 1997, S. 53f.).[8] Aus diesem Grund erwarten manche Sozialepidemiologen, dass die abso-

---

[8] Die Höhe der Gesundheitsausgaben ist eng mit dem höheren, insbesondere mit dem höchsten Lebensalter verknüpft. So sind die Pro-Kopf Gesundheitsausgaben für die über 85jährigen in der Bundesrepublik Deutschland mehr als doppelt so hoch als die der Altersgruppe zwischen 65 und 84 Jahren (vgl. Ulrich 2004, S. 13). Es erscheint daher plausibel, dass sich der Anstieg des Bevölkerungsanteils alter und hochaltriger Menschen in Folge des demografischen Wandels in den kommenden Jahrzehnten zunehmend auf die Pflege- und Gesundheitssysteme der betroffenen Staaten auswirkt. Modellrechnungen gehen unter der Voraussetzung konstanter altersspezifischer Gesundheitskosten davon aus, dass die Alterung der bundesdeutschen Bevölkerung zu einer Steigerung der gesamten gesundheitsbezogenen Ausgaben um mehr als 30% innerhalb der nächsten 50 Jahre führt.

lute soziale Ungleichverteilung der Ressource „Gesundheit" in der Gesamtbevölkerung zwischen mehr und weniger benachteiligten sozialen Gruppen im Zuge demografischer Alterung zunimmt (vgl. Asthana/Halliday 2006, S. 477).

Die Frage nach den durch die jeweilige Position im Gefüge sozialer Ungleichheit bestimmten Chancen und Risiken für ein Altern in guter Gesundheit stellt daher für alle gesellschaftlichen Gruppen zunehmend eine politische Schlüsselfrage dar. Sowohl individuelles „erfolgreiches Altern"[9] wie auch die Entwicklung der Pflege- und Gesundheitsausgaben in einer alternden Gesellschaft hängen nicht zuletzt davon ab, ob es gelingt, eine zeitliche Kompression der Morbidität[10] im hohen Alter bei allen gesellschaftlichen Gruppen zu realisieren, insbesondere bei solchen mit gesundheitlich riskanten Lebensbedingungen. Im 21. Jahrhundert kommt es in den alternden Gesellschaften darauf an, das sogenannte „Vierte Alter", d.h. die Phase zunehmender alters- und krankheitsbedingter Hinfälligkeit und gesellschaftlicher Isolation zugunsten des „Dritten Alters", d.h. der Phase relativ guter Gesundheit, des Wohlstandes und der selbstständigen Lebensführung, so spät und für so kurze Zeit wie möglich eintreten zu lassen (vgl. Laslett 1995, S. 109). Dies gilt umso mehr, da die beiden wichtigsten Todesursachen in modernen Gesellschaften (Krebserkrankungen sowie Erkrankungen des Herz-Kreislaufsystems) in beträchtlichem Umfang durch präventive Maßnahmen, allen voran durch verändertes individuelles Gesundheitsverhalten vermeidbar sind (vgl. Menning 2006a, S. 11), was seinerseits wiederum unter

---

Dabei fallen vor allem Kosten ins Gewicht, die das Gesundheitssystem für die Pflege alter Menschen aufwenden muss (vgl. Ulrich 2004, S. 10).

[9] Die Vermeidung funktionaler Einbußen bis hin zur Hilfe- und Pflegebedürftigkeit stellt einen wesentlichen Aspekt des Konzepts des „*Successful Ageing*" dar (vgl. Rowe/Kahn 1998). Ziel dieses mehrdimensionalen Konzepts, das neben gesundheitlichen Aspekten auch soziale und psychische Kompetenzen umfasst, umreißt der programmatische Satz „*not just simply adding years to life, but adding life to years*" zutreffend. Er geht auf das Motto „adding life to years" des ersten Kongresses der Gerontological Society of America des Jahres 1955 zurück. Es geht bei diesem Konzept darum, die im Zuge des allgemeinen Lebensverlängerungsprozesses gewonnene Lebenszeit auch im höheren Lebensalter autonom und produktiv zu nutzen. Nicht nur die Vermeidung krankheitsbedingter Einschränkungen, sondern die aktive Förderung gesundheitlicher Potenziale älterer Menschen bildet eine wichtige Grundlage, um dieses Ziel zu erreichen.

[10] Dieser Ausdruck knüpft unmittelbar an die „*Compression-of-Morbidity*"-Hypothese an, die James Fries Anfang der 1980er Jahre formulierte (vgl. Fries 2005, S. 801ff.). Sie erfuhr in der Gerontologie sowie den hieran angrenzenden Disziplinen eine breite Rezeption. Diese Hypothese geht davon aus, dass sich aufgrund verbesserter medizinischer und gesellschaftlicher Rahmenbedingungen die Phase chronischer Krankheit im Alter zunehmend auf einen relativ geringen Zeitraum kurz vor dem Tod komprimiert. Die steigende Lebenserwartung geht einher mit einer Abnahme der Dauer der Krankheitsbelastung für ältere Menschen. Nach der „*Compression-of-Morbidity*"-Hypothese besteht daher die Möglichkeit, dass sich die pro-Kopf Gesundheitsausgaben in Zukunft sogar verringern (vgl. Breyer/Felder 2006, S. 180).

dem Einfluss der jeweiligen Stellung im Gefüge ungleicher Sozialstruktur steht (vgl. Helmert/Schorb 2009, S. 133).

Aus gesundheitswissenschaftlicher Perspektive stellt sich die Frage nach theoriegeleiteten und evidenzbasierten Präventionsansätzen der, meist durch chronische Erkrankungen bedingten, funktionalen Einschränkungen bis hin zur akuten Hilfs- und Pflegebedürftigkeit und der Förderung gesundheitlicher Ressourcen alter Menschen. Aus einer mehr praxisorientierten, gesundheitsökonomischen Sicht ist daher eine Konzentration auf einen wirksamen und zugleich kostengünstigen Mix aus krankheitspräventiven sowie gesundheitsfördernden Maßnahmen, die sich an der sozialen Lage einzelner Bevölkerungsgruppen orientieren, auch im hohen Lebensalter geboten. Gesundheitliche Ungleichheiten in den Bevölkerungsgruppen alter Menschen sind daher – insbesondere in hochentwickelten Gesellschaften mit einer insgesamt alternden Bevölkerung – als wichtiges, in langfristiger Perspektive sogar als eines der zentralen Probleme der öffentlichen Gesundheit der kommenden Jahrzehnte zu verstehen und zu erforschen.

1.3 Der Lösungsansatz: Soziale Determinanten gesundheitlicher Disparitäten innerhalb von Statusgruppen

Wie die vorliegenden Befunde der „Health Inequalities"-Forschung im In- und Ausland zeigen, sind auch im Rentenalter vor allem Menschen aus Haushalten der „unteren", d.h. der sozioökonomisch am relativ stärksten benachteiligten Sozialschichten im Vergleich zu Angehörigen privilegierterer Statusgruppen vielfältigen gesundheitlichen Risiken ausgesetzt (vgl. Abschnitt 2.1.2).[11] Diese Befunde stützen sich ausschließlich auf Wahrscheinlichkeiten bzw. Chancenverhältnisse gesundheitlicher Risiken zwischen den jeweiligen Statusgruppen und beschreiben daher lediglich graduelle, „vertikal" abgestufte gesundheitliche Unterschiede. Erweitert man diese „vertikale" Perspektive und wendet sich den Gesundheitsverhältnissen *innerhalb einer bestimmten Sozialschicht* zu, so erscheint es durchaus plausibel, dass es auch in sozioökonomisch benachteiligten Statusgruppen einen, wenn auch vergleichsweise geringeren Anteil von Menschen gibt, die in verhältnismäßig „guter" Gesundheit altern. Diese Vermutung

[11] Im Folgenden werden die in ihren Lebensbedingungen im Vergleich zur Durchschnittsbevölkerung benachteiligten Statusgruppen unter der Bezeichnung „untere Sozialschichten" zusammengefasst. Welche sozialen Schichten hierunter konkret zu fassen sind, ist eine empirische Frage, mit der sich der zweite Teil dieser Arbeit beschäftigt. Sie wird daher in den theoretisch-konzeptionellen Abschnitten des ersten Teils bewusst offen gehalten. Aus diesem Grunde wird die Bezeichnung „untere" Sozialschicht bzw. „untere" Sozialschichtzugehörigkeit in Anführungszeichen geschrieben.

stützen bspw. eigene empirische Befunde aus Auswertungen des Deutschen Alters-Surveys 2002. Sie zeigten, dass die absoluten Spannweiten u.a. der subjektiven, psychischen und funktionalen Gesundheitszustände innerhalb der – auf Basis der letzten beruflichen Stellung gebildeten – Statusgruppen der über 64jährigen kaum variierten (vgl. Abschnitt 3).

Ein Ansatz zur Reduzierung gesundheitlicher Ungleichheiten in diesen Altersgruppen liegt folglich in der Erklärung dieser „horizontalen" gesundheitlichen Unterschiede innerhalb der am meisten benachteiligten Statusgruppen, da deren Angehörige die vergleichsweise höchsten gesundheitlichen Risiken tragen. Es interessieren vor allem solche Menschen, die sich durch eine *gesundheitliche Widerstandsfähigkeit* bzw. *Resilienz* gegenüber schichtassoziierten Risiken im Altersgang auszeichnen (vgl. Abschnitt 3). Bei diesen Menschen handelt es sich gewissermaßen um die vom Modell des „vertikalen" Schichtgradienten abweichenden Fälle. Sie sind daher sowohl für die Theorieentwicklung als auch für die Ableitung von Ansatzpunkten gesundheitlicher Interventionsprogramme von besonderem Wert.

Dies gilt vor allem dann, wenn sich sozialstrukturell verankerte, gesundheitliche Schutzfaktoren bestimmen ließen, durch welche sich diese „abweichenden", positiven Fälle, d.h. die gesundheitlich widerstandsfähigen Alten, von den „typischen", negativen Fällen, d.h. den gesundheitlich vulnerablen Alten der gleichen Sozialschicht unterscheiden. In diesem Falle könnten Wissenschaftler oder sozial- bzw. gesundheitspolitische Akteure hieraus möglicherweise konkrete Maßnahmen zur Reduzierung gesundheitlicher Ungleichheiten nach der Strategie des Verkleinerns von „Health Gaps", d.h. einer Verringerung des Abstandes zwischen Ober- und Unterschichthaushalten, ableiten (vgl. Richter/ Hurrelmann 2009, S. 27).

Die theoretischen und empirischen Ausführungen der vorliegenden Arbeit gründen folglich auf der These, dass sich *gesundheitlich resiliente Alte der „unteren" Sozialschichten durch gesundheitsrelevante, sozialstrukturell verankerte Lebensbedingungen und Lebensweisen, die zumindest teilweise unabhängig von der sozialen Schichtzugehörigkeit sind und als gesundheitliche Schutzfaktoren fungieren, von den nicht-resilienten bzw. vulnerablen Alten der jeweils gleichen Sozialschicht unterscheiden* (vgl. Abschnitt 3).

Ansätze, die den Anforderungen an solche sozialen Schutzfaktoren am ehesten genügen (vgl. Abschnitte 6 und 6.1), sind das Konzept der *Gesundheitslebensstile* sowie das Ausmaß der Einbettung eines Menschen in inner- und außerfamiliäre *soziale Netzwerke* und des dadurch individuell verfügbaren *sozialen Kapitals* und die Sozialkapital-Ausstattung des jeweiligen Wohnumfeldes, in dem alte Menschen ihren Alltag zubringen (vgl. Abschnitte 6 und 6.2). Diese Konzepte fungieren als mutmaßlich protektive Faktoren des gesundheitlichen

Wohlbefindens und als „horizontale“ *Ergänzungen* des „vertikalen“ Schichtgradienten ungleicher Gesundheitschancen.

Die empirischen Analysen, die an diese theoretischen Ausführungen anknüpfen, vergleichen zunächst die Ausprägungen beider Sozialstrukturmodelle, d.h. Gesundheitslebensstile sowie individuelles und kollektives Sozialkapital, zwischen gesundheitlich resilienten und vulnerablen Alten der „unteren“ Sozialschichten, um zu klären, ob sie als soziale Determinanten gesundheitlicher Resilienz alter Menschen wirken (vgl. Abschnitt 9). Der letzte Arbeitsschritt bündelt die einzelnen Schutzfaktoren, um mehrdimensionale, kollektive *Resilienzkonstellationen* zu beschreiben, deren gesundheitliche Wirkung über die der einzelnen protektiven Faktoren hinausgeht (vgl. Abschnitte 7 und 9.5). Diese mesosozialen Gefüge stellen aus soziologischer Perspektive den eigentlichen Ansatzpunkt konkreter Interventionsmaßnahmen zur Verbesserung der Gesundheit alter Menschen aus „unteren“ Sozialschichten und – als Folge dessen – zur Verminderung des Schichtgradienten sozial ungleich verteilter Gesundheitschancen im Rentenalter dar.

1.4 Zum Aufbau der Arbeit

Die Arbeit ist in zwei übergreifende thematische Blöcke gegliedert, welche einerseits die Abschnitte zum aktuellen Forschungsstand in dem hier interessierenden Bereich und dem theoretisch-konzeptionellen Schwerpunkt (Teil I) und zum anderen Abschnitte mit den Ergebnissen der empirischen Sekundäranalysen (Teil II) umfassen. Im ersten Teil der Arbeit gebe ich in Abschnitt 2 anhand der einschlägigen Literatur einen Überblick über die Forschungsarbeiten zu sozial ungleich verteilten Gesundheitschancen im Alter mit einem Schwerpunkt auf Deutschland. Hieran schließt sich in Abschnitt 2.2 eine ausführliche, kritische Bilanz des gegenwärtigen Forschungsstandes an. Das in Abschnitt 2.3 formulierte Forschungsproblem knüpft unmittelbar an die aktuellen Defizite der „Health Inequalities“-Forschung in diesem Bereich an.

Abschnitt 3 beschäftigt sich mit dem zentralen Argument der Untersuchung (vgl. auch Abschnitt 1.3), das zur Lösung des in Abschnitt 2.3 aufgestellten Forschungsproblems angeführt wird sowie der detaillierten Begründung der hierin formulierten Annahmen. Eine besondere Rolle spielt das spezielle Konzept *gesundheitlicher Resilienz*, dessen allgemeine konzeptionelle Grundlagen bisher vor allem in der (Entwicklungs-)Psychologie und in Teilen der Gesundheitswissenschaften diskutiert wurden. Schwerpunktmäßig beschreiben die Abschnitte 3.1 bis 3.4 die theoretischen Grundlagen sowie die Entwicklungslinien des allgemeinen Resilienz-Konzeptes, arbeiten die Vorzüge des themenzentrierten

Konzepts gesundheitlicher Resilienz im Bereich sozial bedingter gesundheitlicher Ungleichheit im Alter heraus und beinhalten eine Arbeitsdefinition dieses zentralen Begriffs. Die Abschnitte 4 bis 6 orientieren sich an den einzelnen Bestandteilen des Konzeptes gesundheitlicher Resilienz: einem „positiven" gesundheitlichen Zustand, dem Vorliegen eines Risiko-Indikators und den damit assoziierten, ursächlichen Risiko-Mechanismen sowie den zwischen diesen beiden Komponenten vermittelnden sozialen Schutzfaktoren.

Zunächst wird in Abschnitt 4 auf eine theoretisch gehaltvolle und zugleich empirisch umsetzbare Konzeptionalisierung einer „positiven" gesundheitlichen Anpassung abgezielt, die in Abschnitt 3.4 als Zielkriterium gesundheitlich widerstandsfähiger Menschen aus „unteren" Sozialschichten definiert wurde. Einen solchen positiven Zielzustand bestimmte ich in der vorliegenden Arbeit auf der Grundlage des mehrdimensionalen Konzeptes der *gesundheitlichen Lebensqualität*, das auf die komplexe Gesundheitsdefinition der World Health Organization (WHO) zurückgeht. Das so definierte Konzept gesundheitlicher Lebensqualität ist in der Lage – mit einem Fokus auf das subjektive Wohlbefinden der Menschen – auch physische, psychische und funktionale Aspekte der Gesundheit zu erfassen. Es erscheint daher als ganzheitlicher Gesundheitsindikator für Menschen im hohen Lebensalter geeignet (Abschnitt 4).

Abschnitt 5 behandelt verschiedene Aspekte einer „unteren" Sozialschicht-Zugehörigkeit als gesundheitlichem Risiko-Indikator im Rentenalter. Nachdem das zugrunde liegende Schichtungsmodell bestimmt ist, stehen insbesondere die mit einem benachteiligten Sozialstatus assoziierten gesundheitlichen Risiko-Mechanismen, die u.a. strukturelle, materielle sowie psychosoziale Belastungen umfassen (Abschnitte 5.1 bzw. 5.1.1) sowie Hypothesen zur Dynamik des Schichtgradienten im Sinne der Destrukturierungs- bzw. Nivellierungsthese im Altersgang und deren Determinanten – selektive Mortalität und ein Anstieg der absoluten Morbidität – im Blickpunkt (Abschnitte 5.2, 5.2.1 und 5.2.2).

Soziale Schutzfaktoren, nämlich „gesundheitsbewusste" *Gesundheitslebensstile* sowie *soziales Kapital* u.a. aus gut ausgebauten und stabilen sozialen Netzwerken, die den Zugang zu sozialer Unterstützung, Integration und Teilhabe sowie weiteren materiellen und immateriellen Gütern ermöglichen, werden in Abschnitt 6 ausführlich beschrieben. Dabei beschäftigt sich Abschnitt 6.1 eingehend mit dem soziologischen Konzept der Gesundheitslebensstile und den bisherigen empirischen Befunden zu diesen speziellen Lebensstilen in der Gruppe alter Menschen im deutschen Sprachraum. In Abschnitt 6.2 werden die theoretischen Grundlagen und ausgewählte empirische Ergebnisse zum Konzept des sozialen Kapitals vorgestellt. Hier wird zwischen sozialem Kapital als individuell zugänglicher und instrumentell einsetzbarer Ressource aus egozentrierten Netzwerken (dem sogenannten „Beziehungskapital") und sozialem Kapital als kollektivem Merkmal der sozialen Nahumgebung, zumeist der jeweiligen Nachbarschaft (sogenanntes „Systemkapital“) unterschieden, wobei beide Arten von Sozialkapital voneinander unabhängige gesundheitliche Effekte zeigen können.

In Abschnitt 7 bündeln sich die Überlegungen der vorangegangenen Abschnitte zu den einzelnen Komponenten des Konzeptes gesundheitlicher Resilienz in Form des *„Modells der intrastratumiären gesundheitlichen Resilienz“*. Es orientiert sich in seiner Struktur an dem sogenannten „Grundmodell der sozialwissenschaftlichen Erklärung“, wie es u.a. in Teilen der jüngeren deutschsprachigen Soziologie vertreten wird. Abschnitt 7.1 führt zudem die Hypothesen zu den sozialen Risiko- und Schutzfaktoren sowie zu komplexen Resilienzkonstellationen auf, die den weiteren empirischen Analysen des zweiten Teils der Untersuchung zugrunde liegen. Ein Überblick über die in dieser Arbeit vertretenen Hypothesen findet sich auch im Anhang unter 11.1.

Die Hypothesen zu Prozessen gesundheitlicher Resilienz im hohen Lebensalter lassen sich letztlich nur auf der Grundlage empirischer Daten beantworten. Daher sollen die theoretischen und konzeptionellen Ausführungen des ersten Teils der Arbeit – soweit dies die aktuelle Datenlage zulässt – durch vorliegende empirische Befunde und eigene Sekundäranalysen ergänzt und gestützt werden. Teil II widmet sich daher ausschließlich der empirischen Umsetzung der in den Abschnitten des ersten Teils erarbeiteten Konzepte. Dabei verstehe ich die vorliegende Arbeit trotz des zum Teil aufwändigen empirischen und statistischen Vorgehens nicht als Methodenarbeit. Die methodisch-statistischen Hintergründe der verwendeten Prozeduren und Modelle, wie bspw. clusteranalytische Verfahren zur Bestimmung von Gesundheitslebensstilen, werden in den entsprechenden Abschnitten daher zwar in hinreichendem Maße, nicht aber in allen Details geschildert (vgl. u.a. Abschnitte 8.3 und 8.4). Ebenso enthalten die Abschnitte in Teil II lediglich die wesentlichen Ergebnisse der empirischen Untersuchungen. Der interessierte Leser sei auf den Anhang verwiesen (Abschnitt 11), in dem die Ergebnisse der deskriptiven statistischen Auswertungen in Tabellenform aufgeführt sind.

Im Analyseteil der Untersuchung, der mit Abschnitt 8 beginnt, wird zunächst geeignetes Datenmaterial aus einer laufenden Panelstudie aus Deutschland ausgewählt. Das *Sozio-ökonomische Panel (SOEP)* mit den Wellen von 2002 bis 2008 erwies sich aus mehreren Gründen, u.a. wegen des langen Erhebungszeitraumes, der relativ großen Stichprobe, den umfangreichen Informationen zum Lebenslauf und der Erhebung gesundheitlicher Lebensqualität anhand eines standardisierten und international validierten Instruments (SF12v2) als geeignete Datengrundlage (Abschnitt 8.1). Eine detaillierte Auflistung zum Teil bereits abgeschlossener, zum Teil noch laufender deutscher Panelstudien mit Alters- und Gesundheitsbezug findet sich in Abschnitt 11.2. Die Operationalisierung der Indikatoren zu gesundheitlicher Lebensqualität, sozialer Schichtzugehörigkeit, gesundheitlicher Resilienz, schichtbezogener Risiko-Mechanismen und den protektiven Faktoren beschreibt Abschnitt 8.3 ausführlich.

In Abschnitt 9 werden auf der Grundlage des vorliegenden Datenmaterials die in den Hypothesen 1 bis 4 getroffenen Annahmen mittels quantitativer empirischer Verfahren getestet. Abschnitt 9.1 widmet sich der Darstellung der Ergebnisse zum Schichtgradienten ungleicher gesundheitlicher Lebensqualität der über 64jährigen aus der SOEP-Kohorte und dessen Dynamik im Altersgang. An diese Befunde anknüpfend, stellt Abschnitt 9.2 die Gruppe der gesundheitlich widerstandsfähigen Männer und Frauen auf der Grundlage verschiedener Resilienz-Typen dar (Abschnitt 9.2.1). Darüber hinaus werden diese Gruppen auf das Vorliegen bestimmter schichtassoziierter Risiko-Mechanismen untersucht (Abschnitt 9.2.2), wie sie in Abschnitt 5.1 diskutiert wurden.

Die Abschnitte 9.3 und 9.4 befassen sich mit der Untersuchung der einzelnen sozialen Schutzmechanismen und vergleichen diese zwischen gesundheitlich resilienten und vulnerablen Menschen. Aufgrund der recht hohen methodischen Anforderungen liegt ein besonderes Augenmerk auf der inhaltlich plausiblen Interpretation der favorisierten Clusterlösungen, welche die Grundlage für die dargestellten Gesundheitslebensstile bilden (Abschnitte 9.3.1 bis 9.3.4 sowie Anhang 11.3.2).

In Abschnitt 9.5 werden die Einzelbefunde zu Gesundheitslebensstilen und sozialem Kapital abschließend zu ganzheitlichen Resilienzkonstellationen zusammengeführt. Dabei steht in Anlehnung an Abschnitt 7 zum einen die Frage im Vordergrund, ob sich distinkte Konstellationen protektiver Faktoren identifizieren lassen, die gesundheitlich widerstandsfähige von vulnerablen Menschen unterscheiden. Zudem klärt die Analyse in Abschnitt 9.5.2, ob bestimmte Resilienzkonstellationen direkte gesundheitliche Einflüsse innerhalb der Gruppe resilienter alter Menschen zeigen und ob sich synergistische gesundheitliche Einflüsse aus einem Zusammenspiel mehrerer protektiver Faktoren ergeben.

Die Untersuchung schließt in Abschnitt 10 mit einer Zusammenfassung der konzeptionellen Zugänge aus Teil I und der empirischen Ergebnisse aus Teil II, einer Einschätzung der theoretischen Konzepte und der Reichweite der empirischen Datengrundlage bzw. -auswertung sowie einem Ausblick auf Forschungsdesiderata und zukünftige gesundheits- und sozialpolitische Herausforderungen in diesem Bereich. In Abschnitt 10.2 werden zudem Handlungsempfehlungen herausgearbeitet, die als Leitlinien für konkrete gesundheitliche Interventionen zur Reduzierung des Schichtgradienten im Rentenalter dienen können.

Teil I: Forschungsstand zur sozialen Ungleichheit der Gesundheit und konzeptionelle Grundlagen gesundheitlicher Resilienz im Alter

2 Soziale Ungleichheit der Gesundheit im Alter

In der Sozialmedizin, der Gesundheitssoziologie und in der Sozialepidemiologie weisen umfangreiche empirische Forschungsarbeiten der letzten Jahrzehnte auf einen mit dem sozioökonomischen Status assoziierten gesundheitlichen Gradienten hin: Je höher die Stellung im hierarchischen Gefüge sozialer Ungleichheit nach Einkommensniveau, Bildungsstatus und beruflicher Klasse/Schicht bzw. Prestige, desto geringer ist die subjektive, psychische, funktionale und – soweit sie auf ärztlichen Befunden beruht – „objektive“ Morbidität[12] und altersstandardisierte Mortalität (vgl. Jungbauer-Gans 2006, S. 86; Mielck 2005, S. 15ff.). Diese Beziehung hat sich in allen untersuchten Gesellschaften als so ubiquitär erwiesen, dass in der Fachdiskussion oftmals einfach nur Bezug auf den „Gradienten“ genommen wird (vgl. Jürges 2007, S. 1; Jürges 2009, S. 149). Tatsächlich weisen empirische Befunde in aller Regel auf einen *stetigen* Zusammenhang hin, d.h. Angehörige der höchsten Statusgruppen haben ein geringeres Morbiditäts- und vorzeitiges Mortalitätsrisiko als Angehörige mittlerer Statuslagen und diese wiederum ein geringeres gesundheitliches Risiko als Menschen in den relativ niedrigsten Statuslagen. Im Vergleich zu Angehörigen der in sozioökonomischer Hinsicht privilegiertesten Statusgruppen ergibt sich für die Angehörigen mittlerer und mehr noch für Menschen in den am meisten benachteiligten Statusgruppen ein doppeltes Risiko: Ihr durchschnittlich kürzeres Leben ist zusätzlich noch durch höhere gesundheitliche Belastungen beeinträchtigt (vgl. Richter/Hurrelmann 2009, S. 19). Zudem zeigte sich dieser doppelt nachteilige Gesundheitseffekt in den meisten Ländern in aller Regel unabhängig vom verwendeten Indikator sozialer Ungleichheit.

Die Ergebnisse der Sozialepidemiologie belegen in eindrucksvoller Weise, dass die klassischen Schichtmerkmale Einkommen, Bildung und beruflicher Status zentrale Determinanten der Gesundheit in modernen Gesellschaften sind. Diese Befunde stehen im Kontrast zu der seit den 1980er Jahren in Teilen der deutschen Sozialstrukturanalyse und Ungleichheitsforschung geführten und auch aktuell fortdauernden Entstrukturierungs- und Individualisierungsdebatte. Deren

[12] Ausnahmen von dieser Regel sind bspw. Allergien, die – zumindest in Deutschland – sowohl bei Kindern und Jugendlichen als auch bei Erwachsenen in höheren Statusgruppen häufiger vorkommen (vgl. Mielck 2005, S. 35).

Vertreter postulierten zumindest einen nachlassenden wenn nicht gar einen weitgehend verschwundenen Einfluss der Klassen- und Schichtzugehörigkeit für die Lebenswirklichkeit und -chancen der Menschen (vgl. u.a. Beck 1986, S. 115ff.). Wenngleich sozioökonomisch bedingte Ungleichheiten der Morbidität über die letzten Jahrzehnte hinweg relativ stabil geblieben sind, scheinen sich sozioökonomische Ungleichheiten der Mortalität in den meisten europäischen Ländern sogar zu verschärfen (vgl. Richter/Hurrelmann 2009, S. 19).

In der internationalen Forschung und in der öffentlichen Debatte der anglophonen Länder hat sich zu diesem Themengebiet der Terminus „Health Inequalities" durchgesetzt, den die deutschsprachige Diskussion in den letzten Jahren unter dem Fachbegriff der sozial bedingten „gesundheitlichen Ungleichheit(en)" aufgegriffen hat (vgl. Bauer/Bittlingmayer/Richter 2008, S. 13; Richter/Hurrelmann 2009, S. 13).[13] Im Folgenden werden beide Begriffe synonym verwendet, um die *(sozial-)wissenschaftliche Erforschung sozial ungleich strukturierter Gesundheitschancen* zu bezeichnen.[14]

In Anlehnung an das grundlegende Modell des „*Public Health Action Cycles*" (vgl. Abbildung 1) lassen sich die bisherigen Forschungsbemühungen zum Thema „Health Inequalities" in (1) *deskriptive* und (2) *erklärende* Ansätze untergliedern. Diese sollen die notwendigen empirischen Befunde und Ansätze für (3) konkrete *Interventions*maßnahmen zur Verbesserung der gesundheitlichen Situation vor allem bei sozioökonomisch benachteiligten Statusgruppen bereitstellen (vgl. Richter/Hurrelmann 2009, S. 14; Huisman 2008, S. 360). In der „Health Inequalities"-Forschung ist man sich weitgehend einig, diese drei thematischen Ebenen sowohl als Ordnungsrahmen bisheriger Forschungen als auch als Leitlinien zukünftiger Untersuchungen zugrunde zu legen.

---

[13] Im angelsächsischen Sprachraum wird bisweilen auch der Begriff „Health Inequities" verwendet, der sich auf gesundheitliche Unterschiede von Bevölkerungsgruppen bezieht, die entwickelte Gesellschaften grundsätzlich als ungerecht bzw. ungerechtfertigt verstehen und die somit durch politisches Handeln reduziert oder im Idealfall beseitigt werden sollen (vgl. Hurrelmann 2006, S. 159f.).

[14] Der Begriff „Gesundheitschancen" ist eng an den zentralen soziologischen Begriff der „Lebenschancen" angelehnt, wie ihn Dahrendorf definierte: „Lebenschancen (...) sind eine Funktion von zwei Elementen, Optionen und Ligaturen, die unabhängig voneinander variieren können und in ihrer je spezifischen Verbindung die Chancen konstituieren, die das Leben der Menschen in Gesellschaft prägen" (Dahrendorf 1979, S. 50). „Optionen" bezeichnen die durch „objektive" soziale Strukturen individuell vorgegebenen Handlungsbedingungen. Dieser analytische Begriff richtet sich auf Lebensbedingungen und materielle Ressourcen, die es dem Einzelnen mehr oder weniger erlauben, ein langes und gesundes Lebens zu führen. „Ligaturen" beziehen sich auf soziokulturelle Grundlagen individuellen Handelns, d.h. soziale Bindungen und Zugehörigkeiten sowie gruppenspezifische Normen und Werte. „Ligaturen" definieren neuere Beiträge im Zusammenhang mit Gesundheitschancen im Sinne gesundheitsrelevanter Normen und Wertvorstellungen sowie gesundheitlichen Wissensbeständen aber auch im Sinne sozialer Unterstützung und Ressourcen, d.h. der Ausstattung mit sozialem Kapital (vgl. Jungbauer-Gans 2006, S. 87 sowie Abschnitt 6.2).

Abbildung 1: Komponenten des „Public Health Action Cycles"

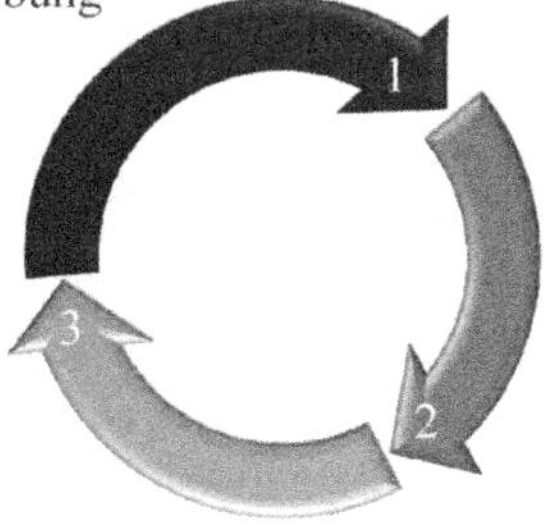

Quelle: Richter/Hurrelmann 2009, S. 14

Diese paradigmatischen Ansätze bilden im Modell des „Public Health Action Cycles" drei aufeinander folgende bzw. aufeinander aufbauende Forschungsschritte. Die Beschreibung gesundheitlicher Ungleichheiten zielt auf die Darstellung und statistische Analyse der Formen und des Ausmaßes sozial bedingter gesundheitlicher Unterschiede ab. Das Verständnis typischer Ursache-Wirkungszusammenhänge, d.h. von Determinanten und Mechanismen der Produktion und Reproduktion gesundheitlicher Ungleichheiten, steht bei erklärenden Ansätzen im Mittelpunkt. Interventions- und Präventionsmaßnahmen dienen – wie bereits oben ausgeführt – idealerweise der Reduktion gesundheitlicher Ungleichheiten. Nach der Implementierung solcher Maßnahmen, ist deren Wirkung zu evaluieren, womit wieder eine aktuelle wissenschaftliche Situationsbeschreibung der sozialen Verteilung von (ungleichen) Gesundheitschancen und ein neuer Kreislauf des „Public Health Action Cycles" beginnt (vgl. Richter/Hurrelmann 2009, S. 14; Abbildung 1).

2.1 Forschungsstand

Die internationale Sozialepidemiologie widmete sich erst ungefähr ab den 1990er Jahren der Erforschung sozialer Ungleichheiten der Gesundheitschancen im hohen Lebensalter. Sie blieb damit ein bis zwei Jahrzehnte hinter den Forschungen zu gesundheitlichen Ungleichheiten in jüngeren Altersgruppen zurück. Besonders die Angehörigen des mittleren Erwachsenenalters, d.h. die Altersgruppe der 18- bis unter 65jährigen, bildeten den Schwerpunkt der Forschungsaktivitäten (vgl. McMunn u.a. 2006, S. 268f.; Knesebeck/Schäfer 2009, S. 256). Es ist daher wahrscheinlich, dass selbst die deskriptiven Ergebnisse zu diesen Phänomenen im höheren Lebensalter gegenwärtig um einige Jahre hinter dem Forschungsstand des „Mainstreams" der „Health Inequalities"-Forschung zurückbleiben. Diese Diagnose dürfte in verschärfter Form auf die Forschung im deutschen Sprachraum zutreffen, bei der das Thema „Health Inequalities" erst seit relativer kurzer Zeit wieder auf der wissenschaftlichen Agenda steht.[15]

Ein wesentliches Ziel dieses Abschnitts ist daher die Bestandsaufnahme des Forschungsstandes zu sozial bedingten ungleichen Gesundheitschancen der Morbidität im höheren Lebensalter in Deutschland. Hierbei werden sowohl theoretisch-konzeptionelle Beiträge als auch empirische Studien dargestellt und – in Anlehnung an den „Public Health Action Cycle" – sowohl beschreibende als auch erklärende Ansätze berücksichtigt. Letztere sind von besonderem Interesse, da sie möglicherweise sowohl Ansatzpunkte einer sozialwissenschaftlichen Theorie ungleicher Gesundheitschancen im höheren Lebensalter aufzeigen, als auch in gesundheitspraktischer bzw. -politischer Sicht wertvolle Denkanstöße liefern können.

2.1.1 Thesen zur Dynamik gesundheitlicher Ungleichheit im Alter

In makrosozialer Perspektive werden hinsichtlich möglicher Veränderungen der Struktur, insbesondere der Determinanten, der relevanten Dimensionen und des Ausmaßes sozialer Ungleichheiten im hohen Lebensalter, im Wesentlichen drei Hypothesen diskutiert: Die Kontinuitäts-, die Akkumulations- und die Destrukturierungs- bzw. Nivellierungthese (vgl. Knesebeck 2005, S. 22f.). Obschon diese drei Thesen vor allem Konzepte zu „allgemeinen" sozioökonomischen Ungleichheiten im Alter formulieren, bieten sie auch jeweils spezifische Ansätze zur Beschreibung und zur Erklärung des Ausmaßes und der Dynamik der spezielleren Tatbestände gesundheitlicher Ungleichheiten in diesen Altersgruppen. Dabei ermöglicht ihr begriffliches Instrumentarium einerseits eine makrostrukturelle Beschreibung des Ausmaßes und der Veränderung sozioökonomischer Ungleichheit im höheren Lebensalter in der Lebenslauf-Perspektive. Darüber hinaus benennen sie auch ausdrücklich Mechanismen bzw. Verursachungszusammenhänge, die theoretisch einen Einfluss auf die Entwicklung sozialer Un-

---

[15] Im Gegensatz zu der relativen Vernachlässigung sozialmedizinischer Fragestellungen in Deutschland in den ersten Jahrzehnten nach dem zweiten Weltkrieg legten deutsche Ärzte wie Rudolf Virchow, Salomon Neumann oder Alfred Grotjahn einige grundlegende Arbeiten der modernen Sozialmedizin bzw. Sozialepidemiologie bereits in der zweiten Hälfte des 19. Jahrhunderts bis ins frühe 20. Jahrhundert vor. Ein Überblick zu solchen klassischen Arbeiten findet sich bei Mielck 1994, S. 35ff.

gleichheiten über den Lebenslauf hinweg nehmen. Jede dieser drei Thesen kann folglich als spezifisches theoretisches Bindeglied zwischen beschreibenden und erklärenden Ansätzen gesundheitlicher Ungleichheiten verstanden werden.

Die *Kontinuitätsthese* geht von der Persistenz des in früheren Lebensphasen erworbenen sozialen Status im Rentenalter aus. Sie führt die Position älterer Menschen im Gefüge ungleicher Sozialstruktur weitgehend auf die Stellung im Erwerbsleben und die Arbeitsmarktchancen im mittleren Erwachsenenalter zurück (vgl. Kohli 1990, S. 391ff.). Dabei nimmt sie an, dass die berufsbasierten sozioökonomischen Unterschiede, die sich während des aktiven Erwerbslebens herausbildeten, einen kontinuierlichen Einfluss auf die sozialstrukturell verankerten Lebenschancen, aber auch auf die „subjektiven" Lebensformen und -stile im Rentenalter ausüben (vgl. Knesebeck 2005, S. 22). Die Literatur des angelsächsischen Sprachraums diskutiert die Kontinuitätsthese in Form der „Status Maintenance"-Hypothese (vgl. O'Rand/Henretta 1999, S. 9).

Im Zusammenhang mit den Annahmen der Kontinuitätsthese ist kritisch anzumerken, dass sie den sozialen Status während des Lebenslaufs primär an eine relativ dauerhafte Stellung im Erwerbsleben koppelt. Diese These geht somit recht konservativ von einer kontinuierlichen Normalerwerbsbiografie aus. Prozesse beruflicher Mobilität sowie Differenzierungen oder gar langfristige Brüche der Erwerbsbiografie, wie sie bspw. für viele Menschen nach der deutschen Wiedervereinigung in Ostdeutschland typisch waren (vgl. Mergenthaler 2007, S. 483ff.), lassen sich nur schwer mit den Annahmen der Kontinuitätsthese vereinbaren.

Die *Akkumulationsthese* geht von den ungleichen Startbedingungen der Angehörigen einer bestimmten Geburtskohorte aus, die u.a. durch deren soziale Herkunft determiniert werden. Sie postuliert eine stetige Zunahme relativer sozialer Ungleichheit über die mehr oder weniger institutionalisierten Lebensphasen und Statusübergänge des Lebenslaufs, da sich Benachteiligungen und Belastungen in Gruppierungen mit sozial und ökonomisch benachteiligten Soziallagen im Zeitverlauf anhäufen (vgl. Ross/Wu 1996, S. 107). Bestimmte Lebensereignisse, wie der Berufseintritt oder der Übergang in den altersbedingten Ruhestand, sind den Annahmen der Akkumulationsthese folgend unmittelbar statusrelevant, da sie verstärkend auf relative sozioökonomische Ungleichheiten wirken (vgl. O'Rand/Henretta 1999, S. 10). In Beiträgen zur Soziologie sozialer Ungleichheit wurde der Trend eines zunehmenden Auseinanderdriftens sozialer Statusgruppen im höheren Lebensalter auch in der „Double Jeopardy"-Hypothese (vgl. Dowd/ Bengston 1978, S. 427) und durch die „Status Divergence Perspective" (vgl. Pampel/Hardy 1994, S. 292) formuliert.

Gemäß der Akkumulationsthese weiten sich relative gesundheitliche Ungleichheiten auch nach dem Eintritt ins Rentenalter aus und sind bei hochaltrigen

Menschen (80 Jahre und älter) am größten. Höhere Statusgruppen weisen demnach einen langsameren Niedergang gesundheitlicher Kapazitäten im höheren und höchsten Lebensalter im Vergleich zu Angehörigen benachteiligter sozialer Lagen auf (vgl. Prus 2007, S. 276). Eine „Kompression der Morbidität" im Sinne eines Hinauszögerns funktionaler und gesundheitlicher Beeinträchtigungen auf eine relativ kurze Zeitspanne vor dem Tod (vgl. Abschnitt 1.2.2) ist daher in erster Linie bei Personen zu erwarten, die über den Lebenslauf hinweg eine vorteilhafte sozioökonomische Position innehatten und die keine oder vergleichsweise wenige bzw. kurzfristige Phasen des sozialen Abstiegs und der sozialen Deprivation durchleben mussten.

Im Gegensatz zur Akkumulationsthese geht die *Destrukturierungs-* bzw. *Nivellierungs-* oder auch *Divergenz-Konvergenz-These* von einem Anstieg sozial bedingter gesundheitlicher Ungleichheiten im frühen Erwachsenenalter aus, die während des mittleren Erwachsenenalters ihren Höhepunkt erreichen und sich mit Eintritt ins Rentenalter wiederum kontinuierlich verringern. Der Einfluss sozialer Ungleichheit auf gesundheitliche Zustände nimmt somit im Laufe der „Lebensphase Alter" ab (vgl. Prus 2007, S. 277; Borchert 2008, S. 86). Die Annahmen der Destrukturierungsthese gründen sich im Allgemeinen auf die zunehmende Bedeutung altersbedingter biologischer und gesundheitsbezogener Faktoren, den nivellierenden Einfluss staatlicher Alterssicherungssysteme sowie auf die selektive, vorzeitige Sterblichkeit benachteiligter sozialer Gruppen (vgl. Knesebeck/Schäfer 2009, S. 255).

Die in der Destrukturierungsthese formulierte Annahme eines kontinuierlichen Rückgangs relativer schichtspezifischer Ungleichheiten im hohen Lebensalter – insbesondere auch im Hinblick auf gesundheitliche Zustände – findet sich in ähnlicher Weise in der „Status Leveling" bzw. „Advancing Age as a Leveler"-These (vgl. Dowd/Bengston 1978, S. 428; O'Rand/Henretta 1999, S. 11) und der „Transfer Redistribution Perspective" (Pampel/Hardy 1994, S. 291), die Vertreter der angelsächsischen Forschung diskutieren. In der deutschen Alters- bzw. Ungleichheitsforschung argumentiert zudem die These der Altersbedingtheit mit einer altersabhängigen Prägung der sozialen Lage, während sozioökonomische Statusunterschiede zunehmend an Bedeutung verlieren (vgl. Kohli u.a. 2005, S. 320; Knesebeck 2005, S. 23).

Ebenso wie die Kontinuitätsthese geht die Destrukturierungsthese von relativ statischen Ungleichheitspositionen während des Lebenslaufs aus. Im Rahmen dieser Thesen werden bspw. Prozesse vertikaler sozialer Mobilität nicht ausdrücklich thematisiert. Die Destrukturierungsthese unterstellt einen Wandel der Ungleichheitsverhältnisse lediglich für das höhere Alter und geht nicht auf Wandlungsprozesse ungleicher Lebens- und Handlungsbedingungen der Menschen während der vorangehenden Lebensphasen ein. Zudem fehlt ein verbindender Mechanismus zwischen dem Ausmaß relativer Ungleichheit in einer Kohorte auf der gesellschaftlichen Makroebene und den Prozessen individueller Statusbehauptung und -wechsel in der Mikroperspektive.

Die Akkumulationsthese bietet hingegen den Vorteil, dynamische Prozesse von Statusänderungen und Anhäufungen von Ressourcen ausdrücklich zu konzeptualisieren. Die theoretische Verbindung zwischen dem Ausmaß gesellschaftlicher Ungleichheit und der Dynamik bzw. der Konstanz des individuellen sozioökonomischen Status über die verschiedenen Phasen des Lebenslaufs stellt diese These über den Mechanismus der Anhäufung von Vorteilen und Benachteiligungen explizit her. Die Kontinuitäts- und die Destrukturierungsthese formulieren somit Ansätze mit makrosoziologischem Schwerpunkt, während die Akkumulationsthese eine konzeptionell fundierte Verbindung zwischen dem Ausmaß sozialer Ungleichheiten auf der gesellschaftlichen Makroebene und der Ressourcenausstattung individueller Akteure auf der Mikroebene vornimmt. Welche dieser Thesen in der Lage ist, das komplexe gesellschaftliche Ungleichheitsgeschehen beim Übergang aus dem aktiven Erwerbsleben in die nachberufliche „Lebensphase Alter" am treffendsten zu beschreiben, kann freilich nur die Analyse aussagekräftiger empirischer Daten klären.

2.1.2 Empirische Befunde

Der folgende Literaturüberblick konzentriert sich auf empirische Arbeiten zur sozialen Ungleichheit der *Morbidität* alter Menschen in Deutschland.[16] Die empirische Erforschung sozial ungleicher Sterblichkeitsverhältnisse im hohen Lebensalter steht nicht im Mittelpunkt der folgenden Abschnitte, obschon sie einen vergleichsweise breiter ausgearbeiteten Bereich der „Health Inequalities"-Forschung ausmacht.[17]

---

[16] Ein wesentlicher Grund für die Konzentration auf ungleiche Gesundheitschancen der Morbidität ist in der Beziehung zwischen Gesundheit und Krankheit und dem Sterberisiko im hohen Lebensalter zu suchen. Ergebnisse empirischer Studien weisen darauf hin, dass sich die soziale Ungleichheit der Mortalität im Alter praktisch vollständig durch ungleiche Morbidität (u.a. durch den subjektiven Gesundheitszustand und die Prävalenz chronischer Erkrankungen), die in den meisten Fällen dem Tod im hohen Lebensalter vorausgeht, erklären lässt. Das sozial ungleich verteilte Sterbegeschehen im hohen Alter bestimmen somit vorgelagerte Ungleichheiten des gesundheitlichen Zustandes maßgeblich (vgl. Kiulia/Mieszkowski 2007, S. 781; Hoffmann 2005, S. 54ff.). Dieser Zusammenhang spricht dafür, sozial bedingte ungleiche Gesundheitschancen alter Menschen in erster Linie über ungleiche Morbiditätsverhältnisse zu untersuchen.

[17] Die Ergebnisse einschlägiger Studien weisen in nationaler und internationaler Perspektive praktisch geschlossen auf bestehende sozioökonomische Ungleichheiten der Mortalität alter Menschen hin (vgl. hierzu u.a. Huisman 2008, S. 361ff.; Huisman u.a. 2004, S. 471; Huisman u.a. 2005a, S. 495; Breeze/Sloggett/Fletcher 1999b, S. 771; Bowling 2004, S. 438; Hoffmann 2005, S. 53ff. sowie

In der deutschen „Health Inequalities"-Forschung existieren im Vergleich zu den skandinavischen und angelsächsischen Ländern gegenwärtig nur wenige empirische Studien, die den Zusammenhang zwischen dem sozioökonomischen Status und der Morbidität alter Menschen untersuchen. Dies gilt in besonderem Maße für Studien, die sich mit dynamischen Aspekten gesundheitlicher Ungleichheit im Lebenslauf im Sinne der Kontinuitäts-, Destrukturierungs- oder Akkumulationsthese beschäftigen (vgl. Abschnitt 2.1.1). Die meisten Studien entstanden zudem erst nach dem Jahr 1995, was darauf hinweist, dass dieser spezielle Forschungsgegenstand in den letzten Jahren gerade erst begonnen hat, sich in Deutschland zu etablieren.

Zusammenhänge zwischen einzelnen Indikatoren körperlicher und geistiger Gesundheit und dem sozioökonomischen Status – gemessen anhand eines Schichtindikators des Haushaltes auf der Basis des zuletzt ausgeübten Berufs sowie den Einzelindikatoren zum Sozialprestige der letzten beruflichen Position, zum Bildungsniveau, zu den aktuellen Vermögensbeständen, zum Hauseigentum und zum Äquivalenzeinkommen – beobachteten Wissenschaftler bei 70- bis 100jährigen auf der Grundlage zweier Sekundäranalysen der Daten der Berliner Altersstudie (BASE). So unterschieden sich die durch die subjektive Gehmobilität indizierte körperliche Beweglichkeit, der Grad der Hilfebedürftigkeit nach dem „Instrumental Activities of Daily Living"-Index, die Anzahl mittel- bis schwergradiger Erkrankungen, die Inanspruchnahme sozialer Hilfs- und Pflegedienste und die kognitive Leistungsfähigkeit alter Menschen zwischen den sozialen Schichten und dem allgemeinen Bildungsniveau. Dabei wiesen Angehörige höherer Statusgruppen eine bessere subjektive, funktionale, physische und psychische Gesundheit auf als Angehörige mittlerer und unterer Statuslagen. Allerdings zeigten die Einzelindikatoren des sozioökonomischen Status in multiplen Regressionsmodellen insgesamt lediglich schwache und inkonsistente statistische Einflüsse auf die abhängigen Gesundheitsvariablen (vgl. Mayer/Wagner 1996, S. 269; Lampert 2000, S. 178f.). Statistisch auffällige Zusammenhänge zeigten sich zwischen sozioökonomischen Ressourcen und der kognitiven Leistungsfähigkeit sowie dementiellen Zuständen bei alten Menschen. Jedoch konnte die Analyse von Mayer und Wagner diese Zusammenhänge im Hinblick auf funktionale Aspekte der körperlichen Gesundheit, der subjektiven Gesundheit oder dem Risiko, in einem Altenheim zu leben, nicht eindeutig bestätigen (vgl. Mayer/Wagner 1993, S. 543).

Als mögliche Erklärungen diskutierten die Wissenschaftler den nivellierenden Einfluss selektiver Mortalität sozial benachteiligter Gruppen auf ungleiche

---

Lampert/Maas 2000, S. 241ff.). Einen Überblick zu entsprechenden Studien aus Deutschland findet sich bei Lampert/Maas 2000, S. 221, im Gutachten des Sachverständigenrats zur Entwicklung im Gesundheitswesen (vgl. Sachverständigenrat 2007, S. 688) sowie bei Geißler 2006, S. 52.

Gesundheitschancen im Alter, den relativ egalitären Zugang zu medizinischen Versorgungsangeboten und -leistungen sowie die mit hohen Alter assoziierten, biologischen Funktionsbeeinträchtigungen (vgl. Mayer/Wagner 1996, S. 273). Auch wenn diese Ergebnisse auf Querschnittdaten basieren und daher keinen Vergleich zum Ausmaß relativer gesundheitlicher Ungleichheiten in früheren Lebensphasen erlauben, lassen sie doch eine Interpretation im Sinne der Destrukturierungsthese bzw. der These der Altersbedingtheit (vgl. Abschnitt 2.1.1) zu. Spätere Auswertungen der Berliner Altersstudie lieferten Hinweise auf eine altersbedingte Abnahme sozial bedingter Ungleichheiten der funktionalen Gesundheit ab dem Alter von 80 Jahren, während sich sozioökonomische Gesundheitsdifferenzen der Multimorbidität ab dem 90. Lebensjahr und der kognitiven Leistungsfähigkeit ab dem 80. Lebensjahrzehnt sogar im Sinne der Akkumulationsthese verschärften (vgl. Lampert 2000, S. 179f.).

Anhand einer Stichprobe von Personen aus Nordrhein-Westfalen ging Knesebeck der Frage nach, welche Zusammenhänge sich zwischen Indikatoren „vertikaler" sozialer Ungleichheit, d.h. der beruflichen Stellung, dem jeweils höchsten Bildungsabschluss sowie dem Haushaltseinkommen und dem subjektiven Gesundheitszustand im Alter nachweisen ließen. Zusätzlich untersuchte er, inwieweit gesundheitsrelevante psychosoziale Belastungen und Ressourcen zu einer Erklärung des sozialen Gradienten beitragen konnten. Hierzu ließ er eine telefonische Befragung von Personen durchführen, die zum Zeitpunkt der Befragung 60 Jahre oder älter waren. Während sich in univariaten Analysen relativ deutliche Zusammenhänge zwischen allen drei Statusindikatoren und der subjektiven Gesundheit zeigten, verringerten sich diese Effekte bei der Einführung von soziodemografischen Merkmalen und psychosozialen Einflussfaktoren deutlich. Aus diesen Ergebnissen ließ sich folgern, dass der direkte Einfluss von Indikatoren „vertikaler" sozialer Ungleichheit auf die subjektive Gesundheit im Alter gering ausfiel. Es war vielmehr von einem indirekten Effekt des sozialen Status auf die subjektive Gesundheit auszugehen, den die sozial ungleiche Verteilung von psychosozialen Belastungen und Ressourcen vermittelte (vgl. Knesebeck 2000, S. 270).

In einer deutsch-amerikanischen Vergleichsstudie untersuchten Knesebeck und Kollegen den Zusammenhang zwischen sozioökonomischer Ungleichheit, sozialen Beziehungen und den verschiedenen Gesundheitssystemen auf die Gesundheit von über 60jährigen. Die Autoren kamen zum Ergebnis, dass sowohl in Deutschland als auch in den USA ein Zusammenhang zwischen dem sozioökonomischen Status und der Gesundheit alter Menschen bestand. Neben den drei klassischen Statusindikatoren „vertikaler" sozialer Ungleichheit berücksichtigten die Wissenschaftler Angaben zum aktuellen Anlagevermögen und dem Wohneigentum als alternative Statusindikatoren. Da diese Indikatoren in der Lage sind, kumulative materielle Benachteiligungen über den Lebenslauf abzubilden, nahmen die Autoren der Studie an, dass sie den spezifischen Lebensbedingungen alter Menschen in besonderer Weise gerecht würden (vgl. Knesebeck 2002, S. 225). Das Äquivalenzeinkommen wies in Deutschland die stärksten statistischen Zusammenhänge mit den untersuchten Gesundheitsvariablen (subjektive Gesundheit, Depressivität, funktionale Einschränkungen in der Bewältigung alltäglicher Aktivitäten) auf. Dieser Zusammenhang blieb auch nach Kontrolle der gesundheitlichen Einflüsse aller anderen Statusindikatoren im statistischen Modell erhalten. Für das Bildungsniveau, die (letzte) berufliche Stellung, das Wohneigentum und das Anlagevermögen ergaben sich in multiplen statistischen Modellen nur noch relativ schwache und inkonsistente Zusammenhänge (vgl. Knesebeck u.a. 2003, S. 1643; Knesebeck 2005, S. 133).

Anhand der Daten der 1. Welle des Deutschen Alters-Surveys aus dem Jahre 1996 analysierten Kohli u.a. den Zusammenhang zwischen der Schichtzugehörigkeit des Haushalts – operationalisiert auf der Grundlage der aktuellen oder letzten beruflichen Stellung der 40- bis 85jährigen – und der selbst eingeschätzten Gesundheit sowie den funktionalen Einschränkungen bei der Erfüllung alltäglicher Aufgaben. Sie konstatierten deutliche Schichtdifferenzen für beide Gesundheitsindikatoren, wobei Angehörige der oberen Sozialschicht seltener durch gesundheitliche Einschränkungen in der zweiten Lebenshälfte behindert waren und auch ihren Gesundheitszustand besser bewerteten als Angehörige der Unterschicht (vgl. Kohli u.a. 2005, S. 326). Die Autoren dieser Studie zeigten ebenfalls, dass der Grad gesundheitlicher Ungleichheiten, d.h. die gesundheitsbezogene Schere zwischen Unter- und Oberschicht, im Altersgang mehr oder weniger unverändert blieb. Dementsprechend wiesen die Angehörigen der Oberschicht in der Altersgruppe der 70- bis 85jährigen den vergleichsweise besten gesundheitlichen Zustand auf. Diese Ergebnisse sprachen somit für eine Kontinuität schichtabhängiger Gesundheitschancen über den Lebenslauf, weshalb die obige Altersgruppe – aufgrund der höheren Prävalenz morbider Zustände im hohen Lebensalter – für einen Großteil der beobachteten gesundheitlichen Ungleichheiten innerhalb der Stichprobe verantwortlich war (vgl. Kohli u.a. 2005, S. 330f.).

In einer Querschnittanalyse der Daten des „Survey of Health, Ageing and Retirement in Europe" (SHARE) zeigten sich konsistente Zusammenhänge zwischen der subjektiven gesundheitlichen Lebensqualität und dem Äquivalenzeinkommen, der Vermögenssituation, der schulischen und beruflichen Bildung und dem Automobilbesitz in der Gruppe der 50jährigen und Älteren in 10 europäischen Ländern. Die Stärke der sozioökonomischen Differenzen gesundheitlicher Lebensqualität im höheren Lebensalter variierte zwischen den Ländern, wobei diese in Deutschland vergleichsweise stark ausgeprägt waren (vgl. Knesebeck u.a. 2007, S. 278). In Übereinstimmung mit den Annahmen der Akkumulationsthese stellten Knesebeck u.a. im Rahmen dieser Analyse eine Zunahme gesundheitlicher Ungleichheit nach Bildungsniveau für die Altersgruppe der über 65jährigen im Vergleich zur Gruppe der 50- bis 64jährigen fest (vgl. Knesebeck u.a. 2007, S. 275).[18]

Da die SHARE-Kohorte über sehr detaillierte Informationen zum gesundheitlichen Zustand der über 50jährigen in mehreren europäischen Ländern verfügt, berechneten die Autoren einer recht aktuellen Untersuchung hieraus einen sogenannten „Gesundheitsindex", der sowohl subjektive, als auch funktionale und „objektive" Aspekte der Gesundheit (bspw. chronische Erkrankungen) bündelte. Die Studie hatte das Ziel, das Ausmaß bildungsbezogener Ungleichheiten der Gesundheit der über 50jährigen in international vergleichender Perspektive umfassend zu untersuchen. Sie wies einen bildungsbezogenen Gradienten des Gesundheitsindex auch für die deutsche Stichprobe nach, wobei das Ausmaß dieser gesundheitlichen Ungleichheiten im internationalen Vergleich in der unteren Hälfte lag (vgl. Jürges 2009, S. 162).[19]

Anhand der Daten des im Jahre 2003 durchgeführten telefonischen Gesundheitssurveys untersuchten Saß und Kollegen die Frage nach der Kontinuität sozialer Ungleichheiten der gesundheitlichen Lebensqualität bei älteren Menschen, die zum Befragungszeitpunkt mindestens 50 Jahre alt waren. Die Ergebnisse wiesen insgesamt auf fortbestehende gesundheitliche Ungleichheiten im hohen Lebensalter hin, auch wenn die Autoren der Studie nach Altersgruppen und Geschlechtszugehörigkeit teilweise unterschiedliche Zusammenhänge beobachteten. So verringerten sich u.a. die Assoziationen zwischen sozialer Schichtzugehörigkeit und der körperlichen Dimension des gesundheitlichen Wohlbefindens mit zunehmendem Alter sowohl bei Männern als auch bei Frauen. Im Gegensatz

[18] Eine jüngst publizierte Studie auf der Grundlage der ersten Welle der deutschen Teilstichprobe der SHARE-Kohorte aus dem Jahr 2004 kam im Hinblick auf den Zusammenhang zwischen sozialer Ungleichheit und Aspekten der gesundheitlichen Versorgung älterer Menschen zu inkonsistenten Ergebnissen. So nahmen über 50jährige Angehörige höherer Statusgruppen (gemessen über Bildungsniveau, Äquivalenzeinkommen und Geldvermögen) häufiger an Screening- und Vorsorgeuntersuchungen (Mammografie, Darmspiegelung und Augenuntersuchung) teil als Angehörige unterer Statusgruppen. Höhere Statusgruppen wurden allerdings von ihrem Hausarzt unabhängig von der Anzahl chronischer Erkrankungen und der Anzahl der Arztbesuche in den letzten 12 Monaten wesentlich seltener Fragen des „Geriatrischen Assessment" (bspw. Kontrolle des Gleichgewichts, Medikamentengebrauch oder körperlicher Betätigung) gestellt als Angehörigen unterer Statusgruppen (vgl. Knesebeck/Mielck 2009, S. 44f.).

[19] Die größten bildungsbezogenen Ungleichheiten der Gesundheit beobachtete Jürges in Frankreich und Großbritannien, während der soziale Gradient in der schweizer Stichprobe der SHARE-Kohorte am vergleichsweise geringsten ausgeprägt war (vgl. Jürges 2009, S. 162). Gemessen anhand des sogenannten „Konzentrationsindex" war die bildungsbezogene Ungleichheit der Gesundheit in England ungefähr doppelt so groß wie diejenige in der Schweiz (vgl. Jürges 2009, S. 170).

dazu zeigte sich bspw. beim psychischen Wohlbefinden sogar eine Verstärkung gesundheitlicher Ungleichheit in der ältesten Altersgruppe der über 70jährigen. Bei den älteren Frauen waren schichtassoziierte, gesundheitliche Ungleichheiten im Allgemeinen stärker ausgeprägt als bei den Männern (vgl. Saß/Lampert/Ellert 2008, S. 1379ff.).

Da es sich hierbei – wie auch bei den übrigen bislang präsentierten Studien – um Querschnittdaten handelt, ermöglichte die Untersuchung keine Aussagen zur Veränderung des sozialen Schichtgradienten auf der Basis individueller Dynamiken gesundheitlicher Lebensqualität im Altersgang. Die Studie konnte daher nicht klären, ob es sich bei den beobachteten Verläufen tatsächlich um Alters- bzw. Lebenszykluseffekte oder vielmehr um Kohorteneffekte handelte. Um diesen Einflüssen nachzugehen, sind Längsschnittdaten diachron angelegter (Kohorten-)Studien nötig (vgl. Diekmann 2001, S. 282f.).

In einer kürzlich erschienenen, umfangreichen Längsschnittanalyse von Daten der Gmünder Ersatzkasse untersuchte Borchert die Effekte der Schichtzugehörigkeit (gemessen anhand der Magnitude-Prestigeskala nach Wegener) und des sozioökonomischen Status (formales schulisches und berufliches Bildungsniveau und berufliche Stellung) im Hinblick auf Herz-Kreislauf- und Krebserkrankungen, des Risikos der Pflegebedürftigkeit sowie des Mortalitätsrisikos bei einer Kohorte älterer Menschen, die zu Beginn der Erhebung mindestens 45 Jahre alt waren. Sowohl für Herz-Kreislauf- und Krebserkrankungen als auch hinsichtlich der Pflegebedürftigkeit wies diese Studie sozioökonomische Ungleichheiten nach. In multiplen statistischen Modellen blieb trotz Kontrolle einiger schwerwiegender gesundheitlicher Beeinträchtigungen, wie bspw. sonstige chronische Erkrankungen oder Multimorbidität, die gesundheitliche Ungleichheit in der Studienkohorte im Hinblick auf Herz-Kreislauf- und Krebserkrankungen bis zum Ende des Lebenslaufs bestehen (vgl. Borchert 2008, S. 262). Die Studie bestätigte als bis dato erste in Deutschland den generellen Zusammenhang zwischen sozialer Ungleichheit und der Morbidität bzw. der Pflegebedürftigkeit durch ereignisanalytische Methoden auf der Grundlage von Längsschnittdaten (vgl. Borchert 2008, S. 177ff.).

2.2 Diskussion des Forschungsstandes

Angesichts der demografischen Entwicklung und den Belastungen, die insbesondere im Gesundheits- und Pflegesektor zu erwarten sind, ist es verwunderlich, dass alte Menschen jenseits des 65. Lebensjahres in der wissenschaftlichen Diskussion über den Zusammenhang zwischen sozialer Ungleichheit und Gesundheit eine vergleichsweise wenig beachtete Rolle spielen (vgl. Knesebeck/Schäfer

2009, S. 256; Knesebeck 2005, S. 36; Lampert 2000, S. 161). Zusammenfassend lassen die bislang in Deutschland durchgeführten Studien zur sozialen Ungleichheit der Morbidität alter Menschen den Schluss zu, dass Gesundheitschancen und Krankheitsrisiken auch in diesen Altersgruppen nicht ausschließlich durch biologische (Alterungs-)Prozesse bestimmt sind, sondern auch maßgeblich sozioökonomischen Determinanten folgen, die in enger Verbindung mit den berufsnahen Dimensionen „vertikaler" sozialer Ungleichheit bzw. dem sozialen Schichtungsgefüge stehen. Dabei handelte es sich – wie auch im mittleren Erwachsenenalter – im Allgemeinen um einen positiven statistischen Zusammenhang: Je höher der sozioökonomische Status – gemessen anhand von Indikatoren des materiellen Wohlstandes, des formalen Bildungsniveaus oder der, in diesen Altersgruppen in aller Regel der ehemaligen, beruflichen Stellung –, desto besser der subjektive, funktionale, physische oder psychische Gesundheitszustand im hohen Lebensalter (vgl. Mayer/Wagner 1996; Lampert 2000; Knesebeck u.a. 2003; Knesebeck 2005; Knesebeck u.a. 2007; Kohli u.a. 2005; Borchert 2008, S. 262ff.; Lampert/Kroll/Dunkelberg 2007, S. 16).[20]

Unter den Theoretikern sozialer Ungleichheit im Alter und in der Sozialgerontologie besteht weitgehend Konsens, dass eine diachrone, lebenslaufbezogene Perspektive eine wesentliche Voraussetzung ist, um Phänomene sozialer Ungleichheiten im hohen Lebensalter angemessen erfassen zu können (vgl. Kohli

[20] Dies entspricht auch den Befunden internationaler sozialepidemiologischer Studien. In der internationalen „Health Inequalities"-Forschung existieren – ganz im Gegensatz zu einer bisweilen bemängelten Vernachlässigung sozial ungleicher Morbidität alter Menschen (vgl. Huisman 2008, S. 359; Artazcoz/Rueda 2007, S. 466; Asthana/Halliday 2006, S. 475; Khaw 1999, S. 33) – eine Vielzahl empirischer Arbeiten zu diesem Thema. Vor allem in Großbritannien, den skandinavischen Ländern und den USA hat sich in den letzten ein- bis zwei Jahrzehnten ein einschlägiger Forschungsstrang entwickelt. Auch wenn die Ergebnisse dieser Studien länderspezifisch oder in Abhängigkeit der verwendeten Indikatoren des sozioökonomischen Status bzw. der Morbidität variieren, weisen sie auch in dieser Lebensphase auf einen statistischen Zusammenhang zwischen den unterschiedlichen Indikatoren des sozioökonomischen Status und der Morbidität hin. Es existiert offenbar ein sozioökonomischer Gradient der Gesundheitschancen im Alter in allen entwickelten Gesellschaften, in denen entsprechende Studien durchgeführt worden sind (vgl. hierzu u.a. Arber/Ginn 1993, S. 33; Victor 1991, S. 37; Melzer u.a. 2000, S. 286; Grundy/Glaser 2000, S. 156; Grundy/Holt 2000, S. 1071; Grundy/Sloggett 2003, S. 942; Jagger u.a. 2007, S. 364; Adamson/Ebrahim/Hunt 2006, S. 977; Frank u.a. 2003, S. 2320; Smith/Kington 1997, S. 163; Cairney/Arnold 1996, S. 202; Melzer u.a. 2001, S. S299; Liao u.a. 1999, S. 571; Avlund/Damsgaard/Olser 2004, S. 212; Dahl/Birkelund 1997, S. 879; Rautio/Heikkinen/Heikkinen 2001, S. 172; Rautio/Heikkinen/Ephrahim 2005, S. 2405; Rahkonen/Takala 1998, S. 511; Thorslund/Lundberg 1994, S. 66; Amaducci u.a. 1998, S. M487f.; Knurowski u.a. 2005, S. 182; Stelmach u.a. 2004, S. 439; Huisman/Kunst/Mackenbach 2003, S. 867ff.; Kaplan u.a. 2008, S. 1101; Huisman u.a. 2005b, S. 1060ff.; Tsimbos 2010, S. 9ff.). Auch die Ergebnisse von Mehrebenenanalysen wiesen einen Zusammenhang zwischen räumlicher Deprivation und individuellen Statusindikatoren mit dem subjektiven und funktionalen Gesundheitszustand alter Menschen nach (vgl. Matthews/Jagger/Hancock 2006, S. 2497; Breeze u.a. 2005, S. 282; Alwan u.a. 2007, S. 356; Matthews u.a. 2005, S. 1571).

1990, S. 399; Clemens 2008, S. 22; Lasch/Reimann/Backes 2006, S. 15f.; Huisman 2008, S. 377f.). Dies gilt in gleicher Weise auch für sozial bedingte gesundheitliche Ungleichheiten. Studien, die sich mit dynamischen Aspekten sozial bedingter gesundheitlicher Ungleichheiten im Lebenslauf im Sinne eines gleichbleibenden Einflusses der Schichtzugehörigkeit (*Kontinuitätsthese*), einer Abnahme (*Destrukturierungsthese*) oder einer Zunahme des sozialen Gradienten im Alter (*Akkumulationsthese*) beschäftigen (vgl. Abschnitt 2.1.1), sind in der deutschsprachigen Forschung bislang jedoch recht selten. Dies ist vor allem der Tatsache geschuldet, dass – mit Ausnahme einer jüngeren Studie (vgl. Borchert 2008) – die bisherigen Arbeiten auf Querschnittdaten basieren, die nicht in der Lage sind, individuelle lebenszeitliche Dynamiken nachzuzeichnen.

Hinsichtlich der Dynamik gesundheitlicher Ungleichheit im Sinne der drei oben genannten Thesen liegen für Deutschland uneinheitliche Ergebnisse vor. Die Ergebnisse dieser Studien sprechen – je nach verwendeten Gesundheits- bzw. Sozialstatusindikatoren – sowohl für eine relative Kontinuität der relevanten Dimensionen und des Ausmaßes des sozialen (Schicht-)Gradienten als auch für Kumulations- und Nivellierungsprozesse sozial ungleicher Gesundheitschancen alter Menschen (vgl. Mayer/Wagner 1996; Lampert 2000; Kohli u.a. 2005).[21] Die vorliegenden empirischen Ergebnisse weisen darauf hin, dass generalisierende Aussagen über die Veränderungen der Struktur und Wirkung von sozialer Ungleichheit mit zunehmendem Alter für die deutsche Bevölkerung bislang nur sehr eingeschränkt möglich sind. Jede dieser Thesen bildet offenbar einen wesentlichen Ausschnitt des sozialen Ungleichheitsgeschehens im hohen Lebensalter ab. Eine Gemengelage von Kontinuität, Kumulation und Destrukturierung entspricht in verschiedenen Lebensbereichen – auch von Gesundheit und Krankheit – daher wahrscheinlich am ehesten der sozialen Wirklichkeit (vgl. Knesebeck 2005, S. 24; Knesebeck/Schäfer 2009, S. 255). Die empirischen Ergebnisse lassen daher den Schluss zu, dass die drei Hypothesen nicht als konkurrierende,

[21] Empirische Befunde aus der internationalen Sozialepidemiologie sprechen demgegenüber zumeist von einer Verringerung relativer sozialer Ungleichheiten der Morbidität jenseits des Rentenalters, wobei selektiver Mortalität – sofern diese sie als Einflussfaktor untersuchten – eine eher geringe Erklärungskraft zukam (vgl. Herd 2006 S. 389; Beckett, 2000 S. 114; House/Kessler/Herzog 1990 S. 398; Breeze/Sloggett/Fletcher 1999a S. 265f.; Bajekal, 2005 S. 23; Huisman/Kunst/Mackenbach 2003 S. 869f.; Huisman, 2008 S. 369; House u.a. 1994 S. 221; Knurowski u.a. 2005 S. 182; Robert u.a. 2009 S. 386 sowie zum Teil auch Befunde von McMunn/Nazroo/Breeze 2009 S. 185). Einige empirische Studien aus Großbritannien, den USA und Kanada stützten allerdings auch die Annahmen der Kumulationsthese, d.h. einer Zunahme gesundheitlicher Ungleichheiten im hohen Lebensalter (vgl. hierzu Breeze u.a. 2001 S. 280; Chandola u.a. 2007 S. 994; Sacker u.a. 2005 S. 498f.; Ross/Wu 1996 S. 115; Prus, 2007 S. 282ff.).

sondern als komplementäre Ansätze zur Beschreibung unterschiedlicher Aspekte des komplexen Ungleichheitsgeschehens zu sehen sind.[22]

Die bislang aufgeführten Konzepte und Befunde beziehen sich auf den ersten Schritt des „Public Health Action Cycles", also auf die Beschreibung sozialer Ungleichheiten der Gesundheitschancen alter Menschen. Welche konzeptionellen und empirischen Ansätze finden sich in der Literatur darüber hinaus zur *Erklärung* des sozialen (Schicht-)Gradienten im hohen Lebensalter? Die Durchsicht der vorliegenden Studien erhärtet die bereits weiter oben geäußerte Vermutung, dass die empirischen Evidenzen und altersspezifische Konzepte, die als Grundlage möglicher Erklärungsansätze dienen können, insgesamt sowohl in der nationalen als auch in der internationalen Forschung spärlich sind.

So wurden in der Fachdiskussion zu sozial ungleichen Gesundheitschancen alter Menschen mitunter sogenannte „mechanistische" und „konzeptionelle" Erklärungen als komplementäre Typen von Erklärungsansätzen unterschieden (vgl. Huisman 2008, S. 371). Erstere setzen zumeist bei einer differenzierten Beschreibung der abhängigen Variable in Vorfeld statistischer Analyse an, um gesundheitliche Ungleichheiten zu erklären. So analysierte bspw. eine europäische Vergleichsstudie zur Erklärung bildungsbezogener Ungleichheiten der Gesamtmortalität älterer Bevölkerungsgruppen den Einfluss spezifischer Todesursachen, wie Herz-Kreislauf-Erkrankungen, bösartiger Neubildungen (Krebserkrankungen) usw. separat (vgl. Huisman 2008, S. 272f.).

„Konzeptionelle" Erklärungsansätze setzen bei der unabhängigen Variablen – zumeist bei einem oder mehreren Indikatoren des sozioökonomischen Status – an und versuchen, über mehrere Determinanten eine kausale Kette bis zu einem bestimmten gesundheitlichen Zielzustand zu rekonstruieren. Diese Ansätze stützen sich in erster Linie auf die statistische Kontrolle potenzieller Störgrößen, d.h. konfundierender Variablen, von denen man annimmt, dass sie sowohl sozial ungleich verteilt sind als auch einen bestimmten gesundheitlichen Zustand ursächlich beeinflussen. Ein typisches Beispiel solcher Störgrößen sind gesundheitliche Risikoverhaltensweisen wie das Rauchverhalten, der Konsum alkoholischer Getränke und das Ausmaß körperlicher Aktivität. Quantitative empirische Studien untersuchen diese Variablen zumeist in komplexen statistischen Modellen auf ihre Erklärungskraft (vgl. Huisman 2008, S. 371ff.).

---

[22] Ganz in diesem Sinne definierte eine US-amerikanische Studie die Akkumulationshypothese als Mechanismus, der ausschließlich auf der Personenebene (Mikroebene) wirksam ist, während die Destrukturierungsthese einen Aggregateffekt (Makrobene) beschreibt. Diese These untersuchte die Studie auf der Grundlage der NHANES-I-Kohorte im Längsschnitt. Die Ergebnisse stützen die Annahmen einer nach sozialen Ebenen differenzierten komplementären Wirksamkeit der Akkumulations- und der Destrukturierungsthese (vgl. Dupre 2007, S. 7ff.).

Vertreter dieses „konzeptionellen" Erklärungsansatzes diskutieren weiterhin gesundheitsbezogene Einflüsse in früheren Lebensphasen, die Wirkung berufsvermittelter Lebensbedingungen bzw. Belastungen, die Qualität und das Ausmaß sozialer Unterstützung, psychosoziale Belastungen und Ressourcen, Aspekte des Wohnumfeldes als auch den Einfluss gesundheitsbezogener Verhaltensweisen als potenzielle Ursachen ungleicher Gesundheitschancen alter Menschen (vgl. Huisman 2008, S. 375; Asthana/Halliday 2006, S. 478; Knesebeck 2000, S. 263). Hier kristallisieren sich Bezugspunkte zu mehreren klassischen und neueren sozialepidemiologischen Erklärungsansätzen heraus, die zum Teil bereits in den 1980er Jahren die Autoren des sogenannten „Black Report" erstmals zusammenführten und diskutierten:[23] den *sozialstrukturell-materiellen* Ansatz (bspw. berufsvermittelte Lebensbedingungen, Wohnumfeld), den *kulturell-verhaltensbezogenen* Erklärungsansatz (vgl. Black u.a. 1992, S. 105ff.), den *psychosozialen* Ansatz (Distresserfahrungen und Ressourcen im Umgang mit diesen Belastung) und die *Lebenslauf-Perspektive* als konzeptioneller Rahmen der lebenszeitlichen Entwicklung gesundheitlicher Ungleichheiten (vgl. Richter/Hurrelmann 2009, S. 21ff.).

Kritisch ist bei „mechanistischen" und „konzeptionellen" Erklärungsansätzen anzumerken, dass sie zumindest indirekt den Annahmen der sogenannten „*Kausations*- bzw. *Verursachungshypothese*" folgen. Diese These geht davon aus, dass bestimmte Faktoren, die typischerweise mit einer benachteiligten sozioökonomischen Lage einhergehen, ursächlich für bestimmte Krankheiten verantwortlich sind (vgl. Richter/Hurrelmann 2009, S. 21). Einen umgekehrten Kausalzusammenhang im Sinne der sogenannten „*Drift*- bzw. *Selektionshypothese*", wonach schwerwiegende chronische Erkrankungen soziale Abstiegsprozesse in Gang setzen, die sich in Arbeitslosigkeit, unfreiwilliger Frühverrentung und prekären materiellen wie sozialen Verhältnissen manifestieren (vgl. Abschnitt 5.1.2), berücksichtigen beide Erklärungsansätzen zumindest nicht ausdrücklich.

---

[23] Mittlerweile liegen zahlreiche allgemeine und spezielle Erklärungsmodelle ungleicher Gesundheitschancen vor, welche einige der hier genannten Erklärungsansätze in einen theoretischen Rahmen zusammenführen. Unter allgemeinen Erklärungsmodellen werden Ansätze verstanden, die den generellen Zusammenhang zwischen sozialer Ungleichheit und Gesundheit inklusive vermittelnder Faktoren darzustellen suchen. Hierzu existieren eine Vielzahl recht ähnlicher Modelle aus dem In- und Ausland (vgl. hierzu u.a. Mackenbach 2006, S. 32; Behrens 2009, S. 61; Jungbauer-Gans/Gross 2009, S. 91; Lahelma u.a. 2008, S. 151ff.; Mielck 2005, S. 53). Spezielle Erklärungsmodelle beziehen sich auf Teilaspekte gesundheitlicher Ungleichheiten bzw. spezielle soziale Gruppierungen. Beispiele für solche speziellen Ansätze sind Modelle zur Erklärung gesundheitlicher Ungleichheiten unter Heranwachsenden (vgl. Lampert/Richter 2009, S. 219) sowie geschlechtsdifferenzierte Modelle (vgl. Babitsch 2009, S. 294).

Dieses Defizit wirkt sich gerade im Hinblick auf die Möglichkeiten der Erklärung sozial bedingter gesundheitlicher Ungleichheiten im höheren Lebensalter nachteilig aus. Falls Gesundheit bzw. Krankheit im Alter als Ergebnis des Zusammenwirkens unterschiedlicher gesundheitlicher Ressourcen und Risikofaktoren über einen längeren Zeitraum hinweg verstanden wird, bedarf eine solche Erklärung der expliziten Konzeptionalisierung der vielfältigen Wechselwirkungen zwischen Gesundheit und sozialer Ungleichheit über den Lebenslauf (vgl. Huisman 2008, S. 377f.). Im Rahmen einer solchen Lebenslauf-Perspektive löst sich die klare Unterscheidung zwischen Kausation und Selektion auf. Gesundheit und Krankheit können in einem solchen diachronen Modell nicht mehr ausschließlich als kausale Folgen sozialer Prozesse verstanden werden, sondern als dynamische Komponenten der Lebenslage, die u.a. Einfluss auf den sozioökonomischen Status oder das Ausmaß und die Qualität des sozialen Netzwerks eines Menschen nehmen (vgl. Dragano/Siegrist 2009, S. 190f.). „Mechanistische“ und „konzeptionelle“ Erklärungsmodelle sozial bedingter gesundheitlicher Ungleichheiten im Alter stehen demnach gegenwärtig vor der Herausforderung, die theoretischen Annahmen der Kausations- und Selektionshypothese als komplementäre Konzepte in eine übergeordnete Lebenslauf-Perspektive zu integrieren. Die wenigen derzeit vorliegenden empirischen Ergebnisse aus Deutschland deuten darauf hin, dass der *psychosoziale* Erklärungsansatz eine Rolle bei der „konzeptionellen“ Erklärung des sozialen Gradienten ungleicher Gesundheitschancen im Alter spielt (vgl. Knesebeck 2000, S. 270). Allerdings beruhen auch diese Ergebnisse auf Querschnittdaten und lassen daher keine Rückschlüsse auf kausale Wirkungsmechanismen zu.

In Deutschland liegt derzeit nur eine Studie vor, die auf der Basis von Längsschnittdaten Aussagen über ursächliche Einflüsse ermöglicht. Die Ergebnisse dieser Studie verweisen auf die Bedeutung der *Kausationshypothese* bei der Erklärung des Ungleichheitsgeschehens.[24] Eine manuelle berufliche Tätigkeit

---

[24] Die internationale Forschung untersuchte die Annahmen des materiellen und des kulturell-verhaltensbezogenen Erklärungsansatzes anhand einer kanadischen Stichprobe über 65jähriger. Die Ergebnisse stützten die Annahmen des materiellen Erklärungsansatzes, wobei sich das aktuelle Äquivalenzeinkommen als wichtigste Determinante des Gesundheitszustandes erwies. Gesundheitliche Risikoverhaltensweisen hatten lediglich eine geringe Erklärungskraft im Hinblick auf sozial ungleiche Gesundheitschancen (vgl. Cairney/Arnold 1996, S. 202). Für den materiellen Erklärungsansatz sprechen auch die Ergebnisse einer britischen Studie, die den Erklärungsanteil psychosozialer und materieller Faktoren im Zusammenhang mit der sozialen Ungleichheit der funktionalen Gesundheit bei über 63jährigen untersuchte (vgl. Adamson/Ebrahim/Hunt 2006, S. 977). Zu anderen Ergebnissen kam die Analyse niederländischer Längsschnittdaten 55- bis 85jähriger Studienteilnehmer. In der Altersgruppe der 55- bis 70jährigen zeigte sich eine hohe Erklärungskraft gesundheitlicher Verhaltensweisen (BMI, körperliche Aktivität) für die Assoziation des sozioökonomischen Status mit Aspekten der funktionalen Gesundheit. Bei den über 70jährigen hatten psychosoziale Faktoren die höchste Erklärungskraft im Hinblick auf ungleiche Gesundheitschancen (vgl. Koster u.a. 2006, S. 5).

während des Erwerbslebens, ein geringes formales Bildungsniveau sowie die Zugehörigkeit zu einer unteren sozioökonomischen Statusgruppe waren ursächlich für einen vergleichsweise schlechteren gesundheitlichen Zustand im Alter zwischen 45 und 85 Jahren verantwortlich (vgl. Borchert 2008, S. 262f.). Auch wenn die Studie diese wichtigen Ergebnisse in diachroner Perspektive präsentierte, so fehlte doch der Bezug zu den in der „Health Inequalities"-Forschung diskutierten allgemeinen Erklärungsansätzen und deren spezifischen Leistungsfähigkeit für die Erklärung ungleicher Gesundheitschancen in diesen Altersgruppen. Welche dieser Erklärungsansätze, die wie weiter oben beschrieben u.a. unterschiedliche personenbezogene sowie soziale und ökologische Gesundheitseinflüsse berücksichtigen, für die Erklärung der gefundenen Zusammenhänge in Frage kommen, behandelte diese Studie nicht.

Insgesamt sind somit – weniger bei der Beschreibung statistischer Zusammenhänge zwischen Aspekten der sozioökonomischen Lage und des gesundheitlichen Zustandes – als vielmehr im Hinblick auf die Erklärung des sozialen Gradienten der Morbidität alter Menschen sowohl erhebliche konzeptionelle als auch empirische Forschungslücken zu konstatieren, was sich derzeit in einem Ungleichgewicht zwischen beschreibender und erklärender Forschung niederschlägt (vgl. Klein/Unger 2006, S. 145; Knesebeck/Schäfer 2009, S. 260; Knesebeck 2005, S. 40; Mackenbach 2006, S. 9; Knesebeck u.a. 2003, S. 1648f.). Dies gilt sowohl für die deutsche als auch für die internationale Forschung. Diese Verzerrung ist teilweise der Datenlage geschuldet, die bislang nur sehr eingeschränkt methodisch aufwendige Längsschnittuntersuchungen zu möglichen Verursachungszusammenhängen ermöglicht. Andererseits existieren durchaus auch in Deutschland Panelstudien, die bereits begrenzte Einblicke in die Produktions- und Reproduktionsmechanismen gesundheitlicher Ungleichheit im hohen Lebensalter erlauben (vgl. Abschnitt 11.2). Wie das Modell des „Public Health Action Cycles" zeigte, würden gerade solche Forschungen die bereits vorliegenden, beschreibenden Befunde wesentlich ergänzen.

Ebenso schwerwiegend wie die unzureichende Ausschöpfung der bestehenden Datenlage in Bezug auf „erklärende" Fragestellungen ist in diesem Zusammenhang das weitgehende Fehlen eines theoretisch-konzeptionellen Rahmens. Dieses Defizit wirkt sich sowohl bei der Beschreibung als auch bei Ansätzen zur Erklärung des sozialen (Schicht-)Gradienten im Alter aus, tritt aber bei letzteren besonders deutlich zu Tage. Insgesamt ist dieses Problem für weite Teile der atheoretischen, stark quantitativ-empirisch ausgerichteten „Health Inequalities"-Forschung typisch. Insbesondere das Potenzial sozialwissenschaftlicher Theorieansätze ist in diesem Forschungszweig noch kaum ausgereizt (vgl. Bauer/Bittlingmayer/Richter 2008, S. 18). Es handelt sich bei den vorliegenden Studien größtenteils um rein empiristische bzw. „variablensoziologische" (Esser

1999, S. 401) Zugänge. Die statistischen Befunde aus Jahrzehnten deskriptiv angelegter Forschungsarbeiten der allgemeinen „Health Inequalities"-Forschung wurden bislang nicht konsequent in einen übergreifenden ungleichheitssoziologischen Ansatz eingebettet.[25] Dies macht es schwierig, die reichhaltigen und zumeist qualitativ hochwertigen empirischen Befunde sinnvoll zu strukturieren und in einem zweiten Schritt zu speziellen Erklärungs- oder Interventionsansätzen ungleicher Gesundheitschancen alter Menschen zusammenzuführen, welche die Verantwortlichen des Sozial- und Gesundheitswesens dann zur Reduzierung des „Gradienten" nutzen könnten.

2.3 Schlussfolgerungen für die vorliegende Arbeit

Angesichts des gegenwärtigen Forschungsstandes im Bereich der „Health Inequalities"-Forschung ist – vor allem für den engeren Bereich gesundheitlicher Ungleichheiten im hohen Lebensalter – eine ausgeprägte Diskrepanz zwischen Anspruch und Wirklichkeit zu konstatieren: Trotz der immer wieder geäußerten Bekenntnisse, welche die Notwendigkeit erklärender, sowohl (sozial-)theoretisch anschlussfähiger aber nicht zuletzt auch für sozial- und gesundheitspolitische Akteure umsetzbarer Ansätze betonen, gelangte die Forschung während der letzten 30 Jahre kaum über den ersten Schritt des „Public Health Action Cycles" hinaus. Vor dem Hintergrund der Fülle an deskriptiven, in der Summe praktisch gleichlautenden Befunden zur Prävalenz gesundheitlicher Ungleichheiten, sind (sozial-)theoretische bzw. konzeptionelle Impulse, die gleichzeitig praktikable Ansatzpunkte zur Reduzierung des „Gradienten" liefern können, meiner Einschätzung nach längst überfällig. Ein Grund für dieses Defizit ist u.a. in einer zu starren, eingeengten Verwendungsweise von Modellen des sozioökonomischen Status, insbesondere von Schichtungsmodellen zu suchen.

Unabhängig von der Art der zugrunde liegenden Daten (Quer- oder Längsschnittdaten) und ungeachtet dessen, ob Befunde zur zeitlichen Dynamik des Schichtgradienten im Altersgang eine Zu- oder Abnahme oder eine Kontinuität gesundheitlicher Ungleichheiten nahelegen, weisen Schichtungsmodelle ein grundlegendes Defizit auf. Es besteht darin, dass sie zwar wesentliche sozialstrukturelle Determinanten von Gesundheit und Krankheit der deutschen Bevölkerung offenbar auch im Rentenalter beschreiben (vgl. Abschnitt 2.1.2), aber hierüber hinaus keinerlei Hinweise liefern, die zu konkreten *Interventionsmaßnahmen* zur Reduzierung gesundheitlicher Ungleichheiten führen könnten. Daher

[25] Eine Ausnahme hiervon ist die Arbeit von Borchert, welche die Kapital- bzw. Habitus-Theorie Bourdieus als theoretisches Fundament für Phänomene gesundheitlicher Ungleichheiten anführt (vgl. Borchert 2008, S. 72ff.).

haben Schichtmodelle in diesem Bereich zwar eine wesentliche „Orientierungsfunktion", sie tragen jedoch kaum zur Erklärung des Ungleichheitsgeschehens oder zur Entwicklung geeigneter Interventionen bei (vgl. Hradil 2009, S. 41).[26]

Dieses Defizit tritt im Rentenalter in besonderer Deutlichkeit zu Tage. In der „Lebensphase Alter" lässt sich praktisch keines der Schichtmerkmale unmittelbar beeinflussen, da sie bereits in früheren Lebensphasen fixiert wurden. So erwarben die Angehörigen dieser Altersgruppen ihre formalen Bildungsgrade weitgehend in der Jugend und im frühen Erwachsenenalter; die staatlichen Rentenzahlungen und die zur Verfügung stehenden Vermögensbestände als wesentliche Determinanten der materiellen Wohlfahrt alter Menschen bemessen sich im Allgemeinen nach der Höhe und Dauer des Erwerbseinkommens während des aktiven Erwerbslebens; da sich die überwiegende Mehrheit – nach Angaben des Mikrozensus 2005 ungefähr 95% – der gegenwärtig 65jährigen und Älteren in Ost- und Westdeutschland im altersbedingten Ruhestand befinden, bietet die ehemalige berufliche Stellung, das hieran geknüpfte gesellschaftliche Ansehen und die zu früheren Zeitpunkten durchlebten Arbeitsbedingungen ebenfalls keinen gangbaren Ansatzpunkt für gesundheitsbezogene Interventionsmaßnahmen in diesen Altersgruppen.

Aufbauend auf dem im vorigen Abschnitt präsentierten Forschungsstand stehen zukünftige Untersuchungen somit vor der Herausforderung, die recht eindeutigen, schichtungsbezogenen Befunde und die damit eng verbundene beschreibende Perspektive, durch theoretische oder zumindest konzeptionelle Innovationen zu erweitern und – insofern es die derzeitige Datenlage zulässt – diese Konzepte einer empirischen Überprüfung zuzuführen. Die vorliegende Arbeit greift dieses Forschungsproblem unmittelbar auf: *Es soll insbesondere nach theoretisch und empirisch wohlbegründeten und zugleich praktikablen Ansätzen geforscht werden, die geeignet erscheinen, sozioökonomisch bedingte gesundheitliche Ungleichheiten der Morbidität im hohen Lebensalter zu reduzieren.*

Eine Lösung dieses Problems könnte in der schrittweisen Erweiterung sozialschichtbezogener „vertikaler" Dimensionen sozialer Ungleichheit durch ge-

[26] Hinzu kommt, dass sich die „objektiven" Ungleichheiten des Schichtungsgefüges (bspw. Ungleichheiten in der Entlohnung) in Ost- und Westdeutschland seit einigen Jahren auseinander entwickeln (vgl. Weins 2004, S. 14). Ein Trend, der sich auch in der nahen Zukunft fortsetzen dürfte. Unter den heutigen Bedingungen ist diese Dynamik des Schichtungsgefüges durch sozial- und arbeitsmarktpolitische Akteure nur geringfügig gestaltbar. Allenfalls lässt sich die Verschärfung „objektiver" sozialer Ungleichheiten verlangsamen. Aus diesem Grunde ist die Option, durch die Veränderungen bzw. Nivellierung des Schichtungsgefüges (bspw. durch eine Verbesserung der Bildungschancen von Kindern aus Haushalten der sozialen Unterschichten) zu einer Verbesserung der hiervon nur mittelbar beeinflussten Gesundheitschancen zu gelangen, auf absehbare Zeit nicht realistisch (vgl. Schulze 2008, S. 213).

sundheitlich relevante und zugleich intervenierbare „horizontale" Ungleichheiten, wie bspw. Merkmale der jeweiligen Wohnregion oder der Grad sozialer Integration in außerfamiliäre Netzwerke und der Untersuchung der mutmaßlich leichter und kostengünstiger zu beeinflussenden, gesundheitsbezogenen Lebensstile liegen (vgl. Hradil 2009, S. 52). Um die oben angemahnte „variablensoziologische", atheoretische Herangehensweise der meisten empirischen Studien aus dem Bereich der „Health Inequalites"-Forschung zu überwinden, besteht die erste Herausforderung auf dem Weg zur Lösung des Forschungsproblems darin, die u.a. soeben genannten Einflussfaktoren in ein übergreifendes theoretisches Modell zu integrieren. Dieses sollte sowohl die gesundheitlichen Risiken eines benachteiligten sozialen Status als auch gesundheitsrelevante und intervenierbare Ressourcen und deren Wechselwirkungen im Altersgang konzeptionalisieren. In den folgenden Abschnitten geht es daher zunächst darum, einen solchen theoretischen Rahmen zu erarbeiten. Dieser sollte in der Lage sein, gleichermaßen beschreibende und erklärende Aspekte zu integrieren sowie gangbare Ansätze gesundheitsförderlicher Maßnahmen für alte Menschen aus gesundheitlich besonders benachteiligten Sozialschichten aufzuzeigen.

3 Gesundheitliche Resilienz im Alter: Theoretische und konzeptionelle Grundlagen

Ausgangspunkt der theoretischen Überlegungen bilden die in Abschnitt 2 präsentierten Befunde zum sozialen Schichtgradient der Morbidität im hohen Lebensalter. Da in praktisch allen Studien ein mit der Stellung im sozialen Schichtungsgefüge verknüpftes Gefälle gesundheitlicher Lebenschancen und -qualität auch im Rentenalter, d.h. in der Altersgruppe der über 64jährigen zu beobachten ist, stellt vor allem die Zugehörigkeit zu „unteren" bzw. sozioökonomisch relativ benachteiligten Sozialschichten auch in dieser Lebensphase einen gesundheitlichen Risikofaktor dar. Es handelt sich daher bei den Angehörigen „unterer" Sozialschichten typischerweise um gesundheitlich besonders „verwundbare" bzw. vulnerable Bevölkerungsgruppen (vgl. Streich 2009, S. 302f.; Obrist/van Eeuwijk 2006, S. 11; Weiss 2006, S. 26).

Diese Befunde leiten sich in aller Regel aus probabilistischen Zusammenhängen ab, die *graduelle* gesundheitliche Unterschiede auf der Basis gruppenspezifischer Mittelwerte beschreiben. Daher vertrete ich in der vorliegenden Arbeit – in Übereinstimmung mit Ergebnissen eigener Auswertungen des Alters-Surveys[27] – die These, dass es auch in „unteren" Sozialschichten einen gewissen Anteil von Menschen gibt, die eine überdurchschnittlich hohe gesundheitliche

[27] Die Daten der beiden ersten Wellen des Alters-Surveys (1996 und 2002) stellten die Datenhalter am Deutschen Institut für Altersfragen, Berlin freundlicherweise zur Verfügung. Eine ausführliche Beschreibung der bislang realisierten Stichproben, der Methodik und dem Frageprogramm des Alters-Surveys findet sich in Anhang 11.2.1.

Lebensqualität[28] im Alter trotz einer typischerweise gesundheitlich benachteiligenden sozioökonomischen Lage aufrecht erhalten können.[29]

Diese These basiert auf der – durch die Daten des Alters-Surveys 2002 gestützten –Annahme, dass die statistische Variationsbreite zwischen der jeweils „minimalen“ bzw. schlechtesten und der „maximalen“ bzw. besten Ausprägung gesundheitlicher Zustände bzw. gesundheitsbezogener Lebensqualität zwar *innerhalb* der Sozialschichten deutliche Differenzen aufweist (hier als „*intrastratumiäre Differenzen*“ bezeichnet), sich aber entlang der vertikalen Schichtungshierarchie kaum unterscheidet. Diese absoluten Differenzen innerhalb einer bestimmten Statusgruppe sind folglich weitaus größer als die durchschnittlichen, graduellen Abstufungen gesundheitlicher Zustände bzw. des subjektiven, gesundheitsbezogenen Wohlbefindens zwischen den Sozialschichten (sogenannte „*interstratumiäre Differenzen*“), die sich in Form des Schichtgradienten ungleicher Gesundheitschancen manifestieren (vgl. Abbildung 2).

Die Erklärung dieser *intrastratumiären* Differenzen des gesundheitlichen Wohlbefindens alter Menschen könnte somit Hinweise liefern, die zur Verbesserung des gesundheitlichen Niveaus innerhalb der am meisten benachteiligten Sozialschichten beitragen. Gegeben dem Fall, dass die gesundheitlichen Zustän-

---

[28] „Gesundheitliche Lebensqualität“ oder „gesundheitliches Wohlbefinden“ sind mehrdimensionale Konstrukte, die körperliche, kognitive, mentale, soziale und verhaltensbezogene Komponenten des gesundheitlichen Zustandes und des Wohlbefindens aus der subjektiven Sicht der Betroffenen abbilden (vgl. Erhart/Wille/Ravens-Sieberer 2009, S. 337). Somit umfasst die gesundheitliche Lebensqualität gerade im hohen Lebensalter soziale und funktionale Aspekte, die für eine selbstständige Lebensführung mindestens ebenso relevant sind wie objektive Gesundheitsmaße (vgl. Gunzelmann u.a. 2006, S. 110). Aufgrund der hohen Relevanz, die gesundheitliche Lebensqualität für die Beurteilung von Gesundheit und Selbstständigkeit alter Menschen besitzt, wird sie als Indikator der Gesundheit zugrunde gelegt (vgl. die detaillierten Ausführungen in den Abschnitten 4.2f.).

[29] Tatsächlich konnte diese Annahme für eine Reihe selbstberichteter, gesundheitlicher Zustände in der Altersgruppe der über 64jährigen Männer und Frauen mit deutscher Staatsangehörigkeit anhand der Replikationsstichprobe der 2. Welle des Alters-Surveys aus dem Jahre 2002 bestätigt werden. Als Indikator der sozialen Schicht fungierte die letzte berufliche Stellung vor dem Renteneintritt, wobei die Schichteinstufung des Haushalts nach der jeweils höchsten Schicht der beiden (Ehe-)Partner erfolgte. Auf Basis der Berufskategorien des ISCO-88 wurden fünf Sozialschichten unterschieden: Die obere, gehobene, mittlere und untere Mittelschicht sowie die Unterschicht (vgl. Mayer/Wagner 1996, S. 256). Während etwa die Hälfte der Angehörigen aus Haushalten der oberen Mittelschicht eine „sehr gute“ oder „gute“ globale Gesundheit berichteten, war dies bei immerhin noch rund 29% der alten Menschen aus der Unterschicht der Fall. Eine überdurchschnittlich hohe, psychische Gesundheit wurde von etwas mehr als einem Drittel der Angehörigen der Unterschicht berichtet. Freilich lag dieser Anteil in der oberen Mittelschicht bei etwa 64%. Ähnliche Verhältnisse zeigten sich auch im Hinblick auf die funktionale Gesundheit und – mit etwas geringeren Differenzen – beim Grad der subjektiven Beschwerden durch manifeste, chronische Erkrankungen. Offenbar alterte auch ein recht großer Teil von rund einem Drittel bis zu ca. 45% der Menschen aus der untersten Statusgruppe in subjektiver, psychischer, funktionaler und physischer Hinsicht in vergleichsweise guter Gesundheit, wenngleich diese Anteile jeweils deutlich hinter der entsprechenden Quote der gehobenen bzw. oberen Mittelschicht zurückblieben.

de in den privilegierten Statusgruppen konstant bleiben, könnte diese Befunde zu einer Angleichung der Gesundheitschancen und somit zu einer Verringerung des Schichtgradienten genutzt werden.

Abbildung 2: Der modellhafte Zusammenhang zwischen inter- und intrastratumiären Gesundheitsdifferenzen

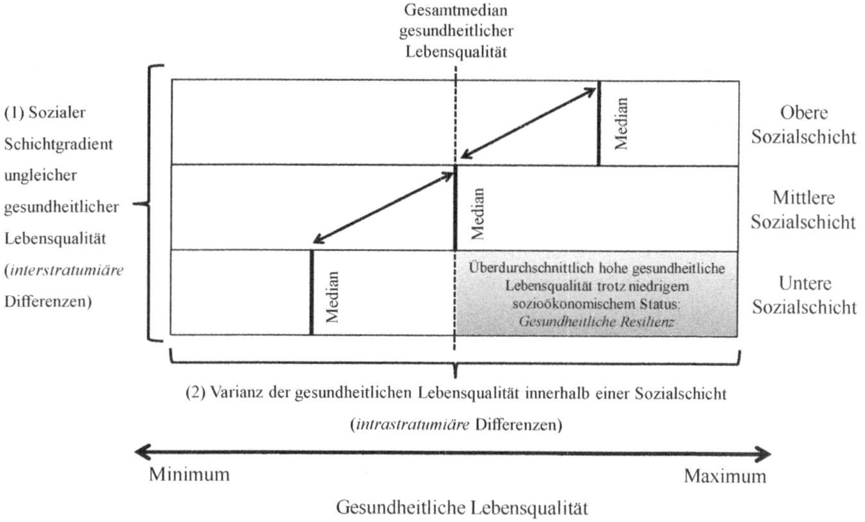

Quelle: Eigene Darstellung

Alte Menschen aus „unteren" sozialen Schichten, die eine überdurchschnittlich hohe gesundheitliche Lebensqualität im Altersgang aufrechterhalten können, zeichnen sich offenbar durch eine besondere, für diese Sozialschichten untypische, gesundheitliche Widerstandsfähigkeit gegenüber schichtassoziierten Belastungen aus. Eine solche Widerstandsfähigkeit wird in salutogenetischen Modellen, die bislang vor allem in der Entwicklungs- und Gerontopsychologie verbreitet sind, als *Resilienz* bezeichnet (vgl. Streich 2009, S. 304; Obrist/van Eeuwijk 2006, S. 12; Wadenpohl 2006, S. 117; Zander 2008, S. 18; Hildon u.a. 2008, S. 728; Haase 2004, S. 342; Abbildung 2).[30]

[30] Da es sich beim Resilienz-Modell um ein junges Konzept handelt, das in den letzten Jahren überwiegend zur Erforschung von Entwicklungsprozessen bei Kindern und Jugendlichen eingesetzt

Die zentrale These dieser Arbeit lautet, dass sich *gesundheitlich resiliente alte Menschen aus sozioökonomisch benachteiligten, „unteren" Sozialschichten durch gesundheitsrelevante, sozialstrukturell verankerte Lebensbedingungen und Lebensweisen, die zumindest teilweise unabhängig von der sozialen Schichtzugehörigkeit sind und die als gesundheitliche Schutzfaktoren wirken, von den gesundheitlich vulnerablen Alten der jeweils gleichen Sozialschicht unterscheiden.*

Das Argument zielt auf die Untersuchung und Beschreibung von Mustern und Wirkungszusammenhängen spezifischer, ganzheitlicher Bündel solcher sozialer Schutzfaktoren (sogenannter „Resilienzkonstellationen"), die ein „erfolgreiches Altern" auch Menschen aus „unteren" Sozialschichten ermöglichen. Hierdurch soll die Untersuchung Ansatzpunkte aufzeigen, die unterschiedliche Akteure zur Verringerung gesundheitlicher Ungleichheiten im hohen Lebensalter nutzen können. Da es sich beim Resilienz-Konzept um einen theoretisch anspruchsvollen, thematisch breit angelegten und interdisziplinären Ansatz handelt, werden im folgenden Abschnitt zunächst dessen konzeptionelle Grundlagen dargelegt, um es in einem weiteren Schritt für den spezielleren Bereich sozial ungleicher Gesundheitschancen alter Menschen fruchtbar zu machen.

3.1 Zum Konzept der Resilienz

Der wissenschaftliche Begriff "Resilienz" leitet sich aus dem französischen Wort "resile" ab, das "zurück- oder abprallen" oder "zurückschlagen" bedeutet (vgl. Felten 2000, S. 105). Ursprünglich wurde der Resilienz-Begriff in der Medizin und der Materialwissenschaft verwendet, wo er die Fähigkeit eines Stoffes oder eines Organs bezeichnet, seine ursprüngliche Form wieder anzunehmen, nachdem es gewissen chemischen und physischen Belastungen (bspw. mechanischem Druck) ausgesetzt war (vgl. Franke 2008, S. 173, Dyer/McGuiness 1996, S. 276; Tarter/Vanyukov 1999, S. 86). Über Forschungsarbeiten zur Entwicklungspsychopathologie im Kindes- und Jugendalter gelangten die beiden synonymen Begriffe *Resilienz* und *Invulnerabilität* ungefähr ab den 1970er Jahren in die angelsächsischen Sozial- und Gesundheitswissenschaften (vgl. Bengel/Strittmaier/Willmann 2001, S. 63; Haase 2004, S. 343; Masten 2001, S. 227; Masten/Obradović 2006, S. 13f.; Loth 2008, S. 5; Patterson 2002, S. 233). Gegen Ende der 1980er Jahre begann sich die Forschung zu Resilienz und protektiven

wurde (vgl. Franke 2008, S. 173ff.), ist es im Bereich gesundheitlicher Ungleichheiten bislang nicht aufgegriffen worden.

Faktoren auch in Deutschland zu etablieren (vgl. Lösel/Bender 2007, S. 57).[31] In den Sozialwissenschaften wird oftmals das Sinnbild eines Stehaufmännchens herangezogen, um die grundlegende Idee des Resilienzkonzeptes zu versinnbildlichen: die Stärke eines Menschen, widrige Lebensbedingungen ohne anhaltende psychische, körperliche oder soziale Beeinträchtigungen zu meistern, indem er auch schwere Belastungen „auspendelt", um mindestens einen allgemeinen Normalzustand wiederherzustellen (vgl. Obrist/van Eeuwijk 2006, S. 12).

Aufgrund der unterschiedlichen wissenschaftlichen Perspektiven, die in der Resilienzforschung zusammenfließen, besteht kein Konsens über die Terminologie, die basalen Mechanismen und spezifischen Grenzen sowie die Operationalisierung des komplexen, mehrdimensionalen Resilienzkonzeptes in empirischen Studien (vgl. Haase 2004, S. 343; Glantz/Sloboda 1999; S. 111; Polk 1996, S. 2f.; Luthar/Cicchetti/Becker 2000a, S. 544f.).[32] Es existiert daher auch keine

---

[31] Bislang können mindestens zwei Phasen der Resilienzforschung unterschieden werden, die sich jeweils durch unterschiedliche konzeptionelle Perspektiven und Forschungsschwerpunkte unterscheiden. Die erste Phase konzentrierte sich auf individuelle psychische und physische Charakteristika von Individuen, die Angesichts widriger Lebensumstände protektiv wirkten. Diese Arbeiten definierten Resilienz als relative fixe individuelle Eigenschaft (sogenannter „trait"). Die zweite Phase der Resilienzforschung erweiterte den Blick um protektive Faktoren bzw. Determinanten, die außerhalb der Person lagen, wie bspw. lebensweltliche soziale Erfahrungen eines Menschen (vgl. Davis/Luecken/Lemery-Chalfant 2009, S. 1638). Die neuere Forschung erweiterte ebenfalls die Perspektive um zusätzliche Risikofaktoren, so bspw. um Indizes des kumulativen Risikos, akuten traumatischen Erfahrungen oder chronische Lebensschwierigkeiten, wie sexuellem Missbrauch oder sozialen Konflikten im nachbarschaftlichen Umfeld sowie Faktoren, die eine spätere Fehlanpassung in der Allgemeinbevölkerung prognostizieren (bspw. geringes Geburtsgewicht) (vgl. Ong/Bergeman/Boker 2009, S. 1778). Auch wurde Resilienz nicht länger ausschließlich als „trait", d.h. als fixes Persönlichkeitsmerkmal, sondern als situationsabhängige Qualität und als Prozess verstanden, der sich im Rahmen einer komplexen Person-Umwelt-Interaktion vollzieht, was die Komplexität des Resilienzkonzeptes deutlich erhöhte (vgl. Fingerle 2007, S. 299). Man ging weiterhin davon aus, dass Resilienz eine Eigenschaft war, die gelernt und aktiv praktiziert werden konnte (vgl. Hildon u.a. 2008, S. 727). Von manchen Autoren wird zusätzlich eine dritte Phase der Forschung genannt, die vor allem auf die Umsetzung der während der zweiten Phase gewonnen Befunde im Rahmen von Präventions- und Interventionsmaßnahmen zur individuellen Förderung von Resilienz abzielte (vgl. Richardson 2002, S. 308f.; Haase 2004, S. 343; Masten/Obradović 2006, S. 14). In der aktuellen Forschung beginnt sich die vierte Phase der Resilienzforschung abzuzeichnen, die sich durch eine systemische Perspektive auf Resilienz und eine Konzentration auf Mehrebenenanalysen auszeichnet (vgl. Masten 2007, S. 922).

[32] So wurde Resilienz bspw. von Autoren, die in einer psychologischen Perspektive forschten, auch als „resiliency" oder „ego-resilience" bezeichnet, um den Charakter dieses Phänomens als relativ fixer, individueller Eigenschaft hervorzuheben (vgl. Luthar/Cicchetti/Becker 2000a, S. 546). In der Entwicklungspsychologie wurden ähnliche Begriffe wie „hardiness", „stress-resistance" oder „ego-strength" zum Teil synonym zum Resilienzbegriff verwendet (vgl. Schoon 2006, S. 16; Tarter/Vanyukov 1999, S. 86). Demgegenüber wurde von Autoren, die einen dynamischen, kontextabhängigen Resilienzbegriff vertreten, vorgeschlagen, Resilienz durch den Begriff „resilition" (vgl. Jacelon 1997, S. 128) bzw. „Anpassungsfähigkeit" zu ersetzen, um den prozessuralen Charakter dieses Phänomens zu verdeutlichen (vgl. Fingerle 2007, S. 300).

allgemein anerkannte Definition von „Resilienz“ (vgl. Loth 2008, S. 4), sondern eine Vielzahl unterschiedlicher Begriffsbestimmungen aus jeweils unterschiedlichen disziplinären Blickwinkeln (vgl. Felten 2000, S. 104; Kaplan 1999, S. 19).[33]

Trotz dieser definitorischen Unterschiede lassen sich zwei Konzepte benennen, die den meisten Resilienz-Definitionen zugrunde liegen und anhand derer Resilienz als zweidimensionales Konstrukt erschlossen werden kann (vgl. Werner 2007b, S. 311):

- Das Vorliegen irgendeiner Art von *bedrohlichem Ereignis* (bspw. Arbeitslosigkeit, Tod des Ehepartners, Unfälle, Naturkatastrophen) bzw. *widriger Lebensumstände* (bspw. Armut oder chronische Krankheit), die ein *Risiko* für eine „normale“ Entwicklung darstellen.
- Mindestens die Abwesenheit dysfunktionaler Zustände (pathogenetische oder störungsspezifische Perspektive), meistens jedoch eine *positive Anpassung* an eine Risikosituation, d.h. eine individuelle Verbesserung bzw. Wachstum (bspw. der psychischen Stabilität oder des gesundheitlichen Wohlbefindens) trotz widriger Lebensbedingungen (salutogenetische Perspektive) (vgl. Haase 2004, S. 344; Luthar/Cicchetti/Becker 2000a, S. 543; Masten 2001, S. 228).[34]

In Anlehnung an diese beiden zentralen Komponenten kann Resilienz im Allgemeinen definiert werden als das *Phänomen einer positiven Anpassung oder Entwicklung angesichts widriger Lebensbedingungen oder -ereignisse.*[35]

Diese Definition verdeutlicht den prozessuralen Charakter der neueren Resilienzbegriffe im Sinne einer positiven Entwicklung. Eine solche perspektivische Ausweitung im Vergleich zu früheren Konzepten, die Resilienz als fixe individuelle Eigenschaft begriffen, hin zu einem dynamischen, kontextabhängigen Resilienzprozess hat auch methodische Konsequenzen. So werden diachrone

[33] Ein weiterer Grund für die Variabilität von Resilienzdefinitionen besteht in der Komplexität der einzelnen Komponenten, aus denen sich der Resilienzbegriff zusammensetzt und den Arten der Wechselwirkungen zwischen Risiko- und Schutzfaktoren und der Zielgröße (bspw. Gesundheitszustände), die ebenfalls nicht einheitlich bestimmt werden (vgl. Kaplan 1999, S. 19).

[34] Dieses Verständnis von Resilienz als zweidimensionalem Konstrukt, das Lebensrisiken und die erfolgreiche Anpassung an diese beinhaltet, findet sich auch bei Davis/Leucken/Lemery-Chalfant 2009, S. 1637; Masten/Obradović 2006, S. 14f.; Wadenpohl 2006, S. 112; Werner 2007a, S. 311; Wustmann 2004, S. 18; Masten 2007, S. 923 sowie Schoon 2006, S. 7f.

[35] Diese Definition knüpft direkt an Vorlagen aus der Literatur an. So definiert Haase Resilienz im Allgemeinen als „...a phenomenon of positive adjustment in the face of adversity“ (Haase 2004, S. 342). Andere Definitionen betonen demgegenüber den Effekt der Wiederherstellung von Funktionsfähigkeit im Sinne eines „Zurückspringens“ oder „Abprallens“ von schwierigen Lebensumständen. In diesen Fällen wird Resilienz als „... the ability to bounce back from adversity“ (Dyer/McGuiness 1996, S. 276; Jacelon 1997, S. 123; Netuveli u.a. 2008, S. 987) verstanden.

Daten aus langfristig angelegten, prospektiven Längsschnittstudien erforderlich, um Resilienz als Prozess abbilden zu können, um die zeitliche Stabilität dieses Phänomens zu untersuchen und um kausale Mechanismen der Entstehung von Resilienz zu beschreiben, die als Ansatzpunkte für praktische Präventions- bzw. Interventionsmaßnahmen genutzt werden können (vgl. Bengel/Strittmatter/Willmann 2001, S. 64; Luthar/Cicchetti/Becker 2000a, S. 555; Glantz/Sloboda 1999, S. 117; Wustmann 2004, S. 45; Masten 1999, S. 292; Rutter 1993, S. 626f.).[36]

Die wesentliche Bedeutung und der heuristische Nutzen des Resilienzkonzeptes bestehen darin, dass es die Variabilität individueller (gesundheitlicher oder psychischer) Prozesse in Personengruppen hervorhebt, die Entwicklungsrisiken ausgesetzt sind. Der Resilienzbegriff lenkt somit den Blick auf die probabilistische Natur von Risiken, da diese nur mit einer bestimmten Wahrscheinlichkeit und keinesfalls zwangsläufig zu einem negativen Ergebnis führen (vgl. Fingerle 2007, S. 300; Tusaie/Dyer 2004, S. 3f.). Für die Gesundheitswissenschaften liegt der Nutzen des Resilienzkonzeptes somit in einer Veränderung bzw. Erweiterung eines pathogenetisch geprägten Blickwinkels im Sinne einer Vermeidung gesundheitlicher Risiken hin zur Diagnose und Stärkung gesundheitsfördernder Ressourcen, die eine gute Gesundheit trotz riskanter Lebenslagen als prinzipiell möglich und – mehr noch – im Rahmen alltäglicher „Resilienzpraxen" als aktiv gestaltbar begreift (vgl. Fingerle 2007, S. 301).

Die meisten Resilienzkonzepte weisen somit eine gemeinsame Perspektive mit dem Modell der Salutogenese auf, das auf die Arbeiten des Medizinsoziologen Aaron Antonovsky aus den 1970er Jahren zurückgeht (vgl. Obrist/van Eeuwijk 2006, S. 12; Tanner 2006, S. 120; Zander 2008, S. 30).[37] Dieses Modell leitete einen allgemeinen Perspektiven- bzw. Paradigmenwechsel in den Human- und Sozialwissenschaften ein, da es den Fokus nicht länger auf krankheitsorientierte, pathogenetische Entwicklungen im Sinne einer Ätiologie von Erkrankungen, sondern auf Prozesse der Entstehung von Gesundheit („Salutogenese") richtete und eine ganzheitliche, d.h. mehrdimensionale und systemische Sichtweise favorisierte (vgl. Wadenpohl 2006, S. 113f.; Wustmann 2004, S. 26; Kaplan 1999, S. 32; Schoon 2006, S. 7). Bei salutogenetisch geprägten Modellen wird nicht nur die Abwesenheit einer Pathologie, sondern ein positiver Zielzu-

---

[36] Von manchen Autoren wird zusätzlich eine Erweiterung der überwiegend quantitativ geprägten Forschung auf qualitative Forschungsansätze im Rahmen von Mixed-Method-Designs eingefordert, um zu einem ganzheitlichen Verständnis individueller Muster von Resilienzkonstellationen zu kommen und die Bedeutung des Zusammenspiels von Risiko- und Schutzfaktoren in der lebensweltlichen Perspektive der Betroffenen nachzuvollziehen (vgl. Wadenpohl 2006, S. 121).

[37] Antonovsky selbst hat sich allerdings nie auf den Begriff der Resilienz bezogen. Beide Forschungsrichtungen haben sich relativ unabhängig voneinander etwa zeitgleich in unterschiedlichen wissenschaftlichen Disziplinen entwickelt (vgl. Bengel/Strittmaier/Willmann 2001, S. 64).

stand bzw. Entwicklung angenommen, der im Allgemeinen mit gesundheitlichem "Wohlbefinden" oder "Zufriedenheit" beschrieben werden kann (vgl. Wadenpohl 2006, S. 117). Antonovskys Modells der Salutogenese erwies sich insbesondere für die soziologisch geprägte Resilienzforschung als wegweisend (vgl. Loth 2008, S. 5).

Die Definition eines solchen „positiven" bzw. „wünschenswerten" Zielzustandes als Ergebnis des Resilienzprozesses ist abhängig vom jeweiligen historischen und kulturellen Kontext und den handlungsleitenden Normen- und Wertvorstellungen (vgl. Kumpfer 1999, S. 212; Masten 2001, S. 229; Schoon 2006, S. 12). Dies stellt jedoch keine spezifische Begrenzung des Resilienzkonzeptes dar (vgl. Dyer/McGuiness 1996, S. 281; Kaplan 1999, S. 31f.), sondern ist für viele sozialwissenschaftliche Begriffe und Phänomene typisch, so bspw. auch für den Bereich sozialer Ungleichheiten. Eine Möglichkeit, in wissenschaftlich angemessener Weise mit solchen wertbehafteten Begriffen umzugehen, wird im sogenannten „Wertfreiheitspostulat" aufgezeigt. Nach diesem Postulat sind nur Sachaussagen intersubjektiv überprüfbar, die sich auf Beziehungen zwischen analytischen Begriffen beziehen, nicht aber Werturteile, die auf eine subjektive Bewertung dieser Begriffe im Sinne von „besser" oder „schlechter" abzielen. Dies bedeutet jedoch nicht, dass wissenschaftlichen Aussagen oder Fragestellungen im „Entdeckungszusammenhang" keinerlei Werthaltungen zugrunde liegen, dass Werte selbst zum Gegenstand wissenschaftlicher Forschung werden können oder dass deren Ergebnisse im „Verwertungszusammenhang" auf nicht-normative Phänomene angewendet werden, wie bspw. zur Reduzierung bestimmter als „ungerecht" empfundener Formen sozialer Ungleichheit (vgl. Lange 2007, S. 726; Schnell/Hill/Esser 2005, S. 87). Eine forschungspraktische Folge des Wertfreiheitspostulats besteht darin, dass der (Sozial-)Wissenschaftler stets deutlich machen sollte, welche seiner Aussagen präskriptiver Natur und damit Wertaussagen und welche Annahmen Sachaussagen sind (sogenanntes Postulat der Wertfreiheit im „Begründungszusammenhang") (vgl. Opp 2005, S. 225; Schnell/Hill/Esser 2005, S. 87). Für Arbeitsdefinitionen „positiver" Anpassung im Rahmen von Forschungsarbeiten zur Resilienz bedeutet dies, dass die Auswahl der Kriterien, die einer solchen Begriffsbestimmung zugrunde liegen, explizit genannt und auf ihre spezifischen Möglichkeiten und Grenzen diskutiert werden sollten (vgl. Schoon 2006, S. 13).

3.2 Risiko- und Schutzfaktoren

Aus der oben angeführten Arbeitsdefinition wurde deutlich, dass das Vorliegen und eine erfolgreiche Bewältigung von (Lebens-)Risiken eine grundlegende

Voraussetzung ist, um überhaupt von Resilienz sprechen zu können. Aus diesem Grunde spielen die Befunde der Risikoforschung eine wichtige Rolle bei der konzeptionellen und empirischen Annäherung an das Phänomen der Resilienz (vgl. Zander 2008, S. 30). Ein Risikofaktor kann allgemein definiert werden als ein Merkmal, das bei einer Gruppe von Menschen, die dieses Merkmal teilen, die Wahrscheinlichkeit des Auftretens einer (gesundheitlichen, emotionalen usw.) Störung im Vergleich zu einer Gruppe erhöht, auf deren Mitglieder dieses Merkmal nicht zutrifft (vgl. Zander 2008, S. 31). So legen bspw. die Ergebnisse der „Health Inequalities"-Forschung nahe, dass es sich bei einem niedrigen sozioökonomischen Status (bspw. einem Netto-Haushaltseinkommen unterhalb der relativen Armutsgrenze oder einer beruflichen Tätigkeit als ungelernter Arbeiter) um einen Risikofaktor für verschiedene Erkrankungen, wie Herz-Kreislauf-Erkrankungen, Diabetes Mellitus, psychische Erkrankungen oder frühzeitiger Sterblichkeit handelt (vgl. Mielck 2005, S. 15ff.). Generell können drei Arten von Risikofaktoren unterschieden werden: (a) Risiken, die sich aus relativ dauerhaften, benachteiligten Lebensbedingungen, wie bspw. langfristiger Armut ergeben; (b) das Durchleben eines traumatischen Ereignisses, wie bspw. einer Naturkatastrophe oder eines Kriegs- oder Gewalterlebnisses sowie (c) eine Kombination aus beiden (vgl. Patterson 2002, S. 237).

In diesem Zusammenhang ist es wichtig, zwischen dem deskriptiven *Risiko-Indikator* (bspw. „untere" soziale Schichtzugehörigkeit) und den zugrunde liegenden *Risiko-Mechanismen* zu unterscheiden, die für die ursächliche Vermittlung zwischen dem jeweiligen Risiko-Indikator und einem bestimmten (gesundheitlichen) Zielzustand verantwortlich sind (vgl. Rutter 1993, S. 627). Das Vorliegen eines Risiko-Indikators führt also nicht per se zu einem bestimmten Zustand, sondern er fungiert lediglich als Indikator für deutlich komplexere, ursächliche Mechanismen und Prozesse (vgl. Wustmann 2004, S. 49). Falls diese Unterscheidung nicht getroffen wird, besteht u.U. die Gefahr, Angehörige einer Risikogruppe bei positiver Anpassung fälschlicherweise als resilient zu bezeichnen, obschon kein vermittelnder Risiko-Mechanismus vorliegt (vgl. Masten 1999, S. 288). So ist denkbar, dass sich der Risiko-Indikator „Einkommensarmut" über psychosoziale Risiko-Mechanismen (bspw. in Form eines Gefühls subjektiver Benachteiligung, das sich in vermindertem Selbstwertgefühl und chronisch depressiven Haltungen niederschlägt) in „aufstiegs- und erfolgsorientierten" sozialen Milieus schädlich auf die mentale Gesundheit auswirkt, während der gleiche Risiko-Indikator in „alternativen" Milieus, in denen postmaterielle Mentalitäten (bspw. Selbstverwirklichung oder Umweltbewusstsein) vorherrschend sind, keinen vergleichbaren Risiko-Mechanismus in Gang setzt. In diesem Beispiel ist nur im ersteren Falle die Voraussetzung für eine resiliente

Entwicklung gegeben, da nur hier ein spezifischer Risiko-Mechanismus wirksam ist, der u.U. durch positive Anpassung überwunden werden kann.[38]

Vulnerabilität bedeutet im Allgemeinen Verwundbarkeit, Verletzlichkeit oder Empfindlichkeit (lat. „vulnus“: Wunde) gegenüber äußeren und inneren Einflüssen (vgl. Obrist/van Eeuwijk 2006, S. 11). In vielen natur-, human- oder sozialwissenschaftlichen Disziplinen, wie der Medizin und der Psychiatrie, hat sich der Begriff als zentraler Terminus etabliert, um bspw. die erhöhte Anfälligkeit einer Person oder einer Gruppe für eine bestimmte Erkrankung zu beschreiben (vgl. Streich 2009, S. 302; Weischer 2007, S. 715). Das Konzept der Vulnerabilität weist eine enge Verbindung zum Risikobegriff auf, ist aber nicht mit diesem gleichzusetzen. Vielmehr zeigen sich Personen, die bestimmten Risikofaktoren ausgesetzt sind, vulnerabel für ungünstige Zustände, wie bspw. körperliche oder mentale Krankheiten (vgl. Kaplan 1999, S. 37; Werner 1994, S. 131). Der Vulnerabilitätsbegriff gewinnt daher seine Bedeutung – ebenso wie das Konzept der Protektion – nur in Verbindung mit einem bestimmten Risiko (vgl. Rutter 1987, S. 317). Der Begriff wurde als Beeinträchtigung der Fähigkeit definiert, sich positiv an widrige Lebensbedingungen anzupassen (vgl. Weiss 2006, S. 26). Aus diesem Grunde wird Vulnerabilität auch als der negativ besetzte Komplementärbegriff zur Resilienz verstanden (vgl. Wustmann 2004, S. 22).

Der entscheidende Unterschied zwischen der Risiko-, der Vulnerabilitäts- und der Resilienzforschung besteht darin, dass sich die beiden ersteren auf die potenziellen und tatsächlich eingetretenen schädlichen Wirkungen von Risiken konzentrieren, während letztere auf diejenigen Faktoren und ursächlichen Prozesse abzielt, die es manchen Menschen ermöglichen, bestimmte widrige Lebensumstände und die damit verbundenen Risiken so zu meistern, dass eine positive Entwicklung ermöglicht wird (vgl. Zander 2008, S. 37; Hildon u.a. 2008, S. 726; Davis/Luecken/Lemery-Chalfant 2009, S. 1637). Solche personalen oder sozialen Merkmale, die im Verdacht stehen, Prozesse positiver Anpassung zu begünstigen oder sie überhaupt erst zu ermöglichen, werden synonym als *protektive Faktoren*, *Schutz- bzw. Resilienzfaktoren* oder *Widerstandsressourcen* bezeichnet (vgl. u.a. Kaplan 1999, S. 46; Loth 2008, S. 14; Obrist/ van Eeuwijk 2006, S. 12).[39] Die Konzepte „Resilienz“ und „protektive Faktoren“

---

[38] Damit soll nicht gesagt sein, dass Einkommensarmut keine „objektiven“, d.h. von der menschlichen Wahrnehmung unabhängigen Auswirkungen auf gesundheitliche Zustände hätte. Diese „objektiven“ Einflüsse hätten dann natürlich auch bei den Angehörigen „alternativer“ Milieus schädliche gesundheitliche Folgen. Es wären dann freilich andere Wirkungszusammenhänge bzw. Risiko-Mechanismen zu postulieren als dies in dem obigen Beispiel der Fall war, wie bspw. mangelnde finanzielle Mittel, um sich gesundheitsbewusst zu ernähren oder bestimmte Sportarten zu betreiben.

[39] Vgl. zur Begriffsbestimmung bzw. Funktion protektiver Faktoren im Rahmen von Resilienzkonzepten auch Ong/Bergeman/Boker 2009, S. 1778; Dyer/McGuiness 1996, S. 277; Tusaie/Dyer 2004, S. 4; Werner 1990, S. 98 sowie Werner 1995, S. 81.

sind die positiv besetzten Gegenstücke zu den Konstrukten „Vulnerabilität" und „Risikofaktoren" (vgl. Werner 1990, S. 97). Die Analyse von Schutzfaktoren und deren komplexe Wechselwirkung mit Risikofaktoren steht im Zentrum der Resilienzforschung (vgl. Freitas/Downey 1998, S. 264; Zander 2008, S. 40; Luthar/Cicchetti/Becker 2000b, S. 573; Roosa 2000, S. 568; Tusaie/Dyer 2004, S. 3).

Die Resilienzforschung unterscheidet drei grundlegende Klassen protektiver Faktoren, die sowohl auf der individuellen als auch der sozialen oder kulturellen Ebene verortet werden (vgl. Masten 2009, S. 29; Schoon 2006, S. 14):

- Individuelle Eigenschaften. Die Forschung wies wiederholt auf die Bedeutung des Kohärenzgefühls („Sense of Coherence") als allgemeiner Schutzmechanismus hin (vgl. Bengel/Strittmatter/Willmann 2001, S. 64), insofern dieses nicht zu rigide ausgeprägt ist (vgl. Wustmann 2004, S. 52). Auch eine zumindest durchschnittliche Intelligenz, positive Emotionen und gesundheitsfördernde Einstellungen (bspw. ein aktives und positives Selbstkonzept) werden hier angeführt (vgl. Zander 2008, S. 41).
- Soziale Beziehungen. Sowohl emotional stabile familiäre als auch außerfamiliäre Beziehungen, die ein Gefühl von Vertrauen und ein hohes Maß an Reziprozität gewähren, werden in dieser Kategorie aufgeführt. Generell sind qualitativ hochwertige Beziehungen und die hieraus bezogene soziale Unterstützung zur Förderung von Resilienz wichtiger als die Menge der Beziehungen oder der Hilfeleistungen (vgl. Staudinger/Greve 2001, S. 123). Werden soziale Beziehungen im Kontext der Resilienzforschung betrachtet, so sind die hieraus resultierenden Ressourcen und Kompetenzen gerade im hohen Lebensalter vor dem Hintergrund lebenslang aufgebauter, gepflegter und genutzter Beziehungen im Sinne eines „Convoy Model of Social Relationships" zu sehen (vgl. Otto 2005, S. 436). Eine biografische Perspektive erlaubt es, Kontinuitäten oder Brüche innerhalb des sozialen Netzwerks alter Menschen als wesentliche Determinanten der aktuell verfügbaren Widerstandsressourcen sichtbar zu machen (vgl. Wadenpohl 2006, S. 135ff.).
- Externe soziale Unterstützung. In dieser Kategorie wird die protektive Bedeutung des erweiterten sozialen Kontextes (bspw. Nachbarschaft, Vereine) hervorgehoben, der Resilienz durch vielfältige Formen der sozialen Unterstützung (bspw. Einkaufs- oder Haushaltshilfen im Krankheitsfall) fördern kann (vgl. Ong/Bergeman/Boker 2009, S. 1778; Wustmann 2004, S. 46; Zander 2008, S. 45; Rutter 1987, S. 316; Jacelon 1997, S. 128; Newman/Blackburn 2002 zit. n. Sutton u.a. 2005, S. 20). Auch die subjektive Wahrnehmung sozialer Unterstützung kann eine protektive Wirkung entfalten und ergänzt somit die „objektiven" Formen sozialer Ressourcen im Resi-

lienzprozess (vgl. Tusaie/Dyer 2004, S. 4). Generell liegt eine wesentliche Quelle von Resilienz in sozialen Beziehungsgeflechten, wie Familien oder Freundeskreisen und zivilgesellschaftlichen Organisationen, wie bspw. Vereinen oder Verbänden begründet (vgl. Netuveli u.a. 2008, S. 990).

Diese drei Ebenen dürfen nicht isoliert voneinander betrachtet werden; vielmehr stehen die sozialen und personalen Schutzfaktoren in einem kontinuierlichen Wechselverhältnis. Resilienz wird daher in der neueren Forschung als Ergebnis eines *dynamischen Prozesses* verstanden, der in Form einer komplexen *Person-Umwelt-Interaktion* abläuft (vgl. Schoon 2006, S. 17). Im Rahmen dieser Interaktion kann es zu einer Kumulation risikomildernder Ressourcen kommen, indem sich Schutzfaktoren addieren und gegenseitig verstärken (vgl. Wustmann 2004, S. 46f.). Einzelne protektive Einflüsse oder Konstellationen von Schutzfaktoren können im Zusammenhang mit Lebensrisiken mindestens drei Funktionen haben. Sie können erstens indirekt als „Puffer" wirken, d.h. eine risikomildernde Funktion erfüllen. Sie können zweitens in direkter Weise förderlich für eine bestimmte Entwicklung (bspw. des gesundheitlichen Wohlbefindens) sein und drittens kann ihr Fehlen ein grundlegendes Entwicklungsrisiko darstellen (bspw. wenn „natürliche" funktionale Einbußen im hohen Lebensalter nicht mehr durch Hilfestellungen nahestehender Menschen ausgeglichen werden können, da gerade viele hochaltrige Menschen sozial isoliert sind) (vgl. Zander 2008, S. 40).

Weiterhin können generelle Schutzfaktoren und differentielle protektive Prozesse unterschieden werden. Erstere tragen weitgehend situationsunabhängig zu einer gesunden bzw. im allgemeinen Sinne „positiven" mentalen und physischen Entwicklung bei.[40] Letztere variieren in Abhängigkeit der Risikofaktoren und der Kontexte, in denen Resilienz untersucht wird, wie bspw. Geschlechterdifferenzen, lebensphasenspezifische Umstände oder ein bestimmter kultureller Kontext (vgl. Zander 2008, S. 41f.).

Eine positive Anpassung im Sinne des Resilienzkonzeptes ist möglich, wenn es gelingt, Risiko- und Schutzfaktoren und die damit assoziierten Mechanismen in eine Balance zu bringen (vgl. Werner 1990, S. 111; Werner 1994, S. 134). In diesem Zusammenhang geht das Konzept der „Kumulation von Risiko- und Schutzfaktoren" davon aus, dass es zwischen diesen beiden Komponenten auf körperlicher, psychischer und sozialer Ebene zu vielfältigen Interaktions- und Moderationseffekten kommt (vgl. Weiss 2006, S. 27). Grundsätzlich wird angenommen, dass je mehr Risikofaktoren kumulieren, umso größer auch die Anzahl der protektiven Faktoren sein muss, um Resilienz im Sinne eines ausbalancierten

[40] Eine Auflistung der zehn wichtigsten generellen protektiven Faktoren findet sich bei Zander 2008, S. 41.

Verhältnisses dieser Komponenten zu erzielen (vgl. Wadenpohl 2006, S. 119). Nach diesem Verständnis reicht es jedoch nicht aus, einzelne Risiko- oder Schutzfaktoren isoliert voneinander zu betrachten, sondern man muss ihre spezifischen, situationsabhängigen Beziehungen zueinander in den Blick nehmen, da Resilienz als emergenter Begriff mehr ist als die Summe einzelner Risiko- und Schutzfaktoren. In aktuellen Beiträgen wird folglich der relationale und systemische Charakter von komplexen *Resilienzkonstellationen* betont, in denen sich spezifische Muster von personalen und ökologischen bzw. sozialen Risiko- und Schutzfaktoren (sogenannte Risiko- bzw. Schutzkonstellationen) bündeln (vgl. Wadenpohl 2006, S. 124; Staudinger/Greve 2001, S. 100ff.; Staudinger/Greve 2007, S. 118f.).

Nicht nur das Zusammenspiel von Risiko- und Schutzfaktoren, sondern auch die Effekte dieser Konstellationen und ihrer Einzelkomponenten sind weitgehend vom sozialen Kontext abhängig und unterliegen daher einer gewissen Offenheit, die auch als „Ambiguität“ oder auch „Multifinalität von Faktoren“ bezeichnet wird (vgl. Fingerle 2007, S. 301; Wadenpohl 2006, S. 119; Wustmann 2004, S. 44). Je nach situativem Kontext können sich für bestimmte Risiko- und Schutzfaktoren unterschiedliche Wirkungen zeigen. Risikoerhöhende und -mildernde Faktoren zeigen mitunter ein Doppelgesicht: In einer bestimmten Lebenssituation oder -phase können sie negative, in einer anderen Lage oder zu einem anderen Zeitpunkt im Lebenslauf positive Effekte zeigen (vgl. Wustmann 2004, S. 50; Lösel/Bender 2007, S. 64; Masten 1999, S. 288; Glantz/Sloboda 1999, S. 115). Darüber hinaus können die Vorzeichen und somit die Wirkungen der meisten Risiko- und Schutzfaktoren umgekehrt werden, da es sich zumeist um Merkmale handelt, die sowohl positive als auch negativ konnotierte Ausprägungen aufweisen (vgl. Masten 2001, S. 228). So kann die Zugehörigkeit zu einer sozioökonomisch benachteiligten Sozialschicht als Risikofaktor für eine frühzeitige Sterblichkeit genannt werden, während die Zugehörigkeit zu einer oberen, stärker privilegierten Sozialschicht als ein vergleichsweise protektiver Faktor fungiert (vgl. Abschnitt 2.1.2). Soziale Schichtzugehörigkeit weist daher für die meisten gesundheitlichen Zustände dieses „Doppelgesicht“ auf, da sie je nach Ausprägung sowohl Schutz- als auch Risikofaktor sein kann.

Diese Kontext- bzw. Situationsspezifik ist ein wesentliches Kennzeichen der neuern Resilienzbegriffe. Sie bedeutet, dass Resilienz in einem bestimmten Lebensbereich nicht ohne Weiteres auf eine andere Lebenssituation übertragen werden kann (vgl. Rutter 1987, S. 317; Schoon 2006, S. 13). Manche Resilienzforscher fordern daher, a priori spezifische Resilienzbereiche wie „soziale Resilienz“, „emotionale Resilienz“ oder „kulturelle Resilienz“ zu definieren, um den Gegenstandbereich der Analyse möglichst genau zu umreißen und Fehlinterpretationen zu vermeiden (vgl. Luthar/Cicchetti/Becker 2000a, S. 548; Wustmann 2004, S. 32; Haase 2004, S. 345).

In Abhängigkeit der analytischen Reichweite der zugrunde liegenden Risiko- und Schutzfaktoren können zudem allgemeine und spezielle Resilienzbegriffe unterschieden werden. Erstere fragen danach, wie eine „normale" Entwicklung in einer bestimmten Lebensphase (Kindheit, Jugend, Erwachsenen- und Rentenalter) angesichts typischer, d.h. für praktisch alle Mitglieder einer Altersgruppe geltenden Belastungen zu schaffen ist. In diesem allgemeinen Sinne würde bspw. untersucht werden, wie eine positive gesundheitliche Entwicklung im Rentenalter angesichts der altersassoziierten Funktionseinbußen möglich ist. Spezielle Resilienzbegriffe fragen nach den Möglichkeiten positiver (gesundheitlicher) Entwicklungen in bestimmten Lebensphasen bei gleichzeitigem Vorliegen bestimmter „nicht-normativer" Risikofaktoren, wie bspw. angesichts prekärer Lebensverhältnisse bei einkommensarmen Menschen im Rentenalter (vgl. Staudinger/Greve 2001, S. 103; Wadenpohl 2006, S. 118).

3.3 Resilienzmodelle

Um das Zusammenspiel von Risikobedingungen und protektiven Faktoren zu beschreiben, wurden in der Forschung mehrere Resilienzmodelle entwickelt, welche die zugrunde liegenden Prozesse und Wirkungszusammenhänge schematisch abbilden. Es können mindestens zwei Klassen von Resilienzmodellen unterschieden werden, deren modellhafte Vorstellungen sich im konkreten Fall nicht gegenseitig ausschließen müssen: Das Kompensations-Modell und das Interaktions-Modell, das bisweilen auch als Schutzfaktoren- oder Immunitätsmodell bezeichnet wird (vgl. Zander 2008, S. 43; Werner 1990, S. 98; Abbildung 3).[41]

Das Kompensations-Modell geht im Kern von der Annahme aus, dass die Wirkung bestimmter Risikofaktoren durch die risikomildernde Wirkung protektiver Faktoren kompensiert bzw. neutralisiert werden kann. Dabei haben die protektiven Faktoren einen direkten Einfluss auf die abhängige Variable. Es kommt daher zu keinerlei Interaktionseffekten mit den Risikofaktoren. Es können zwei Formen des Kompensations-Modells unterschieden werden: das

---

[41] Mitunter wird auch das sogenannte „Herausforderungs-Modell" als dritter Typ von Resilienzmodell aufgeführt. Dieses Modell geht davon aus, dass die positive Bewältigung von Risikosituationen die Fähigkeit eines Menschen steigert, mit zukünftigen Widrigkeiten erfolgreich umzugehen. Risiken und Stresserlebnisse stellen in diesem Modell individuelle Herausforderungen dar, die zu einem höheren Niveau der persönlichen Bewältigungskompetenz führen können (vgl. Zander 2008, S. 43; Wustmann 2004, S. 59; Werner 1990, S. 98).

Haupteffekt-Modell („Main Effect Model") und das Mediatoren-Modell („Indirect Model") (vgl. Wustmann 2004, S. 57; Masten 2001, S. 229f.).

Ersteres geht davon aus, das die jeweils risikoerhöhenden und -mildernden Faktoren direkt auf die abhängige Variable (bspw. subjektives gesundheitliches Wohlbefinden) einwirken, wobei es sich nicht notwendigerweise um kausale Beziehungen handelt (vgl. Masten 2001, S. 229). Da Risiko- und Schutzfaktoren im Haupteffekt-Modell unabhängig voneinander wirken, wird das Entwicklungsergebnis umso besser ausfallen, je mehr protektive Faktoren bei einer gegebenen Anzahl von Risikofaktoren vorliegen. Präventions- und Interventionsmaßnahmen sollten bei diesem Modell daher vor allem auf eine Erhöhung der Widerstandsressourcen abzielen (vgl. Masten 2001, S. 230; Wustmann 2004, S. 57).

Abbildung 3: Resilienzmodelle zum Zusammenhang von Risiko- und Schutzfaktoren

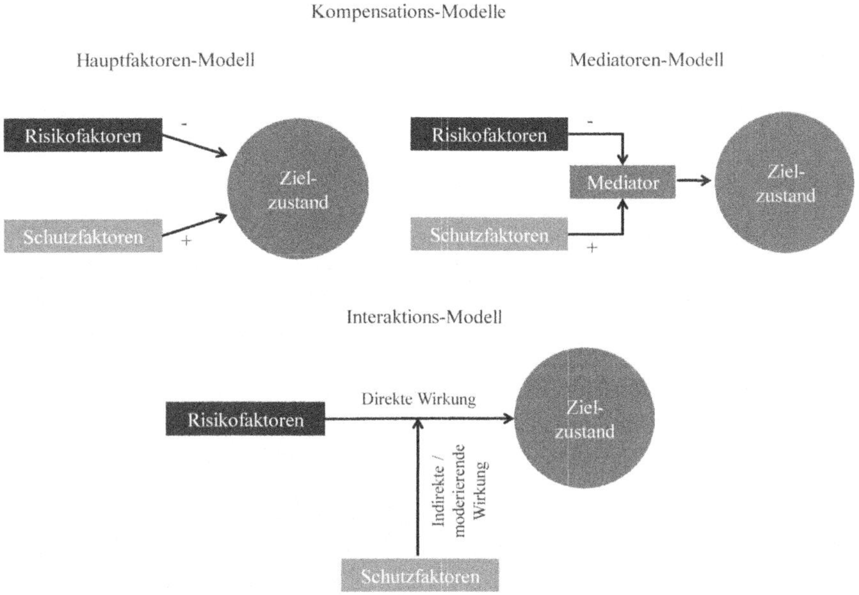

Quelle: Wustmann 2004, S. 58ff.; eigene Darstellung

In letzterem Modell (Mediatoren-Modell bzw. „Indirect Model") wird angenommen, dass die jeweils risikoerhöhenden und -mildernden Faktoren mittels eines Mediators (bspw. individuelle gesundheitsbezogene Verhaltensweisen) indirekt mit der abhängigen Variable verknüpft sind (vgl. Wustmann 2004, S. 57f.; Abbildung 3). Im Unterschied zum Haupteffekt-Modell sollten sich Präventions- und Interventionsmaßnahmen, die an das Mediatoren-Modell anknüpfen, auf die Stärkung des jeweiligen Mediators bzw. vermittelnden Effektes konzentrieren (vgl. Masten 2001, S. 230; Wustmann 2004, S. 58).

Im Rahmen des Interaktions-Modells wird davon ausgegangen, dass den protektiven Faktoren eine moderierende Funktion zwischen den Risikobedingungen und der abhängigen Variablen zukommt, d.h. sie haben – im Gegensatz zum Kompensations-Modell – lediglich einen indirekten Effekt auf die abhängige Variable (vgl. Abbildung 3). Daraus folgt, dass die Schutzfaktoren nur im Kontext der spezifischen Risikosituation einen Effekt auf den Zielzustand haben. Fehlt die Risikobelastung, haben die protektiven Faktoren keinerlei Wirkung auf die abhängige Variable.[42] Zudem variieren die Effekte der Schutzfaktoren mit der Höhe der Risikobelastung, wobei davon ausgegangen wird, dass die moderierenden Effekte bei Hoch-Risikokonstellationen am stärksten sind (vgl. Masten 2001, S. 231). Durch die Kontextabhängigkeit, die im Rahmen des Interaktions-Modells hervorgehoben wird, richten sich Interventionsmaßnahmen an konkrete Risikogruppen, wie bspw. Menschen aus sozioökonomisch benachteiligten Soziallagen oder Randgruppen (vgl. Wustmann 2004, S. 60f.). Vorrangiges Ziel dieser Maßnahmen ist es, kontextspezifische Schutzfaktoren zu stärken.

3.4 Gesundheitliche Resilienz im Alter

Nach wie vor konzentriert sich der überwiegende Teil der Resilienzforschung auf Kinder und Jugendliche, die in widrigen Lebensbedingungen (bspw. in Form von Vernachlässigung oder Misshandlung durch die Eltern oder in Armutslagen) aufwachsen oder die schwere Traumata (bspw. durch Kriegserlebnisse oder durch frühen Tod der Eltern) durchleben mussten und die sich trotz dieser Umstände zu körperlich und mental gesunden und funktionsfähigen Menschen entwickeln (vgl. Franke 2008, S. 173; Haase 2004, S. 342). Nur wenige Studien haben sich bisher mit Resilienz im hohen Lebensalter beschäftigt (vgl. Hildon u.a. 2008, S. 726; Hildon u.a. 2010, S. 37; Netuveli u.a. 2008, S. 987).[43] Es be-

[42] Eine Erweiterung des Interaktions-Modells stellt das Modell der Kumulation dar, das annimmt, dass sich Risiko- und moderierende Schutzfaktoren aufaddieren können (vgl. Wustmann 2004, S. 61).

[43] Hierzu zählen bspw. die Studie von Hildon u.a. 2008, welche die Prävalenz und die Determinanten gesundheitlicher Resilienz bei 70- bis 80jährigen Teilnehmern auf der Grundlage eines Mixed-Methods-Ansatzes (quantitative Analyse der britischen Boyd Orr Kohorte und qualitative Interviews) untersuchte (vgl. Hildon u.a. 2008, S. 726ff.) oder ein US-amerikanischer Beitrag, der sich mit

steht daher eine vergleichsweise große Forschungslücke im Hinblick auf Prozesse der Resilienz, deren Determinanten und Wirkungsweisen im Rentenalter. Auf der Grundlage der im obigen Abschnitt dargestellten Konzepte soll in diesem Abschnitt eine eigene spezielle Arbeitsdefinition und das spezifische theoretische Instrumentarium für das Phänomen gesundheitlicher Resilienz alter Menschen erarbeitet werden, das auf Fragestellungen zu gesundheitlichen Ungleichheiten der Morbidität angewendet werden kann.

Das Konzept der „Plastizität des Alterns" ist eine wesentliche Voraussetzung, um das Resilienzkonzept auf die Bedingungen der „Lebensphase Alter" anzuwenden (vgl. Wadenpohl 2006, S. 122; Staudinger/Greve 2001, S. 98). Bei diesem gerontologischen Konzept wird davon ausgegangen, dass es bis ins höchste Lebensalter möglich ist, relative gesundheitliche Verbesserungen durch die Aktivierung von Ressourcen zu erzielen. Leitgedanke ist somit die positive und aktive Veränderungsfähigkeit kognitiver und physiologischer Alterungsprozesse, indem alternde Menschen bislang brachliegende Reservekapazitäten nutzen. Diese Reserven können sowohl intrinsisch (bspw. ungenutzte Gedächtnis- oder Intelligenzreserven) als auch im Lebensumfeld alter Menschen begründet sein, bspw. durch eine altersgerechte Gestaltung der Wohnung oder des Wohnumfeldes (vgl. Backes/Clemens 2003, S. 183). Sie können als Indikatoren für die Möglichkeit alternder Menschen angesehen werden, mit altersspezifischen Belastungen und Herausforderungen positiv umzugehen. Aus diesem Grunde kann gesundheitliche Resilienz auch als spezielle Form der Plastizität alternder Menschen angesehen werden, die sich mit dem Erhalt, der Wiederherstellung oder der Optimierung gesundheitlicher Entwicklungsverläufe angesichts der spezifischen Belastungen menschlichen Alterns auseinandersetzt (vgl. Staudinger/Greve 2007, S. 116f.; Staudinger/Greve 2001, S. 99).

Im hohen Lebensalter kann – zusätzlich zu den beiden „klassischen" Resilienztypen der Wiederherstellung „normaler" Funktionsfähigkeit angesichts chronischer Belastungen oder akuter Traumata (erster Typ) oder deren Aufrechterhaltung (zweiter Typ) – noch ein dritter Typ unterschieden werden: Die Fähigkeit alter Menschen, mit individuellen oder sozialen Verlusten (bspw. dem Tod langjähriger Freunde oder des Lebenspartners) positiv umzugehen (vgl. Staudinger/Greve 2007, S. 118; Wadenpohl 2006, S. 123; Leppert u.a. 2005, S. 365;

Aspekten der Konzeptualisierung gesundheitlicher Resilienz bei hochaltrigen Frauen (85 Jahre und älter) beschäftigte (vgl. Felten/Hall 2001, S. 46ff.). In Deutschland wurde eine Studie zur psychischen Widerstandsfähigkeit alter Menschen angesichts der Belastungen durch pflegebedürftige Lebenspartner durchgeführt (vgl. Wadenpohl 2006). Auch im Rahmen der Berliner Altersstudie wurde das Resilienz-Konzept aufgegriffen, um die psychische Widerstandsfähigkeit von Selbst und Persönlichkeit im Alter zu untersuchen (vgl. Staudinger u.a. 1996, S. 321ff.).

Staudinger/Greve 2001, S. 101).[44] Da mit zunehmendem Lebensalter die Gewinn-Verlust-Bilanz in fast allen Lebensbereichen zunehmend negativ ausfällt, weil sich beeinträchtigende Ereignisse, wie der Verlust gesundheitlicher und sozialer Funktionen häufen, spielt dieser dritte Typ von Resilienz vor allem in der Hochaltrigkeit (80 Jahre und älter) eine wichtige Rolle, während die ersten beiden Typen vor allem bei den „Jungen Alten" (hier definiert als 65 bis 79 Jahre) vorherrschend sein dürften.

Die vorliegende Untersuchung konzentriert sich auf den zweiten Resilienztyp, d.h. die Aufrechterhaltung einer vergleichsweise hohen gesundheitlichen Lebensqualität im Altersgang. Damit soll die Bedeutung der beiden anderen Resilienztypen –Widerherstellung von Funktionsfähigkeit und Verlustmanagement – für ein „erfolgreiches Altern" nicht in Frage gestellt werden. Es geht jedoch nicht primär um die Wiederherstellung bzw. Optimierung gesundheitlichen Wohlbefindens nach akuten traumatischen Erlebnissen, wie bspw. eines schweren Unfalls (erster Resilienztyp) oder dessen Entwicklung angesichts immer weiter eingeschränkter Funktionsfähigkeit im Altersgang (dritter Resilienztyp), sondern um die relativ dauerhafte Koexistenz eines vergleichsweise hohen Niveaus gesundheitlichen Wohlbefindens alter Menschen angesichts sozioökonomisch benachteiligter Lebenslagen.

Gesundheitliche Resilienz realisiert sich im hohen Lebensalter zum Teil als endogenes Phänomen, d.h. ohne sichtbare externe Intervention durch die Aktivierung internaler Ressourcen (vgl. Staudinger/Greve 2007, S. 117; Wadenpohl 2006, S. 124; Staudinger/Greve 2001, S. 99). Es ist allerdings anzunehmen, dass externen Realisierungsbedingungen, die zudem erst durch gezielte personelle oder materielle Interventionsmaßnahmen von außen angestoßen werden, notwendig sind, um bei bislang gesundheitlich vulnerablen Menschen aus „unteren" Sozialschichten einen Resilienzprozess in Gang zu setzen. Da es zudem im Verlauf des hohen Lebensalters zu einem tendenziell immer ungünstigeren Verhältnis zwischen Belastungen und endogenen Kapazitäten (bspw. des allgemeinen Niveaus geistiger und körperlicher Leistungsfähigkeit) kommt, spielt die Aktivierung der außerhalb des Menschen liegenden, exogenen Widerstandsressourcen, wie bspw. soziale Unterstützung aus dem Verwandtschafts- oder Freundeskreis, gerade bei Hochaltrigen eine vorrangige Rolle. Interventions- und Präventionsprogramme zur Förderung gesundheitlicher Resilienz alter Menschen sollten daher zwar im Sinne des „Empowerment-Konzepts" durchaus auch die Aktivierung endogener Resilienzpotenziale beinhalten (vgl. Wadenpohl 2006, S. 124)

---

[44] An diesen dritten Resilienztyp anschließend, beschäftigt sich eine Reihe empirischer Studien mit der psychologischen Widerstandsfähigkeit im Sinne einer Trauerbewältigung alter Menschen nach dem Verlust eines nahestehenden Menschen (vgl. u.a. Mancini/Bonanno 2009; Ong/Bergeman/Boker 2009, S. 1787ff.).

aber den Schwerpunkt auf exogene Resilienzpotenziale legen, d.h. auf *sozialstrukturell verankerte Lebensbedingungen und Lebensweisen* alter Menschen, die einen protektiven Einfluss auf das gesundheitliche Wohlbefinden ausüben können und die durch Präventions- und Interventionsmaßnahmen prinzipiell beeinflussbar sind.

Das Konzept gesundheitlicher Resilienz umfasst – ebenso wie allgemeine Resilienzbegriffe – zwei grundlegende Komponenten: (a) eine relativ zum jeweiligen Lebensalter hohe gesundheitliche Zufriedenheit bzw. Wohlbefinden als positiven Zielzustand („good or positive outcome“) und (b) das Vorliegen mindestens eines gesundheitlichen Risikofaktors als Indikator widriger Lebensbedingungen („adverse conditions“), in diesem Falle die Zugehörigkeit zu einem sozioökonomisch benachteiligten Haushalt einer „unteren“ Sozialschicht[45] (vgl. Haase 2004, S. 344). Zusammenfassend ist der hier zugrunde gelegte Begriff der „gesundheitlichen Resilienz“ im Alter durch die folgenden Merkmale gekennzeichnet:

- Es handelt sich um einen *speziellen*, d.h. *bereichsspezifischen* Resilienzbegriff, da eine vergleichsweise hohe gesundheitliche Lebensqualität als zentrales Resilienzkriterium definiert wird.
- Gesundheitliche Resilienz wird als *salutogenetisches* Konzept definiert, d.h. es wird nicht nur das Fehlen von Beeinträchtigungen (pathogenetische Perspektive), sondern eine vergleichsweise positive gesundheitliche Entwicklung betont.[46]
- Es ist ein *nicht-normativer* Resilienzbegriff, da lebensphasenspezifische Belastungen im Alter in Kombination mit einer benachteiligten Stellung im sozialen Schichtungsgefüge untersucht werden.

---

[45] Genaugenommen handelt es sich um eine *Risikokonstellation* aus mehreren Einflussgrößen, da das Zusammenwirken eines geringen Einkommens- und Bildungsniveaus und die ehemalige berufliche Tätigkeit in einfachen manuellen Tätigkeiten und Angestelltenverhältnissen mit einer im Allgemeinen geringen gesundheitlichen Lebensqualität einhergeht sowie bestimmten aus früheren Lebensphasen kumulierten Faktoren, die als Risiko-Mechanismen fungieren (vgl. Abschnitt 5.1).

[46] Solche salutogenetischen Resilienzkonzepte bergen die Gefahr, dass sich ihre hohen Zielvorstellungen nicht in konkrete Präventions- und Interventionsmaßnahmen umsetzen lassen, da diese lediglich auf die Herstellung bzw. Aufrechterhaltung „normaler“ gesundheitlicher Zustände abzielen (vgl. Robinson 2000, S. 571). Trotz dieses Einwandes wird an einem salutogenetisch orientierten Resilienzbegriff festgehalten, da ein „durchschnittliches“ gesundheitliches Wohlbefinden angesichts der spezifischen Belastungen des hohen Lebensalters nicht notwendigerweise die Kriterien eines „erfolgreichen Alterns“ in guter Gesundheit und Autonomie widerspiegelt. Zudem wird die Aufrechterhaltung einer überdurchschnittlichen hohen Gesundheit alter Menschen aus „unteren“ Sozialschichten als Voraussetzung angesehen, um dem Ziel einer nachhaltigen und deutlichen Reduzierung des Schichtgradienten ungleicher Morbidität näher zu kommen.

- Gesundheitliche Resilienz wird als *dynamischer Prozess* konzeptionalisiert, d.h. es werden sowohl lebenslaufbezogene Risikokumulationen als auch die Aufrechterhaltung der gesundheitlichen Lebensqualität im Altersgang als Komponenten gesundheitlicher Resilienz im Alter verstanden und untersucht.
- Es handelt sich um ein *mehrdimensionales* und *vielschichtiges* Konzept, d.h. es werden sowohl „subjektive" als auch „objektive" Faktoren berücksichtigt, die zudem auf verschiedenen analytischen Ebenen angesiedelt sind, die das Individuum sowie sein näheres und weiteres soziales Umfeld und seine Position im Gefüge ungleicher Sozialstruktur umfassen.

Als Arbeitsdefinition soll gelten: *Von gesundheitlicher Resilienz im Alter kann dann gesprochen werden, wenn eine vergleichsweise hohe gesundheitliche Lebensqualität in mentaler oder physischer Hinsicht im Altersgang ab dem 65. Lebensjahr aufrecht erhalten wird, trotz der während des Lebenslaufs kumulierten gesundheitlichen Risiken, die mit einer relativ benachteiligten sozioökonomischen Lage in Folge einer „unteren" sozialen Schichtzugehörigkeit verbunden sind.*

Das Potenzial eines so definierten, bereichsspezifischen Resilienzbegriffs für die Erforschung sozial bedingter gesundheitlicher Ungleichheit alter Menschen liegt sowohl in der Erklärung „horizontaler" bzw. intrastratumiärer gesundheitlicher Ungleichheiten als auch im Auffinden von Ansätzen zur Reduzierung des Schichtgradienten, d.h. der Verminderung von „vertikalen" bzw. interstratumiären gesundheitlichen Ungleichheiten: Wenn sich neben den Schichtmerkmalen und den damit assoziierten Risiko-Mechanismen weitere sozialstrukturell verankerte Lebensbedingungen oder Lebensweisen identifizieren ließen, die mit „positiven" gesundheitlichen Zuständen im Alter assoziiert sind und die zugleich gesundheitlich resiliente Alte der „unteren" Sozialschicht von vulnerablen Alten der gleichen Sozialschicht unterscheiden, dann könnten diese Befunde Anhaltspunkte zur Verbesserung gesundheitlicher Chancengleichheit zwischen den Angehörigen sozioökonomisch privilegierter, „oberer" Sozialschichten und Menschen aus Unterschichthaushalten aufzeigen.

In den folgenden Abschnitten sollen – auf der obigen Definition aufbauend – die einzelnen Komponenten dieses speziellen Resilienzbegriffs eingehend beschrieben sowie Hypothesen als Grundlage für die empirischen Analysen gebildet und ausführlich begründet werden. Im Einzelnen handelt es sich um (a) gesundheitliche Lebensqualität als Kriterium der gesundheitlichen Anpassung an Lebensrisiken, (b) dem Risiko-Indikator „untere soziale Schichtzugehörigkeit" sowie den spezifischen, vermittelnden Risiko-Mechanismen und (c) den protektiven Faktoren und den mit ihnen verbundenen Mechanismen, von denen ich vermute, dass sie zu einer positiven gesundheitlichen Anpassung alter Menschen aus „unteren" Sozialschichten führen.

4 Gesundheitliche Lebensqualität

Der allgemeine Begriff „Lebensqualität" wurde etwa ab den 1970er Jahren in den Sozialwissenschaften und rund eine Dekade später in der Medizin verwendet.[47] Er bezieht sich entweder auf das mit Hilfe sozialer Indikatoren gemessene Entwicklungsniveau einer Gesellschaft oder bestimmter Bevölkerungsgruppen (bspw. anhand des materiellen Wohlstandes, des Zustandes der natürlichen Umwelt, dem Grad der Demokratisierung) oder auf das Niveau subjektiver Zufriedenheit bzw. persönlicher Glückserfahrung innerhalb verschiedener Lebensbereiche, die von den Individuen als bedeutend wahrgenommen werden (bspw. Zufriedenheit mit dem Familienleben, mit der Gesundheit oder der beruflichen Karriere) (vgl. Klima 2007, S. 388f.; Anderson/Burckhardt 1999, S. 301; Bergner 1989, S. S148; Bullinger 1997, S. 816). Man kann somit eine makrosoziale oder „objektive" und eine personenbezogene bzw. „subjektive" Version (sozial-) wissenschaftlicher Lebensqualitäts-Begriffe unterscheiden.[48] Lebensqualitäts-Konzepte wurden zumeist auf der Grundlage einer umfassenden bzw. holistischen Sichtweise auf den Menschen formuliert (vgl. Rosenberg 1995, S. 1411). Im allgemeinsten Sinne bezieht sich „Lebensqualität" auf das „...komplexe, vielschichtige und multidimensionale Gebilde der Spezifitäten und Eigenschaften menschlicher Existenz" (Radoschewski 2000, S. 165).[49]

Eine derart umfassende Begriffsbestimmung ist für konkrete Forschungsvorhaben wenig zielführend, insbesondere wenn – wie im vorliegenden Falle – auf die Lebensqualität in einem speziellen Bereich menschlicher Existenz abge-

---

[47] Wissenschaftliche Lebensqualitäts-Begriffe werden von so unterschiedlichen Disziplinen wie der Soziologie, der Medizin, der Psychologie, den Pflegewissenschaften, der Geografie, der Sozialgeschichte und der Philosophie verwendet und erforscht (vgl. Farquhar 1995, S. 502). Ein Überblick zur historischen Entwicklung des Lebensqualitäts-Begriffs und einiger Messinstrumente in den Sozial- und Gesundheitswissenschaften im angelsächsischen Sprachraum findet sich bei Spitzer 1987, S. 466f sowie Wood-Dauphinee 1999, S. 355ff.

[48] Hierbei sollte berücksichtigt werden, dass es sich bei der Lebensqualitätsforschung um einen Bereich handelt, der sowohl deskriptive als auch präskriptive Aspekte (in Form normativer bzw. wertbehafteter Beurteilungen eines „guten" bzw. „schlechten" Lebens) umfasst (vgl. Bullinger 1997, S. 823; vgl. Ferrans 1990, S. 252). Prinzipiell wird dieses Problem im Sinne des Postulates der Wertfreiheit ebenso behandelt, wie dies im Hinblick auf die normativen Aspekte des Resilienzkonzeptes geschehen ist (vgl. Abschnitt 3.1).

[49] Eine ähnliche lautende Formulierung im Sinne eines allgemeinen definitorischen Bezugsrahmens für das globale Lebensqualitäts-Konzept findet man bei Lindström 1992, S. 303.

zielt wird, nämlich der Gesundheit. Eine Annäherung an den komplexen Begriff der gesundheitlichen Lebensqualität, der als Indikator des Gesundheitszustandes und der gesundheitlichen Resilienz alter Menschen verwendet werden soll, erfolgt daher zunächst über die Klärung des zugrunde liegenden Gesundheitsbegriffs, der als integrale Komponente dieses Konzeptes verstanden werden kann.

4.1 Gesundheits- und Krankheitsbegriffe

Bei „Gesundheit" und dem Komplementärbegriff „Krankheit" handelt es sich um komplexe und schillernde Begriffe. Da es eine fast unüberschaubare Vielzahl von Gesundheits- und Krankheitsbegriffen gibt, hat sich eine allgemein anerkannte wissenschaftliche Begriffsbestimmung weder in dem einen noch in dem anderen Fall etabliert. Vielmehr wurden beide Begriffe historisch, kulturell oder in Anhängigkeit des spezifischen Blickwinkels der jeweiligen wissenschaftlichen Disziplin (juristische, naturwissenschaftlich-medizinische, psychologische, soziologische Perspektive) unterschiedlich definiert (vgl. Erhart/Wille/Ravens-Sieberer 2009, S. 335; Schumacher/Brähler 2004, S. 17). Die Bedeutung von Gesundheit und Krankheit ist daher im hohen Maße abhängig von jeweiligen Kontexten und Interessenlagen (vgl. Weyerer u.a. 2008, S. 48).

Als wissenschaftliche Bezugssysteme bzw. Paradigmen, auf deren Grundlage Definitionen von Gesundheit entstanden, sind u.a. biomedizinische, system- und handlungstheoretische, wissenschafts- und medizinsoziologische und sozialökologische Ansätze nennen (vgl. Schröder 2008, S. 177; Ziegelmann 2002, S. 150). Bündelt man diese Perspektiven, so lässt sich ein naturwissenschaftlich-biologischer, ein gesellschaftlich-soziologischer und ein individuell-subjektiver Ansatz unterscheiden (vgl. Erhart/Wille/Ravens-Sieberer 2009, S. 335f.; Schumacher/Brähler 2004, S. 17).

Im Rahmen des *naturwissenschaftlich-biologischen* Ansatzes, der dem Gesundheits- bzw. Krankheitsverständnis der modernen Medizin zugrunde liegt, wird von einem pathogenetisch geprägten, eindimensionalen Gesundheitsbegriff ausgegangen, d.h. Gesundheit wird definiert als die Abwesenheit von Krankheitssymptomen und -beschwerden. Bei der Genese von Krankheiten werden lediglich biochemische Prozesse, die organische Regelungsprozesse negative beeinflussen und somit zu einem Abweichen eines physiologischen Gleichgewichts führen, berücksichtigt. Auf der Grundlage einer „objektiven" Diagnose eines entsprechenden Spezialisten – in aller Regel eines Arztes – kann ein Mensch den dichotomen Zuständen „gesund" oder „krank" zugewiesen werden.[50] Solche medizinischen Befunde basieren auf zumeist international anerkannten und praktizierten Klassifikationssystemen, wie bspw. der von der World Health Organization (WHO) bereitgestellten International Classification of Disease (ICD). Kern dieses biomedizinischen Modells ist ein eindimensionaler Gesundheitsbegriff, in dem eine strikte Trennung von Körper und Psyche zum Ausdruck kommt sowie ein Gesundheitsverständnis, das auf der Vorstellung physiologischer Normwerte bzw. -funktionen basiert (vgl. Erhart/Wille/Ravens-Sieberer 2009, S. 336; Ziegelmann 2002, S. 150).[51]

Aus *gesellschaftlich-soziologischer* Perspektive lässt sich Gesundheit als die Fähigkeit eines Menschen definieren, sozial definierte Rollen zu erfüllen. Gesundheit wird hierdurch als Voraussetzung für ökonomische Leistungsfähigkeit und für das Erreichen eines bestimmten sozialen Status in der beruflichen Hierarchie verstanden (vgl. Noack 1991, S. 87). Diese Argumentation entspricht Teilen des normativen Paradigmas der Soziologie und insbesondere der Argumentation strukturfunktionalistischer Ansätze. Gegenüber dem biomedizinischen Modell, das physiologische Normwerte in den Vordergrund stellt, geht es nach diesem Verständnis um das körperliche und geistige Vermögen zur Erfüllung sozialer Normen, d.h. um „mehr oder weniger verbindliche, allgemein geltende

---

[50] Im Gegensatz dazu werden Gesundheit und Krankheit im Folgenden als Extrempole („vollkommen gesund“ und „tödlich erkrankt“) eines Kontinuums verstanden. Diese dichotome Vorstellung von Gesundheit und Krankheit geht auf das Salutogenese-Modell von Aaron Antonovsky zurück (vgl. Weyerer u.a. 2008, S. 50). Grundgedanke eines solches bipolaren *Gesundheits-Krankheits-Kontinuums* ist, dass Gesundheit und Krankheit nicht als einander ausschließende Kategorien oder Zustände betrachtet werden. Ein Mensch ist somit zu einem gegebenen Zeitpunkt nicht entweder gesund oder krank, sondern – relativ zu den beiden Extrempolen – relativ gesund oder krank (vgl. Schumacher/Brähler 2004, S. 18f.).

[51] Dieses klassische biologisch-medizinische Modell von Gesundheit und Krankheit weist eine Reihe von Defiziten auf. So werden als Ursachen von Gesundheit und Krankheit lediglich genetische Dispositionen oder Veränderungen des Erbmaterials, Mikroorganismen (bspw. Viren), chemische, physikalische, mechanische sowie biochemische Belastungen berücksichtigt. Das biomedizinische Modell ist daher einseitig biologisch orientiert und lässt wesentliche Ursachen insbesondere psychischer und psychosomatischer Krankheiten, wie bspw. chronische Distresserfahrungen oder Risikoverhaltensweisen unberücksichtigt. Aus diesem Grund erweist sich das biomedizinische Modell bei der Bewältigung chronischer Krankheiten (bspw. Krebserkrankungen oder Krankheiten des Herz-Kreislaufsystems), die das Krankheitsgeschehen moderner Gesellschaften prägen (vgl. Abschnitt 1.2.2), als wenig effektiv. Diese Leiden sind zu einem hohen Teil durch Arbeits-, Wohn- und Freizeitbedingungen sowie gesundheitsbezogenes Wissen und Verhaltensweisen bedingt. Auch die individuenzentrierte und kurative Sichtweise des biomedizinischen Modells stößt angesichts chronischer Erkrankungen an ihre Grenzen. Angesichts des progressiven Verlaufs dieser massenhaft auftretenden, degenerativen Erkrankungen kann eine medizinische Intervention lediglich auf eine Verhütung der Verschlechterung des Gesundheitszustandes abzielen, nicht aber auf eine vollständige Wiederherstellung der Gesundheit (vgl. Waller 2002, S. 16f.). Aus einer umfassenderen gesundheitswissenschaftlichen Perspektive stellt sich daher in erster Linie die Frage nach wirkungsvollen Maßnahmen bevölkerungsbezogener Krankheitsprävention bzw. Gesundheitsförderung (vgl. Kolip 2002, S. 10).

Vorschriften für menschliches Handeln“ (Peuckert 2006, S. 213), die an die Inhaber sozialer Positionen gerichtet werden. Nach diesem Gesundheitsverständnis spielen Aspekte der Funktionalität bei der Bewältigung privater und beruflicher Aufgaben, für die die Rollenträger sozialisiert wurden, eine wesentliche Rolle. Empirische Aspekte dieses funktionalen Gesundheitsbegriffs sind bspw. somatisch oder psychisch bedingte berufliche Leistungsminderungen bis hin zur Arbeitsunfähigkeit (vgl. Erhart/Wille/Ravens-Sieberer 2009, S. 336) oder Hilfsbedürftigkeit bei Aufgaben des alltäglichen Lebens. In gesellschaftlich-soziologischer Perspektive tritt Gesundheit in zweierlei Form auf: Zum einen als normative Verpflichtung des Individuums, da Gesundheit zur Erfüllung der jeweiligen Rollenvorgaben erwartet wird. Zum anderen als institutionell verankertes Menschenrecht, das einen individuellen Anspruch auf sozial- und gesundheitspolitische Maßnahmen zur Gewährleistung von Gesundheit beinhaltet.[52]

Neben der physiologischen und sozialen (Dis-)Funktionalität stellt das subjektive Erleben von Gesundheit und Krankheit und dessen Auswirkungen auf die Lebensqualität des betroffenen Individuums einen ganz wesentlichen Aspekt dar, die im *individuell-subjektiven* Ansatz zum Ausdruck kommt. Die Vorteile einer subjektiven Gesundheitskonzeption gegenüber „objektiven“ Kriterien, wie bspw. auf Laborwerten beruhenden ärztlichen Diagnosen, liegen zum einen in der Erfassung der individuellen Sichtweise der Betroffenen. Dieses „Laienwissen“ liefert wertvolle Hinweise auf die Verarbeitung gesundheitsrelevanter Informationen und ermöglicht ein deutendes Verstehen konkreter gesundheits- oder krankheitsbezogener Verhaltensweisen und deren Motive (vgl. Franke 2008, S. 216; Schröder 2008, S. 178). Dies gilt in besonderem Maße für chronisch-degenerative Erkrankungen, die bei gegebenem medizinischem Kenntnisstand nicht vollständig heilbar sind, so dass der alltägliche Umgang mit diesen Gesundheitsstörungen für die Betroffenen über einen längeren Zeitraum hinweg typisch ist (vgl. Radoschewski 2000, S. 166). Darüber hinaus hat sich in empirischen Studien die subjektive Einschätzung der Gesundheit als valider und – im

---

[52] So fand der Gesundheitsbegriff Eingang in die nationale wie internationale Rechtsmaterie. In diesem Zusammenhang ist ein menschenrechtsbasierter Gesundheitsansatz von besonderer Bedeutung, der erstmals in der „Allgemeinen Erklärung der Menschenrechte“ der Vereinten Nationen von 1948 schriftlich fixiert wurde. Ein allgemeines Recht auf Gesundheit ist hier in Artikel 25 formuliert: „Jeder hat das Recht auf einen Lebensstandard, der seine und seiner Familie Gesundheit und Wohl gewährleistet, einschließlich Nahrung, Kleidung, Wohnung, ärztliche Versorgung und notwendige soziale Leistungen…“ (Vereinte Nationen 1948). Auch im UN-Sozialpakt und der Europäischen Sozialcharta finden sich ähnliche Paragrafen. So definiert Artikel 12 des „Internationalen Paktes über die wirtschaftlichen, sozialen und kulturellen Rechte“ (UN-Sozialpakt) aus dem Jahr 1966 das „Recht eines jeden auf das für ihn erreichbare Höchstmaß an körperlicher und geistiger Gesundheit“ (Vereinte Nationen 1966, S. 5). Die Bundesrepublik Deutschland hat den Vertrag im Jahr 1968 unterzeichnet und Ende 1973 vorbehaltlos ratifiziert. Im gleichen Jahr erlangte der Vertrag in Deutschland den Rang eines formellen Bundesgesetzes.

Vergleich zu objektiven Gesundheitsindikatoren – aussagekräftigerer Indikator zur Vorhersage der Mortalität erwiesen (vgl. Erhart/Wille/Ravens-Sieberer 2009, S. 337; Weyerer u.a. 2008, S. 50). Die subjektive Gesundheit erfasst eine ganze Reihe von Lebensbereichen, die durch die „objektive" ärztliche Diagnose nicht berücksichtigt werden, jedoch massiv von dieser beeinflusst werden können, wie bspw. das Ausmaß und die Qualität sozialer Beziehungen oder die Bewältigung alltäglicher Aufgaben. Zudem erfüllen subjektive Gesundheitskonzepte als Indikatoren prämorbider Zustände eine wichtige komplementäre Funktion zu „objektiven" medizinischen Befunden (vgl. Erhart/Wille/Ravens-Sieberer 2009, S. 337). Die Nachteile subjektiver Gesundheitskonzepte liegen vor allem in deren inhaltlicher Komplexität begründet. So umfassen einige subjektive Gesundheitskonzepte eine Vielzahl von Dimensionen, so dass eine theoretische Fundierung ebenso wie eine umfassende empirische Umsetzung zumindest erschwert wird (vgl. Radoschewski 2000, S. 170).

4.2 Gesundheitsdefinition der WHO und das Konzept gesundheitlicher Lebensqualität

Resümierend ist bislang festzustellen, dass die drei oben dargestellten Ansätze jeweils wesentliche Dimensionen und Determinanten von Gesundheit und Krankheit beleuchten. Es ist jedoch kein Ansatz alleine in der Lage, alle Aspekte dieses komplexen Gegenstandes abzubilden. Eine Lösung bestand daher in der Synthese der Ansätze, wie sie in der prominenten Definition aus der Präambel der Verfassung der Weltgesundheitsorganisation (WHO) aus dem Jahr 1946 und der Ottawa Charta für Gesundheitsförderung des Jahres 1986 zu finden ist. Gesundheit wurde hier als Zustand vollkommenen körperlichen, geistigen und sozialen Wohlbefindens definiert (vgl. WHO 1986, S. 1).[53] Diese Definition ist

[53] Der in der WHO-Definition angeführte Gesundheitsbegriff des „vollkommenen Wohlbefindens" wurde von Seiten der Medizin aber auch von anderen wissenschaftlichen Disziplinen zum Teil heftig angegriffen. Einige dieser Beiträge heben die Schwierigkeiten hervor, die ein so idealistischer und zugleich vager Gesundheitsbegriff birgt und bezweifeln daher dessen praktische Relevanz (vgl. Jadad/O'Grady 2008, S. 1364; Emson 1987, S. 811). Diese Kritik bezieht sich vor allem auf die Bezeichnung „vollständig" bzw. „vollkommen". Wenn Gesundheit einen vollkommenen Zustand körperlichen, geistigen und sozialen Wohlbefindens darstellt, kann ein Mensch praktisch niemals als „gesund" bezeichnet werden. Kritiker schlugen daher vor, diesen absoluten Gesundheitsbegriff durch das relative Konzept eines kulturell „angemessenen Niveaus" des Wohlbefindens zu ersetzen (vgl. Larson 1996, S. 184). Bisweilen wurde diesem Begriff ein narzisstischer bzw. hedonistischer Kern nachgesagt, der gegenüber der staatlichen Gesundheitsversorgung zu einem nicht zu befriedigenden Anspruchsdenken seitens der Bürgerinnen und Bürger führen würde (vgl. Herfarth 2007, S. 1). Weitere Kritikpunkte an der WHO-Definition betreffen u.a. die Verwendung eines statischen Gesundheitsbegriffs, welcher die Dynamik individueller Gesundheits- und Krankheitszustände nicht

mehrdimensional angelegt, indem sie körperliche (naturwissenschaftlich-biologischer Ansatz), geistige und soziale Aspekte (gesellschaftlich-soziologischer Ansatz) der Gesundheit umfasst. Die individuell-subjektive Sichtweise wird durch die Vorstellung eines „vollkommenen Zustandes des Wohlbefindens" als zentrale Kategorie in das Konzept integriert. Ein wesentlicher Unterschied zum eindimensionalen, biomedizinischen Modell besteht darin, dass Gesundheit als *Ressource* zur Bewältigung des Alltags und zur Verwirklichung individueller Lebensziele verstanden wird. Hierdurch öffnet sich der Gegenstand „Gesundheit" für eine multidisziplinäre wissenschaftliche Betrachtungsweise, die so unterschiedliche Disziplinen wie Psychologie, Ökonomie, Soziologie, Sport- und Ernährungswissenschaften umfasst (vgl. Wolf/Wendt 2006, S. 9f.). Die WHO vertritt daher im Rahmen eines *biopsychosozialen* Modells einen mehrdimensionalen, instrumentellen und dynamischen Gesundheitsbegriff der objektive, subjektive und soziale bzw. funktionale Aspekte von Gesundheit und Krankheit in einem Modell vereint (vgl. Noack 1991, S. 90).

Die Gesundheitsdefinition der WHO markierte den historischen Anfangspunkt des Konzeptes „gesundheitsbezogener Lebensqualität" und verdeutlicht dessen theoretische Grundorientierung als mehrdimensionalem Gesundheitsbegriff mit dem Schwerpunkt auf den subjektiven Befindlichkeiten der Betroffenen, der neben der physischen und psychischen (mentale und kognitive Aspekte) auch die individuelle Wahrnehmung der sozialen und funktionalen Komponenten des gesundheitlichen Wohlbefindens umfasst (vgl. Güthlin 2006, S. 9; Radoschewski 2000, S. 168; Gunzelmann u.a. 2006, S. 110; Spitzer 1987, S. 468; Bullinger 1997, S. 816). Die Betonung der subjektiven Wahrnehmung gesundheitlicher Zustände führte dazu, dass in verschiedenen wissenschaftlichen Disziplinen subjektive Krankheits- und Gesundheitstheorien entstanden, deren Kern mit unterschiedlichen Konzepten wie bspw. „gesundheitliche Lebensqualität", „Wohlbefinden", „subjektive" oder „funktionale Gesundheit" bezeichnet und teilweise synonym verwendet wurden (vgl. Erhart/Wille/Ravens-Sieberer 2009, S. 337; Bredow/Peterson 2004, S. 277; Spitzer 1987, S. 467; Walter/Schwartz 2001, S. 182). Aufgrund der Vielfalt der disziplinären Sichtweisen und der durch sie geprägten Konzepte liegt bis heute liegt keine allgemein gültige Definition oder Konzeptionalisierung „gesundheitsbezogener Lebensqualität" vor (vgl. Bredow/Peterson 2004, S. 276; Radoschewski 2000, S. 167; Carr/Gibson/Robinson 2001, S. 1240; Rogerson 1995, S. 1377).[54]

---

angemessen abbildet (vgl. Niebrój 2006, S. 258) oder die Gleichsetzung von „Gesundheit" mit „Glück" bzw. „Freude" (vgl. Saracci 1997, S. 1409).

[54] Die empirische Forschung zur gesundheitsbezogenen Lebensqualität ist ebenfalls durch eine Vielzahl von Disziplinen geprägt. Das Interesse der Forschung konzentriert sich in Abhängigkeit der jeweiligen Disziplin u.a. entweder auf die wahrgenommenen Einschränkungen oder Begünstigungen

Zudem war die einschlägige Diskussion von der Entwicklung allgemeiner und spezieller empirischer Messinstrumente bestimmt, was zu Lasten der theoretisch-konzeptionellen Arbeiten ging, die vergleichsweise selten sind (vgl. Güthlin 2006, S. 9; Allison/Locker/Feine 1997, S. 221; Carr/Higginson 2001, S. 1358; Farquhar 1995, S. 502; Wood-Dauphinee 1999, S. 358). Auch die weiter unten angeführte Definition „gesundheitsbezogener Lebensqualität", die ich in dieser Arbeit verwende, hat daher den Charakter einer Arbeitsdefinition. Auch wenn manche Autoren die Begriffe „Lebensqualität" und „gesundheitsbezogene Lebensqualität" synonym verwenden, soll letzterer als spezielle, da auf den gesundheitlichen Bereich begrenzte, Unterkategorie der allgemeinen menschlichen Lebensqualität verstanden werden. Hierdurch ist eine möglichst trennscharfe Terminologie gewährleistet, um den für die vorliegende Fragestellung zu breiten, multidimensionalen Ansatz globaler Lebensqualität thematisch einzuengen (vgl. Bredow/Peterson 2004, S. 276; Radoschewski 2000, S. 166; Ferrans 1990, S. 252).

Um die Vielzahl unterschiedlicher begrifflicher Zugänge zum Lebensqualitäts-Konzept zu ordnen, wurde in der Literatur eine vierstufige Taxonomie von Lebensqualitäts-Definitionen vorgeschlagen:[55] (1) globale Lebensqualität, (2) dimensionale oder komponentenbezogene Definitionen (bspw. operationale Definitionen im Rahmen empirischer Analysen, die sowohl subjektive als auch objektive Dimensionen der Lebensqualität benennen), (3) bereichsspezifische oder fokussierte Definitionen sowie (4) Kombinationen aus den ersten drei Typen (vgl. Farquhar 1995, S. 503f.; Güthlin 2006, S. 11; Bredow/Peterson 2004, S. 276). Dabei können bei bereichsspezifischen bzw. fokussierten Definitionen des dritten Typs sowohl implizite als auch explizite Arten unterschieden werden. Letztere werden im Allgemeinen in Beiträgen verwendet, die sich auf das be-

der Funktionsfähigkeit und des Wohlbefindens bestimmter Bevölkerungsgruppen mit oder ohne medizinisch relevante Zustände (epidemiologische oder gesellschaftliche Perspektive), auf gesundheitliche Lebensqualität als Zielkriterium medizinischer bzw. klinischer Interventionen (klinische Perspektive), als Hilfe zur Entscheidungsfindung für gesundheitspolitische Maßnahmen (politische Perspektive) oder auf die Möglichkeit einer (Wieder-)Eingliederung in das alltägliche Leben nach schwerwiegender Erkrankung (rehabilitative Perspektive) (vgl. Bullinger 1997, S. 815; Güthlin 2006, S. 11).

[55] Zusätzlich können zumindest fünf definitorische Kategorien des Lebensqualitäts-Konzepts unterschieden werden, die insbesondere im Bereich der Gesundheitsfürsorge Gültigkeit beanspruchen. Nach diesem Schema sind (1) „Normal Life"-Definitionen, die auf die Fähigkeit abstellen, einen „normalen" Alltag ohne funktionale Einbußen zu führen, (2) Definitionen, die Zufriedenheit bzw. Glück in den Vordergrund stellen, (3) Definitionen, die das Erreichen persönlicher Lebensziele betonen, (4) Kriterien der „sozialen Nützlichkeit" („social utility"), die auf das Ausmaß der Fähigkeit zu sozialer Partizipation und dem Erfüllen von Rollenfunktionen abstellen und (5) Lebensqualitäts-Definitionen, welche die natürliche, d.h. physiologische und mentale Kapazitäten als zentrale Kriterien heranziehen, zu unterscheiden (vgl. Ferrans 1990, S. 248ff.).

reichsspezifische Konzept der „gesundheitsbezogenen Lebensqualität" beziehen (vgl. Farquhar 1995, S. 504).

Das Niveau gesundheitlicher Lebensqualität kann als Folge eines Vergleichs zwischen individuellen Erwartungen und Erfahrungen in Bezug auf Gesundheit und Krankheit verstanden werden (vgl. Carr/Higginson 2001, S. 1358). Da sich diese Wahrnehmungen und Bewertungsschemata sowohl zwischen verschiedenen Menschen als auch innerhalb einer Person in Abhängigkeit der jeweiligen Lebensphase, der Geburtskohorte und der Lebenslage unterscheiden, hat man es bei gesundheitsbezogener Lebensqualität mit einem variablen und dynamischen Phänomen zu tun (vgl. Carr/Gibson/Robinson 2001, S. 1240; Allison/Locker/Feine 1997, S. 221; Carr/Higginson 2001, S. 1357f.).[56] So können insbesondere hochaltrige Menschen im Gegensatz zu jungen Erwachsenen in aller Regel nicht mehr erwarten, ihren Alltag dauerhaft ohne krankheitsbedingte Funktionseinbußen zu meistern. Chronische Erkrankungen können somit im hohen Lebensalter im Gegensatz zu früheren Lebensphasen als „normal" wahrgenommen werden, mit entsprechenden Folgen für die subjektive Bewertung der gesundheitlichen Lebensqualität, die in Abhängigkeit kollektiver (bspw. gemeinsamer Erfahrungsschatz der Mitglieder einer Geburtskohorte) und individueller Faktoren (bspw. psychische Anpassung, Coping-Strategien, Aspekte der Selbst-Kontrolle und des Optimismus, Wandel persönlicher Bewertungsstandards im Rahmen eines „response shift") angepasst wird (vgl. Allison/Locker/Feine 1997, S. 223ff.; Addington-Hall/Kalra 2001, S. 1419).[57]

Auf der Grundlage der bisherigen Ausführungen kann gesundheitsbezogene Lebensqualität folgendermaßen definiert werden: *Gesundheitsbezogene Lebensqualität bezeichnet eine spezielle Unterkategorie globaler menschlicher Lebensqualität (bereichsspezifischer bzw. fokussierter Typus), die selbstberichtete und im Lebenslauf dynamische Aspekte gesundheitlich bedingter körperlicher, psy-*

[56] Dies kann sich insbesondere bei intrapersonalen Vergleichen nachteilig auf die Validität des Konstrukts der gesundheitsbezogenen Lebensqualität auswirken (vgl. Allison/Locker/Feine 1997, S. 226). Die einschlägige Literatur diskutierte Lösungsansätze dieses Problems, wie bspw. die Verwendung individualisierter Messinstrumente (vgl. Allison/Locker/Feine 1997, S. 226ff.; Carr/Higginson 2001, S. 1359f.).

[57] Dieses Beispiel weist Parallelen zu dem sogenannten „Disability Paradox" auf: In klinischen Studien konnte mehrfach beobachtet werden, dass Patienten, die in Folge einer schwerwiegenden Erkrankung, wie bspw. eines malignen Tumors, mit funktionalen Einschränkungen zu leben hatten, nicht notwendigerweise eine schlechte allgemeine Lebensqualität berichteten, sondern oftmals sogar eine gute bis sehr gute Lebensqualität (vgl. Carr/Higginson 2001, S. 1358). Solche empirischen Befunde verdeutlichen, dass der Zusammenhang zwischen objektiven gesundheitlichen Einschränkungen und der subjektiven Lebensqualität keinesfalls eindeutig ist und in manchen Fällen sogar deutlich auseinanderfallen kann (vgl. Addington-Hall/Kalra 2001, S. 1418f.).

chischer, sozialer und alltagsbezogener Funktionsfähigkeit und des Wohlbefindens umfasst.[58]

4.3 Gesundheitliche Lebensqualität im Alter

Altern kann zwar nicht – wie in den klassischen Schriften des Aristoteles – mit Krankheit gleichgesetzt werden (vgl. Schwartz/Walter 2003, S. 175; Robert Koch-Institut 2002, S. 23; Menning 2006b, S. 4; Tesch-Römer/Wurm 2009a, S. 8); gleichwohl leiden alte Menschen beiderlei Geschlechts im Vergleich zu jüngeren Altersgruppen häufiger an chronischen, nicht vollständig reversiblen Krankheiten, wie bspw. Herz-Kreislauf-, Krebserkrankungen oder dementiellen Krankheiten[59], die oftmals in Form von ko- bzw. multimorbiden[60] Zuständen prävalent werden und an einer hierdurch bedingten Zunahme altersassoziierter Funktionseinbußen (vgl. u.a. Böhmer 2001, S. 23; Wiesner/Bittner 2005, S. 491f.; Walter/Schneider/Bisson 2006, S. 538; Schienkiewitz 2007, S. 7; Garms-Homolová/Schaeffer 2003, S. 676f.; Robert Koch-Institut 2003, S. 21ff.; Müller/Heinzel-Gutenbrunner 2005, S. 129). Im Gegensatz zu jüngeren Altersgruppen steht bei alten Menschen nicht die Heilung dieser Krankheiten („restitutio ad

---

[58] Ähnliche Definitionen findet sich bei Bullinger 2000, S. 190 sowie Radoschewski 2000, S. 186. Beispiele für eher operationale Begriffsbestimmungen gesundheitlicher Lebensqualität sind Patrick/Erikson 1988, S. 779 zit n. Güthlin 2006, S. 11 sowie Bredow/Peterson 2004, S. 274. Für einzelne Überlegungen, die in die obige Definition eingeflossen sind (bspw. gesundheitsbezogene Lebensqualität als spezielle Unterkategorie allgemeiner Lebensqualität) vgl. u.a. Radoschewski 2000, S. 166; Bredow/Peterson 2004, S. 276.

[59] Chronische Krankheiten mit langen Latenzzeiten und zumeist degenerativem Verlauf sind nicht nur für den Großteil der altersassoziierten Morbidität verantwortlich, sondern stehen auch an der Spitze der Todesursachen der Industriestaaten. Vor allem zwei Krankheitsgruppen stehen hier im Vordergrund: Krankheiten des Herz-Kreislauf-Systems und Krebserkrankungen. In Deutschland starben im Jahr 2000 rund 42% der Männer und 52% der Frauen an Krankheiten des Kreislaufsystems. Die zweithäufigste Todesursache waren „bösartige Neubildungen" (Krebserkrankungen). Auf diese Erkrankungen sind rund 29% der Todesfälle bei Männern und 23% bei den Frauen zurückzuführen (vgl. Gärtner/Luy/Mai 2005, S. 43). Insgesamt sind diese beiden chronischen Erkrankungen bei Männern und Frauen für fast 75% aller Todesfälle verantwortlich. Herz-Kreislauferkrankungen sind darüber hinaus auch der häufigste stationäre Behandlungsanlass im Alter und sind aus diesem Grund mit immensen Kosten für das Gesundheitssystem verbunden (vgl. Menning 2006a, S. 15).

[60] Unter dem Begriff „Multimorbidität" werden in der Geriatrie „…das gleichzeitige Vorhandensein mehrerer signifikanter Erkrankungen, die behandlungswürdig [sind, A.M.]" (Schubert 1973, S. 57 zit. n. Böhmer 2001, S. 48; Füsgen 2002, S. 802) bezeichnet. Zu ähnlichen Definitionen dieses Begriffs vgl. Wiesner/Bittner 2005, S. 497 sowie Robert Koch-Institut 2003, S. 5. Im Gegensatz zur Multimorbidität wird mit dem – oftmals synonym verwendeten – Begriff „Komorbidität" das Auftreten zusätzlicher Begleiterkrankungen (bspw. Herzinsuffizienz) ausgehend von einer Leit- bzw. Grunderkrankung (in diesem Falle bspw. Hypertonie) bezeichnet (vgl. Schienkiewitz 2007, S. 9; Robert Koch-Institut 2003, S. 10).

integrum") im Fokus geriatrischer bzw. medizinischer Interventionen, sondern der Erhalt einer möglichst hohen Lebensqualität („restitutio ad optimum") (vgl. Füsgen 2002, S. 801; Wurm/Lampert/Menning 2009, S. 83). Vor diesem Hintergrund ist die Frage nach den alltäglichen Auswirkungen solcher chronischer (Alters-)Krankheiten[61] und den Folgen der jeweils applizierten Therapien in Form funktionaler Einschränkungen bei der Bewältigung des Alltags und dem subjektiven Gesundheits- und Krankheitserleben durch die Betroffenen zumeist wichtiger als die objektive Diagnose (vgl. Böhmer 2001, S. 26). Soziale und funktionale Aspekte sind gerade im hohen Lebensalter für eine selbstständige Lebensführung, für eine aktive Teilhabe am gesellschaftlichen Leben und für eine positive Lebenseinstellung mindestens ebenso relevant wie objektive Gesundheitsmaße (vgl. Gunzelmann u.a. 2006, S. 110; Robert Koch-Institut 2002, S. 13). Das Konzept und das Messinstrument „gesundheitsbezogene Lebensqualität" spielt daher in vielen Bereichen der Alternsforschung, wie bspw. in der Gerontopsychologie eine große Rolle (vgl. Gunzelmann u.a. 2006, S. 109).

Da im Zuge demografischer Alterung wahrscheinlich auch der Anteil chronisch kranker, alter Menschen an der Gesamtbevölkerung zunehmen wird (vgl. Abschnitte 1.2.1 und 1.2.2), gewinnt die Frage nach der Beschreibung der Lebensqualität und des subjektiven Gesundheitszustandes zudem ein immer größeres Gewicht u.a. in Bezug auf die Bewertung von Therapien und medizinischen Interventionen durch medizinische Studien, zur Abschätzung des gesundheitsökonomischen Nutzens neuartiger Therapien sowie in der Versorgungsforschung im Rahmen der Qualitätssicherung und zur Optimierung der Gesundheitsversorgung bestimmter Bevölkerungsgruppen (vgl. Radoschewski 2000, S. 165; Bullinger 2000, S. 191). Dabei ist die subjektive Beurteilung des eigenen Gesundheitszustandes nicht nur als Folge objektiver Erkrankungen zu sehen, sondern auch als Determinante für unterschiedliche Aspekte der „objektiven" Gesundheit, wie bspw. die Inanspruchnahme ärztlicher Leistungen oder der Langlebigkeit bzw. des Mortalitätsrisikos alter Menschen (vgl. Gunzelmann u.a. 2006, S. 110; Böhmer 2001, S. 26; Walter/Schwartz 2001, S. 183). Zudem stimmen die

[61] In der Geriatrie werden drei Arten von Krankheiten unterschieden: Erstens die sogenannten „alternden" Krankheiten, d.h. Krankheiten, die in früheren Lebensphasen erstmals auftraten und dann bis ins hohe Lebensalter hinein fortbestehen, wie bspw. chronische Atemwegserkrankungen oder Arthrosen. Zweitens werden primär im Alter neu auftretende Krankheiten unterschieden. Dabei handelt es sich um stark altersassoziierte Erkrankungen wie bspw. bestimmte Formen bösartiger Neubildungen. Drittens unterscheidet man Krankheiten, die in jedem Lebensabschnitt neu auftreten können, d.h. die eine geringe Altersspezifik aufweisen, wie bspw. Infektionserkrankungen (vgl. Böhmer 2001, S. 53). Bisweilen werden zusätzlich altersphysiologische Veränderungen ohne einen zwingenden Krankheitswert unterschieden, also bspw. mit dem Alter zunehmende, „normale" Gefäßveränderungen, die Abnahme der Knochendichte oder eine Einschränkung der Hör- und Sehfähigkeit (vgl. Walter/Schwartz 2001, S. 172ff.)

Angaben alter Menschen zur subjektiven Gesundheit mit dem objektiven Gesundheitsstatus im Vergleich zu jüngeren Altersgruppen am wenigsten überein (sogenanntes „Altersinvarianz-Paradox"), was den Informationsgehalt subjektiver Gesundheitsangaben im hohen Lebensalter erhöht (vgl. Tesch-Römer/Wurm 2009a, S. 14).

Die Bedeutung gesundheitsbezogener Lebensqualität im Alter liegt im Vergleich zu objektiven Gesundheitsindikatoren somit darin, dass sie (a) deren Auswirkungen auf die alltägliche Funktionsfähigkeit und Autonomie der Lebensführung erfasst, (b) die subjektive Beurteilung dieser gesundheitlichen Belastungen durch die Betroffenen im Sinne der individuellen Reflektion bzw. Verarbeitung pathologischer Zustände abbildet und (c) als Prädiktor objektiver Gesundheitszustände verwendet werden kann. Aufgrund der hohen Relevanz, die gesundheitliche Lebensqualität für die Beurteilung von Gesundheit und Selbstständigkeit alter Menschen besitzt, eignet sie sich in besonderem Maße als Indikator eines holistischen Gesundheitsbegriffs, wie er bereits in der Gesundheitsdefinition der WHO formuliert wurde.

Zudem weist das Konzept „gesundheitsbezogener Lebensqualität" konzeptionelle Parallelen mit dem in der Gerontologie prominenten Konzepten des „Erfolgreichen Alterns" („Successful Aging") und dem von der WHO erarbeiteten, neueren Konzept des „Aktiven Alterns" („Active Aging") auf. Beide Konzepte sehen ebenfalls eine Kombination aus guter Gesundheit, mentaler und körperlicher Funktionsfähigkeit und sozialer Teilhabe und Sicherheit als Voraussetzung für ein erfülltes und produktives Altern mit hoher Lebensqualität an (vgl. Rowe/Kahn 1998, S. 38; vgl. Walter/Schneider/Bisson 2006, S. 537; Walter/Schwartz 2001, S. 217).[62] Eine hohe gesundheitsbezogene Lebensqualität kann daher als Indikator des individuellen Grades „erfolgreichen" bzw. „aktiven Alterns" in gesundheitlicher Hinsicht gesehen werden. Das Konzept erfüllt somit die Anforderungen an den Zielzustand der „positiven Anpassung" im Rahmen eines salutogenetisch orientierten Resilienzbegriffs, wie er in Abschnitt 3.1 definiert wurde: Demnach ist nicht nur die Abwesenheit krankhafter Zustände bei alten Menschen, die chronischen oder akuten Belastungen ausgesetzt sind als Zeichen gesundheitlicher Resilienz zu verstehen, sondern das Vermögen einer positiven gesundheitlichen Anpassungsfähigkeit an solche widrigen Lebensbedingungen im Sinne einer vergleichsweise hohen gesundheitlichen Lebensqualität.

---

[62] Das WHO-Konzept des „Active Aging" geht damit über das engere Verständnis eines „Gesunden Alterns" („Healthy Aging") hinaus, indem es neben der Gesundheit auch die Möglichkeiten der Partizipation und der Sicherheit betont, mit dem Ziel, die globale Lebensqualität alter Menschen zu fördern (vgl. Walter/Schneider/Bisson 2006, S. 537).

5 Soziale Schichtzugehörigkeit als gesundheitlicher Risikofaktor im Alter

Der soziologische Schichtbegriff hat mehrere historische Wurzeln und wird daher – sowohl im speziellen Bereich der „Health Inequalites"-Forschung als auch in der allgemeinen Sozialstrukturanalyse – uneinheitlich verwendet. Obwohl es sich um einen der zentralen Begriffe der Sozialstrukturanalyse handelt, gibt es bis heute trotz zahlreicher Definitionsversuche und weitverbreiteter Anwendung in der empirischen Forschung keine allgemein anerkannte Definition (vgl. Brusten 2007, S. 579; Diezinger/Mayr-Kleffel 1999, S. 35), weshalb der Schichtbegriff bisweilen gar als das ungenaueste Konzept der Theorieentwicklung zur sozialen Ungleichheit bezeichnet wurde (vgl. Hartfiel 1978, S. 56).[63] Im allgemeinsten Sinne können unter sozialen Schichten „*Gruppierungen von Menschen mit ähnlich hohem Status innerhalb einer oder mehrerer berufsnaher Ungleichheitsdimensionen...*" verstanden werden (vgl. Hradil 2005a, S. 40).[64] In historischer Perspektive lassen sich jedoch mehrere Schichtungsansätze unterscheiden, die von jeweils unterschiedlichen theoretischen Grundannahmen ausgehen und sich in Form und Reichweite zum Teil deutlich unterscheiden. Im Vorfeld einer theoretischen Begründung schichtassoziierter Risiko-Mechanismen (vgl. Abschnitt 5.1) oder der lebenszeitlichen Dynamik des Schichtgradienten (vgl. Abschnitt 5.2) ist es daher erforderlich, den hier verwendeten Schichtungsbegriff möglichst präzise zu bestimmen.

Schichtungsansätze entwickelten sich entlang zweier grundlegender Forschungstraditionen. Die erste knüpfte an den von Max Weber in die soziologi-

---

[63] Der soziologische Schichtbegriff kann auf eine lange Tradition zurückblicken. In sozialhistorischer Perspektive entstanden Modelle sozialer Schichtung im Verlauf des 20. Jahrhunderts vor dem Hintergrund der Wirtschaftsverhältnisse moderner Industriegesellschaften, in denen ein immer größerer Anteil der Menschen ihren Lebensunterhalt in abhängiger Lohnarbeit erwirtschaften musste. Im Zuge dieser Entwicklung wurde die berufliche Stellung zur zentralen Determinante ungleicher Lebensverhältnisse. Von besonderem Interesse waren folglich diejenigen Dimensionen sozialer Ungleichheit, die mit der beruflichen Stellung in Verbindung standen: Einkommen und Vermögen, berufliches Prestige sowie allgemeine und spezielle Qualifikationen (vgl. Hradil 2005a, S. 40). Auch in den heute gebräuchlichen Schichtungsmodellen dienen diese sozioökonomischen Indikatoren im Allgemeinen zur Zuordnung eines Menschen zu einer bestimmten gesellschaftlichen Statusgruppe im „vertikal" bzw. hierarchisch abgestuften Gefüge ungleicher Sozialstruktur.

[64] Zu ähnlichen Definitionen kommen auch Brusten 2007, S. 572 und Schäfers 2004, S. 244.

sche Diskussion eingeführten Begriff der „ständischen Ehre“ an. Solche Schichtungsmodelle versuchen, das Gefüge ungleicher Sozialstruktur durch die subjektive Wertschätzung zumeist beruflicher Positionen modellhaft zu beschreiben. Die Modelle sozialer Schichtung, die in dieser Forschungstradition vorherrschen, sind Status- bzw. (Berufs-)Prestigeskalen. Seit den 1960er Jahre sind in der deutschen Soziologie Berufsprestige-Schichtmodelle ausgearbeitet und in einer Vielzahl empirischer Studien verwendet worden, wie bspw. die Magnitude-Prestige-Skala (MPS) nach Wegener (vgl. Wegener 1988, S. 221ff.; Hoffmeyer-Zlotnik/Geis 2003, S. 131), die auch einer aktuellen Forschungsarbeit zur gesundheitlichen Ungleichheit im hohen Lebensalter zu Grunde liegt (vgl. Borchert 2008, S. 150ff.; Abschnitt 2.1.2). Diese Modelle bilden Sozialschichten mit Hilfe des beruflichen Prestiges der Erwerbstätigen, das verhältnismäßig leicht zu operationalisieren ist. Berufliche Tätigkeiten folgen als solche zunächst keiner hierarchischen Ordnung. Es ist daher die Aufgabe einer Prestigeskalierung, berufliche Positionen durch den Bezug auf subjektive Urteile der Wertschätzung in eine solche hierarchische Ordnung zu bringen (vgl. Groß 2008, S. 42f.). Eine soziale Schicht wird in diesen Modellen somit nach Maßgabe einer auf empirischer Basis konstruierten Prestigeskalierung aus Menschen gebildet, die Berufe mit ähnlich hohem Ansehen ausüben.

Die zweite Entwicklungslinie orientierte sich stark am klassischen Schichtungskonzept Theodor Geigers, das u.a. auf die zentralen „objektiven“, d.h. in den Lebensbedingungen der Menschen begründeten und daher vom Denken und Handeln einzelner Personen relativ unabhängigen „Schichtdeterminanten“ abzielt, die in einer bestimmten historischen Gesellschaft für die Abgrenzung von Statusgruppen relevant sind (vgl. Groß 2008, S. 41). Diese von Geiger geprägte „objektive“ Variante des Schichtungsbegriffs entspricht eher den in der zeitgenössischen Sozialepidemiologie häufig verwendeten, mehrdimensionalen Konzepten sozioökonomischer Statusgruppen. Soziale Schichten werden im Geigerschen Modell über eine bestimmte Anzahl von Menschen definiert, die ein oder mehrere „objektive“ Merkmale aufweisen („*Schichtdeterminanten*“) und als Träger dieser Merkmale einen bestimmten Sozialstatus („*Soziallage*“)[65] in der Gesellschaft und relativ zu anderen Schichten einnehmen (vgl. Geiger 1962, S. 186, 200f.).

---

[65] Der Begriff des sozialen Status umfasst bei Geiger sowohl materielle (z.B. materieller Wohlstand) als auch immaterielle Formen (z.B. Sozialprestige) der Höher- bzw. Tieferstellung. So bestimmen „...Lebensstandard, Chancen und Risiken, Glücksmöglichkeiten, aber auch Privilegien und Diskriminationen, Rang und öffentliches Ansehen.“ (Geiger 1962, S. 186) den sozialen Status eines Menschen. Geiger führt die folgenden Schichtdeterminanten als Minimalanforderung für die Beschreibung der Sozialstruktur moderner Gesellschaften an: „... 1.Wirtschaftszweig, 2. Stellung im Beruf, 3. Einkommenshöhe, 4. Art und Grad der Ausbildung“ (Geiger 1962, S. 195f.).

Auf diesen klassischen Konzepten aufbauend, werden in der neueren Sozialstrukturanalyse und Sozialepidemiologie zumeist mehrdimensionale Schichtungsbegriffe verwendet, die neben dem (Berufs-)Prestige oder der beruflichen Stellung auch hiermit typischerweise verknüpfte Dimensionen sozialer Ungleichheit, wie Einkommens- und Vermögensverhältnisse oder den formalen Bildungsgrad berücksichtigen (vgl. Hradil 2005a, S. 41f.). Diese drei Kriterien werden auch als Merkmale „vertikaler" sozialer Ungleichheiten bezeichnet (vgl. Mielck 2006, S. 975f.), da sie unmittelbar an die berufliche Statushierarchie als dem „Rückgrat" ungleicher Sozialstruktur in entwickelten (Industrie-) Gesellschaften gekoppelt sind (vgl. Hradil 2005, S. 40). Sie stellen die derzeit am stärksten standardisierten und institutionalisierten Bewertungsmaßstäbe für die Verteilung „wertvoller" Ressourcen und Lebensbedingungen dar und bilden daher die Hauptachse sozialer Ungleichheiten in modernen Gesellschaften. Diese Trias wird durch eine individuenbezogene Leistungsideologie legitimiert und stabilisiert. Man spricht daher auch von der „meritokratischen Triade" moderner Staatsgesellschaften (vgl. Kreckel 2004, S. 97).

Solche mehrdimensionalen Schichtungsmodelle identifizieren – trotz der in den letzten Jahren geäußerten Kritik[66] an ihrer Tauglichkeit für die Analyse ungleicher Sozialstrukturen in postindustriellen[67] Gesellschaften – offenbar wesent-

---

[66] Solche mehrdimensionalen Schichtmodelle konstituieren sich aus „objektiven" Faktoren und vernachlässigen somit – wie auch die Berufsprestigemodelle – die alltäglichen Verhaltensweisen und Einstellungen der Akteure. Aus methodischen Gründen sind diese Schichtmodelle zudem nicht in der Lage, Statusinkonsistenzen zu erfassen, welche die Lebenswelten und Lebensbedingungen bestimmter Gruppierungen maßgeblich prägen können. Hierdurch werden so disparate Gruppen wie bspw. wohlhabende Selbstständige mit Hauptschulabschluss und Doktoranden mit Halbtagsbeschäftigung u.U. in die gleiche Schicht eingeordnet (vgl. Hradil 2005a, S. 41f.; Hradil 2009, S. 39). Kritik an Schichtungsmodellen wird vor allem von Vertretern einer Pluralisierung und Entstrukturierung von Sozialagen und Lebensstilen vorgebracht. Diese argumentieren, dass Schichtungsansätze hinter einem zeitgemäßen Modell ungleicher Sozialstruktur moderner Gesellschaften zurückbleiben, da sie nur einen Teil der für moderne Gesellschaften relevanten *Dimensionen* und *Determinanten sozialer Ungleichheit* berücksichtigen (vgl. Hradil 1994, S. 381f.). Wie bereits angemerkt, suchen schichtungssoziologische Ansätze die Ursachen sozialer Ungleichheit vor allem in der ökonomischen Sphäre. Die berufliche Stellung bzw. das damit verbundene Prestige wird als maßgebliche Determinante des sozialen Status angesehen (vgl. Hoffmeyer-Zlotnik/Geis 2003, S. 126). Berufszentrierte Schichtmodelle haben daher konzeptionelle Probleme, die Lebens- und Handlungsbedingungen von Bevölkerungsgruppen, die zeitweise oder dauerhaft außerhalb des Erwerbslebens stehen, angemessen abzubilden. Hierunter fallen prinzipiell Nichterwerbstätige, wie bspw. Jugendliche, Studierende, langfristig arbeitslose Menschen aber auch Menschen im altersbedingten Ruhestand.

[67] Die Sozialstruktur postindustrieller Gesellschaften unterscheidet sich in vielerlei Hinsicht von den sozialstrukturellen Merkmalen, die für Industriegesellschaften typisch sind. Im Hinblick auf soziale Ungleichheiten ist eine Pluralisierung der Determinanten ungleicher sozialer Lagen zu konstatieren. Neben dem Beruf prägen z.B. ethnische Zugehörigkeiten, das Lebensalter bzw. die Geburtskohorte oder das Geschlecht die soziale Lage. Es findet eine gesellschaftliche und sozialpolitische Sensibilisierung auch für berufsferne Dimensionen sozialer Ungleichheit, wie Freizeit-, Umwelt und Gesund-

liche Einflussfaktoren von Gesundheit und Krankheit während des gesamten Lebenslaufs, also auch während der altersbedingten Ruhestandsphase (vgl. Abschnitte 2.1.2 und 2.2). Daher verwende ich ein entsprechendes Modell auch in der vorliegenden Arbeit, um die Stellung alter Menschen im Gefüge ungleicher Sozialstruktur zu beschreiben und sozioökonomische Risikolagen gesundheitlicher Lebensqualität zu bestimmen.

Die mit dem gesundheitlichen Risiko-Indikator „untere soziale Schichtzugehörigkeit“ assoziierten Mechanismen basieren auf weitreichenden theoretischen Annahmen. Es ist daher geboten, deren konzeptionelle und – sofern durch die vorliegenden Forschungsergebnisse oder Daten der amtlichen Statistik möglich – empirische Grundlagen in den folgenden Abschnitten ausführlich darzustellen und zu diskutieren. Insbesondere geht es dabei um diejenigen Risiko-Mechanismen, die im Verdacht stehen, dem sozialen Schichtgradienten im hohen Lebensalter ursächlich zugrunde zu liegen (Abschnitt 5.1) sowie um ein differenziertes theoretisches und empirisches Fundament zur Entwicklung der relativen Einflussstärke der sozialen Schichtzugehörigkeit in der „Lebensphase Alter“ im Sinne der Destrukturierungsthese (Abschnitt 5.2). Wie in den Abschnitten 2.1.1 und 2.1.2 deutlich wurde, wird die Erforschung der zeitlichen Entwicklung sozial bedingter (gesundheitlicher) Ungleichheiten im Rentenalter relativ zu früheren Lebensphasen als Schlüssel zum Verständnis dieser sozialen Tatbestände angesehen. Eine solche prozessorientierte, lebenslaufbezogene Sichtweise sehe ich auch in der vorliegenden Untersuchung als adäquaten Zugang zu diesen gesellschaftlichen Phänomenen an.

5.1 Schichtspezifische Risiko-Mechanismen

Aktuell liegen weder in der nationalen noch in der internationalen Forschung umfassende empirische Evidenzen darüber vor, wie schichtspezifische Gesundheitsrisiken im Alter ursächlich vermittelt werden (vgl. Abschnitt 2.2). Es ist weitgehend unklar, welche Erklärungskraft den überwiegend für das mittlere Erwachsenenalter diskutierten Ansätzen, wie soziale Selektion, sozialstrukturell-materielle Lebensbedingungen, kulturell-verhaltensbezogene oder psychosoziale Einflüsse und den darin jeweils postulierten Risiko-Mechanismen im Hinblick auf sozial ungleich verteilte Gesundheitschancen im Rentenalter zukommt (vgl. Knesebeck/Schäfer 2009, S. 260f.). Auf der Grundlage der präsentierten Erklärungsansätze und anhand der wenigen empirischen Befunde (vgl. Abschnitt 2.2)

---

heitsbedingungen statt. Auch im Hinblick auf soziale Milieus und Lebensstilgruppierungen kommt es zu einer Pluralisierung, die theoretisch dazu führt, dass individuelle Lebensweisen immer weniger durch die soziale Schichtzugehörigkeit geprägt werden (vgl. Hradil 2004, S. 30f.).

lässt sich vermuten, dass schichtassoziierte Gesundheitsrisiken auch im hohen Lebensalter zumindest teilweise über aktuelle und in früheren Phasen des Lebenslaufes akkumulierte ökonomische, soziale und kulturelle Benachteiligungen vermittelt werden, die sich u.a. in sozial ungleich verteilten, gesundheitsrelevanten *materiellen und psychosozialen Belastungen* niederschlagen (vgl. Adamson/ Ebrahim/Hunt 2006, S. 977; Knesebeck 2000, S. 270; Cairney/Arnold 1996, S. 202).

5.1.1 Sozialstrukturelle, materielle und psychosoziale Belastungen

In Anlehnung an die in den Abschnitten 2.1.2 bzw. 2.2 präsentierten Ergebnisse der nationalen und internationalen Forschung wird angenommen, dass die durchschnittlich geringere gesundheitliche Lebensqualität von Angehörigen „unterer" Sozialschichten im Alter größtenteils als eine Folge dreier zusammenhängender Einflüsse verstanden werden kann.

- Sozial ungleich verteilten *sozialstrukturellen Belastungen*, wie bspw. schädigende Arbeits-, Wohn- und Umweltbedingungen.
- *Materiellen Belastungen*, also u.a. in Folge ungleicher finanzieller Ressourcen bis hin zur relativen Einkommensarmut.
- *Psychosozialen Mechanismen*, durch die diese „objektiven" Belastungen zusätzliche subjektive Relevanz erhalten, welche sich auf die gesundheitsbezogenen Denk- und Verhaltensweisen der Betroffenen auswirken können (bspw. subjektive Zufriedenheit mit der Einkommens- und Wohnsituation oder dem Grad wohlfahrtsstaatlicher Sicherung).

Gesundheitsrelevante Belastungen treten für alte Menschen vor allem in der eigenen Wohnung bzw. im Wohnumfeld und in der Familie auf, wobei – wie noch anhand empirischer Befunde zu zeigen sein wird – ältere Menschen aus „unteren" Sozialschichten von diesen Belastungen besonders betroffen sind. Dabei kann es sich sowohl um direkte, objektive gesundheitliche Belastungen (bspw. unzureichender Wohnraum, mangelnder Zugang zu sanitären Einrichtungen, keine altengerechte Wohnungsausstattung, Lärm, Abgase, schlechte Infrastruktur oder hohe Kriminalität im Wohngebiet, soziale Vernachlässigung oder Isolation) als auch um indirekte, über objektive Belastungen vermittelte, subjektive Belastungen handeln, die sich in erster Linie in Form psychischer Stresserlebnisse (bspw. Angstzustände, Depressionen) oder in Folge subjektiver Deprivation (bspw. negative Deutung von Wohn- bzw. Lebensbedingungen) manifestieren (vgl. Wolf 2003, S. 4ff.; Jungbauer-Gans/Gross 2009, S. 85f.; Steinkamp

1999, S. 129ff.). Diese subjektiven Belastungen können zudem gesundheitsschädigendes Verhalten im Rahmen subjektiver Kompensations- bzw. Bewältigungsstrategien begünstigen (u.a. Tabak- und Alkoholkonsum oder das Vermeiden körperlicher Aktivitäten im außerhäuslichen Bereich) und in Folge dieser Alltagspraxen ebenfalls in einem vergleichsweise schlechten gesundheitlichen Wohlbefinden münden (vgl. Wolf 2003, S. 5).

Eine solche Argumentation entspricht der „weichen" bzw. indirekten Version des *sozialstrukturell-materiellen Erklärungsansatzes* („Materialist or Structural Explanation"), wie er bereits im schon mehrfach erwähnten „Black Report" formuliert wurde (vgl. Black u.a. 1992, S. 106ff; MacIntyre 1997, S. 728; Siegrist/Marmot 2006, S. 5, Schneider 2008, S. 46ff.; Asthana/Halliday 2006, S. 28).[68] Der „weiche", um subjektive Aspekte ergänzte Erklärungsansatz, wird gegenüber der „harten" Version, die einen direkten kausalen Zusammenhang zwischen ökonomischer Deprivation und der Gesundheit postuliert, in der aktuellen Literatur favorisiert, da Armutslagen relativ zu einem kulturellen Existenzminimum für moderne Gesellschaften typisch und absolute Armut selten geworden sind (vgl. Siegrist/Marmot 2006, S. 6). Es wird daher angenommen, dass psychosozialen Belastungen, die aus sozialen Vergleichsprozessen zwischen relativ deprivierten und ökonomisch bessergestellten Gruppierungen resultieren, in modernen Gesellschaften eine höhere gesundheitliche Relevanz zukommt, als unmittelbar gesundheitsschädigenden materiellen Lebensbedingungen, die sich lediglich bei bestimmten Randgruppen, wie bspw. Wohnungslosen, beobachten lassen.

Dass der Anteil schwerwiegender sozioökonomischer Benachteiligungen, bspw. aufgrund strenger Armutslagen, die einen direkten gesundheitlichen Einfluss ausüben könnten, gerade bei alten Menschen insgesamt gering ausfällt, verdeutlichen die Ergebnisse der amtlichen Statistik und nationaler Surveys. Im Zuge der günstigen Entwicklung der Ruhestandseinkommen in der Bundesrepublik seit dem Zweiten Weltkrieg ist auch der Anteil der alten Menschen, die in ökonomischer Armut leben müssen, kontinuierlich gesunken. Lagen die Armutsrisiken in den 1960er und 1970er Jahren für alte Menschen, vor allem für alte

[68] Damit soll nicht gesagt werden, dass andere einschlägige Erklärungsansätze, wie der kulturell-verhaltensbezogene oder sogenannte „neo-materielle" Ansätze kein Potenzial zur Erklärung gesundheitlicher Ungleichheiten im Alter hätten. Vielmehr nehme ich auf der Grundlage der bisherigen empirischen Befunde an, dass dem erweiterten oder „weichen" sozialstrukturell-materiellen Erklärungsansatz die relativ größte Erklärungskraft zukommt, auch wenn er für eine vollständige Erklärung des Phänomens durch andere Ansätze ergänzt werden müsste. Ein derart vollständiges Erklärungsmodell wird jedoch in der vorliegenden Arbeit nicht angestrebt. Stattdessen sollen im Rahmen des theoretischen Modells „gesundheitlicher Resilienz" relevante Risiko-Mechanismen benannt werden, von denen bekannt ist, dass sie den Zusammenhang zwischen „unterer sozialer Schichtzugehörigkeit" und gesundheitlicher Lebensqualität im Alter ursächlich vermitteln.

Frauen, noch über dem Bevölkerungsdurchschnitt, so unterscheiden sich die gegenwärtigen Armutsrisiken alter Menschen nicht von denen der deutschen Gesamtbevölkerung. Auf Basis der „Armutsrisikoquote" oder auch „Armutsgefährdungsschwelle", definiert als 60% des Medians der laufend verfügbaren Netto-Äquivalenzeinkommen aller Haushalte in Deutschland, wurde für die über 65jährigen für das Jahr 2005 ein Anteil von 13% errechnet, der ungefähr der Quote der Gesamtheit aller Haushalte in West- und Ostdeutschland entsprach.[69] Im Vergleich hierzu wiesen bspw. Alleinerziehende im gleichen Jahr eine fast doppelt so hohe Armutsquote von 24% und Arbeitslose sogar eine Quote von 43% auf (vgl. BMAF 2008, S. 305).

Andere Quellen sprechen sogar von einer unterdurchschnittlichen Armutsquote bei alten Menschen im Vergleich zur Gesamtbevölkerung (vgl. Geißler 2006, S. 206; BMFSFJ 2005, S. 198; Motel-Klingebiel 2005, S. 44). So wurden auf der Basis der Einkommens- und Verbrauchsstichprobe im Jahre 2003 auf der Grundlage der neuen OECD-Äquivalenzskala eine Armutsrisikoquote für die gesamte deutsche Bevölkerung von 13,5% berechnet, während sie in der Altersgruppe der über 65jährigen lediglich bei 11,4% lag. Für das Jahr 2006 errechneten Goebel und Kollegen anhand des Sozio-ökonomischen Panels eine Armutsquote von 13,9% für Gesamtdeutschland, welche die 61- bis 70jährigen mit 8,9% und die 71jährigen und Älteren mit 11,2% deutlich unterschritten (vgl. Goebel/Habich/Krause 2008, S. 167).[70]

Trotz der relativ geringen Armutsquote bleibt Armut für alte Menschen – ganz im Gegensatz zu jüngeren Altersgruppen, bei denen typischerweise eine recht hohe Dynamik der Zu- und Abgänge in Armutslagen beobachtet wurde (vgl. Geißler 2006, S. 214f.) – zumeist ein dauerhaftes Phänomen, da diesen Menschen mit steigendem Alter zunehmend die körperlichen und geistigen Voraussetzungen fehlen, um erfolgreich am Arbeitsmarkt oder im Berufsleben zu partizipieren, um ihre Einkommenssituation zu verbessern (vgl. Motel-Klingebiel 2005, S. 44f.; Wagner u.a. 1996, S. 294). Hinzu kommt, dass von dieser relativ stabilen Altersarmut und deren Folgen vor allem Angehörige unte-

---

[69] Vgl. zu ähnlichen Ergebnissen auf der Grundlage der amtlichen Erhebung „LEBEN IN EUROPA" (EU-SILC) des Jahres 2007 Deckl 2010, S. 77ff. In dieser Studie entsprach die Armutsquote der über 65jährigen mit 15% genau der Quote der deutschen Gesamtbevölkerung. Auch die Berliner Altersstudie kam zum Ergebnis, dass sich die Armutsquote (in dieser Studie gemessen anhand des soziokulturellen Existenzminimums, das 50% und weniger des durchschnittlichen Einkommens bezeichnet) der über 70jährigen Berliner nicht von derjenigen der Gesamtbevölkerung unterschied (vgl. Wagner u.a. 1996, S. 282f.).

[70] Diese Zahlen machen jedoch auch deutlich, dass Angaben zu Armutsquoten in Abhängigkeit der Datenquelle, der Skalen zur Berechnung des Äquivalenzeinkommens, dem verwendeten Mittelwert und dem Prozentsatz des jeweiligen Mittelwerts (bspw. 60% des medianen Einkommens als „armutsnaher" Bereich) bisweilen deutlich variieren (vgl. BMFSFJ 2005, S. 199ff.).

rer Sozialschichten überproportional häufig betroffen waren, da sich aufgrund der deutschen Renten- und Pensionsregelungen die bereits auf dem Arbeitsmarkt ökonomisch benachteiligten Soziallagen des späten Erwerbslebens ins hohe Alter fortsetzten und somit der Einfluss der sozialen Schichtzugehörigkeit im Alter in relativ konstanter Weise erhalten blieb (vgl. Motel-Klingebiel 2005, S. 45; Backes/Clemens 2003, S. 88).

Auf der Grundlage der 1. Welle des Alters-Surveys des Jahres 1996 und der Berliner Altersstudie legten Sozialwissenschaftler ebenfalls empirische Ergebnisse zur materiellen Lage unterer Sozialschichten im hohen Lebensalter vor. Insgesamt konnte ein relativ kontinuierlicher Einfluss der sozialen Schichtzugehörigkeit in mehreren Dimensionen, u.a. in den hier interessierenden Bereichen Einkommen, Sozialhilfebezug, Geldvermögen und Wohnsituation bzw. Zufriedenheit mit dieser, bestätigt werden (vgl. Kohli u.a. 2005, S. 329; Mayer/Wagner 1996, S. 272). Im Alters-Survey lagen Angehörige von Haushalten der sozialen Unterschicht im Alter zwischen 70 und 85 Jahren mit einem durchschnittlichen monatlichen Äquivalenzeinkommen von 741 Euro deutlich unterhalb des Gesamtmittels der Stichprobe der 40- bis 85jährigen von 1.023 Euro. Im Vergleich zum Einkommensniveau von Haushalten der Oberschicht der 70- bis 85jährigen stand den Haushalten der gleichen Altersgruppe am unteren Ende der Schichtungshierarchie im Schnitt nur rund 44% dieses Betrages zur Verfügung (vgl. Kohli u.a. 2005, S. 330). Auch anhand der Berliner Altersstudie wurde eine ökonomische Benachteiligung unterer Sozialschichten bei den 70jährigen und Älteren im Vergleich zu Mittelschicht-Haushalten beobachtet. So bewegten sich rund ein Drittel der Haushalte der Unterschicht und der unteren Mittelschicht im untersten Quintil der Einkommensverteilung der Gesamtstichprobe. Der Anteil der Unterschicht-Haushalte, die auf den Bezug von Sozialhilfe angewiesen waren, war mit 7,6% um das ca. 11-fache höher als bei Haushalten der oberen Mittelschicht (vgl. Mayer/Wagner 1996, S. 261).

Es wurden zudem schichtbezogene Ungleichheiten im Hinblick auf die mangelhafte Ausstattung der Wohnung[71] bei alten Menschen festgestellt, auch wenn diese bei jüngeren Altersgruppen des Alters-Surveys deutlicher ausgeprägt waren. Während nur rund 12% der 70- bis 85jährigen Oberschicht-Angehörigen in einer mangelhaft ausgestatteten Wohnung leben mussten, traf dies auf etwas mehr als 30% der Menschen aus Unterschichthaushalten und auf 25% der Haushalte der unteren Mittelschicht zu (vgl. Kohli u.a. 2005, S. 330f.). Gemäß den Ergebnissen der Berliner Altersstudie lebten 13% der Angehörigen von Unterschicht-Haushalten in „beengten" Wohnverhältnissen, d.h. in diesen Wohnungen

[71] Von einer mangelhaften Ausstattung der Wohnung kann gesprochen werden, wenn in der Wohnung kein Bad, keine Dusche, kein WC oder keine Zentral- oder Etagenheizung vorhanden ist (vgl. Kohli u.a. 2005, S. 326; Wagner u.a. 1996, S. 295).

überstieg die Anzahl der Personen die der Wohnräume. Im Gegensatz dazu lebten nur 0,2% der Angehörigen von Haushalten der oberen Mittelschicht in solchen beengten, wohnräumlichen Verhältnissen.

Diese Disparitäten spiegelten sich auch in der subjektiven Zufriedenheit mit der Wohnsituation wider, bei der ebenfalls ein – wenn auch nicht stetiger – Schichtgradient beobachtet werden konnte. So berichteten in der Berliner Altersstudie etwas mehr als ein Fünftel der Angehörigen von Haushalten der Unterschicht eine „geringe“ Zufriedenheit mit der eigenen Wohnung, die auf unterschiedliche Mängel der Wohnsituation (u.a. Wohnung zu teuer, zu laut oder zu kalt) zurückzuführen war. Im Vergleich dazu betrug dieser Anteil bei Haushalten der oberen Mittelschicht lediglich rund 6% (vgl. Mayer/Wagner 1996, S. 261).

5.1.2 Lebenslauf-Perspektive

Da Gesundheit und Krankheit im Rentenalter als das Resultat lebenslanger Expositionen verstanden werden kann, spielt die Lebenslauf-Perspektive eine grundlegende Rolle bei der Erklärung gesundheitlicher Ungleichheiten in diesen Altersgruppen (vgl. Huisman 2008, S. 377f.; Abschnitt 2.2). Eine solche dynamische Perspektive zwingt herkömmliche Ansätze sozialer und gesundheitlicher Ungleichheit zu einer *Verzeitlichung* des bislang überwiegend synchron ausgerichteten theoretischen Apparats (vgl. Kohli 1990, S. 399), was die Erklärung ungleicher Gesundheitschancen alter Menschen zu einer besonderen theoretischen und empirischen Herausforderung macht. Die Lebenslauf-Perspektive verdeutlicht, dass die menschliche Gesundheit das Produkt komplexer Interaktionen von u.a. biologischen und sozialen Einflüssen während verschiedener Lebensphasen ist (vgl. Dragano/Siegrist 2009, S. 191; Power/Kuh 2006, S. 27). Wie bereits in Abschnitt 2.2 angemerkt, bricht die diachrone Perspektive des Lebenslaufansatzes hierdurch die starre Trennung zwischen gesundheitlichen Selektions- und Kausationsprozessen zugunsten einer wechselseitigen Beeinflussung sozialer Faktoren mit der Gesundheit auf (vgl. Mackenbach/Howden-Chapman 2003, S. 432; Mackenbach 2005, S. 269; Richter/Hurrelmann 2009, S. 23f.).

Für den dynamischen Zusammenhang von strukturellen, materiellen und psychosozialen Risiko-Mechanismen im Lebenslauf und deren ursächlichen Einfluss auf die gesundheitliche Lebensqualität im Alter treffe ich zwei grundlegende Annahmen:

- Die mit der Lage im Gefüge sozialer Ungleichheit verbundenen Risiko-Mechanismen, die den Gesundheitszustand im Sinne der *Kausations*- bzw.

Verursachungshypothese (vgl. Heinzel-Gutenbrunner 2001, S. 41; Mielck 2006, S. 978) ursächlich beeinflussen („Sozialer Status bedingt Gesundheit"), kommt eine vergleichsweise stärkere Erklärungskraft für den sozialen Schichtgradienten ungleicher Morbidität im hohen Lebensalter zu als der sozialen Selektionsthese („Gesundheit bedingt den sozialen Status").[72]

- Es kann auf der mikrosozialen Ebene, insbesondere bei Angehörigen „unterer" Sozialschichten, im Lebenslauf zu einer *Verkettung* bzw. *Häufung* von Risiko-Mechanismen („Cumulative Disadvantage" oder „Chain of Disadvantage") kommen. Diese kann sich sowohl im Längsschnitt, d.h. in der Verweildauer in einer bestimmten Risikolage (bspw. langfristige Arbeitslosigkeit) und der zeitlichen Verkettung von Risikolagen (bspw. langfristige Arbeitslosigkeit macht das Abgleiten in Armut wahrscheinlich, die im Zeitverlauf zu sozialer Isolation und Suchtverhalten führen kann) als auch im Querschnitt, d.h. in der Summe der gesundheitlich riskanten Lebensbedingungen zu einem bestimmten Zeitpunkt manifestieren, was in der Lebenslauf-Epidemiologie auch als „Risk Clustering" bezeichnet wird (vgl. Blane 2006, S. 56ff.; Ben-Shlomo/Kuh 2002, S. 287; Kuh u.a. 2003, S. 779).[73]

Im Zentrum der intragenerationalen Lebenslauf-Perspektive auf gesundheitliche Ungleichheiten im Alter steht die Frage, welche relative Erklärungskraft den gegenwärtigen sozioökonomischen Lebensverhältnissen im Vergleich zu Lebensbedingungen bzw. Belastungen früherer Lebensphasen des Kindes-, Jugend- und mittleren Erwachsenenalters zukommt (vgl. Dragano 2007, S. 18). In Anlehnung an die Ergebnisse zweier Kohortenstudien aus Großbritannien (British Birth Cohorts, Whitehall II) wurden wenigstens drei Modelle zur Beschreibung der Zusammenhänge zwischen sozioökonomischen Einflüssen in frühen Phasen des Lebenslaufs und der Gesundheit in späteren Lebensphasen entwickelt. Lebenslauf-Hypothesen betonen (1) die Verkettung bzw. Häufung relativer Vor- oder Nachteile über den gesamten Lebenslauf („Chain of Advantage/ Disadvantage" bzw. „Cumulative Advantage/Disadvantage"), (2) Latenz-

[72] Der Prozess, durch den sich der gesundheitliche Zustand auf die sozioökonomische Position auswirkt, wurde in der Literatur unterschiedlich bezeichnet. Neben dem Begriff „soziale Selektion" finden sich auch Bezeichnungen wie „gesundheitsbezogene soziale Mobilität", „Selektion durch berufsbezogene Mobilität", „gesundheitliche Selektion" („Health Selection"), sozialer Drift, umgekehrte Kausalität („Reverse Causation") oder gesundheitsbezogene Diskriminierung (vgl. Goldman 2001, S. 121). Der Begriff „gesundheitsbezogene berufliche Mobilität" spiegelt wohl am besten den Stand der empirischen Diskussion wieder, da sich entsprechende Studien zumeist auf die berufliche Klassenlage konzentrieren (vgl. West 1991, S. 374).

[73] Grundlegende konzeptionelle Ausführungen zur Häufung von Risiken im Lebenslauf finden sich auch bei Mackenbach/Howden-Chapman 2003, S. 432, Lynch/Davey Smith 2005, S. 6, Dragano 2007, S. 23 sowie Davey Smith 2008, S. 295f.

Effekte, wonach Belastungen in Utero sowie in frühen Phasen des Lebenslaufs einen u.U. dauerhaften und irreversiblen Einfluss auf den späteren Gesundheitszustand haben[74] sowie (3) sogenannte „Pfad-Modelle“ („Pathway Models“), die davon ausgehen, dass es keinen direkten Zusammenhang zwischen Belastungen in frühen Lebensphasen und der Gesundheit in späteren Phasen des Lebenslaufs gibt. Vielmehr determiniert der sozioökonomische Status und die damit verbundenen Ressourcen in frühen Lebensphasen den sozialen Status im höheren Lebensalter, der dann einen direkten Einfluss auf die aktuelle Gesundheit ausübt (vgl. McMunn u.a. 2006, S. 274; Graham 2002, S. 2007f.).

Obschon diese Modelle nicht als sich gegenseitig ausschließende Ansätze zu sehen sind, da die soziale Wirklichkeit von komplexen Wechselwirkungen zwischen diesen Pfaden geprägt sein dürfte, wird sich die vorliegende Argumentation auf das erste Modell konzentrieren. Es bietet nicht nur im Vergleich zu den übrigen Ansätzen den in sozialwissenschaftlicher Perspektive am gründlichsten ausgearbeiteten und anschlussfähigsten konzeptionellen Rahmen, sondern es ist zudem auch in manchen Aspekten mit den für Deutschland u.a. auf der Basis diachroner Daten vorliegenden, empirischen Befunde zu den gesundheitlichen Folgen sozioökonomischer Einflüsse aus früheren Lebensphasen alter Menschen vereinbar (vgl. Abschnitt 2.2). Darüber hinaus entspricht der Gedanke einer Verkettung bzw. Häufung von Vor-/Nachteilen dem Konzept der Statuskonsistenz bzw. -kristallisation, das von einem engen Zusammenhang mehrerer Statusfaktoren innerhalb einer Statuslage ausgeht. Da Statuskonsistenz einer der Grundannahmen von Schichtungsmodellen ist (vgl. Hradil 1994, S. 380), kann daher erwartet werden, dass durch verwandte Konzepte, wie dem der Häufung von Vor-/Nachteilen, wesentliche schichtassoziierte Risiko-Mechanismen zutreffend erfasst werden.

Das *Konzept gehäufter Vor-/Nachteile* („Concept of Cumulative Advantage/ Disadvantage“) kann allgemein definiert werden als systematischer Trend, der dazu führt, dass sich Menschen im Hinblick auf ein bestimmtes Merkmal (bspw. materieller Wohlstand, Gesundheit, Lebenserwartung) im Zeitverlauf zunehmend unterscheiden, was in der Literatur als „interindividuelle Divergenz“ bezeichnet wurde (vgl. Dannefer 2003, S. S327). Der Grundgedanke dieses Konzeptes findet seine Entsprechung in der populären Redewendung, dass die „Reichen immer

---

[74] Solche Modelle verwendete und erforschte die (Sozial-)Epidemiologie des Lebenslauf auch unter der Bezeichnung „Biological Programming“ oder dem Modell kritischer Perioden („Critical Period Model“) (vgl. Ben-Shlomo/Kuh 2002, S. 286; Kuh u.a. 2003, S. 778). Sie gehen auf die Arbeiten des britischen Epidemiologen David Barker zurück, der nachwies, dass Kinder, die ein zu niedriges Geburtsgewicht hatten (weniger als 2.500 Gramm) als Erwachsene einem höheren Sterblichkeitsrisiko aufgrund von Herzkrankheiten ausgesetzt waren (vgl. Mackenbach/Howden-Chapman 2003, S. 432; Dragano 2007, S. 19).

reicher und die Armen immer ärmer" werden oder „Es gibt nichts erfolgreicheres als den Erfolg".

In die Sozialwissenschaften führte Merton den Kerngedanken dieses Ansatzes durch das klassische wissenschaftssoziologische Konzept des „Matthäus-Effekts" ein (vgl. Merton 1968, S. 3; Merton 1988, S. 608; O'Rand 1996, S. 232; Shuey/Willson 2008, S. 202).[75] Der gesellschaftliche Mechanismus einer Anhäufung von Vor- oder Nachteilen findet sich später u.a. auch in den Konzepten der gutartigen „Benign Circles" und ihrem negativen Gegenstück, den „Vicious Circles" wieder (vgl. Smith 1968, S. 277 zit. n. Dannefer 1987, S. 215; DiPrete/ Eirich 2006, S. 272). Seit den 1970er Jahren hat das Konzept gehäufter Vor-/Nachteile in der (Sozial-)Gerontologie[76] zu der verstärkten Diskussion zweier sowohl konzeptionell wie auch empirisch recht eng miteinander verwobener Themenkreise geführt, die auch im Hinblick auf gesundheitliche Ungleichheiten von Bedeutung sind: Erstens, die Vorstellung der sozialen und gesundheitlichen *Heterogenität* alter Menschen im Sinne eines „Differentiellen Alterns" (vgl. Knesbeck/Schäfer 2009, S. 253). Zweitens die Diskussion um Art und Ausmaß *sozialer Ungleichheit* und *Armut* in diesen Altersgruppen (vgl. Dannefer 2003, S. S328; O'Rand 1996, S. 231; Woll-Schumacher 1994, S. 248f.).

Der Mechanismus der Verkettung bzw. Häufung kann prinzipiell sowohl auf nachteilige wie auch auf vorteilhafte Lebens- und Handlungsbedingungen angewendet werden (vgl. Tews 1993, S. 37).[77] So ist eine Anhäufung von Nachteilen typischerweise eng mit ungünstigen sozioökonomischen Startbedingungen einer sozialen Herkunft aus „unteren" Sozialschichten verknüpft, die weitere Benachteiligungen und deren Verfestigung im Laufe des weiteren Lebens wahrscheinlich machen (vgl. Ferraro/Kelley-Moore 2003, S. 708f.; Shuey/Willson 2008, S. 202). Eine Häufung von Vorteilen entwickelt sich im Lebenslauf ganz analog aus einer Verkettung günstiger sozioökonomischer Ausgangsbedingungen mit weiteren vorteilhaften Lebensbedingungen in späteren Lebensphasen.[78]

---

[75] Als früher Meilenstein in der Entwicklung und empirischen Analyse des Konzeptes gehäufter Vor-/Nachteile kann die Arbeit von Blau und Duncan aus dem Jahr 1967 zur intragenerationalen beruflichen Mobilität zwischen schwarzen und weißen US-Bürgern angeführt werden (vgl. DiPrete/Eirich 2006, S. 273; Shuey/Willson 2008, S. 203).

[76] Vgl. die Ausführungen zu angehäuften Benachteiligungen im Alter bei Rosenmayr/Majce 1978, S. 251ff.

[77] Eine Übersicht zu empirischen Befunden der internationalen Ungleichheitsforschung zum Konzept der gehäuften Vorteile in unterschiedlichen Bereichen des sozialen Lebens wie Bildung, Familie und Nachbarschaft, Erwerbsarbeit, Karriere und Gesundheit findet sich bei DiPrete/Eirich 2006, S. 285ff.

[78] So fallen bei Migranten oftmals arbeitsmarktliche Diskriminierungen mit einem niedrigen sozioökonomischen Status zusammen und machen es somit wahrscheinlich, dass diese Menschen auch gesundheitlich riskanten Lebens- und Arbeitsbedingungen ausgesetzt sind. Demgegenüber fällt es bspw. Akademikern leichter, eine berufliche Stellung mit gehobenem Einkommen zu finden, was wiederum eine Voraussetzung ist, privates Vermögen zu bilden, das seinerseits wiederum – sofern es

Im Zusammenhang mit der Verkettung von Vor- oder Nachteilen können institutionalisierte Übergänge zwischen verschieden Lebensphasen, wie bspw. der Eintritt in den altersbedingten Ruhestand in Form von „kritischen sozialen Übergängen“ („Critical Social Transitions“) ebenfalls eine Rolle spielen, indem sie sozioökonomische Risikokonstellationen modifizieren oder sogar selbst zu einem gesundheitlichen Risikofaktor werden.[79] Nach diesem Konzept werden in gesellschaftlich institutionalisierten Übergängen zwischen verschiedenen Lebensphasen, wie bspw. dem Eintritt in die Ruhestandsphase, die Weichen für eine zukünftige Anhäufung von sozioökonomischen Ressourcen oder des Erreichens vorteilhafter oder benachteiligter gesellschaftlicher Statuspositionen gelegt. Hierbei beeinflussen die in früheren Lebensphasen angehäuften Vor- und Nachteile das Niveau der aktuell verfügbaren sozialen Ressourcen und Lebensbedingungen. Diese sind wiederum zumindest moderierende Rahmenbedingungen oder gar manifeste Determinanten bestimmter Ereignisse in späteren Lebensphasen, wie bspw. Arbeitslosigkeit, Frühverrentung oder chronische Erkrankungen.

Zudem beeinflusst das Niveau der in früheren Lebensphasen angehäuften Vor- und Nachteile, ob ein kritischer sozialer Übergang in einer vorteilhaften oder nachteiligen Lebenssituation mündet. Dabei sind vor allem kompensatorische Effekte der in früheren Lebensphasen erworbenen Ressourcen von Bedeutung. So kann eine Minderung des materiellen Wohlstandes im Rentenalter in Folge des Bezugs der gesetzlichen Altersrente durch die im Erwerbsalter zurückgelegten Vermögensbestände ausgeglichen werden. Andererseits kann das Unvermögen zur Vermögensbildung in der Erwerbsphase, etwa in Folge langfristiger Arbeitslosigkeit, prekäre materielle Lebensbedingungen beim Übergang ins Rentenalter noch verstärken, was im Allgemeinen auch die Chance einer hohen gesundheitlichen Lebensqualität im Alter mindert (vgl. Blane 2006, S. 71f.). Solche negativen Dynamiken sind gemäß des Häufungskonzeptes bei Angehörigen „unterer“ Sozialschichten besonders wahrscheinlich.

---

gewinnbringend angelegt wird – weiteres Vermögen schafft, welches zu einem späteren Zeitpunkt für eine Wohnung in guter Lage investiert werden kann, die sich ihrerseits wiederum positiv auf das gesundheitliche Wohlbefinden auswirken kann usw.

[79] So wurden während der letzten Jahre die Art und der Zeitpunkt des Übergangs in den Ruhestand zunehmend unscharf, da sich in Deutschland wie auch in vielen anderen OECD-Ländern die institutionellen Pfade in die nachberufliche Altersphase in den letzten Jahren ausdifferenziert haben. Das gesetzliche Rentenalter (gegenwärtig noch 65 Jahre) verliert somit zunehmend an Bedeutung als fixer Startpunkt des Ruhestands. Ergebnisse entsprechender Studien aus Großbritannien und Schweden weisen darauf hin, dass die Art und der Zeitpunkt des altersbedingten Ausscheidens aus dem Arbeitsmarkt sowohl mit dem beruflichen Status als auch mit späteren gesundheitlichen Zuständen assoziiert war (vgl. McMunn u.a. 2006, S. 276f.).

5.2 Dynamik des Schichtgradienten

Die in den vorangegangen Abschnitten aufgeführten Verursachungszusammenhänge bzw. Risiko-Mechanismen sind konzeptionell auf der sozialen *Meso-* bzw. *Mikroebene* verortet. Im Gegensatz dazu beschäftigen sich die im vorliegenden Abschnitt formulierten Annahmen zur Dynamik sozial ungleicher Gesundheitschancen mit Prozessen auf der sozialen *Makroebene*. Auch wenn bislang in der deutschsprachigen Forschung widersprüchliche Ergebnisse vorliegen, was die makrosoziale Dynamik des Schichtgradienten der Morbidität bzw. des gesundheitlichen Wohlbefindens im Rentenalter angeht (vgl. Abschnitt 2.2), so weisen die Ergebnisse der internationalen Forschung zumeist auf eine Nivellierung dieser Ungleichheiten im hohen Lebensalter hin (vgl. u.a. Asthana/Halliday 2006, S. 476; McMunn 2006, S. 269; Siegrist/Marmot 2006, S. 18; Siegrist 2005, S. 335; Huisman 2008, S. 369). Wie in Abschnitt 2.1.1 dargestellt, entspricht dieser Trend den Annahmen der Destrukturierungsthese bzw. Divergenz-Konvergenz-These. Von Vertretern dieser These wird argumentiert, dass sozial bedingte gesundheitliche Ungleichheiten im mittleren Erwachsenenalter am stärksten ausgeprägt sind und sich nach dem Eintritt ins Rentenalter zunehmend abschwächen ohne jedoch bei den Hochaltrigen völlig zu verschwinden, d.h. gesundheitliche Ungleichheiten sind während der gesamten menschlichen Lebensspanne zu beobachten. Die theoretische Argumentation zur Dynamik sozialer Ungleichheiten der Morbidität im Altersgang auf der sozialen Makroebene wird sich – in Ermangelung eindeutiger empirischer Ergebnisse für Deutschland (vgl. Abschnitte 2.1.2 und 2.2) – auch in der vorliegenden Arbeit auf die Annahmen der *Destrukturierungsthese* stützen.

Im Kontext der Destrukturierungsthese wird zumeist eine Reihe von Mechanismen aufgeführt, die für eine Abschwächung sozialer Ungleichheiten der Morbidität im hohen Lebensalter in Frage kommen (vgl. Abschnitt 2.1.1). In dieser Arbeit gehe ich davon aus, dass vor allem die folgenden beiden Faktoren für eine Verringerung des Schichtgradienten ungleicher Morbidität alter Menschen in Frage kommen:

- Schichtspezifische, selektive Mortalität.
- Anstieg der absoluten Morbiditätsraten und somit der altersbedingten Krankheitslast im Vergleich zu jüngeren Altersgruppen.

Diese beiden Einflüsse werden als wesentliche kausale Mechanismen für eine Nivellierung sozial bedingter gesundheitlicher Ungleichheiten im hohen Lebensalter angesehen, während den Leistungen wohlfahrtstaatlicher Alterssicherungssysteme (vgl. Abschnitt 5.2.3) sowie dem im Altersgang ansteigenden Frauenanteil (vgl. Abschnitt 5.2.4) auf der Grundlage aktueller empirischer Befunde aus der deutschsprachigen Sozialforschung im Vergleich hierzu bestenfalls eine untergeordnete Rolle zugewiesen werden kann. Folglich wird den demografischen bzw. „biologischen" Gesundheitsrisiken „altersbedingte Krankheit und Behinderung" und „Sterblichkeit" mit steigendem Lebensalter – gerade in der Hochaltrigkeit – die stärkere Determinationskraft gesundheitlicher Zustände zugeschrieben als bspw. ökonomischen oder infrastrukturellen Lebensbedingungen.

Dies gilt insbesondere auch unter der Annahme, dass sich sozioökonomische Vor- oder Nachteile im Rahmen individueller Lebensverläufe auf der sozialen Mikroebene anhäufen (vgl. Abschnitt 5.1.2). Wie in neueren empirischen Beiträgen der „Health Inequalites"-Forschung gezeigt wurde, beschreibt eine solche Häufung sozioökonomischer Vor- und Nachteile eher gesundheitsrelevante Mechanismen auf der mikrosozialen Ebene individueller Akteure, während die Destrukturierungsthese vielmehr einen Aggregateffekt auf der sozialen Makroebene abbildet. Es handelt sich dabei folglich nicht um exklusive, sondern um komplementäre Mechanismen, die auf unterschiedlichen „Ebenen" der sozialen Wirklichkeit wirksam sind. So macht eine lebenslange Kumulation gesundheitlicher Risiken in benachteiligten Statusgruppen eine vorzeitige, selektive Mortalität wahrscheinlich, die auf der Makroebene zu einer Reduktion relativer gesundheitlicher Ungleichheit führt, da besonders „robuste" Menschen aus benachteiligten Soziallagen bis ins höchste Lebensalter überleben (vgl. Dupre 2007, S. 12). In Anlehnung an diese Argumentation wird daher auf der gesellschaftlichen Makroebene insgesamt ein Trend der Nivellierung sozial bedingter Ungleichheit der Morbidität bei der deutschen Bevölkerung im Rentenalter vermutet, der sich mit zunehmendem Alter tendenziell beschleunigt, jedoch nicht in einer völligen Auflösung sozial bedingter gesundheitlicher Ungleichheitsverhältnisse bei den Hochaltrigen mündet.

5.2.1 Selektive Mortalität

Wie bereits in Abschnitt 1.2.1 ausgeführt wurde, ist das Mortalitätsgeschehen in entwickelten Gesellschaften weitgehend ein Phänomen des hohen (65 Jahre und älter) und höchsten Lebensalters (80 Jahre und älter). Indessen ist über die sozialen Mechanismen des selektiven Überlebens bzw. des Sterblichkeitsrisikos im Alter in der deutschsprachigen Forschung bislang wenig bekannt (vgl. Lampert/Maas 2000, S. 223). Der „Employment Bias", der den Fokus der sozialepidemiologischen Forschung auf der Bevölkerung im Erwerbsalter bezeichnet (vgl. Abschnitt 1.1), spielt auch bei der Erforschung sozialer Ungleichheiten der *Mor-*

talität alter Menschen eine nicht zu unterschätzende Rolle (vgl. Lampert/Maas/Mayer 2008, S. 382). In den meisten internationalen Studien, die sich diesem Forschungsgegenstand angenommen haben, konnten höhere Mortalitätsraten für sozioökonomisch benachteiligte Menschen im hohen Lebensalter beobachtet werden, auch wenn diese im Vergleich zum mittleren Erwachsenenalter schwächer ausgeprägt waren (vgl. Lampert/Maas/Mayer 2008, S. 383; Lampert/Maas 2000, S. 224).

Für Deutschland kam u.a. eine Analyse der Daten der Berliner Altersstudie zum Ergebnis, dass statusniedrige Männer zwischen 70 und 80 Jahren einem höheren Mortalitätsrisiko unterlagen als Männer in vergleichsweise vorteilhaften Statuslagen. Ab dem 80. Lebensjahr konnte allerdings eine Umkehr des Mortalitätsgradienten im Sinne des sogenannten „Mortality Crossover“[80] beobachtet werden, d.h. Angehörige benachteiligter Statuslagen wiesen, wahrscheinlich aufgrund langfristiger gesundheitlicher Selektionsprozesse, eine niedrigere Mortalitätsrate auf als Angehörige der mittleren und oberen Statuslagen. Bei den Frauen beobachteten die Forscher eine relative Stabilität der sozioökonomischen Mortalitätsdifferenzen bis zu den 90jährigen (vgl. Lampert/Maas/Mayer 2008, S. 394ff.).[81] Die wenigen für Deutschland verfügbaren Befunde legen nahe, dass es sich bei sozialen Ungleichheiten der Mortalität auch im Alter um ein reales Phänomen handelt, dessen Ausmaß und Dynamik allerdings nach geschlechts- und altersspezifischen Einflüssen variiert (vgl. Lampert/Maas/Mayer 2008, S. 397).

Wie bereits zu Beginn des Abschnitts 2.1.2 angemerkt wurde, sind Morbidität und Mortalität gerade bei alten Menschen keineswegs voneinander unabhängige Phänomene, sondern stehen in einem engen, wechselseitigen Zusammenhang. Ergebnisse internationaler empirischer Studien wiesen darauf hin, dass

---

[80] Von einer Überkreuzung der Mortalitätsraten („Mortality Crossover“) kann dann gesprochen werden, wenn sich das Verhältnis der jeweils altersspezifischen Sterberaten zweier Bevölkerungsgruppen, das zu einem bestimmten Zeitraum im Lebenslauf beobachtet wurde, in Folge von gesundheitlichen Selektionsprozessen, die nur eine dieser Gruppe begünstigen, zu einem späteren Zeitpunkt im Lebenslauf umkehrt (vgl. Olshansky 1995, S. 583; Markides/Machalek 1984, S. 208; Lampert/Maas/Mayer 2008, S. 387). Ein empirisches Beispiel für dieses Phänomen sind die Mortalitätsraten der schwarzen Bevölkerung in den USA im Vergleich zur weißen Bevölkerung, die sich etwa im Alter von 75 Jahren überkreuzen. Vor diesem Alter haben afroamerikanische Menschen eine höhere Mortalitätsrate als Weiße, nach dem Alter von 75 kehren sich die Raten zugunsten der Afroamerikaner um (vgl. Markides/Machalek 1984, S. 208).

[81] Auch eine frühere Studie aus Deutschland, die anhand der Daten der Berliner Altersstudie und der Mikrozensus-Zusatzerhebung 1971 durchgeführt wurde, konnte den Zusammenhang zwischen Merkmalen der sozioökonomischen Lage (bspw. allgemeiner Bildungsstatus, Berufsstatus) und dem Mortalitätsrisiko im Alter bestätigen (vgl. Lampert/Maas 2000, S. 241f.). Auf der Grundlage des Sozio-ökonomischen Panels konnte gezeigt werden, dass Männer mit einer unterdurchschnittlichen Einkommensposition ein höheres Mortalitätsrisiko aufwiesen als Männer mit höherem Einkommen. Diese einkommensbezogenen Mortalitätsdifferenzen verringerten sich erst bei den über 90jährigen Männern und bei den über 80jährigen Frauen (vgl. Voges 1996 zit. n. Walter/Schwartz 2001, S. 161).

sich das Mortalitätsrisiko im Alter praktisch vollständig durch das Ausmaß der individuellen Morbidität (subjektive Gesundheit und chronische Erkrankungen) und unabhängig von der sozioökonomischen Lage erklären ließ (vgl. Kiulia/Mieszkowski 2007, S. 781).[82] Morbidität wirkte somit in diesen Studien als Störgröße bzw. konfundierender Einflussfaktor im Rahmen der Beziehung zwischen der sozioökonomischen Lage und dem Mortalitätsrisiko. Daher korrespondiert die Frage nach sozialen Ungleichheiten der Morbidität im Alter in weiten Teilen mit der Frage nach sozialen Ungleichheiten des Mortalitätsrisikos, da zwischen diesen beiden Kriterien ein enger und gleichlaufender Zusammenhang im Alter besteht (vgl. Hoffmann 2005, S. 55).

In Folge des sozial ungleichen Mortalitätsgeschehens können daher bei bestimmten Statusgruppen gesundheitliche Selektionsprozesse ausgelöst werden, da das vergleichsweise höhere Risiko vorzeitiger Sterblichkeit bei sozioökonomisch benachteiligten Gruppierungen dafür sorgt, dass vor allem gesundheitlich vulnerable bzw. kranke Menschen versterben. Sozial benachteiligte Menschen aus „unteren" Statuslagen stellen daher mit zunehmendem Lebensalter vermutlich eine im Vergleich zu höheren Statuslagen gesundheitlich positiv selektierte Gruppe aus besonders robusten bzw. widerstandsfähigen Menschen dar (vgl. Lampert/Maas/Mayer 2008, S. 387). Als Folge dieser Entwicklung nähert sich das Morbiditätsgeschehen zwischen sozioökonomischen Statusgruppen im hohen Lebensalter zunehmend an, was zu einer Nivellierung sozialer Ungleichheiten der Morbidität führt.

5.2.2 Anstieg der Morbidität

Nach den Annahmen der *„Age-as-a-Leveler"*-These (vgl. Dowd/Bengston 1978, S. 428) werden gesundheitliche Zustände im Alter – unabhängig von der sozioökonomischen Lage – auch maßgeblich durch endogene, biologische Alterungsprozesse geprägt, in deren Folge sich organische und mentale Kapazitätsreserven zunehmend verringern und die gesundheitliche Vulnerabilität bzw. Krankheitsanfälligkeit des menschlichen Körpers zunimmt. Dadurch reduziert sich auch – im negativen Sinne – die Variationsbreite der körperlichen Alterungsprozesse und der damit in aller Regel verbundenen Krankheitslast[83] mit zunehmendem

[82] In ähnlicher Weise argumentiert auch Hoffmann 2005, S. 54f.

[83] Die Krankheitslast ("Burden of Disease") bezeichnet ein von der WHO, der Weltbank und der Havard Medical School entwickeltes Maß, das Informationen zur Mortalität und Morbidität innerhalb einer bestimmten Bevölkerung zusammenfasst. Als Indikator der Krankheitslast werden oftmals die sogenannten DALYs („Disability-Adjusted Life Years") verwendet, die eine Schätzung des nicht realisierten Potenzials an gesunden Lebensjahren in einer Bevölkerung zu einem bestimmten Zeitpunkt erlauben (vgl. Menning 2006a, S. 23).

Alter – insbesondere in der Hochaltrigkeit – kontinuierlich. In Folge dessen kommt es zu einem stetigen Anstieg der physischen und psychischen Morbidität im Altersgang während gleichzeitig die individuellen Unterschiede des gesundheitlichen Status zunehmend verblassen (vgl. Lampert/Maas/Meyer 2008, S. 387; Tesch-Römer/Wurm 2009a, S. 17). Hiervon ist auch das Ausmaß sozialer Ungleichheiten der Morbidität im Alter betroffen, das sich den Annahmen der „Age-as-a-Leveler"-These folgend, im Altersgang verringert.

Dass mit fortschreitendem Alter ein signifikanter Anstieg der Morbidität in Deutschland zu beobachten ist, konnte anhand einer Vielzahl aktueller Datenquellen empirisch bestätigt werden. Während bei den „Jungen Alten" ein noch vergleichsweise guter Gesundheitszustand in den ersten Jahren nach dem Eintritt in den altersbedingten Ruhestand beobachtet wurde, nimmt die Prävalenz physischer und – wenn auch im geringerem Maße – psychischer Erkrankungen und der damit verbundenen funktionalen Einschränkungen sowie das Ausmaß der Hilfe- und Pflegebedürftigkeit speziell in der Gruppe der Hochaltrigen deutlich zu (vgl. Tesch-Römer/Wurm 2009a, S. 10). So konnte auf der Basis der Daten des Mikrozensus des Jahres 2005 ein altersabhängiger Anstieg derjenigen Personen beobachtet werden, die angegeben hatten, zum Befragungszeitpunkt oder in den letzten 4 Wochen davor krank oder unfallverletzt gewesen zu sein, wobei die Geschlechtszugehörigkeit keine wesentliche Rolle spielte. Waren zu jenem Zeitraum in der Altersgruppe der 65- bis 69jährigen lediglich 17% krank bzw. unfallverletzt, so stieg dieser Anteil bei den 70- bis 74jährigen auf 22% und bei den über 75jährigen sogar auf 28% (vgl. Saß/Wurm/Ziese 2009, S. 32). Ein ähnliches Bild ergab sich für die Gruppe der Herz-Kreislauf-Erkrankungen (u.a. ischämische Herzkrankheiten, Schlaganfälle, Angina Pectoris, Herzinsuffizienz oder akuter Herzinfarkt), den meisten Krebserkrankungen sowie dementiellen Erkrankungen (vgl. Saß/Wurm/Ziese 2009, S. 36ff.).

Im Falle der Krebserkrankungen lag das mittlere Erkrankungsalter im Jahre 2006 bei Frauen bei 68 und bei Männern bei 69 Jahren (vgl. Abschnitt 1.2.2). Für alle Krebserkrankungen wurden die höchsten Neuerkrankungsraten im Jahre 2006 bei den 75- bis 79jährigen Männern und bei den 80- bis 84jährigen Frauen beobachtet. Diese Raten gingen in der höchsten Altersgruppe (85 Jahre und älter) nur leicht zurück, blieben aber im Vergleich zu den Alterskategorien der unter 65jährigen bei beiden Geschlechtern auf deutlich höherem Niveau bestehen (vgl. RKI/GEKID 2010, S. 19ff.).

Auch am Beispiel der Multimorbidität, d.h. dem gleichzeitigen Auftreten mehrerer, behandlungswürdiger Erkrankungen (vgl. Abschnitt 4.3), lässt sich eine altersabhängige Zunahme der Prävalenz beobachten. Nach den Daten des Bundes-Gesundheitssurveys 1998 waren in der Altersgruppe der 60- bis 79jährigen 87% der Männer und 92% der Frauen in den letzten 12 Monaten vor der Erhebung von mindestens einer chronischen, jedoch nicht lebensbedrohlichen Erkrankung oder Gesundheitsstörung (u.a. Bluthochdruck oder Osteoporose) betroffen. Im Durchschnitt berichteten Männer dieser Alterskategorie 2,6 und Frauen 3,3 Erkrankungen (vgl. Saß/Wurm/Ziese 2009, S. 56). Auch die Ergebnisse von Auswertungen der Berliner Altersstudie oder des Deutschen Alters-Surveys 2002 sprachen für eine Zunahme multimorbider Zustände im Altersgang.

Abbildung 4: Anteile von Personen mit multimorbiden Zuständen nach Altersklassen

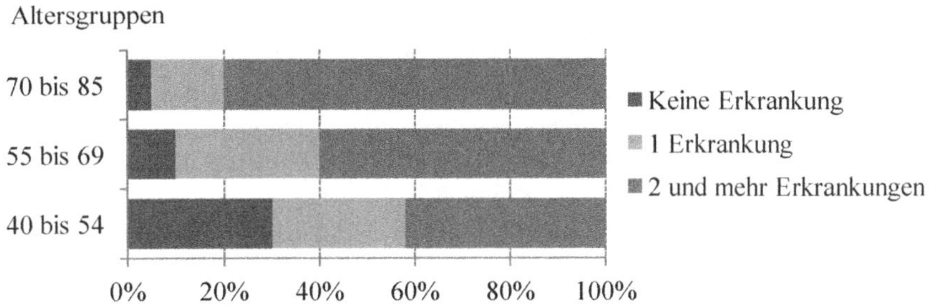

(Replikationsstichprobe des Deutschen Alters-Surveys 2002, gewichtete Angaben)

Quelle: Saß/Wurm/Ziese 2009, S. 57; eigene Darstellung

Nach den Ergebnissen des Alters-Surveys 2002 nahm der Anteil der hiervon betroffenen Menschen ab der Altersgruppe der 40- bis 54jährigen stetig zu und war in der Altersgruppe der 70- bis 85jährigen am höchsten. So versechsfachte sich der Prozentsatz der Befragten, die angaben, unter mindestens fünf gleichzeitig bestehenden Erkrankungen zu leiden, von 4% in der jüngsten Altersgruppe auf 24% in der Altersgruppe der 70- bis 85jährigen. Gleichzeitig verringerte sich der Anteil der Personen, die unter keiner Erkrankung litten von rund einem Drittel in der jüngsten Altersgruppe auf unter 10% bei den 70- bis 85jährigen (vgl. Abbildung 4).[84]

Die stetige Zunahme körperlicher und psychischer Erkrankungen im Altersgang resultiert oftmals auch in funktionalen Einschränkungen, die sich vor allem

[84] In Bezug auf den altersspezifischen Anteil der Menschen ohne Erkrankung wurden vergleichbare Ergebnisse bereits im ersten Teil des Alters-Surveys aus dem Jahre 1996 beobachtet (vgl. Künemund 2005b, S. 112).

in Form sensorischer oder motorischer Beeinträchtigungen, wie verminderter Seh- oder Hörfähigkeit, einer langsameren Gehgeschwindigkeit oder einem unsicheren Gang manifestieren. Solche gesundheitsbezogenen, funktionalen Beeinträchtigungen können zur Hilfs- oder gar zur Pflegebedürftigkeit eines alten Menschen führen, falls sie ein Ausmaß erreichen, das die Verrichtung alltäglicher Aufgaben, wie bspw. An- und Auskleiden, Einkäufe oder Körperpflege partiell einschränken oder gänzlich unmöglich machen (vgl. Menning/Hoffmann 2009, S. 68). Ende 2005 waren in der Bundesrepublik rund 2,1 Millionen Menschen pflegebedürftig. Insgesamt waren 82% der Pflegebedürftigen 65 Jahre und älter (vgl. Böhm 2008, S. 242). Gleichwohl war der Anteil der pflegebedürftigen Personen bei den „Jungen Alten" noch relativ gering. Er stieg erst ab ungefähr dem 80. Lebensjahr steil an. Bei den 85- bis 89jährigen bezog im Jahre 1998 jeder Dritte, bei den über 90jährigen sogar mehr als die Hälfte Leistungen aus der Pflegeversicherung (vgl. Robert Koch-Institut 2002, S. 19). Im Jahre 2005 hat sich dieses Bild noch verschärft: Der Anteil der Personen, die je 10.000 Einwohner als pflegebedürftig gelten, die sogenannte „Pflegequote", stieg von unter 5% bei den 65- bis 70jährigen über ca. 20% bei den 80- bis 85jährigen auf rund 60% bei den über 90jährigen (vgl. Böhm 2008, S. 243). In der Hochaltrigkeit war somit die Mehrzahl der Menschen durch die Folgen chronischer Krankheiten oder altersassoziierter Behinderungen von Pflegebedürftigkeit betroffen.

5.2.3 Transferleistungen staatlicher Alterssicherungssysteme

Das Einkommen alter Menschen setzt sich in aller Regel aus unterschiedlichen Quellen zusammen, die im Allgemeinen Zahlungen der Gesetzlichen Rentenversicherung, Einkünfte aus Vermögensbeständen und sonstige bedarfsorientierte und bedürftigkeitsgeprüfte Transferzahlungen, wie bspw. Wohngeld oder Hilfe zum Lebensunterhalt umfassen (vgl. Tesch-Römer/Wurm 2009b, S. 114). Es dominieren Einkommensquellen, die nicht an aktive Erwerbsarbeit sondern an wohlfahrtsstaatliche Leistungen gekoppelt sind, was alte Menschen typischerweise zu Angehörigen einer „Versorgungsklasse" macht (Lepsius 1979, S. 179 zit. n. Backes/Clemens 2003, S. 85).

In diesem Zusammenhang wird von Vertretern der „*Status Leveling or Redistribution*"-Hypothese (vgl. O'Rand/Henretta 1999, S. 11) oder auch „Rising Tide"-Hypothese (vgl. Crystal/Shea 1990, S. 437) angenommen, dass die *Transferleistungen staatlicher Alterssicherungssysteme* für eine Nivellierung der Haushaltseinkommen der Menschen im Rentenalter verantwortlich sind, was u.U. auch zu einer Annäherung des Gesundheitszustandes zwischen den Sozialschichten im Rentenalter führen kann (vgl. Abschnitt 2.1.1). Diese These trifft für Deutschland nur sehr eingeschränkt zu, da die Leistungen der Gesetzlichen Rentenversicherung, die bei der gegenwärtigen Altersbevölkerung den Kern der sozialen Alterssicherung in der Bundesrepublik bildet, unmittelbar von dem an die Beschäftigungssituation und den Berufsstatus gekoppelte Einkommensniveau und der Dauer der Einzahlungen während des Erwerbslebens abhängig sind (vgl. Schimany 2003, S. 342).[85] Durch dieses Versicherungsprinzip der *Teilhabeäquivalenz* (vgl. Schaper 2008, S. 131) werden die schichtspezifischen Einkommensungleichheiten, die sich während der aktiven Erwerbsphase herauskristallisiert haben, im hohen Lebensalter konserviert (vgl. Motel-Klingebiel 2005, S. 45), obschon das absolute Niveau der Einkommen tendenziell sinkt.[86]

Nach Ergebnissen des SHARE (Survey of Health, Ageing and Retirement in Europe) lag das mediane Niveau des Netto-Äquivalenzeinkommens von Ruheständlern in den Jahren 2004 und 2005 in Deutschland nur bei ungefähr 70% des Einkommens von Haushalten mit Erwerbstätigen (vgl. Börsch-Supan/Wilke 2009, S. 16). Gemäß den Angaben der amtlichen Erhebung „LEBEN IN EUROPA“ der Jahre 2007 und 2008 betrug das mediane Äquivalenzeinkommen von 65jährigen und Älteren nur 87% des Medianeinkommens der unter 65jährigen in Deutschland (vgl. Deckl 2010, S. 77). Hingegen zeigten Ergebnisse des Alters-Surveys 1996 und des Sozio-ökonomischen Panels, dass sich die mittleren Äquivalenzeinkommen zwischen Erwerbstätigen und „Jungen Alten“ kaum unterschieden. Ein kontinuierlicher Rückgang des durchschnittlichen Einkommensniveaus konnte im Sozio-ökonomischen Panel erst bei den 70jährigen und Älteren in Westdeutschland beobachtet werden, während sich für alte Menschen derselben Altersgruppe in Ostdeutschland inkonsistente Verläufe zeigten (vgl. Noll/Weick 2008, S. 194; Motel-Klingebiel 2005, S. 60f.). Bei den 70- bis 85jährigen Ostdeutschen des Alters-Surveys 1996 wurde sogar eine geringfügige Verbesserung des Einkommensniveaus im Vergleich zu den 40- bis 54- bzw. 55- bis 69jährigen beobachtet. Dies ist wahrscheinlich den günstigen Regelungen bei

---

[85] Das individuelle Erwerbseinkommen, das allgemeine Einkommensniveau sowie die individuelle Dauer der Erwerbstätigkeit bilden die Berechnungsgrundlage, des seit 1957 bestehenden und seit 1992 mehrfach reformierten Rentensystems der Bundesrepublik (vgl. Meyer/Pfau-Effinger 2008, S. 113; Schaper 2008, S. 136ff.).

[86] Es macht sich beim Eintritt ins Rentenalter also praktisch ein negativer „Fahrstuhleffekt“ (vgl. Beck 1986, S. 122) bemerkbar: Während die relativen Einkommensabstände bestehen bleiben, sinkt das absolute Einkommensniveau im Vergleich zum Erwerbsleben ab. Das Schichtungsgefüge, das sich während des aktiven Erwerbslebens herauskristallisiert hat, wird mit Eintritt ins Rentenalter insgesamt eine Etage tiefer gefahren, da es durch die Regelungen der gesetzlichen Rentenversicherung ein kollektives weniger an Einkommen gibt. So konnte vor der Rentenreform des Jahres 1999 ein durchschnittlicher Arbeitnehmer mit Vollerwerbstätigkeit auf rund 70% des früheren Erwerbseinkommens kommen. Im Zuge der Reformen wurde das Anspruchsniveau auf 64% gesenkt. Die Verluste können jedoch prinzipiell durch Betriebsrenten und privaten Rentenplänen wieder kompensiert werden (vgl. Meyer/Pfau-Effinger 2008, S. 113f.).

der Überleitung der DDR-Alterssicherung in das bundesdeutsche Rentenrecht geschuldet: Aufgrund der praktisch ununterbrochenen Erwerbskarrieren von Männern und Frauen in der ehemaligen DDR entstanden für Menschen, die bereits 1989 in Ruhestand waren, vergleichsweise hohe Ansprüche an die bundesdeutsche Rentenversicherung des wiedervereinigten Deutschlands (vgl. Motel-Klingebiel 2005, S. 46f.).

Auf der Grundlage der verfügbaren empirischen Befunde kann auch die zentrale Annahme der „Redistribution Hypothesis", wonach die sozialen Ungleichheiten der materiellen Wohlfahrt bis ins hohe Alter geringer werden (vgl. Tesch-Römer/Wurm 2009b, S. 114), nicht eindeutig widerlegt werden. So zeigen Auswertungen des Alters-Surveys des Jahres 2002, dass sich der Gini-Koeffizient[87] des Netto-Äquivalenzeinkommens bei den 70- bis 85jährigen in West- und Ostdeutschland unterhalb des Wertes der 40- bis 54jährigen befand, was – in Übereinstimmung mit der „Redistribution Hypothesis" – für eine Abnahme der Einkommensungleichheit im Rentenalter spricht (vgl. Motel-Klingebiel 2006, S. 178). Im Gegensatz dazu lag der Gini-Koeffizient des Netto-Äquivalenzseinkommens der Haushalte von Ruheständlern nach den Ergebnissen des SHARE 2004/2005 in Deutschland bei 0,33 (vgl. Börsch-Supan/Wilke 2009, S. 29), was oberhalb des vergleichbaren Koeffizienten der gesamtdeutschen Einkommensungleichheit auf Basis des Sozio-ökonomischen Panels lag (2005: 0,29) (vgl. Goebel/Habich/Krause 2008, S. 164).[88]

Bei diesen Ergebnissen ist kritisch anzumerken, dass sie den Einfluss von Vermögenswerten, wie bspw. Geld- oder Immobilienvermögen auf die materielle Wohlfahrt und deren Ungleichverteilung in verschiedenen Lebensphasen nicht erfassten. Da die Einkommensverteilung im Alter durch die Transferzahlungen der Gesetzlichen Rentenversicherung tendenziell nivelliert ist, wird durch diese Vorgehen eine zusätzliche, eventuell maßgebliche Quelle materieller Ungleichverteilung im Alter ausgeblendet. Da die materielle Wohlfahrt alter Menschen in stärkerem Maße als in jüngeren Altersgruppen von dem im Lebenslauf angehäuften Geld- und Sachvermögenswerten bestimmt wird und diese im Vergleich zu den Einkommen auch zwischen den Seniorenhaushalten wesentlich ungleicher

---

[87] Der sogenannte „Gini-Koeffizient" ist eine in der Armuts- und Ungleichheitsforschung häufig verwendete Maßzahl des Grades der Einkommenskonzentration, die Werte zwischen 0 und 1 annehmen kann. Je höher der Wert des Gini-Koeffizienten, desto ungleicher ist das Einkommen in einer Bevölkerung verteilt (vgl. Hradil 2005a, S. 219f.).

[88] Bezieht man sich auf die Einkommensungleichheit der jährlichen Brutto-Markteinkommen in Verbindung mit den Rentenzahlungen (direkte Steuern und Sozialtransfers), so ist freilich insgesamt ein höherer Gini-Koeffizient von 0,38 zu beobachten (vgl. Goebel/Habich/Krause 2008, S. 164). Auch ältere Befunde sprechen dafür, dass Einkommensungleichheiten im Rentenalter im Vergleich zu den aktiv Erwerbstätigen in Deutschland unvermindert fortbestanden (vgl. Hauser 1989 zit. n. Mayer/Blossfeld 1990, S. 300).

verteilt sind (vgl. Hradil 2005a, S. 235; Backes/Clemens 2003, S. 198f.), können insgesamt mindestens gleichbleibende, wenn nicht sogar verschärfte ökonomische bzw. finanzielle Ungleichheiten im Rentenalter vermutet werden.

5.2.4 Steigender Frauenanteil und geschlechtsspezifische Ausprägungen gesundheitlicher Ungleichheiten im Alter

Vor dem Hintergrund aktueller empirischer Befunde wird zudem die These verworfen, das der *steigende Anteil von Frauen* im Altersgang[89] in Verbindung mit einem im Vergleich zu Männern typischerweise *schwächer ausgeprägten Schichtgradienten* insgesamt zu einer Nivellierung gesundheitlicher Ungleichheiten der Morbidität im hohen Lebensalter führt. So sprechen die Ergebnisse des Telefonischen Gesundheitssurveys 2003 und der Routinedaten der Gmünder Ersatzkasse – ganz im Gegensatz zu den obigen Annahmen – beim Vergleich der geschlechtsspezifischen Morbiditätsraten für Herzinfarkt zwischen 60- bis 69jährigen Pflicht- und freiwillig Versicherten sogar für eine höhere gesundheitliche Ungleichheit bei den Frauen. Im Hinblick auf die subjektive Gesundheit und die gesundheitliche Lebensqualität zeigten die Daten des Telefonische Gesundheitssurveys, dass gesundheitliche Ungleichheiten jenseits des 60. Lebensjahres bei Frauen ähnlich stark auftraten wie bei den Männern (vgl. Lampert 2009, S. 124ff.).[90]

Obschon sich gerade bei den Hochaltrigen ein demografisches Ungleichgewicht zugunsten der Frauen abzeichnet – unter den Hochaltrigen waren im Jahre 2006 etwas mehr als dreimal so viele Frauen als Männer anzutreffen (vgl. Hoffmann/Menning/Schelhase 2009, S. 28), was einem Frauenanteil bei den über 80jährigen von fast 72% entsprach (vgl. Grobecker/Krack-Rohberg 2008, S. 13f.)[91] – kann hieraus keine Tendenz zur Nivellierung gesundheitlicher Un-

[89] Diese anteilsmäßige Zunahme der Frauen im Altersgang bezeichnet einen wesentlichen Aspekt dessen, was Tews in seinem Ansatz zum Strukturwandel des Alters als *Feminisierung* bezeichnete. Zudem erfasst das Konzept der Feminisierung des Alters u.a. die zwischen den Geschlechtern typischerweise konvergierenden Aspekte der Lebensführung, die dazu führen, dass sich geschlechtsspezifische Unterschiede alltäglicher Routinen und Handlungsweisen immer mehr einebnen als auch die höheren Armuts- und Singularisierungsrisiken alter Frauen (vgl. Tews 1993, S. 28ff.; Backes/Clemens 2003, S. 337).

[90] Ein ähnlich inkonsistentes Bild geschlechtsspezifischer gesundheitlicher Ungleichheiten wurde auch in internationalen Studien mit zum Teil jüngeren Altersgruppen gefunden. Der soziale Gradient konnte in Abhängigkeit der Stichprobe oder der verwendeten Indikatoren bei den Frauen schwächer, gleich stark oder sogar stärker als bei den Männern ausgeprägt sein (vgl. Babitsch 2009, S. 287).

[91] Dieses demografische Ungleichgewicht ist zum Teil auf die während des Zweiten Weltkrieges „gefallenen" Männer zurückzuführen, von denen die Geburtsjahrgänge 1921-1927 besonders betroffen waren, aber auch auf die höhere fernere Lebenserwartung der über 65jährigen Frauen gegenüber

gleichheiten abgeleitet werden, da das Ausmaß und das Erscheinungsbild dieser Ungleichheiten bei alten Männern und Frauen in der Bundesrepublik derzeit offenbar durchaus vergleichbar ist (vgl. Lampert 2009, S. 121).

den gleichaltrigen Männern (vgl. Doblhammer 2006, S. 346; Hoffmann/Menning/Schelhase 2009, S. 27f.; Grobecker/Krack-Rohberg 2008, S. 14).

6 Soziale Schutzfaktoren

Der zentralen These folgend, soll die Forschungsfrage beantwortet werden, durch welche sozialen Merkmale sich alte Menschen aus „unteren" Sozialschichten von gesundheitlich vulnerablen Alten aus der jeweils gleichen Sozialschicht unterscheiden (vgl. Abschnitt 3). Der Lösungsansatz besteht folglich in der Suche nach gesellschaftlichen Determinanten gesundheitlicher Resilienz alter Menschen aus „unteren" sozialen Schichten, d.h. sozialstrukturell verankerten, gesundheitlichen *Schutzfaktoren*. Nachdem in Abschnitt 4 gesundheitliche Lebensqualität als Zielkriterium des Resilienzprozesses und in Abschnitt 5 eine „untere" Sozialschicht-Zugehörigkeit u.a. als Risiko-Indikator einer „gelungenen" gesundheitlichen Anpassung im Altersgang präsentiert wurde, geht es im vorliegenden Abschnitt um die theoretische Deduktion und Begründung vermeintlich protektiver Faktoren, von denen angenommen wird, dass sie eine positive gesundheitliche Anpassung trotz sozioökonomischer Risikolage ermöglichen und zudem auch im hohen Lebensalter prinzipiell intervenierbar sind.

Solche sozialstrukturellen Merkmale müssen wenigstens drei Bedingungen erfüllen:

- Es handelt sich um sozial- bzw. gesundheitswissenschaftliche Konzepte, welche die Resilienzforschung als Determinanten gesundheitlicher Widerstandsfähigkeit/Resilienz theoretisch diskutiert und bereits teilweise empirisch untersuchte und die somit zumindest im Verdacht stehen, als protektive Faktoren gesundheitliche Zustände alter Menschen trotz vorhandener sozioökonomischer Risiko-Indikatoren und der damit assoziierten Risiko-Mechanismen (vgl. Abschnitt 5.1) positiv zu beeinflussen.
- Es sind Konzepte, von denen empirisch nachgewiesen ist oder theoretisch begründet werden kann, dass sie weitgehend unabhängig von der sozialen Schichtzugehörigkeit sind, wie bspw. sogenannte „horizontale" soziale Ungleichheiten nach Familienstand, Wohnregion usw. (vgl. Mielck 2005, S. 8; Mielck 2006, S. 976; Schulze 2008, S. 208f.) oder bei denen zwar in aller Regel ein Schichtgradient besteht, die aber in hinreichendem Maße auch in-

nerhalb einer Sozialschicht variieren.[92] In beiden Fällen kann somit eine gewisse Erklärungskraft für intrastratumiäre Unterschiede erwartet werden, auch wenn sie bei ersteren vermutlich höher ausfällt.[93]

- Es handelt sich nicht um soziodemografische oder biologische und somit zumeist unveränderliche Merkmale, wie bspw. Alter oder Geschlecht, sondern um Merkmale, die durch sozial- bzw. gesundheitspolitische Maßnahmen prinzipiell beeinflussbar sind. Dabei interessieren vor allem solche Merkmale, die vergleichsweise kurzfristig zugänglich und relativ kostengünstig beeinflusst werden können.

Ansätze, die diese Anforderungen erfüllen und in der aktuellen sozial- und gesundheitswissenschaftlichen Diskussion an prominenter Stelle auftauchen, sind das spezielle Lebensstil-Konzept der *Gesundheitslebensstile* (vgl. Hradil 2005b; Hradil 2009, S. 47ff.; Schulze 2008, S. 211ff.)[94] sowie das Ausmaß der Einbettung eines Menschen in inner- und außerfamiliäre *soziale Netzwerke*[95] und des dadurch individuell verfügbaren *sozialen Kapitals* (vgl. Bourdieu 1983, S. 190f.; Coleman 1990, S. 300ff.; Kawachi/Berkman 2000, S. 174ff.; Berkman/Glass 2000, S. 137ff.; Deindl 2005, S. 2ff.), ein Konzept, das auch in der aktuellen Resilienz-Forschung eine prominente Rolle spielt (vgl. Abschnitt 3.2). Obschon das Ausmaß und die Qualität sozialer Kontakte im Altersgang einem Wandel unterworfen sind, da bspw. beruflich gewachsene Beziehungen wegfallen und die eigenen Kinder aus dem gemeinsamen Haushalt ausgezogen sind

---

[92] Es handelt sich hierbei bspw. nur sehr eingeschränkt um wohlfahrtsstaatliche Transferleistungen, da diese zumeist – wie im Falle der Zahlungen der gesetzlichen Rentenversicherungen direkt oder im Falle einer Witwenrente indirekt – an das berufliche Einkommensniveau während des Erwerbslebens gekoppelt und somit schichtassoziiert sind (vgl. Abschnitt 5.2.3).

[93] Das Zusammenspiel von „vertikalen" Risikofaktoren mit „horizontalen" Schutzfaktoren weist Parallelen zum ungleichheitssoziologischen Begriff der „Lebenslage" auf. In den Konzepten der *Sozialen Lage* bzw. *Lebenslage* werden „vertikale" Dimensionen sozialer Ungleichheit (materieller Wohlstand, Bildung, berufliches Ansehen/Position) sowohl mit „horizontalen" bzw. kategorialen Dimensionen sozialer Ungleichheit (Alter, Geschlecht, Familienstand, Nationalität/Ethnie, soziale Netzwerke und Beziehungen, soziale Rollen, Region) als auch mit ungleichheitsrelevanten Aspekten der Wohnsituation, Bedingungen des Wohnumfeldes und der Freizeitgestaltung, Gesundheit und gesundheitlichen Risiken kombiniert, um zu einer differenzierteren Beschreibung *ungleicher Lebens- und Handlungsbedingungen* von Menschen zu gelangen (vgl. Backes 1997, S. 707ff.).

[94] Weitere theoretische und empirische Arbeiten zum Konzept gesundheitsrelevanter Lebensstile finden sich u.a. bei Abel 1991; Abel 1992, Abel 1999; Abel/Rütten 1994; Abel/Buddeberg/Duetz 2004; Cockerham 2000; Cockerham 2005; Cockerham/Hinote/Abbott 2006 sowie Weitkunat 1998, S. 21ff.

[95] Ein „soziales Netzwerk" kann als Geflecht sozialer Beziehungen bezeichnet werden, in das eine bestimmte Anzahl sozialer Einheiten bzw. Akteure (Personen, Gruppen oder kollektive Akteure) eingebettet ist (vgl. Kappelhoff 2002, S. 383; Jansen 2006, S. 207; Weyer 2000, S. 36; Künemund/Hollstein 2005, S. 214).

oder nach dem Tod langjähriger Freunde oder des Lebenspartners, werden Lebenslagen im Alter in stärkerem Maße als in früheren Lebensphasen durch die Integration in verwandtschaftliche und externe soziale Netzwerke bestimmt. Beziehungsnetzwerke werden sowohl durch gesundheitliche Voraussetzungen geprägt und haben ihrerseits maßgebliche Auswirkungen auf die mentale aber auch die physische Gesundheit alter Menschen (vgl. Backes/Clemens 2003, S. 227ff.).

Neben dem Sozialkapital aus persönlichen Netzwerken kann auch die Sozialkapital-Ausstattung des jeweiligen Wohnumfeldes, in dem alte Menschen ihren Alltag zum überwiegenden Teil verleben, eine eigenständige Wirkung auf die menschliche Gesundheit entfalten (vgl. Kawachi/Berkman 2000, S.181ff.).[96] Aus diesem Grunde wird der protektive Faktor „Sozialkapital" analytisch sowohl auf der sozialen Makro- bzw. Mesoebene wie auch auf der Mikroebene angesiedelt.

Zudem können vergleichsweise vorteilhafte *strukturelle Eigenschaften eines Wohnumfeldes* bzw. einer *Wohnregion* (bspw. eine günstige infrastrukturelle oder sozioökonomische Situation einer Nachbarschaft oder die niedrige Arbeitslosenquote eines Landkreises) einen von der Schichtzugehörigkeit des Haushaltes unabhängigen Einfluss auf gesundheitliche Zustände haben (vgl. Razum u.a. 2008, S. 18; Breckenkamp/Mielck/Razum 2007; Dragano u.a. 2007). Daher kommen solche ökologischen Merkmale auch als soziale Determinanten gesundheitlicher Resilienz alter Menschen in Frage. Bei diesen materiellen bzw. infrastrukturellen Merkmalen kann allerdings aus der Perspektive des sozial- bzw. gesundheitspolitischen Praktikers der gleiche Einwand vorgebracht werden, der auch schon auf die Schichtmerkmale zutraf, nämlich die Schwierigkeit, diese durch sozial- oder gesundheitspolitische Maßnahmen effizient zu verändern (vgl. Abschnitt 2.3).

Da eine möglichst zeitnahe und kostengünstige Beeinflussbarkeit als wesentliches Einschlusskriterium protektiver Faktoren definiert wurde, wird sich die Arbeit auf die beiden erstgenannten Konzepte (verfügbares Sozialkapital aus sozialen Netzwerken und dem Wohnumfeld sowie Gesundheitslebensstile) stützen. Den theoretischen Annahmen des Konzeptes „gesundheitlicher Resilienz" entsprechend (vgl. Abschnitt 3.4), werden „gesundheitsbewusste" Gesundheitslebensstile und eine vergleichsweise hohe Ausstattung mit sozialem Kapital in ihrer Funktion als protektive Faktoren der gesundheitlichen Lebensqualität als

---

[96] Nach der Definition sozialen Kapitals von Putnam (vgl. Abschnitt 6.2.1) ist freiwillige Kooperation, welche die Voraussetzung für die Schaffung von Kollektivgütern ist, eher in einer Gemeinschaft mit hohem sozialem Kapital möglich (vgl. Haug 1997, S. 5). Folglich sind staatliche Interventionen zur Etablierung solcher Strukturen (bspw. Nachbarschaftshilfen für alte Menschen) in einer Gemeinschaft mit hohem sozialem Kapital gar nicht oder nur als Anschubinitiativen nötig, was die Attraktivität des Sozialkapital-Ansatzes zur Reduzierung gesundheitlicher Ungleichheiten erhöht.

Ergänzungen des Risiko-Indikators „untere Sozialschicht-Zugehörigkeit" verwendet, um mehrdimensionale gesundheitliche Resilienzkonstellationen zu beschreiben.

6.1 Gesundheitslebensstile

6.1.1 Allgemeine Lebensstilbegriffe

Lebensstilansätze erlebten in den letzten zwei bis drei Jahrzehnten eine Renaissance in der deutschsprachigen Sozialstrukturanalyse (vgl. Hradil 1992, S. 20; Rössel 2005, S. 12). Dies wurde von den Vertretern des Lebensstil-Konzepts durch eine Ausweitung individueller Wahl- und Gestaltungsmöglichkeiten in Folge eines Zuwachses individuell verfügbarer Ressourcen (bspw. der finanziellen Mittel, der Bildungschancen und -grade sowie der frei verfügbaren Zeit im Alltag) in marktwirtschaftlichen Wohlstands- und staatlichen Wohlfahrtsgesellschaften wie der Bundesrepublik begründet (vgl. Otte 2004, S. 20f.) Gleichwohl tauchten bereits im späten 19. und frühen 20. Jahrhundert bei den „Klassikern" der Soziologie Überlegungen zu Lebensstilen im Zusammenhang mit dem Gefüge sozialer Ungleichheit auf.[97] Allerdings liegt bis heute weder eine allgemein

[97] So finden sich soziologische Pionierarbeiten zum Lebensstilbegriff u.a. bei Max Weber, Georg Simmel, Karl Marx oder Thorstein Veblen (vgl. Burzan 2005, S. 97; Cockerham/Abel/Lüschen 1993, S. 416). Die Arbeiten Max Webers – streng genommen wird lediglich Bezug auf den Abschnitt „Machtverteilung innerhalb der Gesellschaft. Klassen, Stände, Parteien" in Webers „Wirtschaft und Gesellschaft" genommen (vgl. Weber 1980, S. 531) – enthalten grundlegende Gedanken zum Lebensstilkonzept und seiner Bedeutung für Phänomene sozialer Ungleichheit. Drei Begriffe sind für das allgemeine Webersche Lebensstilkonzept grundlegend: Erstens, der Begriff „Stilisierung des Lebens", der einen zentralen Mechanismus der gesellschaftlichen Zuordnung von Menschen zu verschiedenen Statusgruppen auf der Grundlage ihrer alltägliche Handlungsmuster bezeichnet. Zweitens, der Begriff „Lebensführung", der verwendet wird, um die Handlungs- und Orientierungsmuster sozialer Gruppierungen zu beschreiben. Drittens, der Begriff „Lebenschancen", der sozialstrukturell verankerte Lebensbedingungen beschreibt, wie bspw. Bildungschancen, den Besitz oder die Chancen des Erwerbs materieller Güter oder die Möglichkeit politischer Teilhabe (vgl. Abel/Buddeberg/Duetz 2004, S. 298; Abel/Cockerham 1993, S. 553; Cockerham/Abel/Lüschen 1993, S. 416f.). Webers Konzept der „Stilisierung des Lebens" umfasst sowohl individuelle als auch sozialstrukturelle Aspekte. Die vom Individuum praktizierten Verhaltensweisen und erworbenen Mentalitäten (Einstellungen und Wertorientierungen) werden durch das Konzept der Lebensführung beschrieben. Lebenschancen sind auf einer überindividuellen gesellschaftlichen Ebene verankert (vgl. Abel 1992, S. 124). Sie stellen für soziale Gruppierungen typische Lebensbedingungen dar. Lebenschancen und Lebensführung sind interdependente, ja sogar komplementäre Grundelemente der „Stilisierung des Lebens" (Abel 1991, S. 900). Die Möglichkeit eines Menschen, eine bestimmte Lebensführung zu pflegen, wird durch Lebenschancen einerseits begrenzt. Andererseits sind innerhalb dieser strukturell vorgegebenen Grenzen individuelle Wahlentscheidungen möglich. Lebenschancen sind daher im Hinblick auf individuelles Handeln sowohl begrenzend als auch ermöglichend. Die „Stilisierung des Lebens"

anerkannte Definition des Konzepts vor noch besteht ein Konsens über die Kriterien der Operationalisierung von Lebensstilen in empirischen Studien (vgl. Meyer 2001, S. 259ff.). In der sozialwissenschaftlichen Literatur sind daher mehrere Lebensstildefinitionen zu finden, deren terminologische Unterschiede jedoch bei näherem Hinsehen eher oberflächlich sind (vgl. Hradil 2001, S. 275). Der gemeinsame Kern soziologischer Lebensstildefinitionen ist in der Hinwendung zu „subjektiven" Gestaltungs- und Interpretationsleistungen zu sehen, die sich in beobachtbaren Verhaltens- und Einstellungsmustern zeigen (vgl. Hradil 2006a, S. 161; Hradil 2001, S. 277). Solche „Stilisierungen des Lebens" setzen zwar ein Mindestmaß individueller Autonomie bei der Gestaltung des Alltags voraus (vgl. Hradil 1996, S. 16), vollziehen sich jedoch im Rahmen sozialstrukturell geprägter Lebensbedingungen (Bildung, beruflicher Status, Einkommen, Geschlecht, Lebensform usw.) und den vorherrschenden Normen und Wertvorstellungen sozialer Bezugsgruppen (vgl. Burzan 2005, S. 115; Schlicht 2001, S. 59).

Im Folgenden wird eine recht aktuelle Lebensstildefinition mittlerer Komplexität zugrunde gelegt. Hiernach beruhen Lebensstile „…auf der individuellen Organisation und expressiven Gestaltung des Alltags, (…) [werden, A.M.] in biographischen Prozessen entwickelt und (…) [bezeichnen, A.M.] eine Synthese von bewusst vorgenommen und unbewusst routinisierten Verhaltensweisen, von Einstellungen und Zielvorstellungen, von Kontakten und Interaktionen mit Mitmenschen" (Hradil 2006a, S. 161).

Als allgemeine konzeptionelle Grundlage soziologischer Lebensstil-Konzepte lassen sich in Anlehnung an den klassischen Ansatz Webers die folgenden Merkmale zusammenfassen:

- Lebensstile werden durch das wechselseitige Zusammenwirken von teilweise routinisierten Verhaltensweisen, Mentalitäten und sozialstrukturellen Lebensbedingungen geprägt. Das Lebensstilkonzept berücksichtigt somit bestimmte Formen der Interdependenz von individuellen und gesellschaftlichen Faktoren und erlaubt deren simultane Untersuchung im Rahmen eines holistischen Konzeptes (vgl. Abel 1992, S. 124; Pientka 1994, S. 400).[98]

bzw. der allgemeine Lebensstil ist ein synthetisches Konzept, das sich durch die beiderseitige Abhängigkeit von Formen der Lebensführung und objektiven Lebensbedingungen vom sozialstrukturellen Kontext ausprägt (vgl. Abel/Buddeberg/Duetz 2004, S. 298).

[98] Im Gegensatz zu Weber sieht Bourdieu in der Klassenlage bzw. den damit verbundenen Lebenschancen die wesentlichen Determinanten bei der Ausprägung von Lebensstilen. In diesem Sinne ist das Webersche Lebensstilkonzept eher voluntaristisch, während Bourdieus Theorie strukturdeterministisch ausgerichtet ist. Sein grundlegendes Interesse gilt den determinierenden Einflüssen ungleicher sozialer Strukturen auf die Handlungsroutinen von Individuen und wie diese Routinen ihrerseits zur Erhaltung dieser Sozialstrukturen beitragen (vgl. Bourdieu 1982, S. 277ff.). Ein wesentliches Konzept der Theorie Bourdieus ist der „Habitus", den er als System von Alltagsroutinen bezeichnet.

Die drei grundlegenden Kategorien von Lebensstilen werden demnach auch als „Verhalten", „Orientierungen" und soziale „Ressourcen" bezeichnet (vgl. Abel/Rütten 1994, S. 217). Aus dem sich wiederholenden Zusammenspiel dieser Elemente im Alltag der Menschen ergeben sich im Zeitverlauf spezifische individuelle und – in Folge der Aggregation ähnlicher individueller Lebensstile – gesellschaftliche Muster.

- Lebensstile sind aus soziologischer Perspektive vor allem kollektive Phänomene. Nicht die Lebensführung einzelner Individuen, sondern die Herausbildung von Gruppen, die typische Muster der Lebensführung aufweisen, steht im Zentrum des Lebensstilkonzepts. Da Lebensstile zumindest teilweise durch soziale Strukturen geprägt werden, praktiziert nicht jeder Mensch einen genuinen Lebensstil. Vielmehr lassen sich recht gleichartige individuelle Lebensstile beobachten, die von Sozialwissenschaftlern zu gruppentypischen Lebensstilen gebündelt werden können. Dabei werden gruppentypische Lebensstile als *emergente* Phänomene konzipiert, d.h. sie stellen „(...) mehr dar als die Summe ihrer Komponenten" (Hradil 2005b, S. 66). Durch diese methodologische Annahme kann u.a. verhindert werden, dass Erklärungen individueller Denk- und Verhaltensweisen durch Lebensstile tautologisch werden (vgl. Hradil 2005b, S. 70). Der Lebensstilbegriff bezieht sich somit auf Gruppierungen der gesellschaftlichen Meso- oder Makroebene. Die Begriffe „Lebensweise" oder „Lebensführung" werden

---

Der Habitus ist ein Komplex von „strukturierenden Strukturen", die typische, teilweise unbewusste, Verhaltens- und Orientierungsmuster in Form von Schemata der Wahrnehmung, der Interpretation und des Handelns erzeugen, organisieren und im Zeitverlauf konstant halten. Lebensstile können definiert werden als die expressive Form eines klassentypischen Habitus. Die Verursachungskette, an deren Ende ein bestimmter Lebensstil steht, kann folgendermaßen beschrieben werden: Sozialstrukturelle Positionen sind mit objektiven Lebensbedingungen verbunden, die in Prozessen der Sozialisation einen Habitus erzeugen, der ein System von Handlungs-, Wahrnehmungs- und Bewertungsschemata („Geschmack") darstellt. Diese Schemata manifestieren sich in typischen Praktiken, die zu sichtbaren Lebensstilen kondensieren (vgl. Abel 1999, S. 47f.). Zusammenfassend besteht das zentrale Thema beider soziologischer Lebensstiltheorien im komplexen Zusammenspiel „objektiver" sozialstruktureller Faktoren und den subjektiven gestalterischen Leistungen der Individuen. Weber rückt den Dualismus von Lebenschancen und Lebensführung ins Zentrum seines Ansatzes, während Bourdieu eine Theorie zum Zusammenhang von Klassenlage und Lebensstil entwirft, in dem der Habitus eine zentrale vermittelnde und stabilisierende Rolle erfüllt. Die Zugehörigkeit zu einer bestimmten Lebensstilgruppierung erfüllt zudem eine gesellschaftliche Distinktionsfunktion. Sobald mit diesen Andersartigkeiten auch eine soziales Höher- oder Tieferstellung verbunden ist, werden Zugehörigkeiten zu Lebensstilgruppierungen unmittelbar ungleichheitsrelevant. Lebensstile sind somit von einem wechselseitigen Verhältnis zu „objektiven" Strukturen sozialer Ungleichheit geprägt: Sie werden einerseits von ungleichen Lebens- und Handlungsbedingungen beeinflusst; andererseits kann die Zugehörigkeit zu einer Lebensstilgruppierung eine eigenständige Determinante sozialer Ungleichheit darstellen, die den Zugang zu begehrten Gütern einer Gesellschaft erleichtert oder restringiert. Lebensstilgruppierungen werden daher neben „objektiven" Modellen, wie sozialen Schichten oder Lagen, als wichtige Ergänzung einer zeitgemäßen Sozialstrukturanalyse angesehen.

eher in Ansätzen verwendet, deren Erkenntnisinteresse auf die individuelle bzw. auf die soziale Mikroebene gerichtet ist (vgl. Abel 1999, S. 50). Folglich kann die individuelle Lebensführung einer Person aus mehreren (strukturellen) Lebensstilen bestehen, wie bspw. hedonistischen, kultur- oder freizeitorientierten Stilen, die in Abhängigkeit der jeweiligen Lebenssituation in den Vordergrund treten (vgl. Janßen 1999, S. 26).

6.1.2 Lebensstile im Alter

Wenn Menschen altersbedingt das Erwerbsleben verlassen und in den Ruhestand eintreten, weitet sich im Allgemeinen deren individuelle *Autonomie* in Bezug auf alltägliche Handlungs- und Entscheidungswahlen aus. Dabei spielt vor allem die Zunahme *disponibler Zeit* im Vergleich zum Erwerbsleben eine große Rolle, da im Rentenalter berufliche und familiäre Verpflichtungen in aller Regel entfallen oder doch stark zurückgehen. Auch schaffen bislang unklare *Rollenvorstellungen* in Zeiten eines sich wandelnden Alten- und Altersbildes, die mit unscharfen Bezeichnungen wie „Junge Alte“ oder „Neue Alte“ einhergehen, einen gewissen Zwang zur autonomen individuellen Gestaltung von Identität und Alltag.[99] Wie in den Abschnitten 5.1.1 und 5.2.3 ausgeführt wurde, weist die Mehrheit der alten Menschen in der Bundesrepublik gleichzeitig einen recht hohen, wenn auch sozial ungleich verteilten *materiellen Wohlstand* auf. Für alte Menschen in Ost- und Westdeutschland trifft ein wesentliches Charakteristikum entwickelter Gesellschaften in typischer Weise zu: Ressourcen werden für sie zum reichlichen und Sinn zum knappen Gut (vgl. Hradil 2001, S. 273). Vor diesem Hintergrund erscheinen Lebensstilanalysen für manche Vertreter der Alterssoziologie und Sozialgerontologie „...nicht nur brauchbar für die Analyse des Altersstrukturwandels, beide Ansätze [also Altersstrukturwandel und Lebensstile, A.M.] gehören zusammen“ (Tokarski 1993, S. 132).[100]

---

[99] Um die Sozialkategorie der „Neuen Alten“ zu charakterisieren, bieten sich drei Interpretationen an, welche Veränderungen in der Lebenssituation (u.a. Aktivität, Freizeit- und Konsumorientierung, Autonomie, vergleichsweise vorteilhafte Einkommens- und Vermögensverhältnisse) gegenüber früherer Kohorten alter Menschen, den Wandel des gesellschaftlich-strukturellen Kontextes des Alters (Entberuflichung, Feminisierung, Singularisierung, Verjüngung und Hochaltrigkeit) sowie die Vorstellung eines „positiven“ bzw. „produktiven Alters“ umfassen (vgl. Dieck/Naegele 1993, S. 43f.). Angesichts dieser Merkmale wird von manchen Autoren das Attribut „jung“ bzw. der Begriff „Junge Alte“ für treffender eingestuft (vgl. Schäuble 1989, S. 62).

[100] Die Vorteile einer lebensstilorientierten Betrachtung des Alterns liegen zum einen in der Verknüpfung sozialstruktureller bzw. gesellschaftlicher Ressourcen mit individuellem Verhalten und Persönlichkeitsmerkmalen in Form von Selbstdarstellung und „Performanz“ mit den dynamischen Aspekten des Alterns. Zudem ermöglicht eine solche Perspektive die synchrone Betrachtung „vertikaler“ und „horizontaler“ Differenzierungen im Altersgang, bspw. im Hinblick auf den Zusammenhang zwi-

Befunde empirischer Studien sprechen dafür, dass alte Menschen in der Bundesrepublik während der letzten Jahre ebenso unterschiedliche Lebensstile praktizierten wie der Rest der Bevölkerung (vgl. Mai 2003, S. 13). In Folge des „Differentiellen Alterns" hat sich offenbar eine Vielzahl unterschiedlicher soziokultureller Sozialfiguren im höheren Lebensalter ausgeprägt. Eine Untersuchung westdeutscher Männer und Frauen zwischen 55 und 70 Jahren zeigte, dass die „jungen" bzw. „neuen" Alten, d.h. Menschen, die typischerweise einen aktiven Lebensstil pflegen und in aller Regel auch die nötigen finanziellen Mittel hierzu haben, in dieser Altersgruppe mit rund 25% zu einer Minderheit gehören. Es ließen sich zusätzlich ein „pflichtbewusst-häuslicher" (31%), ein „sicherheits- und gemeinschaftsorientierter" (29%) sowie ein „resignierter" Lebensstil (15%) identifizieren (vgl. Infratest Sozialforschung 1991, S. 82). Diese kurze Auflistung verdeutlicht einerseits die Spannweite der Lebensstile älterer Menschen, die durchaus mit jüngeren Altersgruppen zu vergleichen ist. Andererseits führte die Studie auch die Abhängigkeit des Lebensstils von materiellen und immateriellen Ressourcen vor Augen. Es bestand somit auch im Alter keinesfalls eine von den „objektiven" Lebensbedingungen der sozialen Lage völlig entkoppelte Wahlfreiheit des allgemeinen Lebensstils (vgl. Infratest Sozialforschung 1991, S. 92).

6.1.3 Gesundheitslebensstile als spezielle Lebensstile

Im Gegensatz zu allgemeinen Lebensstilmodellen der makrosoziologischen Sozialstrukturanalyse dienen sogenannte „themenzentrierte Lebensstilansätze" (Abel/Rütten 1994, S. 216) zur Erklärung bereichsspezifischer Explananda. Auch in modernen „individualisierten" Gesellschaften richten die Menschen ihr Leben vorwiegend nach mehr oder weniger institutionalisierten, allgemein geteilten Lebenszielen aus, wie bspw. materieller Wohlstand, Selbstverwirklichung oder Gesundheit. Verhaltensweisen und Einstellungen, die dazu dienen, diese Lebensziele zu verwirklichen, kondensieren im Alltag der Menschen u.a. in Form spezifischer, themen- bzw. lebensbereichszentrierter Lebensstile. Beispiele hierfür sind familienzentrierte, berufsbezogene oder religiöse Lebensstile sowie

---

schen sozioökonomischen und soziokulturellen Merkmalen, die Aufschluss über die interindividuelle Variabilität der Lebens- und Altersstile geben soll. Weiterhin ermöglicht eine Analyse anhand von Lebensstilen eine parallele Untersuchung von mikro- und makrotheoretischen, individuellen und gruppenspezifischen Aspekten des Alterns. Ferner kann eine dynamische Perspektive verfolgt werden, bei der nicht nur die Ergebnisse von Lebensstil- und Alternsprozessen in bestimmten Situationen thematisiert werden, sondern auch deren Entstehungsprozesse und Entwicklungsverläufe. Außerdem scheint das Lebensstil-Konzept in der Lage, eine Menge von separaten Teilaspekten bzw. -prozessen aufeinander zu beziehen und zu untersuchen, wie bspw. Alternsstile, Copingstile, Freizeitstile oder Konsumstile (vgl. Tokarski 1993, S. 130f.).

gesundheitsrelevante Lebensstile (vgl. Abel/Rütten 1994, S. 216). Der Fokus wird bei diesen speziellen Lebensstilansätzen folglich auf einen bestimmten gesellschaftlichen Teilbereich gerichtet, aus dem ein oder mehrere Elemente (bspw. bestimmte Erkrankungen) als Explananda in die Lebensstil-Analyse eingehen (vgl. Otte 2004, S. 35).[101]

Speziell auf den Bereich und die Erklärung von Mortalität oder Morbidität angewandte Lebensstilansätze werden in der Literatur als *gesundheitsrelevante Lebensstile* oder *Gesundheitslebensstile* bzw. im angelsächsischen Sprachraum als „*Health Lifestyles*“ bezeichnet.[102] Diese sowohl sprachlich als auch – wie weiter unten deutlich wird – inhaltlich recht ähnlichen Begriffe werden im Folgenden synonym verwendet.

Vertreter des speziellen Konzeptes der *Gesundheitslebensstile* gehen davon aus, dass reduktionistische Konzepte, die sich lediglich auf einzelne individuelle Wissensbestände oder Verhaltensweisen konzentrieren, der Komplexität des Gegenstandes „Gesundheit“ und dessen Determinanten nicht gerecht werden. Um praxisorientierte Ansatzpunkte der Prävention und Gesundheitsförderung in allen Lebensphasen aufzuzeigen, werden im Rahmen des soziologischen Gesundheitslebensstil-Konzeptes synthetische Konzepte favorisiert, welche gesundheitliche Verhaltensweisen, Wissensbestände und Einstellung sowie teilweise sogar materielle und immaterielle soziale Ressourcen in mehrdimensionalen Modellen zusammenführen.[103]

In der Literatur werden variablenorientierte und typologische Konzepte (vgl. Otte 2004, S. 37ff.) sowie ein- und mehrdimensionale Ansätze von Ge-

---

[101] Themenzentrierte Lebensstile sind daher in aller Regel mit geringerem Aufwand empirisch umzusetzen als allgemeine Lebensstilansätze, da diese eine Vielzahl unterschiedlicher Dimensionen (Freizeitverhalten, Kleidungsstil, Musikgeschmack u.ä.) umfassen. Aufgrund ihrer Ausrichtung auf einen gesellschaftlichen Teilbereich sind themenzentrierte Lebensstile für eine allgemeine Sozialstrukturanalyse allerdings nicht geeignet (vgl. Otte 2005, S. 24).

[102] Vgl. hierzu die unterschiedlichen Bezeichnungen dieser bereichsspezifischen Art von Lebensstil u.a. bei Abel 1999, Hradil 2005b sowie Cockerham 2005.

[103] Wie bereits weiter oben angemerkt, besteht ein weithin diskutiertes Problem komplexer Lebensstil-Konzepte darin, dass die Erklärung von einzelnen Verhaltensweisen oder Einstellungen tautologisch werden kann (vgl. Wolf 2003, S. 10; Meyer 2001, S. 261f.; Hradil 1996, S. 27): Wenn ein solches empirisches Lebensstil-Konzept bspw. auf der Basis einer Vielzahl einzelner gesundheitsbezogener Verhaltensweisen und Einstellungen gebildet wird, so kann es nicht zur Erklärung eben dieser Verhaltensweisen auf der Personenebene herangezogen werden. Eine Lösung besteht darin, Lebensstile als abstraktes Kontext- bzw. Aggregatmerkmal, d.h. in Form allgemeiner Handlungstypen bzw. typischen Verhaltensstilen zu konzeptualisieren, die dann konkretes menschliches Verhalten erklären sollen (vgl. Hradil 2001, S. 279; Hradil 1992, S. 46). Eine solche Mehrebenen-Perspektive hat auch methodische Folgen, die jedoch bislang in der einschlägigen empirischen Forschung nicht berücksichtigt werden. So fehlt bislang eine methodische Implementierung von Lebensstil-Ansätzen in hierarchischen statistischen Modellen, die in der Lage sind, Mehrebenen-Zusammenhänge zu modellieren.

sundheitslebensstilen diskutiert.[104] Im *eindimensionalen* Ansatz gehen lediglich gesundheitsbezogene Verhaltensweisen in Gesundheitslebensstil-Modelle ein. Gesundheitsbezogenes Verhalten umfasst typischerweise den Konsum von Genuss- und Suchtmitteln (bspw. Tabak- und Alkoholkonsum), die Inanspruchnahme medizinischer Versorgungs- und Vorsorgeangebote und gesundheitsförderliches Verhalten, wie maßvolle körperliche Aktivität, bewusste Ernährung und ausreichenden Schlaf. Gesundheitslebensstile werden in diesem Ansatz definiert als „...collective patterns of health-related behavior based on choices from options available to people according to their life chances" (Cockerham/Rütten/Abel 1997, S. 338; Cockerham/Snead/Dewaal 2002, S. 44; Cockerham 2000 zit. n. Cockerham 2005, S. 55).[105] Die Träger von Gesundheitslebensstilen sind somit auch im eindimensionalen Ansatz Statusgruppen bzw. gesellschaftliche Kollektive (vgl. Cockerham 2005, S. 55).[106]

---

[104] *Variablenorientierte Ansätze* sind durch die Untersuchung einzelner Variablen charakterisiert. Solche Ansätze reduzieren gesellschaftlich typische Muster von Denk- und Verhaltensweisen auf einzelne Einflussfaktoren und sind somit nicht in Lage, zentrale theoretische Annahmen soziologischer Lebensstilkonzeptionen umzusetzen. Solche Ansätze können bspw. synergistische bzw. multiplikative Effekte gesundheitlicher Risikoverhaltensweisen nicht darstellen (vgl. Poortinga 2007, S. 124; Berrigan u.a. 2003, S. 615). So kann bspw. das kombinierte Auftreten von hohem Tabak- und Alkoholkonsum sowie chronischem Bewegungsmangel die gesundheitsschädigende Wirkung im Verhältnis zu den einzelnen Faktoren potenzieren. Demgegenüber kombinieren *typologische Lebensstilansätze* einzelne Lebensstildimensionen zu allgemeinen Typen bzw. Mustern. Sie entsprechen somit der Vorstellung eines gesellschaftlich typischen „Ensembles" von Denk- und Verhaltensweisen (vgl. Hradil 2005b, S. 66) besser als variablenorientierte Ansätze. Ihre Nachteile sind im zumeist nominalen Skalenniveau der Lebensstiltypen, in der Unklarheit über die Bedeutung und Erklärungskraft der Teildimensionen und deren Bestandteile, in der Gefahr der Reifikation der ermittelten Typen sowie in der problematischen Typenabgrenzung zu sehen (vgl. Otte 2004, S. 39). Typologische Ansätze bieten gegenüber variablenorientierten Ansätzen den Vorteil, dass sie als Grundlage für die Planung ganzheitlicher gesundheitsfördernder bzw. krankheitspräventiver Maßnahmen dienen können. Interventionen, die auf mehrere aufeinander bezogene gesundheitliche Denk- und Verhaltensweisen gleichzeitig abzielen, haben mit großer Wahrscheinlichkeit einen stärkeren Einfluss auf die öffentliche Gesundheit und sind effizienter durchzuführen als Maßnahmen, die sich lediglich auf einen Risikofaktor (z.B. Tabakkonsum) konzentrieren (vgl. Atkins/Clancy 2004, S. 102; Nigg/Allegrante/Orry 2002, S. 672).

[105] Eine ähnliche Definition des „Health Lifestyle"-Begriffs findet sich bei Cockerham/Abel/Lüschen 1993, S. 419; Cockerham 2006, S. 65 sowie Abel 1991, S. 901.

[106] Der eindimensionale Ansatz ist eng an die Bourdieusche Klassentheorie angelehnt. So bildet der soziale Kontext, in den Menschen hineingeboren werden, den Ausgangspunkt des Modells. Dieser wird u.a. definiert durch die Zugehörigkeit zu einer sozialen Klasse und der ethnischen Zugehörigkeit. Diese „objektiven" sozialen Strukturen konstituieren Lebenschancen und bilden den Kontext der primären und sekundären Sozialisation(en) und persönlichen Erfahrungen. Sozialisation und Erfahrung beeinflussen die Lebensführung. Lebenschancen und Lebensführung stehen in einem wechselseitigen Zusammenhang, der für die Herausbildung eines klassenspezifischen Habitus konstitutiv ist. Der Habitus äußert sich in weitgehend routinisierten gesundheitsbezogenen Verhaltensweisen. Diese gesundheitsbezogenen Verhaltensweisen formen relativ stabile Muster von Gesundheitslebensstilen.

In der Gruppe der *mehrdimensionalen* Ansätze lassen sich zwei- und dreidimensionale Konzepte unterscheiden. Erstere definieren Gesundheitslebensstile auf der Basis von Verhaltensweisen und Einstellungen bzw. Mentalitäten, deren maßgeblicher Effekt auf gesundheitliche Zustände durch empirische Evidenzen wissenschaftlich nachgewiesen wurde oder der in der einschlägigen aktuellen Forschung zumindest diskutiert wird (vgl. Hradil 2005b, S. 73). Dabei stimmen die gesundheitsbezogenen Verhaltensweisen freilich mit denjenigen überein, die bereits Vertreter des eindimensionalen Gesundheitslebensstil-Ansatzes aufführen. Mentalitäten umfassen gesundheitsbezogene Wertorientierungen und Grundeinstellungen, wie bspw. die Priorität der Gesundheit im Wertekanon der Menschen oder den Glauben an die individuelle Beeinflussbarkeit des Gesundheitszustandes. Dabei geht es nicht um die bloße Addition einzelner Einstellungsmerkmale, sondern um Modelle umfassender gesundheitsbezogener Grundeinstellungen. In der Literatur werden hierzu im Wesentlichen drei Ansätze diskutiert: Das in den 1960er Jahren entwickelte „Kohärenzgefühl" („Sense of Coherence"), das auf die medizinsoziologischen Arbeiten Antonovskys zurückgeht und das bereits im Kontext von Resilienz-Konzepten angesprochen wurde (vgl. Abschnitt 3.1). Das ebenfalls in diesem Zeitraum entwickelte „Locus of Control Model" sowie das „Health Belief Model", das die einschlägige Diskussion am vergleichsweise breitesten rezipiert (vgl. Hradil 2005b, S. 72f.).

Im dreidimensionalen Modell werden zusätzlich zu gesundheitsrelevanten Verhaltensweisen und Orientierungen auch soziale Ressourcen berücksichtigt (vgl. Abel 1997, S. 58; Abel 1999, S. 52). Soziale Ressourcen umfassen einerseits materielle Faktoren, wie Einkommen, Vermögen und Wohnverhältnisse. Darüber hinaus werden mit dieser Kategorie auch inkorporierte Ressourcen wie gesundheitsbezogenes Wissen und erlernte Fähigkeiten als auch externe Gegebenheiten bezeichnet, wie bspw. der Zugang zu Angeboten des Gesundheitswesens (vgl. Abel/Buddeberg/Duetz 2004, S. 299).

Sowohl diese drei Dimensionen als auch die Elemente, aus denen sich die Dimensionen des gesundheitsrelevanten Lebensstils zusammensetzen, stehen miteinander in einem wechselseitigen Zusammenhang (vgl. Abel 1992, S. 127). Diesen „komplexen Wechselwirkungen" (Abel/Rütten 1994, S. 220) kommt eine grundlegende Bedeutung zu: Sie bilden ein spezifisches Merkmalsprofil, anhand dessen sich sozial abgrenzbare Gruppen von Personen identifizieren lassen, sogenannte „distinkte Lebensstile" (vgl. Abel/Rütten 1994, S. 217; Abel 1992, S. 125). Diese Muster werden auf der Grundlage einer unmittelbaren individuellen Auseinandersetzung mit sozialstrukturell verankerten Lebenschancen ausgewählt und arrangiert und wirken auf diese entweder stabilisierend oder modifizierend

---

Auch solche speziellen Lebensstile werden durch Rückkoppelung zum Habitus reproduziert oder modifiziert (vgl. Cockerham/Hinote/Abbott 2006, S. 183ff.).

zurück (vgl. Abel 1999, S. 52; Abel 1991, S. 901; Abel 1992, S. 125 sowie Abel/Buddeberg/Duetz 2004, S. 297).

Um ein möglichst differenziertes Bild von Gesundheitslebensstilen alter Menschen zu zeichnen, wird im Folgenden ein *typologisches* und *mehrdimensionales* Modell vertreten.[107] Mehrdimensionale Modelle werden den grundlegenden theoretischen Charakteristika von Lebensstilen als gesellschaftlich geprägten Syndromen menschlicher Alltagsorganisation eher gerecht als eindimensionale Ansätze. Ein eindimensionaler Ansatz läuft Gefahr, eine bloße Addition gesundheitsbezogener Verhaltensweisen wiederzugeben, was dem Konzept von Gesundheitslebensstilen gerade nicht entspricht.

Gesundheitliche Grundeinstellungen fungieren in mehrdimensionalen Modellen als wichtige internale Grundlage gesundheitsbezogener Verhaltensroutinen. Sie geben diesen Verhaltensweisen erst Sinn und „verklammern" diese zu typischen, zeitlich relativ stabilen Syndromen. Im dreidimensionalen Ansatz werden „soziale Ressourcen" als zusätzliche Dimension von Gesundheitslebensstilen genannt. Im Hinblick auf „soziale Ressourcen" ist allerdings kritisch anzumerken, dass sich Merkmale des sozioökonomischen Status (Einkommen, berufliche Stellung, Bildung) mehr oder weniger stark mit dieser Dimension überschneiden. Tatsächlich führen die Autoren „finanzielle Mittel" (Abel/Rütten 1994, S. 217) sowie den Berufsstatus (vgl. Abel 1992, S. 125) ebenfalls als Bestandteile sozialer Ressourcen auf. Aus diesem Grund besteht beim diesem Ansatz die Gefahr, tautologische Aussagen zu erzeugen, falls Gesundheitslebensstile im Zusammenhang mit Merkmalen „vertikaler" sozialer Ungleichheit untersucht werden. Der zweidimensionale Ansatz, der gesundheitsbezogene Verhaltensweisen und Grundeinstellungen umfasst, erscheint daher für die Untersuchung von Gesundheitslebensstilen besser geeignet und wird im Folgenden zugrunde gelegt.

[107] Wie bereits weiter oben dargestellt, bieten typologische Ansätze gegenüber variablenorientierten Ansätzen den Vorteil, dass sie (a) synergistische bzw. multiplikative Effekte von Mustern gesundheitsbezogener Lebensstile erfassen und (b) einen Weg für ganzheitliche und integrative Interventionsmaßnahmen aufzeigen. Zudem scheinen erstere für die Deskription gesellschaftlicher Lebensstilgruppierungen in der Makroperspektive und der Bestimmung der globalen Erklärungskraft dieser Gruppen im Hinblick auf ein spezielles Explanandum besser geeignet. Typologische Ansätze bilden daher in der vorliegenden Arbeit die Grundlage für die Untersuchung von Gesundheitslebensstilen alter Menschen.

6.1.4 Gesundheitslebensstile in Erklärungsmodellen

In kausalen Modellen zur Erklärung ungleicher Gesundheitschancen können Gesundheitslebensstile prinzipiell in mehreren Funktionen auftreten. Sie können (1) in Form *abhängiger Variablen* als Folge „horizontaler" oder „vertikaler" Strukturen sozialer Ungleichheit untersucht werden. Als gesellschaftliche Determinanten zweidimensionaler Gesundheitslebensstile werden gemeinhin Merkmale der sozialen Lage eines Menschen oder bestimmter sozialer Gruppierungen genannt: Soziale Ressourcen (u.a. Einkommen, Wissensbestände, soziale Netzwerke), Lebensbedingungen (u.a. Arbeits- und Freizeitbedingungen sowie Merkmale der Wohnung und des unmittelbaren Wohnumfeldes), Alter, Geschlecht, Lebensform (z.B. Haushaltsgröße und -art, Familienstand und Anzahl der Kinder), Lebensphase, zentrale Lebensereignisse (bspw. Berufs- oder Renteneintritt) sowie der persönliche Gesundheitszustand (vgl. Hradil 2005b, S 75; Hradil 2009, S. 48f.). Gesundheitslebensstile können (2) als *intervenierende Variablen* analysiert werden, die zwischen den „objektiven" Strukturen sozialer Ungleichheit und den Merkmalen der individuellen Lebensführung vermitteln und sie können (3) als *unabhängige Variablen* untersucht werden, die einzelne gesundheitsfördernde oder -schädigende Verhaltensweisen erklären, die ihrerseits wiederum Auswirkungen auf die individuelle Gesundheit haben (vgl. Hradil 2009, S. 49).

Im Hinblick auf die Erklärung des individuellen Gesundheitszustandes durch Gesundheitslebensstile kann keineswegs von einem monokausalen Verhältnis ausgegangen werden. Solche speziellen Lebensstile stehen im Zeitverlauf vielmehr in Wechselwirkung mit der individuellen Gesundheit (vgl. Abel/ Buddeberg/Duetz 2004, S. 299). So beeinflussen Gesundheitslebensstile nicht nur einen bestimmten gesundheitlichen Zustand im Sinne einer unabhängigen Variablen, sondern sie werden auch vom Gesundheitszustand im Sinne einer abhängigen Größe geprägt (vgl. Hradil 1997a, S. 41; Hradil 2005b, S. 81). Daher können gesundheitliche Veränderungen, wie bspw. eine schwere Erkrankung oder ein Unfall mit langfristigen, funktionalen Beeinträchtigungen ein Faktor sein, der eine Veränderung des gesundheitsrelevanten Lebensstils nach sich zieht. Ebenso kann ein Mensch, der gerade von einer Krankheit genesen ist, gesundheitsbezogene Aspekte seines Lebensstils ändern, um einer Folgeerkrankung vorzubeugen. Weiterhin kann ein ohnehin gesunder Mensch einen betont gesundheitsbewussten Lebensstil pflegen, um seine Gesundheit zu „optimieren".

Ihr analytisches und praktisches Potenzial entfalten Gesundheitslebensstile somit erst als dynamisches Konzept. Dynamische Aspekte von Gesundheitslebensstilen sind im Hinblick auf konkrete Maßnahmen der Gesundheitsförderung von besonderer Bedeutung (vgl. Abel 1997, S. 59). In diesem Zusammenhang steht die Frage im Vordergrund, unter welchen Bedingungen Gesundheitslebensstile stabil bleiben und welche Faktoren eine *Lebensstiländerung* bzw. *Lebensstilmobilität* bedingen.[108] Obschon in der Literatur ein rudimentäres Modell zur Dynamik von Gesundheitslebensstilen präsentiert wurde (vgl. Abel 1997, S. 59)[109], steht eine detailliertere Konzipierung oder gar eine empirische Untersuchung solcher Prozesse bislang aus (vgl. Hradil 2005b, S. 76), was teilweise auf den Mangel an geeigneten Längsschnittdaten zurückzuführen ist.

6.1.5 Empirische Befunde zu Gesundheitslebensstilen

Gesundheitslebensstil-Konzepte wurden in einer Reihe empirischer Studien im In- und Ausland anhand von Bevölkerungsstichproben im Erwachsenenalter untersucht (vgl. hierzu u.a. Cockerham/Kunz/Lüschen 1988; Mayer/Taylor/Thrush 1990; Abel 1991; Slater/Flora 1991; Patterson/Haines/Popkin 1994; Lüschen u.a. 1995; Hradil 2005b; Müller/Heinzel-Gutenbrunner 2005).[110] Lediglich vier Studien liefern derzeit empirische Evidenzen zu Gesundheitslebensstilen im hohen Lebensalter in Deutschland.[111] Diese beruhen mit nur einer Ausnahme

---

[108] In diesem Kontext ist grundlegend zwischen dem Wandel kollektiv geteilter Muster gesundheitsrelevanter Verhaltensweisen, Orientierungen und Ressourcen und der individuellen Mobilität zwischen bestehenden gesundheitsrelevanten Lebensstilen zu unterscheiden. Mit diesen beiden Arten der Dynamik gesundheitsrelevanter Lebensstile verbinden sich unterschiedliche Ansatzpunkte, Chancen und Hindernisse für gesundheitsförderliche Maßnahmen. Für die praktische Umsetzung gesundheitsfördernder Maßnahmen sind vor allem die Determinanten der *individuellen Mobilität* zwischen bestehenden Gesundheitslebensstilen von Bedeutung.

[109] In dem von Abel erarbeiteten, dynamischen Modell spielen *lebensverändernde Ereignisse*, wie bspw. der Berufseintritt, die Eheschließung oder Scheidung, Arbeitslosigkeit oder Renteneintritt eine entscheidende Rolle im Verursachungszusammenhang. Über die vermittelnde Instanz internaler Ressourcen der Akteure wirken Lebensereignisse verändernd auf die Struktur der Lebensstilelemente (vgl. Abel 1997, S. 59; Janßen 1999, S. 42; Weitkunat 1998, S. 28). Dieses Modell ist prinzipiell in der Lage, sowohl makrosoziale Wandlungsprozesse, d.h. den Wandel der Struktur kollektiver Lebensstile als auch mikrosoziale Mobilitätsprozesse von Menschen zwischen bestehenden Lebensstilgruppierungen zu modellieren.

[110] Parallel zu diesen Studien liegen empirische Ergebnisse aus den Gesundheitswissenschaften zu Mustern („clustern“) gesundheitsbezogener Verhaltensweisen vor, die oftmals mit dem Begriff „Lebensstil“ versehen werden, jedoch in einigen wesentlichen Punkten von einer soziologischen Lebensstil-Konzeption abweichen. So werden bspw. die sozialstrukturellen Determinanten dieser Verhaltensmuster nur am Rande oder gar nicht berücksichtigt. Auch fehlt in diesen rein empirisch ausgerichteten Arbeiten die explizite Anbindung an eine soziologische Lebensstiltheorie. Beispielhaft für diesen Forschungsstrang sind die Studien von Krick/Sobal 1990; Raitakari u.a. 1995; Perrin u.a. 2002; Liang u.a. 1999; Laaksonen/Prättalä/Karisto 2001; Schuit u.a. 2002; Berrigan u.a. 2003; Hagoel u.a. 2002; Reedy/Haines/Campbell 2005; Poortinga 2007 sowie Tobias/Jackson/Ken Huang 2007.

[111] Entgegen der hier vorgenommenen Definition „alter“ Menschen (65 Jahre und älter) wurden auch Studienergebnisse von Menschen ab 46 Jahren aufgenommen, da sich Gesundheitslebensstile im

(Hradil 2005b) auf statistischen Analysen von Querschnittdaten (vgl. Spegel u.a. 1999; Luy/Di Giulio 2005). Bei solchen zeitpunktbezogenen Analysen können lediglich statistische Assoziationen aber keine Aussagen über potenzielle Verursachungszusammenhänge oder prozessuale Aspekte von Gesundheitslebensstilen in den Lebensverläufen der Menschen (vgl. Abschnitt 6.1.4) getroffen werden, was deren Aussagekraft deutlich begrenzt. Insgesamt ist zu konstatieren, dass empirische Befunde zu Gesundheitslebensstilen im hohen Alter aus Deutschland zu spärlich sind, um sichere Aussagen treffen zu können. Dies ist zum einen auf den Umstand zurückzuführen, dass die Anforderungen auch spezieller Lebensstilkonzepte an die thematische Breite der Daten so hoch sind, dass es bislang kaum eine Datenquelle erlaubt, dieses Konzept ohne zum Teil drastische Kürzungen umzusetzen. Aus diesem Grund sind rein verhaltensbezogene Konzepte von Gesundheitslebensstilen in der empirischen Forschung vorherrschend, obwohl eine solche Operationalisierung kaum der Komplexität des theoretischen Konzeptes entspricht.

Lebenserwartungssurvey kaum nach Altersgruppen unterschieden (vgl. Hradil 2005b, S. 86). Es kann daher angenommen werden, dass die Ergebnisse auch für Personen im Rentenalter gültig sind. Eine weitere Studie, die sich auf das Konzept der Gesundheitslebensstile im hohen Lebensalter bezieht, führten Hagoel und Kollegen auf der Grundlage einer Stichprobe israelischer Frauen zwischen 50 und 74 Jahren durch (vgl. Hagoel u.a. 2002).

Tabelle 1: Empirische Studien zu Gesundheitslebensstilen alter Menschen im deutschen Sprachraum

Autoren / Jahr*	**Art der Daten**	**Studien-region**	**Alter**	**Lebensstilvariablen**	**Lebensstiltypen**
Spegel u.a. / 1999	Querschnitt	Schweiz (Bern), Deutschland (München)	55-65 Jahre	Übergewicht, Rauchen, Alkoholkonsum, Bewegungsmangel, ungünstige Ernährung	8 Cluster: Vorbildliches Gesundheitsverhalten, Bewegungsmangel, Übergewicht/ ungünstige Ernährung, Rauchen, ungünstige Ernährung, Übergewicht, Alkohol; jeweils spezifisches Cluster: Rauchen / ungünstige Ernährung (Bern), Alkohol/Rauchen (München)
Luy / Di Giulio / 2005	Querschnitt (1. Welle)	Deutschland (West)	60- 69 Jahre zum Zeit-punkt der 1. Welle (1984-1986)	„Verhaltenstyp A“, Achten auf die eigene Gesundheit, Grad der vermuteten Beeinflussbarkeit des Gesundheitszustandes, Body Mass Index (BMI), Belastung durch gegenwärtige oder frühere berufliche Aktivität, Konsum von Obst und Gemüse, Alkohol, sportliche Aktivität, Rauchen	4 Cluster: „Interventionisten“, „Nihilisten“, „Aktive Bon Vivants“, „Frühere Workaholics“
Hradil / 2005	Querschnitt / Längsschnitt	Deutschland (West und Ost)	46 Jahre und älter	Ernährungsverhalten, Rauchen, körperliche Bewegung	8 „Gesundheitsränge“
Schneider u.a. / 2010	Querschnitt	Deutschland, Baden-Württemberg	50-70 Jahre	Tabak- und Alkoholkonsum, Ernährung, körperliche Aktivität	5 Cluster: „Keine Risikoverhaltens-weisen“, „Körperlich Inaktive“, „Obst und Gemüse-Vermeider“, „Raucher mit Risikoverhaltens-weisen“, „Trinker mit Risikover-haltensweisen“

*: Die Tabelle listet die Studien in absteigender Reihenfolge nach dem Jahr der Publikation auf.

Quelle: Eigene Darstellung

Die Ergebnisse der in Tabelle 1 aufgeführten empirischen Studien identifizierten die Geschlechtszugehörigkeit (vgl. Luy/Di Giulio 2005, S. 381f.; Schulze 2008, S. 212; Spegel u.a. 1999, S. 167; Schneider u.a. 2010, S. 274), das Lebensalter sowie Aspekte des soziokulturellen Kontext (bspw. die Lebensform der Menschen oder deren Religiosität) als maßgebliche Determinanten gesundheitsrelevanter Lebensstile, während die Daten des deutschen Lebenserwartungssurveys und der Querschnitterhebung „Living an Active Life" aus Baden-Württemberg für die Schichtmerkmale beruflicher Status, Einkommen oder Bildung lediglich schwache und inkonsistente Zusammenhänge zeigten (vgl. Hradil 2005b, S. 86; Schneider u.a. 2010, S. 274).[112] Die bisherigen empirischen Ergebnisse haben gezeigt, dass Gesundheitslebensstile in weitaus geringerem Maße durch das Einkommen oder die berufliche Stellung geprägt werden als durch demografische Merkmale, allen voran der Geschlechtszugehörigkeit. Vor dem Hintergrund dieser Ergebnisse ist davon auszugehen, dass die interstratumiäre Erklärungskraft von Gesundheitslebensstilen im Hinblick auf den Schichtgradienten ungleicher Gesundheitschancen recht gering ausfällt, während sie indes für die Erklärung von Gesundheitsdifferenzen innerhalb einer Sozialschicht („intra-stratumiäre" Unterschiede) ein bislang ungenutztes und zugleich vielversprechendes Potenzial bieten.

Aufgrund des zumeist querschnittlichen Designs der Studien konnten bis dato keine fundierten Aussagen zur Erklärungskraft oder -richtung mehrdimensionaler Gesundheitslebensstile im Hinblick auf ungleiche Gesundheitschancen gemacht werden. Am Beispiel des Risikos männlicher Übersterblichkeit gab es durchaus ermutigende Ergebnisse, was die Erklärungskraft zweidimensionaler Gesundheitslebensstile auf der Grundlage gesundheitsbezogener Verhaltensweisen und Mentalitäten angeht. So waren Gesundheitslebensstile mindestens ebenso gut geeignet, Mortalitätsunterschiede zwischen den Geschlechtern zu beschreiben, wie einzelne gesundheitsrelevante Verhaltensweisen. Für alle vier der im Zusammenhang mit der Analyse des Lebenserwartungssurvey konstruierten

---

112 In der Münchner Stichprobe des Bern-Münchner Lebensstilpanels konnte hingegen ein Zusammenhang zwischen der Höhe des Berufsprestige und einem gesundheitsförderlichen Lebensstil nachgewiesen werden (vgl. Spegel u.a. 1999, S. 167). Ein Überblick zum konzeptionellen und methodischen Hintergrund sowie den Ergebnissen der Basiserhebung des Bern-Münchner Lebensstilpanels findet sich bei Abel u.a. 1999, S. 91ff. In internationaler Perspektive waren die Einflüsse des sozioökonomischen Status, wie Einkommen, berufliche Stellung und Bildung, je nach nationalstaatlichem Kontext unterschiedlich ausgeprägt (vgl. Abel 1997, S. 59), wobei sich auch hier das Lebensalter und das Geschlecht als dominante Determinanten erwiesen (vgl. Lüschen/Niemann 1995, S. 108). Abel und Kollegen kommen daher zum Ergebnis, dass der sozioökonomischem Status, das Geschlecht und das Lebensalter in international vergleichender Perspektive die wichtigsten Determinanten des gesellschaftlichen Raums sind, innerhalb dessen die Menschen gesundheitsbezogene Verhaltensmuster und gesundheitsrelevante Lebensstile ausprägen, erhalten und verändern (vgl. Abel/Buddeberg/Duetz 2004, S. 300).

Lebensstilgruppen („Aktive Bon Vivants", „Interventionisten", „Nihilisten" und „Frühere Workaholics") ließ sich ein statistisch auffälliger Einfluss auf das Mortalitätsrisiko nachweisen, wobei das Sterberisiko für die weniger gesundheitsbewussten Gruppen im Vergleich zum gesundheitsbewusstesten Lebensstiltypus (den sogenannten „Interventionisten") um mehr als das Doppelte höher war (vgl. Luy/Di Giulio 2005, S. 379f.). Das höchste Sterblichkeitsrisiko trugen die „Gesundheitsnihilisten", die typischerweise eine allenfalls geringe Beachtung und Beeinflussbarkeit der eigenen Gesundheit berichteten und den vergleichsweise höchsten Anteil übergewichtiger und sportlich inaktiver Menschen aufwiesen (vgl. Luy/Di Giulio 2005, S. 376).

Bei der bislang einzigen längsschnittlichen Analyse zur Erklärungskraft von Gesundheitslebensstilen mit Bezug auf die subjektive und funktionale Gesundheit bei einer deutschen Stichprobe 46jähriger und älterer Menschen fand man zwar nur schwache, aber immerhin positive statistische Zusammenhänge (vgl. Hradil 2005b, S. 87). So wirkte sich die Beibehaltung eines gesundheitsförderlichen Lebensstils im Zeitverlauf – wenn auch nur geringfügig – günstig auf den selbst eingeschätzten gesundheitlichen Zustand aus, während Menschen, die über einen längeren Zeitraum hinweg einen gesundheitlich abträglichen Lebensstil praktizierten, auch durch einen höheren Anteil gesundheitlich „unzufriedener" Personen gekennzeichnet waren. Für das Vorliegen einer Alltagsbehinderung als Indikator der „funktionalen" Gesundheit konnte ebenfalls ein protektiver Effekt eher gesundheitsförderlicher Lebensstile im Zeitverlauf beobachtet werden (vgl. Hradil 2005b, S. 88).

Die mit der vertikalen Berufshierarchie assoziierten Ungleichheitsdimensionen „Einkommen" und „Bildung" prägten indes diese gesundheitlichen Zielgrößen wesentlich stärker aber weitgehend unabhängig vom jeweiligen Gesundheitslebensstil (vgl. Hradil 2005b, S. 87). Diese Befunde lassen in Übereinstimmung mit den im Rahmen des Konzeptes gesundheitlicher Resilienz getroffenen, allgemeinen Annahmen (vgl. Abschnitt 3.4) den Schluss zu, Gesundheitslebensstile lediglich als *Ergänzung sozialstruktureller Einflüsse in komplexen Erklärungsmodellen* ungleicher Gesundheitschancen zu konzipieren, jedoch nicht als Alternative zu diesen. Aus diesem Grund erscheint es plausibel, sie in Form von konfundierenden Einflüssen bei der Analyse ungleicher Gesundheitschancen zu verwenden.

Zusammengenommen sprechen die empirischen Ergebnisse – auch wenn aufgrund der zum Teil schwachen Zusammenhänge und der „sehr einfachen Operationalisierung" (Hradil 2005b, S. 85) der Lebensstilgruppen noch keine ausreichend fundierte, abschließende Aussage getroffen werden kann – dafür, dass ein gesundheitsförderlicher Lebensstil als weitgehend von der Schichtzugehörigkeit unabhängige Ursache einer hohen gesundheitlichen Lebensqualität alter Menschen und somit als sozialstrukturell verankerter, protektiver Faktor im Modell gesundheitlicher Resilienz in Frage kommt.

6.2 Soziales Kapital

Beim Sozialkapital-Konzept handelt es sich um einen in den Sozialwissenschaften ebenso breit rezipierten wie theoretisch und empirisch fruchtbaren Ansatz, der jedoch als Oberbegriff eine Vielzahl terminologischer und konzeptioneller Variationen sowie eine breite Palette unterschiedlicher Operationalisierungen in empirischen Studien umfasst (vgl. Castiglione 2008a, S. 13; Haug 1997, S. 30; Diewald/Lüdicke 2007, S. 12; Castiglione 2008b, S. 177; Lin/Erickson 2008, S. 2; Van Deth 2008, S. 152). Obschon bereits zu Beginn des 20. Jahrhunderts von Lyda J. Hanifan, einem US-amerikanischen Erziehungswissenschaftler verwendet (vgl. Putnam 1995 zit. n. Farr 2004, S. 7; Castiglione 2008b, S. 178f.; Halpern 2005, S. 6), wurde der moderne Sozialkapital-Begriff wahrscheinlich vom US-amerikanischen Sozialökonomen Glenn C. Loury in die Sozialwissenschaften eingeführt (vgl. Haug 1997, S. 2; Esser 2000, S. 237). Es herrscht weitgehend Konsens, dass die wissenschaftshistorisch wichtigsten Beiträge zum Sozialkapital-Konzept, die das Interesse des akademischen Mainstream in den 1980er Jahren weckten, von Pierre Bourdieu, James S. Coleman und Robert D. Putnam stammen (vgl. Roßteutscher/Westle/Kunz 2008, S. 21; Castiglione 2008b, S. 178; Van Deth 2008, S. 151; Halpern 2005, S. 6f.; Kroll/Lampert 2007, S. 121). Bevor u.a. auf die spezielleren theoretischen Annahmen und auf die empirische Befundlage zu den gesundheitsrelevanten Aspekten sozialen Kapitals eingegangen werden kann (vgl. Abschnitt 6.2.3), sollen zunächst die begrifflichen Grundlagen dieses bisweilen schillernden Konzeptes näher beleuchtet werden.

6.2.1 Formen und Dimensionen sozialen Kapitals

Obschon die jeweiligen Sozialkapital-Ansätze unterschiedlich ausgeformt wurden, lassen sich bei der Verwendung des Sozialkapital-Konzeptes zwei grundlegende Analyseebenen unterscheiden:[113] Sozialkapital wird zum einen von Autoren, die der sogenannten „Neo-Kapitaltheorie" („Neo-Capital Theory") nahestehen (vgl. Lin 2003, S. 24), in der Mikroperspektive als instrumentell einsetzbare, individuelle Ressource begriffen, die aus der Zugehörigkeit zu konkreten, egozentrierten Beziehungsnetzwerken resultiert (vgl. Haug 1997, S. 39f.; Kunz/

[113] Vgl. hierzu auch die Ausführungen bei Woolcock 1998, S. 164f.

Westle/Roßteutscher 2008, S. 41; Deindl 2005, S. 1f.; Kawachi 1999, S. 121).[114] In der aktuellen Literatur wird diese Form sozialen Kapitals auch als *„Beziehungskapital“* bezeichnet (vgl. Esser 2000, S. 241; Esser 2008, S. 25; Roßteutscher/Westle/Kunz 2008, S. 20f.; Van Deth 2008, S. 156).

Die konzeptionellen Grundlagen einer solchen Perspektive legten die Arbeiten von James S. Coleman, Pierre Bourdieu und einige Beiträge zur Netzwerkforschung (vgl. Haug 1997, S. 9)[115], wobei Bourdieu der erste war, der den Sozialkapital-Begriff systematisch in einem größeren theoretischen Kontext verwendete (vgl. Roßteutscher/Westle/Kunz 2008, S. 22) und einen Bezug zu ungleichheitssoziologischen Thematiken herstellte.[116] Bourdieu befasst sich in einem Beitrag aus dem Jahr 1983 ausdrücklich mit den grundlegenden Formen des Kapitals, die er als ökonomisches, kulturelles bzw. symbolisches und soziales Kapital bezeichnet (vgl. Bourdieu 1983, S. 184f.). Ökonomisches Kapital umfasst den materiellen und finanziellen Besitz eines Akteurs und ist – im ersteren Falle – unmittelbar in Geld transformierbar. Das kulturelle Kapital stellt das Wissen, Bildungstitel und sonstige, zumeist qua Sozialisation erworbene, Fertigkeiten und Fähigkeiten eines Individuums dar. Soziales Kapital besteht gleichsam aus sozialen Verpflichtungen oder relativ stabilen Beziehungen, die im Rahmen familiärer, freundschaftlicher oder professioneller Netzwerke gepflegt werden (vgl. Bourdieu 1983, S. 185; Burchhardt 2003, S. 507).[117]

Bourdieu konzipiert soziales Kapital – ebenso wie andere Kapitalarten – als individuelle Ressource, über die Akteure verfügen können. Er definiert Sozial-

---

[114] Diese Perspektive bezeichnen Sozialepidemiologen auch als „Netzwerk-Theorie“ sozialen Kapitals (vgl. Kawachi 2006, S. 991).

[115] Vgl. hierzu die inzwischen klassischen Beiträge von Coleman 1988, S. S95ff. sowie Coleman 1990, S. 300ff. Im Kontext der Netzwerkanalyse sind u.a. die Beiträge bzw. Passagen in Portes 1998, S. 1ff; Burt 1992, S. 8ff.; Flap 2004, S. 5ff.; Lin 2003, S. 19 und 24f.; Lin 2008, S. 51ff. sowie Lin/Erickson 2008, S. 4 zu nennen.

[116] Auf der Grundlage seiner theoretischen Arbeiten wurde unter dem Stichwort „Sozialkapital“ bzw. „Capital Sociale“ in Frankreich ein breiter öffentlicher Diskurs über soziale Ungleichheit geführt (vgl. Braun 2001, S. 6). Bourdieu definiert den allgemeinen Begriff „Kapital“, den er als grundlegendes Prinzip der sozialen Wirklichkeit ansieht, als „...akkumulierte Arbeit, entweder in Form von Materie oder in verinnerlichter ‚inkorporierter‘ Form.“ (Bourdieu 1983, S. 183). Durch diese Definition wird u.a. der Ressourcencharakter des Kapitalbegriffs sichtbar, durch den sich auch das soziale Kapital auszeichnet.

[117] Die drei Kapitalarten existieren nicht getrennt voneinander, sondern sie können – um den Preis eines mehr oder weniger großen Aufwandes in Form von Umwandlungsarbeit und Umwandlungsverlusten – ineinander konvertiert werden. So ist kulturelles Kapital in Form von Bildungsabschlüssen und soziales Kapital in Form von „Beziehungen“ in Berufspositionen und damit in ökonomisches Kapital umwandelbar. In umgekehrter Richtung kann ökonomisches Kapital auch in soziales Kapital umgewandelt werden. Indem man bspw. einem Freund ein Geschenk kauft, das man ihm beim nächsten Treffen überreicht, kann das soziale Kapital, das in dieser Beziehung enthalten ist, stabilisieren werden (vgl. Bourdieu 1983, S. 195 ff.; Braun 2001, S. 7; Haug 1997, S. 4).

kapital als „...die Gesamtheit der aktuellen und potenziellen Ressourcen, die mit dem Besitz eines dauerhaften Netzes von mehr oder weniger institutionalisierten *Beziehungen* gegenseitigen Kennens oder Anerkennens verbunden sind; (...) es handelt sich dabei um Ressourcen, die auf der *Zugehörigkeit zu einer Gruppe* beruhen." (Bourdieu 1983, S. 190f.). Die Menge des sozialen Kapitals, mit dem ein Akteur ausgestattet ist, hängt vom Umfang des sozialen Netzwerks an aktualisierbaren Beziehungen zu anderen Akteuren ab (quantitative Dimension) und ist abhängig von deren Kapitalausstattung mit ökonomischen, kulturellen, symbolischen und sozialen Ressourcen (qualitative Dimension) (vgl. Bourdieu 1983, S. 191; Haug 1997, S. 4; Roßteutscher/Westle/Kunz 2008, S. 24; Deindl 2005, S. 3).[118]

Vertreter einer kommunitaristischen Sichtweise konzipierten Sozialkapital demgegenüber in der Makroperspektive als öffentliches Gut bzw. Kollektivgut im Sinne des gesamten Kapitalstocks von sozialen Gruppierungen oder Gesellschaften (vgl. Haug 1997, S. 40; Kunz/Westle/Roßteutscher 2008, S. 42; Cannuscio/Block/Kawachi 2003, S. 395; Kawachi 2006, S. 990), was in der Literatur als „*Systemkapital*" bezeichnet wird (vgl. Esser 2000, S. 241; Esser 2008, S. 25; Roßteutscher/Westle/Kunz 2008, S. 21; Van Deth 2008, S. 156f.). Diese Form des sozialen Kapitals ist für „erfolgreiches Altern" von besonderer Bedeutung, da das individuelle Beziehungskapital im Allgemeinen mit zunehmendem Alter geringer wird und somit die Abhängigkeit alter Menschen vom Systemkapital ihres Wohnumfeldes steigt (vgl. Cannuscio/Block/Kawachi 2003, S. 395).

In der Makroperspektive sind die Arbeiten des US-amerikanischen Politikwissenschaftlers Robert D. Putnam grundlegend. Soziales Kapital wird bei Putnam folgendermaßen definiert: „By ‚social capital' I mean features of social life – networks, norms, and trust – that enable participants to act together more effec-

---

[118] Um zu verhindern, dass Sozialkapital zerfällt, muss Beziehungsarbeit investiert werden. Dies geschieht in Form von ständigen materiellen oder symbolischen Austauschakten, die vor allem andere Ressourcen in Form von Zeit oder Geld verbrauchen. Ziel dieser Beziehungsarbeit ist es, die gegenseitige Anerkennung der sozialen Beziehung immer wieder aufs Neue zu bestätigen, um so das einmal gewonnene soziale Kapital zu stabilisieren. Konkret bedeutet Beziehungsarbeit einflussreiche Freunde oder Förderer zu gewinnen, in die richtigen Kreise hineinzukommen, vielversprechende zufällige Bekanntschaften, die einen hohen subjektiven Nutzen versprechen, in feste Beziehungen zu verwandeln, Geschenk- und Besuchsbeziehungen zu Freunden und Verwandten aufrechtzuerhalten usw. (vgl. Bourdieu 1983, S. 193; Fuchs-Heinritz 2007, S. 322; Haug 1997, S. 4; Braun 2001, S. 6). Die Erträge aus der Beziehungsarbeit können von einem Akteur akkumuliert werden, wobei der Ertrag der aufgewendeten Arbeit umso größer ausfällt, je höher die bereits vorhandene Kapitalausstattung ist. Dabei kann das Sozialkapital einen Multiplikatoreffekt auf die Gesamtmenge des tatsächlich verfügbaren Kapitals ausüben (vgl. Bourdieu 1983, S. 191; Braun 2001, S. 6; Roßteutscher/Westle/Kunz 2008, S. 25; Forsé 2004, S. 256). Die stetige Vermehrung von sozialem Kapital wird demnach gerade für solche Personen erleichtert, die über einen großen Grundstock an Ressourcen verfügen. Als Ergebnis dieses Mechanismus konzentriert sich (soziales) Kapital in sozialen Gruppen, die bereits über eine hohe Kapitalausstattung verfügen (vgl. Bourdieu 1983, S. 193; Haug 1997, S. 4).

tively to pursue shared objectives. (…) Social capital (…) refers to social connections and the attendant norms and trust“ (Putnam 1995, S. 664f.). Sozialkapital ist somit ein synthetisches Konstrukt dreier Elemente: Erstens der Dichte und Reichweite sozialer Netzwerke, insbesondere solcher, die in zivilgesellschaftlichen Organisationen gebündelt sind, wie bspw. Vereine oder Verbände; zweitens das innerhalb solcher Netzwerke durch aktive Beteiligung – bspw. in Form von ehrenamtlicher Arbeit – entstehende soziale Vertrauen und drittens eine daraus resultierende Orientierung an Normen der Reziprozität bzw. „solidarischen“ Gemeinschaftswerten (Roßteutscher/Westle/ Kunz 2008, S. 12).

Putnam betrachtet soziales Kapital als Lösung für verschiedene Arten des Dilemmas kollektiven Handelns, insbesondere der damit verbundenen Kollektivgut-Problematik[119] (vgl. Putnam 1993, S. 167), wobei die Auswirkungen unterschiedlicher Mengen an verfügbarem sozialem Kapital in verschiedenen Regionen im Vordergrund seiner theoretischen und empirischen Arbeiten standen (vgl. Haug 1997, S. 5). Putnam konzentrierte sich somit ausschließlich auf die Sozialkapital-Ausstattung auf der Meso- bzw. Makroebene und betonte den Charakter sozialen Kapitals als gesellschaftliches Kollektivgut (vgl. Haug 1997, S. 9). Sozialkapital ist – wie andere Kapitalarten auch – produktiv (vgl. Forsé 2004, S. 254) und mehr oder weniger generalisierbar. Daher kann es für die Lösung gesellschaftlicher Probleme in unterschiedlichsten Bereichen herangezogen werden, worunter Putnam auch ausdrücklich das gesundheitliche Wohlbefinden fasst (vgl. Putnam 2000, S. 290 zit. n. Kunz 2002, S. 395f.).

Zusätzlich zur Unterscheidung nach mikro- bzw. meso- und makrosozialer Analyseebene (vgl. Forsé 2004, S. 254) können Sozialkapital-Ansätze auf der Grundlage der Dimensionen, auf die das Konzept zurückgeführt wird, kategorisiert werden. Der Definition Putnams und anderer Autoren folgend, setzen sich Beziehungs- wie auch Systemkapital jeweils sowohl aus *kulturellen* bzw. *kognitiven* (Vertrauen, Werte und Normen der Reziprozität) als auch aus *strukturellen* Kriterien (Ausmaß und Intensität von Beziehungen innerhalb sozialer Netzwerke oder bürgergesellschaftlicher Organisationen) zusammen (vgl. Van Deth 2008,

[119] Im Mittelpunkt der Kollektivgut-Problematik steht die Frage, unter welchen Umständen rationale Akteure bereit sind, miteinander zu kooperieren, um bestimmte Ziele zu erreichen. Mancur Olsen hat in diesem Zusammenhang das inzwischen klassische Theorem der Trittbrettfahrer („Free Rider“) formuliert: Wenn Handlungen in großen Gruppen (sogenannte „latente Gruppen“), wie bspw. Gewerkschaften, einen nur sehr geringen Beitrag für die Erstellung eines Kollektivgutes haben, dann ist es rational, sich nicht daran zu beteiligen und als „Trittbrettfahrer“ zu agieren, da man von einem kollektiven Gut prinzipiell nicht ausgeschlossen werden kann. Das Dilemma liegt darin, dass kollektives Handeln gar nicht erst zustande kommt, wenn sich jeder der Beteiligten so verhält (vgl. Kunz 2004, S. 92). Eine Lösung dieses Dilemmas besteht für Olson darin, dass besondere bzw. „selektive“ Anreize gesetzt werden, um ein rational handelndes Mitglied einer „latenten Gruppe“ dazu zu bewegen, im Sinne der Gruppe zu handeln (vgl. Olson 1998, S. 49).

S. 151; Rostila 2007, S. 224; De Silva u.a. 2005, S. 619; Harpham/Grant/Thomas 2002, S. 106; Subramanian/Kim/Kawachi 2002, S. S21; Kroll/Lampert 2007, S. 122). Diese beiden Dimensionen bilden auch die Grundlage der gängigen Messinstrumente sozialen Kapitals (vgl. Kunz/Westle/Roßteutscher 2008, S. 42). Es kann davon ausgegangen werden, dass zwischen diesen beiden Dimensionen eine wechselseitige und von der Analyseebene unabhängige Verbindung besteht (vgl. Kunz/Westle/Roßteutscher 2008, S. 46; Kunz 2002, S. 397). Zusammengenommen wird daher auch vom „*doppelten Doppelcharakter*" sozialen Kapitals gesprochen (vgl. Roßteutscher/Westle/Kunz 2008, S. 21).

6.2.2 Soziale Ungleichheit und Sozialkapital

In manchen empirischen Studien wies die Verteilung von Sozialkapital einen Schichtgradienten auf, was den Annahmen der Kapital-Theorie Bourdieus entspricht (vgl. Diewald/Lüdicke 2007, S. 14f.).[120] So bestätigten einige empirische Untersuchungen die Stellung eines Menschen im sozialen Statusgefüge einer Gesellschaft als wichtigen Einflussfaktor für die Generierung von Komponenten des sozialen Kapitals, wie sozialem Vertrauen und freiwilligem sozialem Engagement auf der Mikroebene (vgl. Gabriel u.a. 2002, S. 97 ff.). Im Falle des sozialen Vertrauens als kultureller Dimension des Sozialkapital-Konzepts, kamen Gabriel und Kollegen gar zu dem Ergebnis, dass der soziale Status eine überaus dominante Rolle spielte: Indikatoren des sozialen Status erklärten in dieser Studie mindestens zweimal, zum Teil sogar dreimal so viel Varianz wie das Lebensalter, das Geschlecht, der durchschnittliche TV-Konsum oder Angaben zur sozialen Integration der Befragten (vgl. Gabriel u.a. 2002, S. 119). Diese Bedeutung des sozialen Status für die Verteilung bzw. Produktion von sozialem Kapital wurde auch von anderen aktuellen Studien bestätigt (vgl. Diewald/Schupp 2004, S. 124; Preißer 2003, S. 212; Nolte 2003).

[120] In Bourdieus Theorie kann die zu einem bestimmten Zeitpunkt gegebene Verteilungsstruktur der verschiedenen Kapitalsorten als Indikator für die Struktur klassenbezogener sozialer Ungleichheiten angesehen werden. Die Art und das Ausmaß sowie die Einflussmöglichkeiten sozialer Beziehungen basieren somit für Bourdieu generell auf sozial bedingten Ungleichheiten bezüglich der Kapitalausstattung der Akteure. Die ungleiche Kapitalausstattung manifestiert sich in Form von hierarchischen Machtbeziehungen und trägt zur Reproduktion vorhandener Ungleichheiten bei: Das Kind eines Arbeiters besitzt nicht die gleichen Ressourcen an ökonomischem, kulturellen oder sozialem Kapital wie das Kind eines Großunternehmers. Dieses kann sich aufgrund seiner besseren Ausstattung mit ökonomischen Kapital eine bessere Ausbildung – sprich kulturelles Kapital – aneignen, was wiederum seine Chancen auf einen besseren Zugang u.a. zu sozialem Kapital erhöht (vgl. Burchhardt 2003, S. 508 f.). Insgesamt lassen sich daher die Kapitalarten, mit denen soziale Akteure ausgestattet sind, als Ressourcen bei Gewinn und Erhaltung von sozialem Status begreifen (vgl. Fuchs-Heinritz 2007, S. 322).

Bisweilen werden auch Argumente vorgebracht, die auf markante Unterschiede der Art, des Umfangs und der jeweiligen Nutzung sozialen Kapitals zum Erreichen unterschiedlicher Lebensziele *innerhalb* einer bestimmten Sozialschicht hinweisen. So beziehen sich die Thesen zur sozialen Ungleichverteilung von Sozialkapital eher auf berufliche oder private Wahlbeziehungen und weniger auf familiäre bzw. Verwandtschaftsbeziehungen, in denen Nähe und emotionale Unterstützung aber auch konkrete Hilfs- und Pflegeleistungen vermittelt werden. Zudem können gerade geringe berufliche Karrierechancen in „unteren" Sozialschichten zu einer stärkeren Hinwendung zu Familie, Freundschaftsbeziehungen oder ehrenamtlichen Engagement führen. In diesem Falle fungiert das soziale Kapital als *Kompensation* bzw. Substitution zu mangelndem ökonomischem oder kulturellem Kapital (vgl. Diewald/Lüdicke 2007, S. 15).[121]

Tatsächlich wiesen neuere empirische Befunde für Deutschland darauf hin, dass soziales Kapital eine von ökonomischen und kulturellen Ungleichheiten unabhängige Wirkung auf die allgemeine Lebensqualität hatte. Diese Ungleichheiten konnten durch soziales Kapital bei Menschen mit geringer Ressourcenausstattung in Teilen ausgeglichen werden (vgl. Diewald/Lüdicke 2007, S. 49). Da solche empirischen Befunde nach wie vor selten sind, können generelle Aussagen zum Zusammenhang zwischen der Verteilung sozialen Kapitals und der Stellung im Gefüge ungleicher Sozialstruktur bislang nicht getroffen werden. Gleichwohl kann vermutet werden, dass sich dieser Zusammenhang für verschiedene Komponenten des Sozialkapitals unterscheidet (vgl. Diewald/Lüdicke 2007, S. 15), wie auch die Ergebnisse einer französischen Studie zur differentiellen Ausstattung und Nutzung verschiedener Arten sozialen Kapitals nach Klassenzugehörigkeit zum Erreichen eines bestimmten beruflichen Status gezeigt haben (vgl. Forsé 2004, S. 261ff.).

Im Zusammenhang mit der ungleichen Verteilung sozialer Beziehungsnetzwerke bei alten Menschen und den hieraus erwachsenden Unterstützungsleistungen wiesen die Ergebnisse des Alters-Surveys aus dem Jahr 1996 sogar darauf hin, dass die soziale Schichtzugehörigkeit bei den 70- bis 85jährigen keine Rolle spielte. So konnten etwas mehr als 75% der Angehörigen dieser Altersgruppe weitgehend unabhängig von der jeweiligen Sozialschicht auf die Unterstützung aus der Familie oder dem Freundeskreis zurückgreifen (vgl. Kohli u.a. 2005, S. 331f.). Ähnliche Ergebnisse wurden anhand einer vom Deutschen Ju-

[121] Diese sogenannte „Kompensationshypothese" spielt auch in der Organisationsforschung und -soziologie eine Rolle (vgl. Brüderl/Preisendörfer/Ziegler 1998, S. 55). Hier wird in ganz ähnlicher Weise angenommen, dass Unternehmensgründer, denen es an materiellen und immateriellen Startressourcen mangelt, verstärkt in Netzwerkarbeit und soziale Kontakte investieren, um diese Nachteile auszugleichen. Der gleiche Effekt wird analog bei Angehörigen „unterer" Sozialschichten vermutet, die hierdurch versuchen, individuelle Mangellagen durch die Pflege sozialer Netzwerke und dem darin enthaltenen sozialen Kapital auszugleichen.

gendinstitut in Auftrag gegebenen mündlichen Befragung von über 4.000 Personen im Alter zwischen 55 und 79 Jahren berichtet, die 1993 durchgeführt wurde. Der aktuelle bzw. letzte berufliche Status der Befragten hatte keinen Einfluss auf die selbstberichtete Anzahl der Helfer aus inner- oder außerfamiliären Netzwerken (vgl. Marbach 2005, S. 534). Das Gleiche galt für die Anzahl der Verwandten oder den Grad der Geschlossenheit des jeweiligen Netzwerkes, die nach den vorliegenden empirischen Befunden ebenfalls gar nicht oder nur graduell mit dem sozialen Status variierten (vgl. Wolf 2003, S. 8). Im Hinblick auf diese für alte Menschen gesundheitlich durchaus relevanten Aspekte sozialen Kapitals lässt sich daher annehmen, dass diesen ein gewisses Erklärungspotenzial im Hinblick auf intrastratumiäre Gesundheitsunterschiede im hohen Lebensalter zukommt.

6.2.3 Soziales Kapital und Gesundheit

Im Rahmen des Resilienz-Konzeptes wurden bereits einige gesundheitlich protektive Eigenschaften der individuellen Ausstattung mit sozialem Kapital genannt. So wurden u.a. emotional stabile familiäre und außerfamiliäre Beziehungen, die ein Gefühl von Vertrauen und ein hohes Maß an Reziprozität[122] gewähren, ebenso aufgeführt, wie die protektive Bedeutung von Nachbarschaften, Freundeskreisen oder Vereinen, in deren Kontext Resilienz durch vielfältige Formen der sozialen Unterstützung oder auch bereits durch deren subjektive Wahrnehmung bzw. deren positive Erwartung gefördert werden kann. Soziale Netzwerke und das hierin gebündelte soziale Kapital stellen somit aller Wahrscheinlichkeit nach auch für alte Menschen sowohl als individuell zugängliche Ressource als auch als Kollektivgut eine wesentliche Quelle verschiedener Formen von Resilienz – auch gesundheitlicher Widerstandsfähigkeit – dar (vgl. Abschnitt 3.4).

Wie auch im Falle der im Rahmen von Gesundheitslebensstilen praktizierten Verhaltensweisen (vgl. Abschnitt 6.1.3) stellt sich im Zusammenhang mit dem Ausmaß und der Güte des Sozialkapitals die Frage der Kausalität: Wirkt es sich protektiv auf die menschliche Gesundheit aus oder wird soziales Kapital vielmehr durch den Gesundheitszustand beeinflusst (vgl. Kawachi 2006, S. 991f.)? Obschon beide Kausalrichtungen plausibel sind und sich im Altersgang

[122] Hierbei ist zu beachten, dass familiale Beziehungen in aller Regel auf dem Prinzip einer bedürfnisorientierten Solidarität basieren, nach dem langfristige Unterstützungs- und Hilfeleistungen auch ohne die Aussicht auf Gegenleistungen erbracht werden, während Freundschaften eher auf dem Prinzip der Reziprozität beruhen, das einen Ausgleich für die jeweils erhaltenen oder gegebenen Leistungen vorsieht (vgl. BMFSFJ 2005, S. 284).

wechselseitig bedingen dürften, konzentriert sich die Argumentation – gestützt durch eine Reihe von Befunden internationaler empirischer Längsschnittstudien (vgl. Halpern 2005, S. 109f.) – auf die erstere Position, d.h. soziales Kapital wird als ursächliche, protektive Determinante gesundheitlicher Lebensqualität konzipiert.

Für Deutschland liegen gegenwärtig nur wenige Studien zum Zusammenhang zwischen sozialem Kapital und der Gesundheit vor. Eine neuere querschnittliche Analyse kam auf der Grundlage einer Welle des Sozio-ökonomischen Panels aus dem Jahr 2003 zum Ergebnis, dass das individuelle Sozialkapital – gemessen anhand des Ausmaßes sozialer Partizipation, sozialem Vertrauen und Reziprozität sowie der Integration in enge Netzwerke – mit der subjektiven Gesundheit in deutlich positiver Weise zusammenhing. Bei den über 65jährigen Männern zeigten sich besonders starke gesundheitliche Effekte des Beziehungskapitals. Aufgrund des synchronen Studiendesigns – es wurde lediglich eine Welle des Sozio-ökonomischen Panels analysiert – konnte jedoch keine Aussage zur Kausalrichtung der statistischen Zusammenhänge getroffen werden (vgl. Kroll/Lampert 2007, S.124f.).

Im Gegensatz dazu führte die internationale Forschung in den letzten Jahren eine ganze Reihe bevölkerungsbezogener Untersuchungen durch, die den Zusammenhang zwischen einer hohen Sozialkapital-Ausstattung und einem geringeren Morbiditäts- bzw. Mortalitätsrisiko erhärteten.[123] So registrierte eine ökologische Studie in dreißig kanadischen Gesundheitsbezirken vor allem in Gebieten mit einer relativ alten Bevölkerung einen inversen Zusammenhang zwischen sozialem Kapital und dem Mortalitätsrisiko (vgl. Veenstra 2002, S. 864).[124] In einer auf der Grundlage des „New Russia Barometer Survey" durchgeführten Studie konnte – unabhängig vom Lebensalter oder der Geschlechtszugehörigkeit – ein starker, positiver Effekt sozialen Kapitals auf die selbstberichtete physische und emotionale Gesundheit beobachtet werden. Dabei war der gesundheitliche Einfluss des sozialen Kapitals unabhängig vom Bildungsniveau und Haushaltseinkommen der Befragten (vgl. Rose 2000, S. 1428ff.). Dieser Befund deckt sich mit einer in den USA durchgeführten Mehrebenenanalyse zum Zusammen-

[123] Eine Überblicksarbeit zu internationalen Studien zum Zusammenhang zwischen Beziehungs- bzw. Systemkapital und mentalen Erkrankungen legten De Silva u.a. 2005 vor. Rund 80% der insgesamt 21 in diesem Beitrag präsentierten Studien stammten aus Großbritannien und den USA (vgl. De Silva u.a. 2005, S. 622f.).

[124] Ähnliche Befunde ergab eine ökologische Studie aus den USA. Hier waren verschiedene Dimensionen sozialen Kapitals (bspw. Niveau des Vertrauens, Mitgliedschaft in Vereinen, Verbänden und Assoziationen) sowohl mit der allgemeinen Mortalitätsrate als auch mit spezifischen Sterblichkeitsursachen, wie koronare Herzkrankheiten, bösartige Neubildungen oder Unfällen assoziiert, wobei ein höheres Niveau sozialen Kapitals einen protektiven Effekt gegenüber den Sterberisiken ausübte (vgl. Kawachi u.a. 1997, S. 1494).

hang zwischen Systemkapital auf der Ebene der Bundesstaaten und der subjektiven Gesundheit. Auch hier war der positive gesundheitliche Effekt des sozialen Kapitals weitgehend unabhängig von Einkommensniveau der Haushalte (vgl. Kawachi/Kennedy/Glass 1999, S. 1189).[125]

Ungeachtet dieser recht eindeutigen empirischen Ergebnisse besteht über die konkreten Wirkungszusammenhänge, die soziales Kapital mit individuellen gesundheitlichen Zuständen verkoppeln, eine bislang nicht entschiedene Debatte. Im Folgenden soll daher näher auf die einzelnen Mechanismen eingegangen werden, die im Verdacht stehen, soziales Kapital mit der gesundheitlichen Lebensqualität alter Menschen zu verknüpfen. Hierzu werden die eingangs aufgeführten Einflüsse aus der Resilienz-Forschung in vier Klassen gebündelt: (1) Bereitstellung von sozialer Unterstützung, (2) Aspekte sozialer Partizipation, (3) psychosoziale Einflüsse sowie (4) gesundheitsbezogene Verhaltensweisen. Dabei sind soziale Unterstützungsleistungen und Aspekte sozialer Integration aus der individuellen Perspektive als distale Faktoren zu verstehen, die einen Einfluss

[125] Zum positiven Einfluss einiger Aspekte des sozialen Kapitals (u.a. vertrauensvolle Freundschaften, Mitgliedschaft in einer religiösen Vereinigung) auf die subjektive Gesundheit einer schwedischsprachigen Minderheit in Finnland im Vergleich zur finnischen Mehrheit vgl. Hyyppä/Mäki 2001, S. 153. In diesem Zusammenhang sind auch mehrere Studien von Poortinga zu nennen. Auf der Grundlage des „European Social Survey" kam Poortinga zum Ergebnis, dass Aspekte des Beziehungskapitals (zwischenmenschliches Vertrauen, soziale Partizipation) in 22 europäischen Ländern mit der globalen subjektiven Gesundheit assoziiert waren (vgl. Poortinga 2006a, S. 297). Anhand zweier Wellen des „Health Survey for England" (2000 und 2002) wurde beobachtet, dass sowohl Aspekte des individuell verfügbaren sozialen Kapitals (soziale Unterstützung, soziales Vertrauen und bürgerschaftliches Engagement) als auch des Systemkapitals (gemessen auf der Ebene der Postleitzahlenbereiche) mit der subjektiven Gesundheit positiv verbunden waren (vgl. Poortinga 2006b, S. 262ff.). Eine weitere Auswertung des „Health Survey for England" des Jahres 2002 zeigte, dass sowohl Beziehungs- als auch Systemkapital mit der subjektiven Gesundheit assoziiert waren (vgl. Poortinga 2006c, S. 490). Soziales Kapital war außerdem sowohl auf der individuellen wie auch auf der kollektiven Ebene mit gesundheitsförderlichen Verhaltensweisen (bspw. regelmäßiger Verzehr von Obst und Gemüse) verbunden, die ihrerseits einen Einfluss auf die subjektive Gesundheit hatten. Gleichwohl konnte der gesundheitliche Effekt des sozialen Kapitals nicht durch diese Verhaltensweisen erklärt werden (vgl. Poortinga 2006c, S. 491). Eine Studie von Veenstra auf der Basis einer Stichprobe aus 25 Gemeinden British Columbias zeigte, dass vor allem Aspekte des Beziehungskapitals (soziales und politisches Vertrauen sowie bürgerschaftliches Engagement) mit einem geringeren Anteil von Menschen einherging, die eine lange anhaltende Krankheit, depressive Symptome oder eine schlechte globale Gesundheit berichteten (vgl. Veenstra 2005, S. 2067ff.). Auf der Grundlage des „Social Capital Community Benchmark Survey" des Jahres 2000 beobachteten die Forscher einen positiven Effekt des Vertrauensniveaus der jeweiligen Wohngemeinde auf die subjektive Gesundheit der Befragten, der auch nach Kontrolle individueller soziodemografischer und sozioökonomischer Merkmale statistisch signifikant blieb. Nach Berücksichtigung des Niveaus individuellen Vertrauens zeigte sich der gesundheitliche Effekt des Systemkapitals allerdings nicht-signifikant. Es wurden zudem erhebliche Interaktionseffekte zwischen den beiden Analyseebenen festgestellt (vgl. Subramanian/Kim/Kawachi 2002, S. S30).

auf eher proximale Faktoren, wie psychosoziale Prozesse sowie gesundheitsbezogene Verhaltensweisen ausüben (vgl. Berkman/Glass 2000, S. 144).[126]

Soziales Kapital erhöht die Wahrscheinlichkeit, dass in Fällen von Hilfsbedürftigkeit verschiedene Formen *sozialer Unterstützung* verfügbar sind, durch die der physische und mentale Gesundheitszustand eines Menschen positiv beeinflusst werden kann (vgl. Kawachi 1999, S. 125; Berkman/Glass 2000, S. 145). Der Begriff „soziale Unterstützung" („Social Support") wurde in den 1970er Jahren in den wissenschaftlichen Kontext eingeführt. Frühe Vertreter, wie der amerikanische Sozialepidemiologe John W. Cassel, argumentierten auf der Basis der Ergebnisse von Tierversuchen, dass sich soziale Unterstützung im Angesicht stresshafter Lebenssituationen im Sinne eines protektiven Mechanismus[127] auch günstig auf die menschliche Gesundheit auswirken müsste (vgl. Schaffer 2004, S. 180; Badura 1981, S. 34f.). Im Allgemeinen kann soziale Unterstützung definiert werden als Austausch von Ressourcen zwischen mindestens zwei Menschen, der dazu dient, das Wohlbefinden des Empfängers zu steigern (vgl. Schaffer 2004, S. 181). Der Begriff „soziale Unterstützung" bezieht sich somit auf funktionale Aspekte von Netzwerkbeziehungen (vgl. Stansfeld 2006, S. 148).[128] Empirische Befunde weisen darauf hin, dass alte Menschen vor allem durch nahestehende Familienangehörige, d.h. durch (Ehe-)Partner und Kinder unterstützt werden (vgl. Künemund/Hollstein 2005, S. 214; Otto 2005, S. 457).[129] Die zumeist positive Wirkung sozialer Unterstützung auf die menschliche Gesundheit wurde in einer Vielzahl internationaler empirischer Studien beobachtet. So ging das Ausmaß und vor allem die Qualität sozialer Unterstützungsleistungen u.a. mit einer geringeren Mortalität im Alter, mit weniger funktionalen Ein-

---

[126] In der sozialen Wirklichkeit sind diese Pfade freilich eng miteinander verknüpft und nicht – wie die Klassifikation suggerieren mag – trennscharf voneinander abgrenzbar. So kann sich soziale Teilhabe im Alter einerseits in Form regelmäßiger Unterstützungsleistungen für hilfsbedürftige Nachbarn oder in der Betreuung der eigenen Enkelkinder vollziehen. Andererseits ermöglicht aber in manchen Fällen erst der Empfang solcher Hilfen eine soziale Integration alter Menschen, bspw. durch den Besuch von außerhäuslichen Veranstaltungen wie Seniorenabende.

[127] Cassel führte hierfür die Metapher des „sozialen Immunsystems" ein, um der These Ausdruck zu verleihen, dass bestimmte soziale Faktoren in ähnlicher Weise wie das biologische Immunsystem wirken können, um die menschliche Gesundheit zu erhalten (vgl. Waltz 1981, S. 42).

[128] Diese Aspekte decken sich zum Teil mit den Kriterien, die im Rahmen des Konzeptes der „Gesundheitsselbsthilfe" diskutiert werden. Unter dem Begriff „Gesundheitsselbsthilfe" bezeichnete Grunow die „…laienhaft, nicht erwerbsmäßig und informell im Rahmen sozialer Gruppen erbrachte Eigenleistungen und gegenseitige Hilfestellungen, die auf die Gesunderhaltung oder Bewältigung von Krankheiten gerichtet sind" (Grunow 1987, S. 247).

[129] Obschon es im Falle der Hilfs- bzw. Pflegebedürftigkeit alter Menschen so ist, dass sie als Empfänger von Unterstützungsleistungen auftreten, sollte nicht vergessen werden, dass Menschen in der zweiten Lebenshälfte im Allgemeinen angaben, mehr Unterstützung für andere – insbesondere für deren eigene Kinder und Enkelkinder – zu leisten, als sie selbst in Anspruch nahmen (vgl. BMFSFJ 2005, S. 305).

schränkungen nach einem Schlaganfall und einer geringeren Prävalenz psychischer Krankheiten (zumeist Depressionen) einher (vgl. Stansfeld 2006, S. 153ff.).

Forscher unterscheiden oftmals vier Dimensionen sozialer Unterstützung, die in den frühen 1980er Jahren zu ersten Mal definiert wurden: Emotionale, instrumentelle, bewertende und informationelle Unterstützung (vgl. Berkman/ Glass 2000, S. 145; Schaffer 2004, S. 181f.; Stansfeld 2006, S. 149).[130] Emotionale Unterstützung bezieht sich auf das Ausmaß an zwischenmenschlicher Nähe, Sympathie, Verständnis und Geborgenheit, die ein Mensch im Alltag erfährt. Emotionale Unterstützung wird im Allgemeinen durch langjährige Vertrauenspersonen, wie enge Freunde oder Verwandte, den Lebenspartner oder die eigenen Kinder geleistet. Instrumentelle Unterstützung umfasst konkrete Hilfeleistungen zur Bewältigung alltäglicher Aufgaben, wie bspw. Einkäufe, das Reinigen der Wohnung oder Behördengänge. Diese Art der Unterstützung kann zudem den Zugang zu materiellen Ressourcen und Gütern ermöglichen, die auf ökonomischem oder wohlfahrtsstaatlichem Wege nicht erreichbar wären.[131] Daher haben Formen instrumenteller Unterstützung bei alten Menschen aus „unteren“ Sozialschichten eine besondere kompensatorische Funktion. Beispiele hierfür reichen von sachbezogenen (bspw. Lebensmittel oder Kleidung) über finanzielle Hilfen bis hin zu Angeboten, einen hilfs- oder pflegebedürftigen alten Menschen in der eigenen Wohnung aufzunehmen. Darüber hinaus sind Wohngebiete mit einem hohen Bestand an Sozialkapital besser in der Lage, gesundheitsförderliche Unterstützungsleistungen durch zivilgesellschaftliche Organisationen, bspw. durch häusliche Krankenversorgung oder Rehabilitationsmaßnahmen, zu mobilisieren als Regionen, deren Sozialkapital-Bestand gering ist (vgl. Kawachi/Berkman 2000, S. 185).

Formen „bewertender“ Unterstützung beziehen sich demgegenüber auf Hilfestellungen bei der Entscheidungsfindung in unterschiedlichen Situationen oder die wertende Resonanz auf einen einmal gefällten Entschluss. Mit diesem Typus inhaltlich eng verknüpft und in der Praxis häufig vermengt sind Arten der informationellen Unterstützung, die sich auf die Weitergabe von Wissensbeständen

---

[130] Innerhalb dieser Dimensionen wird meist noch zwischen direkt beobachtbarem Verhalten, d.h. praktische oder materielle Hilfen und indirekter Unterstützung auf emotionaler oder kognitiver Ebene unterschieden (vgl. Künemund/Hollstein 2005, S. 240f.). Eine ähnliche Klassifikation sozialer Unterstützung findet sich im fünften Altenbericht der Bundesregierung (vgl. BMFSFJ 2005, S. 305) sowie bei Badura 1981, S. 26f.

[131] Besonders deutlich tritt diese Form instrumenteller Unterstützung bei der Mitgliedschaft in bestimmten Vereinen oder Verbänden zu Tage (vgl. Berkman/Glass 2000, S. 148). So wurden Gewerkschaften, Sozialverbände oder einige religiöse Organisationen gerade zu dem Zweck gegründet, ihren Mitgliedern den Zugang zu materiellen Ressourcen zu ermöglichen, wie bspw. höheren Löhnen oder Transferzahlungen aber auch Sachgegenständen und Nahrungsmitteln.

unterschiedlicher Art beziehen und – anders als Formen der „bewertenden“ Unterstützung – in aller Regel keine wertende Komponente enthalten (vgl. Berkman/Glass 2000, S. 145). So kann bspw. der Rat bzw. Ermutigung eines nahen Familienmitgliedes an einen alten Menschen, sich möglichst rasch einem notwendigen medizinischen Eingriff zu unterziehen als Form der bewertenden Unterstützung angesehen werden, während die Auswahl des operierenden Arztes nach „objektiven“ Gesichtspunkten als Ausdruck informationeller Unterstützung verstanden werden kann. Empirische Evidenzen, die für eine positive gesundheitliche Wirkung informationeller Unterstützung sprechen, wurden bereits Ende der 1970er Jahre veröffentlicht. So konnte in einer Studie zur gesundheitlichen Funktion informeller Informationsquellen aus Verwandtschafts- und Freundschaftsbeziehungen beobachtet werden, dass sich solche Unterstützungsleistungen günstig auf den Rehabilitationsverlauf von Herzinfarktpatienten auswirkten (vgl. Badura 1981, S. 24f.).

Soziale Partizipation stellt in mancher Hinsicht einen Komplementärbegriff zur Inanspruchnahme sozialer Unterstützung dar. Während letztere das eher passive Empfangen von sozialen Ressourcen und Hilfen bezeichnet, zielt erstere auf die gesundheitlichen Effekte der aktiven Teilhabe am gesellschaftlichen Leben. Soziale Partizipation ist somit ein Aspekt allgemeiner sozialer Integration. Sie wird einerseits durch den Zugang zu sozialem Kapital ermöglicht und wirkt andererseits fördernd auf dieses zurück.

Die distalen gesundheitlichen Effekte sozialer Partizipation lassen sich im Wesentlichen auf zwei Komponenten zurückführen: Sozialen Einfluss und soziales Engagement. Sozialer Einfluss entfaltet innerhalb eines Netzwerkes oder eines Wohngebietes eine informelle, regulierende Funktion, die sich u.U. auf die gesundheitlichen Verhaltensweisen der hierin eingebundenen Personen auswirkt. So können bspw. gruppenspezifische Normen und Wertvorstellungen im Hinblick auf das Ausmaß des Genussmittelkonsums, regelmäßiger körperlicher Betätigung oder der Inanspruchnahme ärztlicher Vorsorgeuntersuchungen wesentliche Determinanten individueller *gesundheitsbezogener Verhaltensweisen* sein (vgl. Berkman/Glass 2000, S. 146; Kawachi 1999, S. 124f.). Zudem können sich gesundheitsrelevante Informationen oder Verhaltensroutinen durch die dichte soziale Vernetzung von Menschen in Wohnquartieren mit hohem Sozialkapital schneller verbreiten als in Nachbarschaften mit geringem Sozialkapital (vgl. Veenstra 2002, S. 851; Subramanian/Kim/Kawachi 2002, S. S22). Zugleich unterliegen abweichende Verhaltensweisen, wie bspw. übermäßiger Alkohol- oder Drogenkonsum im ersteren Falle einer effektiveren sozialen Kontrolle (vgl.

Kawachi/Berkman 2000, S. 184; Rostila 2007, S. 227; Veenstra 2000, S. 620; Subramanian/Kim/Kawachi 2002, S. S22).[132]

Soziales Engagement wirkt sich als distaler Faktor ebenfalls indirekt auf gesundheitliche Zustände alter Menschen aus, indem es ihnen erlaubt, in der nachberuflichen Phase identitätsstiftende Rollen auszufüllen, wie bspw. im Rahmen ehrenamtlicher Tätigkeiten oder auch in der zeitweisen Übernahme der Erziehung bzw. Betreuung der Enkelkinder. Der Begriff des „sozialen Engagements" ist weiter gefasst als der in der Sozialkapital-Forschung prominente Begriff des „bürgerschaftlichen Engagements". Letzterer fungiert im Allgemeinen als Sammelbegriff für ein breites Spektrum unbezahlter, freiwilliger und gemeinwohlorientierter Aktivitäten, die im öffentlichen Raum stattfinden und in der Regel gemeinschaftlich im Rahmen von Vereinen, Verbänden oder Bürgerinitiativen ausgeübt werden (vgl. BMFSFJ 2005, S. 341). Soziales Engagement umfasst demgegenüber auch ausdrücklich Aufgaben im familiären Kontext. Solche zivilgesellschaftlichen und familiären Tätigkeiten wirken sich positiv auf das Selbstwertgefühl alter Menschen aus und können ihnen ein Gefühl der Zugehörigkeit und des Gebraucht-Werdens vermitteln. Zudem helfen solche Tätigkeiten bei der zeitlichen Strukturierung des Alltags und fördern die geistige und körperliche Aktivität. Die gesundheitsfördernde Wirkung sozialen Engagements wird somit maßgeblich durch psychosoziale Einflüsse vermittelt, die sich positiv auf das Kohärenzgefühl („Sense of Coherence") und das physiologische und mentale Aktivitätsniveau alter Menschen auswirken können, was ein hohes Maß an gesundheitlicher Lebensqualität ermöglicht (vgl. Berkman/Glass 2000, S. 147).

Eine positives Selbstwert- und Kohärenzgefühl sind zwar wichtige, jedoch nicht die einzigen *psychosoziale Faktoren*, durch die der Einfluss sozialen Kapitals auf die individuelle Gesundheit vermittelt wird. Ebenso wichtig ist das Ausmaß des gegenseitigen Vertrauens in einer Wohngegend, der Reziprozität der sozialen Beziehungen und des hierdurch geprägten individuellen Sicherheitsempfindens (vgl. Kawachi/Berkman 2000, S. 185). Besteht ein Mangel an diesem zentralen Aspekt des Systemkapitals, kann es gerade bei gebrechlichen alten Menschen zu erhöhtem Angst- und Stressempfinden sowie sozialem Rückzug bis hin zur sozialen Isolation kommen, die sich nachweislich negativ auf eine Vielzahl gesundheitlicher Zustände auswirkt (vgl. Kawachi/Berkman 2000, S. 184; Kawachi 1999, S. 121). So litten bspw. ältere Menschen, die sozial isoliert lebten, sowohl öfter als auch für einen längeren Zeitraum unter depressiven oder dementiellen Symptomen als gleichaltrige Personen, die in ein Wohnumfeld mit

[132] Dabei ist allerdings zu bedenken, dass diese Mechanismen in manchen Gruppen auch durchaus gesundheitsschädigende Verhaltensweisen begünstigen können (vgl. Kawachi 1999, S. 128), wie bspw. im Falle des üblicherweise hohen Alkoholkonsums im Rahmen geselliger Kneipenabende eines Stammtischs.

gut funktionierenden sozialen Beziehungen eingebettet waren (vgl. Berkman/ Glass 2000, S. 151; Halpern 2005, S. 76ff.).[133] Die wenigen empirischen Befunde aus US-amerikanischen Studien deuten jedoch darauf hin, dass die Höhe bzw. Qualität des Systemkapitals zwar unabhängige, aber im Vergleich zum Beziehungskapital schwächere gesundheitliche Effekte zeitigt (vgl. Halpern 2005, S. 95).

In der Zusammenschau gestaltet sich die Verknüpfung zwischen den einzelnen gesundheitlichen Einflüssen des sozialen Kapitals folgendermaßen: Eine zentrale Eigenschaft sozialen Kapitals besteht im Zugang zu materiellen und immateriellen Gütern, also ökonomischen, kulturellen, symbolischen und psychosozialen Ressourcen, die diejenigen nutzen können, die einem bestimmten sozialen Netzwerk (Beziehungskapital) angehören oder in einer bestimmten Wohnregion (Systemkapital) leben. Menschen, die Zugang zu sozialem Kapital in Form von Beziehungs- oder Systemkapital haben, können folglich auf eine höhere materielle und immaterielle bzw. emotionale Unterstützung zurückgreifen, bspw. in Form alltäglicher Hilfe- oder Pflegeleistungen im eigenen Haushalt oder im Rahmen von Nachbarschaftshilfen, dem Zugang zu gesundheitsrelevanten Informationen oder der Befriedigung grundlegender emotionaler Bedürfnisse wie Wertschätzung und Vertrauen (vgl. Schneider 2008, S. 52). Sie haben zudem bessere Möglichkeiten der gesellschaftlichen Partizipation und des Engagements, die sich wiederum positiv auf die soziale Integration, die persönliche Autonomie, die Identität und die allgemeine Lebenszufriedenheit der Menschen auswirken, was insbesondere in der nachberuflichen Ruhestandsphase eine nicht zu unterschätzende Rolle spielt.

Die an das Sozialkapital gekoppelten Ressourcen können weitere proximale gesundheitliche Einflüsse, wie gesundheitsrelevante Mentalitäten und Verhaltensweisen, positiv beeinflussen, indem sie u.a. als „Dämpfer“ bei gesundheitsrelevanten Stresserfahrungen fungieren.[134] Diese indirekte Wirkung sozialer Ressourcen wird auch als „Pufferhypothese“ bezeichnet (vgl. Wolf 2003, S. 7;

---

[133] Ähnliche Zusammenhänge zeigten sich auch für eine Reihe physischer Erkrankungen und dem Mortalitätsrisiko (vgl. Halpern 2005, S. 80ff.). In diesem Zusammenhang ist auch eine Studie zur sozialen Verteilung der Todesopfer der Hitzewelle des Jahres 1995 in Chicago aufschlussreich. Die Todesopfer waren zu 73% ältere Menschen über 65 Jahren (vgl. Klinenberg 2003, S. 18), die zum Großteil sozial isoliert in ihrer Wohnung lebten. Das Risiko, an den Folgen der extremen Sommerhitze zu sterben, war für diese Gruppe mehr als zweimal so hoch im Vergleich zu Menschen, die über ein soziales Beziehungsnetzwerk verfügten (vgl. Klinenberg 2003, S. 46f.).

[134] Das Ausmaß und die spezifische Verarbeitung von Distress werden in der Literatur als wesentliche kausale Bindeglieder zwischen sozialen Netzwerken, sozialer Unterstützung und der individuellen Gesundheit diskutiert. Dabei können unterstützende Beziehungsnetzwerke sowohl das Ausmaß des Stresses reduzieren, dem ein Menschen ausgesetzt ist als auch dessen gesundheitliche Konsequenzen positiv modifizieren, bspw. in Form gesundheitsbezogener Verhaltensweisen (vgl. Halpern 2005, S. 85f.; Schaffer 2004, S. 186f.; Stansfeld 2006, S. 152).

Schneider 2008, S. 52; Halpern 2005, S. 76; Schaffer 2004, S. 180; Stansfeld 2006, S. 151; Abbildung 5).[135] Sie wirkt sich insbesondere vor dem Hintergrund persönlicher Verlusterfahrungen im hohen Lebensalter positiv auf das gesundheitliche Wohlbefinden aus. Aber gerade auch in dem hier interessierenden Falle chronischer, schichtassoziierter Belastungen alter Menschen aus niedrigen Statuslagen (vgl. Abschnitt 5.1) kann von solchen sozialen Ressourcen ein positiver, ausgleichender Effekt auf die gesundheitliche Lebensqualität erwartet werden, der gesundheitliche Resilienz fördern kann (vgl. Abschnitt 3.4). Auf diesem Wege können soziale Ressourcen aus sozialen Netzwerken oder dem Wohnumfeld als *Kompensation* für schichtspezifische sozioökonomische Benachteiligungen und den damit einhergehenden, gesundheitlichen Risiken genutzt werden. Diese *kompensatorische Funktion* sozialen Kapitals angesichts sozioökonomischer Benachteiligungen macht den zentralen protektiven Mechanismus dieses Konzeptes für Angehörige „unterer" Sozialschichten aus, von dem erwartet werden kann, dass er einen wesentlichen Baustein gesundheitlicher Widerstandsfähigkeit alter Menschen bildet.

---

[135] Soziale Ressourcen können auch einen direkten gesundheitlichen Effekt haben (Direkthypothese oder „Main-Effect"-Hypothese) (vgl. Schaffer 2004, S. 187; Stansfeld 2006, S. 151), der unabhängig von indirekten Effekten, wie sie in der Pufferhypothese formuliert werden, wirken kann (vgl. Wolf 2003, S. 7f.; Schneider 2008, S. 52). Der intervenierende Effekt sozialen Kapitals, der in Rahmen der Pufferhypothese formuliert wird, ist den theoretischen Implikationen des Resilienz-Konzeptes besonders adäquat (vgl. Abschnitt 3.1ff.) und soll daher in der vorliegenden Arbeit im Vordergrund stehen.

7 Zusammenführung der theoretischen Ansätze und Hypothesen

7.1 Hypothesen zu sozialen Risiko- und Schutzfaktoren

Auf der Grundlage der bisherigen konzeptionell-theoretischen Überlegungen und der empirischen Befundlage, die Gegenstand der Abschnitte 2 bis 6 waren, sollen in diesem Abschnitt Hypothesen aufgestellt werden, welche die empirischen Sekundäranalysen des zweiten Teils der Untersuchung ein- bzw. anleiten. Dabei werden sowohl Hypothesen für den gesundheitlichen Einfluss des sozialen Risiko-Indikators und den damit verbundenen Mechanismen (Hypothesen 1a und 1b) als auch zu den einzelnen sozialen Schutzfaktoren (Hypothesen 2, 3a sowie 3b) und zu komplexen Resilienzkonstellationen (Hypothese 4) formuliert.[136]

Vor dem Hintergrund der in den Abschnitten 2, 3 und 5 präsentierten Überlegungen treffe ich für die empirische Untersuchung des Einflusses des Risiko-Indikators „untere soziale Schichtzugehörigkeit" auf die gesundheitliche Lebensqualität alter Menschen die folgenden Annahmen:

> Hypothese 1a: Je niedriger die soziale Schichtzugehörigkeit des Haushaltes, desto höher sind die während des Lebenslauf individuell angehäuften materiellen und psychosozialen Belastungen und umso geringer ist die durchschnittliche gesundheitliche Lebensqualität im Rentenalter (sozialer Schichtgradient gesundheitlicher Lebensqualität). Das Risiko einer schlechten gesundheitlichen Lebensqualität im Alter ist demnach in den „unteren" Sozialschichten im Vergleich zu den übrigen Statuslagen am höchsten.

In der vorliegenden Arbeit steht nicht die Erklärung des sozialen Schichtgradienten ungleicher Gesundheitschancen, sondern vielmehr „intrastratumiäre", d.h. innerhalb einer bestimmten Sozialschicht zu beobachtende Gesundheitsunterschiede im Vordergrund (vgl. Abschnitt 3). Daher werden die in Hypothese 1a postulierten Einflüsse materieller und psychosozialer Belastungen nicht als Erklärungsfaktoren „vertikaler" bzw. „interstratumiärer" gesundheitlicher Diffe-

[136] Eine Übersicht zu den in diesem Abschnitt gebildeten Hypothesen, aber auch zum Forschungsproblem und der zentralen These findet sich in Tabelle 20 in Anhang 11.1.

renzen untersucht, sondern nur innerhalb der „unteren" Sozialschichten und in diesen Statusgruppen jeweils zwischen gesundheitlich resilienten und vulnerablen Menschen verglichen. Hypothese 1a präzisierend wird daher angenommen, dass in der intrastratumiären Perspektive weder die gesundheitliche Lebensqualität noch die gesundheitliche Resilienz bzw. Vulnerabilität in Abhängigkeit dieser Risiko-Mechanismen in systematischer Weise variieren, da gesundheitsrelevante materielle und psychosoziale Belastungen für alle Angehörigen der „unteren" Sozialschichten in ähnlicher Weise wirksam sind.

Die in Hypothese 1a formulierten Annahmen zur Prävalenz des Schichtgradienten im hohen Lebensalter und den damit assoziierten Risiko-Mechanismen werden in Anlehnung an die in Abschnitt 2.1.1 präsentierten Thesen (Kontinuitäts-, Akkumulations- und Destrukturierungsthese) in Hypothese 1b um die folgenden Postulate ergänzt bzw. spezifiziert:

> Hypothese 1b: Je höher das Lebensalter, umso geringer ist der graduelle, inverse Zusammenhang zwischen der sozialen Schichtzugehörigkeit des Haushalts und der gesundheitlichen Lebensqualität auf der sozialen Makroebene (Destrukturierungs- bzw. Nivellierungsthese), ohne jedoch bei den Hochaltrigen völlig zu verschwinden. Auch der Einfluss des einzelnen Risiko-Indikators „untere Sozialschicht-Zugehörigkeit" auf die gesundheitliche Lebensqualität schwächt sich folglich im Altersgang ab, löst sich aber nicht völlig auf.

Aufgrund der Annahmen des Abschnitts 6, die in Abschnitt 6.1 ausführlich begründet wurden, sprechen zwei Kriterien dafür, „gesundheitsbewusste" Gesundheitslebensstile als sozialstrukturell verankerten, protektiven Faktor anzusehen:

- Aktuelle empirische Befunde deuteten darauf hin, dass Gesundheitslebensstile, die hierin eingebetteten alltäglichen Einstellungen und Handlungsroutinen und deren gesundheitliche Folgen zumindest teilweise unabhängig von der sozialen Schichtzugehörigkeit sind (vgl. Hradil 2009, S. 49; Abschnitt 6.1.5) und somit von diesem Konzept eine vergleichsweise hohe Erklärungskraft im Hinblick auf intrastratumiäre Gesundheitsunterschiede erwartet werden kann.
- Menschen, die einen „gesundheitsbewussten" Lebensstil ausgeprägt haben, praktizieren auch im Alter vergleichsweise häufig und teilweise unabhängig vom aktuellen Gesundheitszustand gesundheitsfördernde Verhaltensweisen und weisen gesundheitlich begünstigende Einstellungen auf (vgl. Hradil 2005b, S. 75f.), die sich wiederum positiv oder zumindest stabilisierend auf das gesundheitliche Wohlbefinden und die gesundheitsbezogene Lebensqualität auswirken.

Für den sozialen Schutzfaktor „gesundheitsbewusster Gesundheitslebensstil" (vgl. Abschnitt 6.1) wird somit die folgende Hypothese in Bezug auf dessen ursächlichen Einfluss auf gesundheitliche Resilienz alter Menschen formuliert:

> Hypothese 2: Je „gesundheitsbewusster" ein Gesundheitslebensstil, d.h. je höher der Anteil der gesundheitsfördernden Praktiken oder Einstellungen, die ein bestimmter Gesundheitslebensstils umfasst, umso größer ist die Wahrscheinlichkeit gesundheitlicher Resilienz alter Menschen aus „unteren" sozialen Schichten.

Weiterhin ließen sich, aufbauend auf den in Abschnitt 6.2 aufgeführten begrifflichen und theoretischen Grundlagen sowie den empirischen Ergebnissen aus der nationalen und internationalen Forschung, für den Zusammenhang zwischen dem Ausmaß des sozialen Kapitals, das alten Menschen einerseits aus deren sozialen Netzwerken individuell zur Verfügung steht (Beziehungskapital) bzw. der Ausstattung des jeweiligen Wohnumfeldes mit sozialem Kapital andererseits (Systemkapital) und der Wahrscheinlichkeit gesundheitlicher Widerstandsfähigkeit die folgenden beiden Hypothesen ableiten:

> Hypothese 3a: Je höher die Anzahl und die Qualität der sozialen Beziehungen, die Personen im Rahmen inner- und außerfamiliärer sozialer Netzwerke pflegen, desto mehr soziales Kapital steht individuell zur Verfügung (Beziehungskapital) und umso größer ist die Wahrscheinlichkeit gesundheitlicher Resilienz alter Menschen aus „unteren" Sozialschichten.

> Hypothese 3b: Je höher die Ausstattung des Wohnumfeldes/der Nachbarschaft mit sozialem Kapital (Systemkapital), desto größer ist die Wahrscheinlichkeit gesundheitlicher Resilienz alter Menschen aus „unteren" Sozialschichten.

Die Aufspaltung des Sozialkapital-Konzeptes in zwei Hypothesen kann leicht suggerieren, dass es sich bei der gesundheitlichen Wirkung von Beziehungs- und Systemkapital um zwei getrennte Bereiche sozialer Wirklichkeit handelt. Wie aus der derzeit verfügbaren empirischen Befundlage hervorgeht, die in den Abschnitten 6.2.2 und 6.2.3 präsentiert wurde, stehen beiden Analyseebenen sozialen Kapitals jedoch in einem wechselseitigen Zusammenhang. Die Hypothesen wurden daher vor allem aus Gründen der Übersichtlichkeit und nicht etwa aus grundlegenden theoretischen oder empirisch begründbaren Differenzen getrennt formuliert.

Das Konzept der „Kumulation von Risiko- und Schutzfaktoren" (vgl. Abschnitt 3.2) geht von der Interdependenz und wechselseitigen Verstärkung nicht nur zwischen Risikofaktoren und protektiven Faktoren, sondern auch innerhalb dieser beiden Kategorien aus. Es kann daher angenommen werden, dass die gesundheitliche Lebensqualität alter Menschen aus „unteren“ Sozialschichten umso höher ist, je mehr soziales Kapital individuell zugänglich ist und je gesundheitsbewusster der Lebensstil ausfällt, d.h. es ist ein positiv-synergistischer Effekt (Interaktionseffekt) dieser beiden sozialstrukturellen Schutzfaktoren auf das Ausmaß des gesundheitlichen Wohlbefindens zu erwarten. Das Kumulationskonzept bietet somit zudem eine wesentliche theoretische Grundlage für die Entstehung ganzheitlicher *Resilienzkonstellationen*, die mehr sind als die Summe einzelner Risiko- und Schutzfaktoren und die das komplexe Phänomen gesundheitlicher Resilienz alter Menschen erst voll verständlich machen (vgl. Abschnitt 3.2).

Für das Zusammenspiel der Risiko- und Schutzfaktoren im Rahmen ganzheitlicher Resilienzkonstellationen lege ich die folgende Hypothese zugrunde:

> Hypothese 4: Gesundheitlich resiliente Alte der „unteren“ Sozialschichten unterscheiden sich nicht nur durch einzelne protektive Faktoren von den vulnerablen Alten der jeweils gleichen Sozialschicht, sondern durch spezifische Kombinationen von protektiven Faktoren und Risikofaktoren (Resilienzkonstellationen). Solche individuellen Muster lassen sich zu gruppentypischen bzw. kollektiven Resilienzkonstellationen bündeln. Je mehr protektive Faktoren sich innerhalb einer bestimmten Resilienzkonstellation bündeln, desto höher ist die gesundheitliche Lebensqualität alter Menschen.

Hierbei müsste man streng genommen jeweils die spezifische, gesundheitliche Resilienzkonstellation für jeden alten Menschen gesondert bestimmen, da sich diese u.a. aus den individuellen Besonderheiten der aktuellen wie vergangenen Lebensbedingungen und Lebensweise sowie deren subjektiver Deutung ergibt. Eine solche Perspektive würde allerdings aus Sicht des „Grundmodells der soziologischen Erklärung“, auf das im nächsten Abschnitt noch näher eingegangen wird, gewissermaßen auf halbem Wege stehen bleiben, da sie die „Logik der Aggregation“, d.h. die Übersetzung individueller Handlungen in typische soziale Kontexte, ausblendet. Angesichts des Anspruchs der vorliegenden Arbeit, bevölkerungsbezogene Ansatzpunkte zur Reduzierung des makrosozialen Phänomens gesundheitlicher Ungleichheiten aufzuzeigen, ist dieser letzte Schritt jedoch eine notwendige Voraussetzung. Ich nehme daher an, dass sich die Vielzahl individueller Konstellationen zu einer kleineren Zahl gruppentypischer Muster von Resilienzkonstellationen auf der sozialen Mesoebene aggregieren (vgl. Abbildung 5). Bei einem solchen Vorgehen wird zwangsläufig eine größere Zahl gesundheitlich resilienter Personen zusammengefasst, die vergleichbare, also nicht unbedingt identische, Konstellationen gesundheitlicher Risiko- und Schutzfaktoren aufweisen.

Solche kollektiven Muster, die konzeptionell zwischen Individuum und dem makrosozialen Schichtungsgefüge verortet werden, bilden aus soziologischer Perspektive den eigentlichen Endpunkt der Untersuchung und zugleich den geeigneten Ansatzpunkt für bevölkerungsbezogene Interventionsmaßnahmen. Konkrete Interventionsprogramme sollten sich daher auf solche *typischen, kollektiv geteilten Muster gesundheitlicher Resilienzkonstellationen* konzentrieren, da Ansätze, die lediglich auf einzelne Risiko- oder Schutzfaktoren abzielen, dem ganzheitlichen Charakter des Phänomens nicht gerecht werden. Kollektive Resilienzkonstellationen sind somit auch aus praktischer Sicht zur Reduzierung des Schichtgradienten sozial ungleich verteilter Gesundheitschancen im Rentenalter von besonderem Interesse und bilden – neben der Untersuchung einzelner Risiko- und Schutzfaktoren – den Kern eines weiteren, hieran unmittelbar anknüpfenden Untersuchungsschrittes des empirischen Teils dieser Arbeit.

7.2 Modell der intrastratumiären gesundheitlichen Resilienz

Die bisher im Rahmen des Konzeptes der gesundheitlichen Resilienz im Alter aufgeführten Risiko- und Schutzfaktoren, die als sozialstrukturelle Determinanten der gesundheitlichen Lebensqualität angesehen werden sowie die in den Hypothesen 1 bis 3 formulierten Verknüpfungen, sind schematisch in dem in Abbildung 5 präsentierten Kausaldiagramm gebündelt, dem sogenannten „Modell der intrastratumiären gesundheitlichen Resilienz". Hypothese 1 bezieht sich auf die Annahmen, die mit der Zugehörigkeit zu einer „unteren" Sozialschicht als Risikofaktor gesundheitlicher Lebensqualität im Alter einhergehen (vgl. Abschnitte 5.1 und 5.2). Hypothesen 2 und 3 beinhalten die Annahmen in Bezug auf die gesundheitlich protektiven Faktoren (vgl. Abschnitte 6.1 und 6.2). Die in Abbildung 5 ebenso abgebildete Hypothese 4 bezieht sich auf das komplexe Zusammenwirken von Risiko- und Schutzfaktoren in Form individueller und kollektiver gesundheitlicher Resilienzkonstellationen, die im obigen sowie in Abschnitt 3.2 behandelt wurden.

Abbildung 5: Modell der intrastratumiären gesundheitlichen Resilienz *

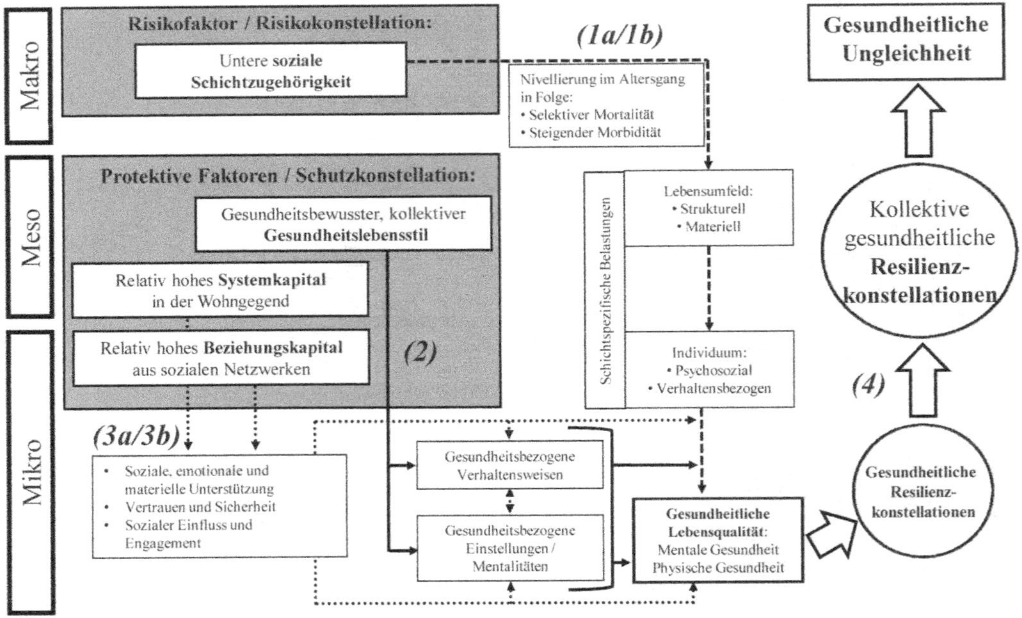

*: Hinweise zu den im Text formulierten Hypothesen befinden sich in Klammern (1a/1b usw.).

▬ ▬ : Die in den Hypothesen 1a und 1b postulierten Mechanismen des gesundheitlichen Einflusses der sozialen Schichtzugehörigkeit im Alter (vgl. Abschnitte 5.1 und 5.2).

▬▬ : Die in Hypothese 2 formulierten Zusammenhänge zum protektiven Einfluss bestimmter Gesundheitslebensstile (vgl. Abschnitt 6.1).

····· : Annahmen der Hypothesen 3a und 3b zur protektiven Wirkung von Beziehungs- und Systemkapital (vgl. Abschnitt 6.2).

Quelle: Eigene Darstellung

Die Grundstruktur dieses Modells orientiert sich an den Vorgaben des „Grundmodells der sozialwissenschaftlichen Erklärung“, das in der deutschsprachigen Soziologie vor allem von Esser vertreten wird[137] und dem Mediatoren-Modell aus der Resilienzforschung. Im Rahmen des Mediatoren-Modells wird angenommen, dass die jeweils risikoerhöhenden bzw. mildernden Faktoren mittels sogenannter „Mediatoren“ mit der abhängigen Variable verknüpft sind, also eine indirekte Wirkung entfalten (vgl. Abschnitt 3.3). Das „Modell der intrastratumiären gesundheitlichen Resilienz“ entspricht diesen Grundannahmen insoweit, als vermutet wird, dass sowohl die negativen gesundheitlichen Folgen einer niedrigen sozialen Schichtzugehörigkeit als auch die gesundheitsförderlichen Wirkungen einer verhältnismäßig hohen Ausstattung mit sozialem Kapital und bestimmter „gesundheitsbewusster“ Gesundheitslebensstile indirekt wirken. Sie werden vor allem über stärker proximale Faktoren, wie bspw. psychosozial belastende Prozesse oder gesundheitsrelevante Einstellungen und Verhaltensweisen vermittelt, wie sie in den Abschnitten 5.1, 6.1 und 6.2 detailliert behandelt wurden.

Der im Rahmen des „Modells der intrastratumiären gesundheitlichen Resilienz“ formulierte Zugang zu Phänomenen sozial bedingter ungleicher Gesundheitschancen alter Menschen kann als Theorie mittlerer Reichweite bezeichnet werden: Als Ansatz zwischen einer ad-hoc-Hypothese und einer globalen Sozialtheorie (vgl. Merton 1995, S. 3ff.). Erstere würde dem atheoretischen Mainstream der sozialepidemiologischen „Health Inequalities“-Forschung entsprechen, zu deren Überwindung die vorliegende Arbeit einen Beitrag leisten will. Letzteres kann ein Ansatz, der sich lediglich auf einen Ausschnitt des sozial bedingten Ungleichheitsgeschehens moderner Gesellschaften konzentriert, grundsätzlich nicht leisten. Der gewählte Zugang "mittlerer Reichweite" ist als Beitrag zur theoretischen und perspektivischen Erweiterung der bisherigen Forschung auf der Basis empirisch weitgehend abgesicherter Befunde zu gesundheitlichen Ungleichheiten der Morbidität alter Menschen zu verstehen (vgl. Abschnitt 2.1.2).

Bei der Formulierung des „Modells der intrastratumiären gesundheitlichen Resilienz“ wurde dem Tatbestand des vielfältigen „Differentiellen Alterns“ (vgl. Knesebeck/Schäfer 2009, S. 253) Rechnung getragen. Es ist trotz vielfältiger struktureller Unterschiede (bspw. regionale Unterschiede zwischen Ost- und Westdeutschland, Geschlechter- oder Geburtskohortendifferenzen) geeignet,

[137] Frühere Vorschläge für dieses Grundmodell der sozialwissenschaftlichen Erklärung finden sich bei Lindenberg und Wippler 1978, S. 219 ff.; bei Boudon 1980, S. 122 ff.; bei Coleman 1990, S. 8 u. 10. Aktuelle Adaptionen dieses Erklärungsschemas in der Politikwissenschaft finden sich bei Druwe 1995, S. 43 und bei Kunz 2004, S. 26.

grundlegende gesundheitliche Risiko- und Schutzkonstellationen bei unterschiedlichen sozialen Gruppierungen innerhalb der Altenbevölkerung zu modellieren. Das Modell vertritt somit den Anspruch, gesundheitliche Resilienzkonstellationen bei unterschiedlichen soziodemografischen Gruppierungen alter Menschen in der ersten Dekade des 21. Jahrhunderts in Ost- und Westdeutschland beschreiben zu können. Ob es diesen umfassenden Anspruch für so unterschiedliche soziale Gruppierungen, wie sie für die Lebensphasen des Alters gegenwärtig charakteristisch sind, einlösen kann, ist freilich eine empirische Frage, mit der sich der zweite Teil dieser Arbeit beschäftigt.

Teil II: Empirische Analysen

8 Datenmaterial und Methodik

Empirische Analysen zur Beschreibung des lebenszeitlichen Verlaufs gesundheitlicher Ungleichheit und zur Dynamik sozialstruktureller Risiko- und Schutzfaktoren im Modell gesundheitlicher Resilienz erfordern diachrone Daten bzw. Längsschnittdaten sowie entsprechende statistische Analyseverfahren. Eine Primärerhebung solcher Daten bietet zwar Vorteil bei der Operationalisierung komplexer Einflussgrößen, wie bspw. alltagsweltlicher Konstellationen gesundheitsbezogener Verhaltensweisen oder Wissensbeständen im Rahmen von Gesundheitslebensstilen (vgl. Abschnitt 6.1). Ein prospektiv angelegtes Forschungsvorhaben bedarf – gerade mit Bezug auf gesundheitliche Zustände im hohen Lebensalter – eine im Idealfall auf mehrere Jahrzehnte angelegte, kontinuierliche und ausgesprochen arbeits- und kostenintensive Datenerhebung und -pflege. Ein solches Vorhaben ist daher im Rahmen dieser Arbeit nicht zu realisieren.[138] Aus diesem Grund wurde von einer Primäranalyse abgesehen und eine *Sekundäranalyse* prospektiv erhobener Längsschnittdaten in Form einer laufenden oder kürzlich abgeschlossenen Panelstudie angestrebt.

Die für eine solche diachrone Analyse geeigneten Daten sollten zumindest die folgenden Merkmale aufweisen:

- Ein längsschnittliches Design zum operationalisieren von Einflussgrößen in der Lebenslauf-Perspektive und zum untersuchen der Verursachungszusammenhänge, die der Vorstellung gesundheitlicher Resilienz als dynamischem Prozess entsprechen (vgl. Abschnitte 3.1ff.).

[138] Einen Ausweg aus dieser Problematik bieten retrospektiv angelegte Studien, die typischerweise als „one shot studies" zu einem Erhebungszeitpunkt (vgl. Brückner 1990, S. 378) Informationen über vergangene Ereignisse des individuellen Lebenslaufs erheben. Im Vergleich zu prospektiven Panel- bzw. Kohortenstudien stellen retrospektive Befragungsverfahren daher eine ausgesprochen zeit- und kostengünstige Erhebungsmethode dar (vgl. Klein/Fischer-Kerli 2000, S. 294). Bei der Datenerhebung auf der Basis einer mündlichen Befragung ist dieses Vorgehen jedoch mehr oder weniger anfällig für Verzerrung durch fehler- oder bruchstückhafte Erinnerungen (vgl. Klein/Fischer-Kerli 2000, S. 294), welche die empirische Sozialforschung mit Termini wie „Telescoping"-Effekt oder „Recall Decay" bzw. „Omission" bezeichnet und diskutiert (vgl. Babka von Gostomski/Hartmann 1997, S. 115).

- Eine möglichst aktuelle und hinreichend umfangreiche Stichprobe mit Angehörigen der deutschen Wohnbevölkerung im Alter von 65 Jahren und darüber.
- Die mehrfache, in regelmäßigen Intervallen erfolgende Messung gesundheitlicher Lebensqualität über einen möglichst langen Zeitraum, vorzugsweise anhand eines standardisierten und validierten Instruments (vgl. Abschnitt 4).
- Die Erhebung von sozioökonomischen Dimensionen ungleicher Lebens- und Handlungsbedingungen über verschiedene Phasen des Lebenslaufs zum operationalisieren der sozialen Schichtzugehörigkeit bzw. einer „unteren“ Sozialschicht-Zugehörigkeit als Risiko-Indikator (vgl. Abschnitt 5) sowie der im Rahmen der „weichen“ Version der sozialstrukturell-materielle These formulierten gesundheitlichen Risiko-Mechanismen (vgl. Abschnitt 5.1).
- Angaben, die zum operationalisieren sozialer Schutzfaktoren verwendet werden können, d.h. die Erhebung gesundheitsrelevanter Verhaltensweisen und Grundeinstellungen zur Operationalisierung der entsprechenden Dimensionen von Gesundheitslebensstilen (vgl. Abschnitt 6.1) sowie zur Messung der strukturellen und kulturellen Dimensionen des sozialen Kapitals in Form von Beziehungs- und Systemkapital (vgl. Abschnitt 6.2).

War die Datenbasis zur Analyse diachroner Fragestellungen zu sozial bedingten ungleichen Gesundheitschancen in Deutschland während der letzten Jahre recht schmal, so sind in den letzten Jahren deutliche Fortschritte zu verzeichnen, was Umfang, Zugänglichkeit und Qualität der Daten angeht. Dies gilt auch für Panelstudien, deren Fragestellungen entweder ausschließlich auf die Bevölkerung im hohen Lebensalter abzielen oder die als allgemeine Bevölkerungsumfragen über eine Stichprobengröße verfügen, die es erlaubt, generalisierbare Analysen für die Menschen im Rentenalter durchzuführen. Ein detaillierter Überblick zu den aktuell in Deutschland verfügbaren Panelstudien mit Alters- und Gesundheitsbezug sowie eine Bewertung deren jeweiliger Tauglichkeit für die Untersuchung der vorliegenden Fragestellung findet sich in Anhang 11.2.

8.1 Datenquelle

Als Datenbasis für die empirische Analyse gesundheitlicher Resilienz alter Menschen wurde nach eingehender Sichtung und Bewertung der aktuellen Datenlage (vgl. Anhang 11.2) das Sozio-ökonomische Panel (SOEP) ausgewählt. Beim Sozio-ökonomischen Panel handelt es sich um eine jährliche Wiederholungsbefragung privater Haushalte, die seit 1984 in Westdeutschland durchgeführt wird und 1990 auf das Gebiet der ehemaligen DDR ausgeweitet wurde.[139] Neben der Stichprobe für die neuen Bundesländer existiert eine Stichprobe von Ausländern in Westdeutschland, von Einwanderern (ab 1994/1995) sowie zwei Ergänzungsstichproben für Ost- und Westdeutschland (ab 1998 und 2000) (vgl. Kern 2002, S. 203). An der Befragung der ersten Welle im Jahr 1984 beteiligten sich in den westlichen Bundesländern 5.921 Haushalte mit 12.290 Personen. Nach 19 Wellen im Jahre 2002 waren es noch 3.889 Haushalte mit 7.175 Personen. Das SOEP wird vom Deutschen Institut für Wirtschaftsforschung in Berlin (DIW) in Zusammenarbeit mit Infratest Sozialforschung (München) durchgeführt.

Ein zentrales Anliegen des SOEP besteht in der Erfassung von Wandlungsprozessen auf der Makroebene von Wirtschaft und Gesellschaft. Um dieses Ziel zu erreichen, werden Mikroeinheiten (Haushalte und Personen) im Zeitverlauf kontinuierlich untersucht. Konzeptionell finden sich im SOEP in erster Linie ökonomische und soziologische Ansätze wieder: in ökonomischer Hinsicht leiten die Überlegungen der Human-Kapital-Theorie sowie Ansätze zur Arbeitsmarktsegmentation und Armutsforschung die Erhebung an; in soziologischer Hinsicht dient das Konzept der Sozialberichterstattung als konzeptionelle Leitlinie, wobei insbesondere der Ansatz der Lebensverlaufsanalyse im Vordergrund steht (vgl. Wagner/Schupp/Rendtel 1994, S. 71). Dieser Schwerpunkt auf Lebensverlaufs- bzw. biografischen Daten macht das SOEP für die Untersuchung ungleicher Gesundheitschancen im hohen Lebensalter besonders attraktiv.

Im SOEP existieren zum einen standardisierte Fragebatterien, die jedes Jahr abgefragt werden. Zum anderen werden zusätzliche themenzentrierte Module ausführlich in einigen Wellen erhoben. So umfasste bspw. im SOEP des Erhebungsjahres 2006 der Schwerpunkt „Familie, soziale Netzwerke und soziale Unterstützung" wesentliche Angaben zum individuellen sozialen Kapital (vgl. Diewald/Lüdicke 2007, S. 11). Die jährliche erhobenen Bereiche umfassen Demografie, Bildung, Einkommen und soziale Sicherung, Beschäftigung, Wohnen, Wertorientierungen, gesellschaftliche Partizipation, Unzufriedenheit und –

[139] Die Basisstichprobe des Sozio-ökonomischen Panels für die neuen Bundesländer (SOEP-Ost) konnte im Jahr 1990 noch vor der Wirtschafts-, Währungs- und Sozialunion vom 1. Juli 1990 durchgeführt werden. Die Grundgesamtheit der Untersuchung bildeten alle Privathaushalte der DDR mit deutschen Bezugspersonen und die darin lebenden Personen ab 16 Jahre und zwar unabhängig von deren Nationalität. Der Personenkreis von Anstaltsinsassen oder Wohnungslosen ist – wie in der West-Stichprobe des Sozio-ökonomischen Panels – aus dem Sample der Basiserhebung ausgeschlossen. Ausländer sind nur einbezogen, sofern sie in Haushalten mit deutscher Bezugsperson lebten (vgl. Schupp/Wagner 1991 S. 34). In der Stichprobe des Sozio-ökonomischen Panels für die neuen Bundesländer (SOEP-Ost) wurden 1990 2.179 Haushalte mit 4.453 erwachsenen Personen befragt; 2002 beantworteten in den östlichen Bundesländern 3.466 Personen mit 1.818 Haushalten die Fragen über ihre Lebenssituation.

schwerpunktmäßig seit 2002 im 2-Jahres Turnus – Gesundheit und Krankheit.[140] Die Fragen zum Haushalt werden von den jeweiligen Bezugspersonen oder vom „Haushaltsvorstand" beantwortet. Als Bezugsperson gilt der Hauptverdiener oder dessen (Ehe-)Partner. Weiterhin ist im SOEP vorgesehen, dass alle Haushaltsmitglieder, die zum Befragungszeitpunkt mindestens 16 Jahre alt sind, einen gesonderten Personalfragebogen beantworten.

Obschon kein dezidierter Survey der deutschen Altenbevölkerung, eignet sich das SOEP aus mehreren Gründen als Datenbasis des empirischen Teils dieser Arbeit. Aufgrund seiner vergleichsweise hohen Stichprobengröße und der langfristig angelegten und qualitativ hochwertigen Erhebung prospektiver wie auch retrospektiver Informationen in lebenszeitlicher Perspektive kommt das SOEP tendenziell besser als andere Datenquellen in Betracht für eine umfassende und dynamische Beschreibung von Konstellationen sozialstrukturell verankerter Risiko- und Schutzfaktoren im Rahmen von Resilienzmodellen (vgl. Anhang 11.2, insbesondere Tabelle 21). Das SOEP sammelte seit 2002 kontinuierlich Informationen zur subjektiven gesundheitlichen Lebensqualität mit Hilfe eines validierten Messinstruments, die bis ins Jahr 2008 reichen. Diese recht aktuelle Datenbasis wurde bislang weder im Hinblick auf gesundheitliche Ungleichheiten im Rentenalter noch auf die Einflüsse sozialer Schutzfaktoren ausgewertet. Die Daten des SOEP sind somit in der Lage, neue und aktuelle empirische Evidenzen für die in Hypothesen 1 bis 4 formulierten Angaben zu liefern, ohne die theoretischen Grundlagen des komplexen Modells gesundheitlicher Resilienz allzu sehr zu beschneiden.

8.2 Untersuchungspopulation und Vorgehen bei der Auswertung

Da der Schwerpunkt der Arbeit nicht auf methodisch-statistischen Aspekten liegt, verzichte ich in den kommenden Abschnitten auf eine allzu detaillierte Darstellung der zugrunde liegenden statistischen Verfahren. Der Schwerpunkt der Ausführungen liegt auf den Ergebnissen der jeweiligen Analysen. Informationen zu den verwendeten statistischen Modellen und Methoden stellen größtenteils die Abschnitte 8.3 und 8.4 gebündelt dar. Der interessierte Leser sei zudem auf die entsprechenden Abschnitte im Anhang verwiesen, in denen die Ergebnisse der deskriptiven statistischen Analysen detailliert aufgeführt werden (vgl. Abschnitt 11.3). Sämtliche statistische Auswertungen wurden mit dem Programmpaket SPSS 17.0 durchgeführt.

---

[140] Eine Übersicht zu den jährlich erhobenen Bereichen des Sozio-ökonomischen Panels sowie über die thematischen Schwerpunkte der zusätzlichen Module findet sich in SOEP Group 2001, S. 9.

Neben der Kenntnis der Datenquelle und der Analysestichprobe sind jedoch grundlegende Angaben zu den Variablen und zur methodischen Vorgehensweise notwendig, um die Angemessenheit und die Relevanz des Vorgehens sowie die Güte der hieraus resultierenden Ergebnisse beurteilen und nicht zuletzt deren Replizierbarkeit gewährleisten zu können. Aus diesem Grunde beschreibt der folgende Abschnitt die wesentlichen Schritte zur Auswahl der Stichprobe, der Datenaufbereitung und grundlegende soziodemografische Charakteristika der SOEP-Kohorte.

Im *ersten Arbeitsschritt* wurde die Untersuchungspopulation aus den einzelnen Stichproben des Sozio-ökonomischen Panels zusammengestellt. Es wurden zunächst alle Personen in die Untersuchung aufgenommen, die im Startjahr 2002 65 Jahre und älter waren. Die Studienkohorte enthält nur die SOEP-Daten westdeutscher (Stichprobe A) und ostdeutscher Haushalte (Stichprobe C) sowie die beiden Innovationsstichproben E (1998) und F (2000). Die Untersuchung berücksichtigt nur Haushalte, deren Angehörige im Jahre 2002 über die deutsche Staatsangehörigkeit verfügten. Insgesamt umfasste die Stichprobe 3.586 Personen, die sich in den folgenden Wellen (2004, 2006 und 2008) durch Ausfälle verschiedener Art kontinuierlich verringerte. So waren einige Teilnehmer der Startwelle 2002 zu späteren Befragungszeitpunkten bereits verstorben oder hatten ein weiteres Interview verweigert. Es wurden diese, für eine Panelerhebung durchaus üblichen, Personenausfälle sowie diejenigen Probanden, die im Untersuchungszeitraum ins Ausland verzogen waren, aus der Stichprobe entfernt. Abzüglich dieser Personen umfasste die Stichprobe noch 2.075 Personen, die während des gesamten Untersuchungszeitraumes befragt werden konnten. Mit dieser Stichprobe ist gewährleistet, dass ein hinreichend langer Zeitraum prospektiv erhoben wurde, um der lebenlaufbezogenen Perspektive der Studie mit einem längsschnittlichen Design methodisch gerecht zu werden.[141]

Um abschätzen zu können, inwieweit anhand der Studienkohorte des SOEP verallgemeinerbare Aussagen für die bundesdeutsche Wohnbevölkerung der 65jährigen und Älteren in Ost- und Westdeutschland getroffen werden können, wurden soziodemografische Merkmale (Geschlecht, Lebensalter, Familienstand, Wohnregion und Anteil der Personen im Ruhestand) dieser Stichprobe mit den Daten der amtlichen Statistik des Statistischen Bundesamtes aus dem Jahr 2002, dem Startjahr der Kohorte, verglichen (vgl. Tabelle 22 in Anhang 11.3). Die Geschlechterverteilung in der Studienkohorte weicht leicht von den Angaben der offiziellen Statistik ab, wobei die Männer zu allen vier Messzeitpunkten leicht überrepräsentiert sind (gut 44% gegenüber rund 40% in den offiziellen Angaben

[141] Für die Hocheinkommensstichprobe des Jahres 2002 war dies nur eingeschränkt, für die Ergänzungsstichprobe H des Jahres 2006 nicht möglich. Diese Stichproben wurden daher aus der Analyse ausgeschlossen, ebenso wie die Ausländerstichproben B1 bis B5 sowie die Zuwandererstichprobe D.

des Statistischen Bundesamtes).[142] Aufgrund des prospektiven Kohortendesigns der SOEP-Stichprobe altern die Teilnehmer mit jeder Befragungswelle kontinuierlich, was sich im Zeitverlauf auf das Verhältnis von „Jungen Alten" (65- bis 79jährige) zu den „Hochaltrigen" (80 Jahre und älter) auswirkt. Im Startjahr 2002 waren rund 92% der Teilnehmer den „Jungen Alten" zuzurechnen, während es in der bundesdeutschen Bevölkerung im gleichen Jahr lediglich etwas mehr als drei Viertel (77%) waren. Im Jahre 2008 zählten jedoch nur noch rund 70% der Befragten zur Altersgruppe zwischen 65 und 79 Jahren, während die Hochaltrigen bereits einen Anteil von ca. 30% umfassten (vgl. Tabelle 22 in Anhang 11.3). Ein ähnlicher Verlauf zeigt sich im Hinblick auf den Familienstand und dem Anteil der Personen, die sich im altersbedingten Ruhestand befinden. So geht der Anteil der Verheirateten von rund 69% im Jahre 2002 auf etwa 59% im Jahre 2008 zurück, während der Anteil der Verwitweten im gleichen Zeitraum von etwa 24% auf 33% ansteigt.[143] Im Jahre 2002 gaben immerhin noch gut 8% der Befragten an, einer Erwerbsarbeit nachzugehen, während es laut amtlicher Statistik in der gleichen Altersgruppe nur rund 3% waren. Dieser Anteil verringert sich in der Studienkohorte im Zeitverlauf zusehends, bis er 2006 und 2008 bei knapp 4% lag. Die Anteile der Personen in Ost- und Westdeutschland entsprechen tendenziell den Angaben der amtlichen Statistik, wobei die SOEP-Kohorte einen etwas höherer Anteil Ostdeutscher verzeichnete. So lebten im Jahre 2002 ca. 74% der Befragten in den alten und 26% in den neuen Bundesländern, während es nach den Angaben des Statistischen Bundesamtes in den entsprechenden Altersgruppen 79% Westdeutsche und 21% Ostdeutsche waren (vgl. Tabelle 22 in Anhang 11.3). Diese regionale Verteilung bleibt in der SOEP-Kohorte erwartungsgemäß im gesamten Zeitraum relativ konstant, was wohl auf die vergleichsweise geringe Neigung zur räumlichen Mobilität alter Menschen zurückzuführen ist. Insgesamt zeigt der Vergleich grundlegender soziodemografischer Merkmale der SOEP-Kohorte mit den Daten der amtlichen Statistik somit nur recht geringfügige Abweichungen, so dass eine hohe Generalisierbarkeit der Befunde erwartet werden kann.

Nach der Auswahl und Deskription der Studienkohorte ging es im *zweiten Arbeitsschritt* im Wesentlichen um die Auswahl der relevanten Variablen, die zur Messung der gesundheitlichen Lebensqualität (vgl. Abschnitt 4), des Risiko-Indikators und der damit einhergehenden Risiko-Mechanismen (vgl. Abschnitte 5 bzw. 5.1) sowie der sozialen Schutzfaktoren (vgl. Abschnitte 6.1 und 6.2) he-

[142] Da nur diejenigen Personen in die Studienkohorte eingeschlossen wurden, die zu allen vier Messzeitpunkten befragt werden konnten, blieb die Geschlechterverteilung der Stichprobe im Untersuchungszeitraum stabil (Männer: 44%; Frauen: 56%) (vgl. Tabelle 22 in Anhang 11.3).

[143] Lediglich eine im Untersuchungszeitraum relativ konstante Minderheit von insgesamt rund 8% der 65jährigen und Älteren gab an, ledig oder geschieden zu sein (vgl. Tabelle 22 in Anhang 11.3).

rangezogen werden sollten. Zum Teil bildeten die ausgewählten Variablen die Grundlage für komplexe, mehrdimensionale Indikatoren und tauchten somit in den folgenden Analysen nicht mehr in Form der ursprünglich im SOEP erhobenen, separaten Variablen auf. Andere Variablen mussten – bspw. aufgrund eines hohen Anteils fehlender Werte – im Vorfeld der Analyse aufbereitet werden. Diese die eigentlichen Auswertungen vorbereitenden Prozeduren dokumentieren u.a. die folgenden Abschnitte 8.3.1 bis 8.3.5 ausführlich.

Aufgrund der spezifischen Struktur der im Rahmen des SOEP erhobenen Stichproben, wie bspw. deren unterschiedliches Auswahl- bzw. Ziehungsdesign, ist es geboten, für statistische Analysen eine sogenannte „Design-Hochrechnung" vorzunehmen (vgl. Pischner 2007, S. 2). Zu diesem Zwecke berechnete der Datenhalter des SOEP zu jeder Befragungswelle und zu jeder Stichprobe separate Quer- und Längsschnittgewichte. Diese Gewichte finden sich in Form separater Variablen in dem Daten des SOEP. Die personenbezogene längsschnittliche Gewichtungsvariable errechnete sich auf der Grundlage dieser Angaben wie folgt:

> $Gewicht_{Längsschnitt}$ = SPBLEIB*UPBLEIB*WPBLEIB*YPBLEIB (vgl. Haisken-DeNew/Frick 2005, S. 40f.).

Dabei geben die Variablen SPBLEIB, UPBLEIB, WPBLEIB und YPBLEIB die personenbezogenen Bleibewahrscheinlichkeiten der Wellen 2002, 2004, 2006 und 2008 wieder, d.h. die Wahrscheinlichkeit, dass eine Person, die in der genannten Welle teilgenommen hatte, auch schon in der jeweils vorangegangen Welle partizipierte. Die Gewichtungsvariable nimmt folglich den Wert 0 für Personen an, die aus verschiedenen Gründen der Panelmortalität (Wegzug aus der bisherigen Wohnregion, verstorben usw.) nicht mehr Stichprobe enthalten sind (sogenannte „Drop-Outs"). Da diese Personen a priori aus der Stichprobe und den weiteren Analysen ausgeschlossen wurden, war dieser Aspekt für die weiteren Auswertungsschritte nicht relevant.

8.3 Operationalisierung der Konzepte

8.3.1 Gesundheitsbezogene Lebensqualität

Bei der abhängigen Variablen der Untersuchung handelt es sich um ein standardisiertes Instrument zur Messung der *gesundheitlichen Lebensqualität* der Menschen. Die Wahl dieses Indikators entsprach dem in Abschnitt 4 diskutierten Konzepts eines mehrdimensionalen Gesundheitsbegriffs, der objektive, subjektive als auch funktionale Aspekte in einem Modell vereinigt. Der SOEP-Personenfragebogen enthält in den Jahren 2002, 2004, 2006 und 2008 eine Batterie von 11 Fragen zur subjektiven Einschätzung der gesundheitsbezogenen Lebensqualität, die an den ursprünglichen US-amerikanischen Fragebogen SF12 Version 2 (SF12v2) angelehnt, jedoch inhaltlich nicht deckungsgleich sind. So wurde bspw. eine Frage zu „körperlichen Schmerzen während der letzten vier Wochen“ aus der längeren Version des SF-36 in das SOEP übernommen, die im Original des SF12v2 nicht enthalten ist. Bei den Fragen zur gesundheitlichen Lebensqualität des SOEP handelt es sich somit lediglich um eine Annäherung an das Original des US-amerikanischen SF12v2, was dessen Validität für die bundesdeutsche Bevölkerung jedoch nicht infrage stellt (vgl. Nübling/Andersen/Mühlbacher 2006, S. 2).

Diese Fragebatterien wurden im SOEP seit dem Jahre 2002 im Zweijahres-Rhythmus erhoben. Im Einzelnen enthält das SOEP Angaben zur subjektiven Einschätzung des gegenwärtigen Gesundheitszustandes, des Gesundheitszustandes beim Treppensteigen und bei anstrengenden Tätigkeiten, des Empfindens von Zeitdruck, Niedergeschlagenheit, Ausgeglichenheit, Energie und körperlicher Schmerzen während der letzten vier Wochen, Einschränkungen aufgrund körperlicher oder seelischer Probleme sowie sozialer Kontakte aufgrund des Gesundheitszustandes.

Zur Berechnung der beiden Summenskalen des SF12v2, welche eine körperliche und eine mentale Dimension der gesundheitlichen Lebensqualität umfassen, dienen die Überlegungen und der Algorithmus von Nübling, Andersen und Mühlbacher (2006). Nach den Vorgaben dieser Autoren fasst eine standardisierte Prozedur die gesundheitsbezogenen Variablen des SF12v2 in acht Subskalen zusammen, die verschiedene Bereiche gesundheitlicher Lebensqualität repräsentieren (bspw. physische Funktionalität, körperliche Schmerzen, allgemeine Gesundheit, Vitalität, soziale Funktionalität, mentale Gesundheit). Die Werte dieser Skalen werden auf Werte zwischen 0 (minimale gesundheitliche Lebensqualität) bis 100 (Maximalwert) transformiert. Diese Rohwerte werden durch das Verfahren der sogenannten „z-Transformation“ standardisiert und dann auf einen einheitlichen Mittelwert von 50 und Standardabweichung von 10 transformiert.[144] Dieser Prozess des sogenannten „Norm-Based-Scoring“ lag bereits dem

[144] Die Standardisierung eines bestimmten Variablenwertes x in einen z-Wert erfolgt nach der Formel: z=(x-m)/s, wobei m der Mittelwert der Variablenwerte und s die Standardabweichung der Verteilung darstellen (vgl. Leonhart 2004, S. 56; Bühl/Zöfel 2002, S. 206f.). Eine z-transformierte Variable weist einen Mittelwert von Null und eine Streuung von 1 auf (vgl. Bortz 1999, S. 46). Die z-Transformation ist eine weit verbreitete Technik, um Variablen mit unterschiedlichen Skalenniveaus zu vereinheitlichen und das Skalenniveau kategorialer bzw. ordinaler Daten auf metrisches Niveau zu bringen, was insbesondere die Tauglichkeit solcher Variablen für komplexe statistische Klassifizierungs- und Analyseverfahren, wie bspw. Clusteranalysen gewährleistet. Da es sich bei den Werten

US-amerikanischen Original des SF12v2 zugrunde und diente in erster Linie der Vergleichbarkeit zukünftiger Studien mit der Normstichprobe der jeweiligen Welle des SOEP.

Mittels des statistischen Verfahrens der Faktorenanalyse[145] werden die acht Subskalen zu zwei übergeordneten Skalen „körperliche/physische Gesundheit" (Physical Component Score, PCS) und „mentale/psychische Gesundheit" (Mental Component Score, MCS) zusammengefasst.[146] Auch diese beiden Skalen weisen Werte zwischen 0 (Minimum) bis 100 (Maximum) auf.

Tabelle 2: Statistische Lagemaße der Summenskalen der physischen und mentalen gesundheitlichen Lebensqualität des SF12v2 im Untersuchungszeitraum

Lagemaße	**Physisch**				**Mental**			
	2002	**2004**	**2006**	**2008**	**2002**	**2004**	**2006**	**2008**
Median	43,2	42,2	41,2	40,2	53,1	53,4	51,9	51,7
Schiefe	-0,2	-0,2	-0,1	-0,0	-0,6	-0,6	-0,6	-0,6
Minimum	14,5	13,1	13,1	12,9	13,2	14,3	10,9	10,6
Maximum	67,0	65,4	67,4	64,7	75,7	76,7	74,5	74,5

Die statistischen Lagemaße in der Tabelle basieren auf den mit dem Produkt der Bleibewahrscheinlichkeiten der Wellen 2002 bis 2008 gewichteten Daten des SOEP. Die Gesamtzahl der gewichteten Werte pro Welle beträgt 2.745.

Quelle: Sozio-ökonomisches Panel (SOEP); eigene Berechnung und Darstellung

Zur Beschreibung der gesundheitlichen Lebensqualität wurden die körperlichen und psychischen Summenskalen der SOEP-Version des SF12v2 auf Basis der

der transformierten Variablen nicht um distinkte Einheiten, sondern um Einheiten auf der Basis der Standardabweichung vom Mittelwert handelt, ist eine inhaltliche Interpretation der Werte nicht direkt möglich, sondern nur im Vergleich mit den Ausprägungen der Ursprungsskalen.

[145] Das Ziel einer Faktorenanalyse ist es, eine größere Anzahl von Variablen auf eine kleinere Zahl von nicht direkt beobachteten Einflussgrößen zurückzuführen. Diese latenten Einflussgrößen werden Faktoren genannt. Variablen, die untereinander eine starke statistische Korrelation aufweisen, fasst die Faktorenanalyse zu einem Faktor zusammen, während die Faktoren möglichst unabhängig voneinander sein sollen (vgl. Bühl/Zöfel 2002, S. 465).

[146] Vgl. für die Berechnung der Skalenwerte der körperlichen und psychischen Gesundheit nach der SOEP-Version des SF12v2 Nübling/Andersen/Mühlbacher 2006, S. 3ff.

gültigen und – auf der Grundlage von Panelregressions-Modellen – imputierten Daten der Jahre 2002, 2004, 2006 und 2008 herangezogen.[147]

Wie Tabelle 2 verdeutlicht, gehen die mittleren Werte der physischen gesundheitlichen Lebensqualität im Zeitverlauf kontinuierlich zurück, während die mentale Gesundheit insgesamt ebenfalls einen leichten Rückgang, aber keinen stetigen Trend zwischen 2002 und 2008 zeigt. Der mediane Score der physischen Gesundheit liegt zwischen 43,2 (2002) und knapp über 40 (2008) und ist somit deutlich geringer als die durchschnittliche mentale Gesundheit (2002: 53,1; 2008: 51,7).[148] Dieser Befund deutet darauf hin, dass mentale Aspekte des gesundheitlichen Wohlbefindens bei den Befragten der SOEP-Kohorte durch menschliche Alterungsprozesses vergleichsweise schwächer beeinflusst werden, als dies im Hinblick auf die körperliche Dimension des SF12v2 der Fall ist und daher im hohen Lebensalter auf recht hohem Niveau einigermaßen stabil bleiben.[149]

8.3.2 Soziale Schichtzugehörigkeit

Angesichts der theoretischen Schwierigkeiten, die mit der Beschreibung der sozialen Schichtzugehörigkeit von Haushalten auf der Basis der individuellen sozioökonomischen Lage[150] der jeweiligen Haushaltsmitglieder im Rentenalter

---

[147] Im gesamten Untersuchungszeitraum von 2002 bis 2008 fehlten 90 Angaben zur gesundheitlichen Lebensqualität. Für die Imputation der fehlenden Werte wurden die personenbezogenen Schätzwerte eines sogenanntes „Wachstumskurven-Modells“ verwendet. Dieses statistische Verfahren eignet sich besonders für Paneldaten und wird in Abschnitt 8.4.1 detailliert beschrieben. Als Prädiktoren bzw. unabhängige Variablen wurden das um den Median der Studienkohorte zentrierte Lebensalter, das Erhebungsjahr sowie die Geschlechtszugehörigkeit verwendet.

[148] Diesen Befund beschrieben Nübling, Andersen und Mühlbacher bereits anhand der SOEP-Welle des Jahres 2004 (vgl. Nübling/Andersen/Mühlbacher 2006, S. 7).

[149] Diese Ergebnisse weisen durchaus Ähnlichkeit mit den Befunden aus anderen bevölkerungsbezogenen Datensätzen, wie bspw. dem Bundes-Gesundheitssurvey des Jahres 1998 auf. Auch hier wurde ein altersabhängiger Rückgang der Werte des SF-36 bei den über 60jährigen lediglich bei den Indikatoren der körperlichen Gesundheit, jedoch nicht für die mentale Gesundheit beobachtet. Auch waren die Mittelwerte der Subskalen der mentalen Gesundheit deutlich höher als die der physischen Gesundheit des SF-36 (vgl. Gunzelmann u.a. 2006, S. 113f.). In der vorliegenden SOEP-Studienkohorte kann der höhere Mittelwert der mentalen Gesundheit zum Teil auf die höheren Maximalwerte zurückgeführt werden: Während der höchste Wert der physischen Gesundheit im Untersuchungszeitraum bei 67,4 liegt (2006), beträgt er für die mentale Gesundheit 76,7 (2004) und fällt zu keinem Zeitpunkt unter 74,5 (2006 und 2008) (vgl. Tabelle 2). Einen ähnlichen altersabhängigen Verlauf der physischen und mentalen Dimension gesundheitsbezogener Lebensqualität beobachteten Saß und Kollegen auch bei den über 50jährigen Befragten des telefonischen Gesundheitssurveys 2003 (vgl. Saß/Lampert/Ellert 2008, S. 1380).

[150] In Anlehnung an den englischsprachigen Terminus „socioeconomic position“ wird im Folgenden der Begriff „sozioökonomische Lage“ verwendet, der eng mit der Vorstellung einer mehrdimensional

einhergehen, wurde auf drei Einzelindikatoren zurückgegriffen, welche die Mehrzahl der einschlägigen Fachbeiträge zur sozialen Ungleichheit der Gesundheitschancen im mittleren und hohen Erwachsenenalter als Kriterien zur Abgrenzung sozialer Statusgruppen verwenden (vgl. Abschnitte 2.2 sowie 5). Diese Einzelindikatoren umfassen Aspekte der sozioökonomischen Lage in intragenerationaler Perspektive[151], die typischerweise während des späten Jugendalters sowie verschiedener Phasen des Erwachsenenalters erworben werden und – als Elemente der „meritokratischen Triade" moderner Staatsgesellschaften (Kreckel 2004, S. 97) – in wechselseitiger Beziehung zueinander stehen. Im Einzelnen handelt es sich (a) um den höchsten allgemeinen und beruflichen Bildungsabschluss, (b) den Berufsstatus bzw. die berufsbezogene soziale Klasse auf der Grundlage der aktuellen oder zuletzt ausgeübten beruflichen Tätigkeit vor dem Eintritt in den Altersruhestand und (c) das monatliche Netto-Äquivalenzeinkommen der Mitglieder eines Haushalts (vgl. Lampert/Kroll 2009, S. 315ff.; Lahelma u.a. 2008, S. 147ff.).

Zur Bestimmung des Bildungsstatus wurde der *höchste allgemeine und berufliche Bildungsabschluss* herangezogen. Da die Befragten diese Abschlüsse im Allgemeinen in relativ frühen Phasen des Lebenslaufs erwarben und diese fast ausnahmslos während späterer Lebensphasen relativ stabil blieben, wurde bei den Bildungsvariablen auf eine längsschnittliche Betrachtung verzichtet und die Angaben des Jahres 2002 verwendet. Die Kategorien des höchsten allgemeinen und beruflichen Bildungsabschlusses orientieren sich an der Klassifikation, wie sie auch im sogenannten „Winkler-Index" zur Bestimmung der sozialen Schichtzugehörigkeit gebräuchlich ist (vgl. Winkler 1998, S. 70; Lampert/Kroll 2009, S. 325). In Anlehnung an dieses Kategorisierungschema wurden die folgenden sieben Bildungsniveaus als hierarchische Skala abgebildet:

- Personen ohne Schulabschluss, mit Haupt-, Volksschul-, oder Realschulabschluss/Mittlere Reife, Abschluss einer Polytechnischen Oberschule (POS)/10. Klasse in der ehemaligen Deutschen Demokratischen Republik (DDR), Fachhochschulreife oder Fachoberschule und Personen mit einem „anderen Schulabschluss" in Kombination mit der Angabe „ohne Berufsabschluss" oder „anderer Berufsabschluss" (Kategorie 1).

---

determinierten Position im Gefüge ungleicher Sozialstruktur verbunden ist (vgl. Lahelma u.a. 2008, S. 144).

[151] Da soziale Statuslagen in intragenerationaler Perspektive im Blickpunkt der Untersuchung stehen, wird der intergenerationale Blickwinkel auf die soziale Schichtzugehörigkeit alter Menschen nicht weiter verfolgt. Folglich berücksichtige ich den gesundheitlichen Einfluss der jeweiligen sozialen Herkunft, d.h. die soziale Schichtzugehörigkeit des Elternhauses, nicht.

- Personen ohne Schulabschluss, mit Haupt- oder Volksschulabschluss oder einem anderen Schulabschluss in Kombination mit einer abgeschlossenen beruflichen Lehre, Berufsfach-, Handels- oder Fachschule (Kategorie 2).
- Realschulabschluss/Mittlere Reife in Kombination mit einer abgeschlossenen beruflichen Lehre, Berufsfach-, Handels- oder Fachschule (Kategorie 3).
- Polytechnische Oberschule (POS)/10. Klasse in der ehemaligen Deutschen Demokratischen Republik (DDR) oder Fachhochschulreife/Fachoberschule in Kombination mit einer abgeschlossenen beruflichen Lehre, Berufsfach-, Handels- oder Fachschule (Kategorie 4).
- Abitur oder Erweitere Oberschule (EOS) der ehemaligen Deutschen Demokratischcn Republik (DDR) in Kombination mit der Angabe „ohne Berufsabschluss“ oder abgeschlossener beruflicher Lehre, Berufsfach-, Handels- oder Fachschule (Kategorie 5).
- Abitur oder Erweitere Oberschule (EOS) der ehemaligen Deutschen Demokratischen Republik (DDR) in Kombination mit dem Abschluss einer Fachhochschule oder Ingenieurschule (Kategorie 6).
- Abitur oder Erweitere Oberschule (EOS) der ehemaligen Deutschen Demokratischen Republik (DDR) in Kombination mit einem Universitäts- bzw. Hochschulabschluss (Kategorie 7) (vgl. Tabelle 23 in Anhang 11.3.1).

Die Angaben zu den jeweiligen *monatlichen Netto-Haushaltseinkommen* der Jahre 2002, 2004, 2006 und 2008 bilden die Grundlage für die Berechnung des Einkommensstatus. Dabei wurden die monatlichen Haushaltsnettoeinkommen mit der Anzahl der jeweils in einem Haushalt lebenden Personen gewichtet, um das bedarfsgewichtete Netto-Äquivalenzeinkommen zu erhalten. Hierbei wurden die von der OECD vorgegebenen Einkommensgewichte in der herkömmlichen Form verwendet (sogenannte „Oxford-Skala“).[152] Die Oxford-Skala rechnet dem Haushaltsvorstand ein Gewicht von 1, jedem weiteren Erwachsenen ein Gewicht von 0,7 und jedem Kind ein Gewicht von 0,5 zu.[153] Das monatliche Haushaltsnettoeinkommen wird durch die Summe dieser Gewichte dividiert, um das bedarfsgewichtete Pro-Kopf-Äquivalenzeinkommen zu erhalten.

Die Angaben zum monatlichen Haushaltsnettoeinkommen erfragte das SOEP vom Haushaltsvorstand. Sie fehlen daher bei allen weiteren im gleichen Haushalt lebenden Personen, die ebenfalls am SOEP teilnahmen. Aus diesem

---

[152] Vgl. OECD Social Policy Division online unter: http://www.oecd.org/els/social

[153] Neben dieser OECD-Skala existiert auch eine modifizierte Version. In der modifizierten Skala wird jedem weiteren Erwachsenen im Haushalt ein Gewicht von 0,5 und jedem weiteren Kind ein Gewicht von 0,3 zugerechnet. Da die OECD keine Empfehlung bezüglich einer dieser Skalen abgibt, ist es weitgehend in das Ermessen des Anwenders gestellt, welche Skala verwendet wird.

Grunde wurden die jeweils aktuellen Haushalts-Identifikationsnummern der Wellen 2002, 2004, 2006 und 2008 verwendet, um die fehlenden Werte der Haushalts- bzw. Äquivalenzeinkommen bei Mehrpersonenhaushalten durch Aggregation der individuellen Angaben auf dem Niveau eines Haushalts zu imputieren. Auf diesem Wege konnten die Anteile fehlender Angaben zu den meisten Messzeitpunkten deutlich unter 10% gehalten werden.

Ausgehend von der Einkommensverteilung innerhalb der SOEP-Stichprobe zum jeweiligen Erhebungszeitpunkt wurden sieben annähernd gleich große Einkommensgruppen abgegrenzt: weniger als 50%, 50% bis unter 70%, 70% bis unter 90%, 90% bis unter 110%, 110% bis unter 130%, 130% bis unter 150% sowie 150% und mehr des durchschnittlichen Äquivalenzeinkommens (vgl. Tabelle 23 in Anhang 11.3.1).

Im Hinblick auf die *berufliche Stellung* verfolgte die Untersuchung einen dynamischen Ansatz, um die letzte berufliche Position von Personen vor dem Eintritt in den altersbedingten Ruhestand abbilden zu können, die sich 2002 bereits im Ruhestand befanden. Hierbei wurde zunächst anhand des Lebenslauf-Fragebogens Informationen zum ersten und letzten Beruf gesammelt. Zusätzlich zu diesen Informationen kategorisierte ich die jeweils verfügbaren Angaben zur aktuellen beruflichen Stellung der Wellen von 1984 bis 2008 nach dem gleichen Schema. Diese Angaben bildeten insgesamt die Grundlage für die Ermittlung der letzten beruflichen Position vor dem Eintritt in den Altersruhestand.

Die Klassifikation der Berufe in eine 7-stufige Hierarchie erfolgte – wie bereits beim höchsten allgemeinen und beruflichen Bildungsabschluss – nach Vorgaben des „Winkler-Index" (vgl. Winkler 1998, S. 71f.). Nach diesem Kategorisierungsschema wurden die folgenden beruflichen Klassen unterschieden:

- Ungelernte Arbeiter (Kategorie 1)
- Angelernte Arbeiter, gelernte oder Facharbeiter, sonstige Arbeiter, Landwirte oder Genossenschaftsbauern (Kategorie 2).
- Vorarbeiter, Kolonnenführer, Meister, Angestellte mit einfacher Tätigkeit (mit und ohne Abschluss), Beamte im einfachen Dienst sowie mithelfende Familienangehörige (Kategorie 3).
- Angestellte Industrie- und Werkmeister, Angestellte mit qualifizierter Tätigkeit, Beamte im mittleren Dienst (Kategorie 4).
- Selbstständige mit bis zu 9 Mitarbeitern (Kategorie 5).
- Angestellte mit hochqualifizierter Tätigkeit, Beamte im gehobenen Dienst, akademische Freiberufler (Kategorie 6).
- Angestellte mit umfassender Führungstätigkeit, Beamte im höheren Dienst, Selbstständige mit 10 und mehr Mitarbeitern (Kategorie 7) (vgl. Lampert/Kroll 2009, S. 325).

Aus den drei Einzelindikatoren errechnete sich ein zusammengefasster Indikator der sozialen Schichtzugehörigkeit auf der Haushaltsebene. Der hier berechnete dreidimensionale Index orientiert sich an den Vorgaben von Winkler und Helmert (vgl. Winkler/Stolzenberg 1999; Bammann/Helmert 2000, S. 183ff.), die empirische Studien zu gesundheitlicher Ungleichheit bereits zur Bestimmung der sozioökonomischen Lage und – in kategorisierter Form – zur Abbildung der sozialen Schichtzugehörigkeit in der Bundesrepublik verwendeten. Dabei wurden die Angaben der drei Dimensionen der sozioökonomischen Lage in Ordinalskalen mit Punktwerten von 1 bis 7 überführt (vgl. Tabelle 23 in Anhang 11.3.1).

Sämtliche Dimensionen gingen ohne Gewicht in den Index der sozioökonomischen Lage ein. Die Punktwerte/Scores aus den einzelnen Dimensionen wurden zunächst personenbezogen addiert. Der rohe Index konnte folglich Werte zwischen 3 und 21 aufweisen. Bei einer fehlenden Angabe wurden die Mittelwerte aus mindestens zwei anderen gültigen Daten imputiert. Falls mehr als zwei Angaben innerhalb der drei Dimensionen des Index fehlten, konnte der entsprechende Score nicht berechnet werden (vgl. Lampert/Kroll 2009, S. 325f.). Die Skala der personenbezogenen sozioökonomischen Lage unterteilte sich in fünf Kategorien:

3 bis 6 (Unterschicht),
7 bis 10 (untere Mittelschicht),
11 bis 14 (mittlere Mittelschicht),
15 bis 18 (gehobene Mittelschicht),
19 bis 21 (obere Mittelschicht).[154]

Da in breit angelegten, bevölkerungsbezogenen Surveys wie dem Sozio-ökonomischen Panel die Angehörigen der gesellschaftlichen Eliten im Allgemeinen nicht in ausreichender Anzahl partizipieren, wurde die höchste Schichtkategorie als „obere Mittelschicht“ und nicht etwa als „Oberschicht“ bezeichnet (vgl. Mayer/Wagner 1996, S. 256).[155] Die personenbezogenen Werte wurden anschließend auf Haushaltsebene aggregiert und der jeweils der höchste Wert des sozioökonomischen Status als Indikator der Schichtzugehörigkeit des Haushaltes

[154] Für diese Einteilung spielten theoretische Gesichtspunkte keine maßgebliche Rolle. Vielmehr wurden sie nach forschungspragmatischen Gesichtspunkten festgelegt.

[155] Dies ist u.a. eine Folge des sogenannten „Mittelschichtbias“. Dieser Effekt macht sich im Allgemeinen auch durch eine Unterrepräsentation von sozioökonomisch benachteiligten Gruppen, wie einkommensschwachen Personen oder Menschen mit geringem Bildungsgrad bemerkbar, wodurch bspw. Armutsquoten nach unten verzerrt sein können (vgl. Diekmann 2001, S. 271).

gewählt. Durch dieses Vorgehen machte die Anzahl fehlender Werte in der SOEP-Kohorte weniger als 1% aus (vgl. Tabelle 3).

Tabelle 3: Verteilung der Befragten nach sozialer Schichtzugehörigkeit

Statusgruppe	**2002**		**2004**		**2006**		**2008**	
	Anzahl	**(%)**	**Anzahl**	**(%)**	**Anzahl**	**(%)**	**Anzahl**	**(%)**
Unterschicht	265	9,6	254	9,3	293	10,7	342	12,4
Untere Mittelschicht	1.053	38,4	1.077	39,2	1.093	39,8	1.157	42,2
Mittlere Mittelschicht	848	30,9	860	31,3	809	29,5	746	27,2
Gehobene Mittelschicht	416	15,2	372	13,5	388	14,1	345	12,6
Obere Mittelschicht	160	5,8	178	5,0	158	5,8	151	5,5
Fehlend	4	0,1	4	0,1	4	0,1	4	0,1
Gesamt	2.745	100,0	2.745	100,0	2.745	100,0	2.745	100,0

Die Tabelle enthält die mit dem Produkt der Bleibewahrscheinlichkeiten der Jahre 2002 bis 2008 gewichteten absoluten und relativen Häufigkeiten des SOEP.

Quelle: Sozio-ökonomisches Panel (SOEP); eigene Berechnung und Darstellung

Rund 70% der Haushalte in der Studienkohorte des SOEP ordnet der Schichtindex der unteren und mittleren Mittelschicht zu. Der gehoben und der oberen Mittelschicht gehören in den Jahren 2002 bis 2008 zwischen 21% und ca. 18% der Befragten an, wobei deren Anteile im Zeitverlauf tendenziell zurückgehen (vgl. Tabelle 3). Dies ist wahrscheinlich auf Einkommenseinbußen in Folge von Verwitwung und des hieran gekoppelten Bezuges von Witwenrenten zurückzuführen, von denen vor allem alte und hochaltrige Frauen betroffen sind. Der gleiche Effekt dürfte für die leichte Zunahme des Anteils der Unterschicht-Haushalte von rund 10% im Jahre 2002 auf gut 12% im Jahre 2008 verantwortlich sein (vgl. Tabelle 3). Abgesehen von diesen zeitlichen Schwankungen bleibt die soziale Schichtzugehörigkeit der meisten Haushalte im Untersuchungszeitraum erwartungsgemäß stabil. Insgesamt sind die Werte des hier verwendeten, mehrdimensionalen Schichtindikators durchaus mit eindimensionalen, ausschließlich an der beruflichen Stellung während des Erwerbslebens orientierten Schichtindikatoren vergleichbar, wie sie in Auswertungen des Alters-Surveys oder der Berliner Altersstudie zur Anwedung kamen (vgl. Kohli u.a. 2005, S. 334; Mayer/Wagner 1996, S. 260).[156]

[156] Die in diesen beiden Studien verwendeten Schichtungsskalen zeigten allerdings höhere Anteile bei der gehobenen und der oberen Mittelschicht bzw. der Oberschicht. Dies ist vermutlich auf unter-

8.3.3 Gesundheitliche Resilienz und Risiko-Mechanismen

Der Arbeitsdefinition gesundheitlicher Resilienz folgend (vgl. Abschnitt 3.4) wurden Männer und Frauen aus Haushalten der Unterschicht und der unteren Mittelschicht als gesundheitlich resilient eingestuft, falls sie im gesamten Beobachtungszeitraum eine gesundheitliche Lebensqualität in physischer oder mentaler Hinsicht aufrecht erhalten konnten, die über dem jeweiligen jahres- und geschlechtsspezifischen Median der Gesamtstichprobe lag (vgl. Tabelle 2). Gesundheitlich vulnerable Menschen wiesen dementsprechend zu mindestens einem Zeitpunkt einen unterdurchschnittlichen Wert gesundheitlichen Wohlbefindens nach der Skala des SF12v2 auf.[157]

Eine solche Messung gesundheitlicher Widerstandsfähigkeit berücksichtigt zwar den altersabhängigen Rückgang des medianen Niveaus gesundheitlicher Lebensqualität der gesamten Studienkohorte im Zeitverlauf. Die gesundheitlichen Differenzen innerhalb der Altersgruppen bleiben jedoch unberücksichtigt. So haben „Junge Alte", die im Schnitt über eine bessere gesundheitliche Lebensqualität verfügen, zu allen Messzeitpunkten auch eine höhere Chance gesundheitlicher Resilienz als hochaltrige Personen. Um mögliche Altersverzerrungen zwischen gesundheitlich resilienten und vulnerablen Personen zu kontrollieren, wurde daher in den folgenden Analysen das Lebensalter mit einbezogen, so bspw. als gesundheitlicher Risiko-Mechanismus (vgl. Abschnitt 9.2.2).

Als weitere schichtassoziierte Risiko-Mechanismen unterschied ich in Anlehnung an Abschnitt 5.1 die gegenwärtige ökonomische Situation, die Wohnverhältnisse sowie strukturelle Merkmale des Wohnumfeldes und Aspekte der subjektiven Zufriedenheit im Rentenalter. Die wirtschaftliche Situation alter Menschen erfasst ein diachroner Indikator zur relativen Einkommensarmut. Das Äquivalenzeinkommen eines Haushaltes wurde in jeder Welle in einen „armutsnahen Bereich" oder auch „Armutsrisikoschwelle" (definiert als 60% oder weniger des durchschnittlichen Äquivalenzeinkommens der Haushalte) und in die Kategorie „keine Armutslage" (mehr als 60% des durchschnittlichen Äquivalenzeinkommens der Haushalte) unterteilt. Diese Angaben bündelte ich zu einem „Armuts-Index", der sich als Quotient der Summe der Angaben zur Einkommensarmut der einzelnen Wellen und der Anzahl der Wellen im Untersuchungszeitraum errechnete. Dieser Index ist für Personen, die im untersuchten Zeitraum

---

schiedliche definitorische Maßgaben bei der Abgrenzung der Schichtkategorien zurückzuführen und kann daher nicht als systematische Verzerrung der SOEP-Stichprobe gedeutet werden.

[157] Eine vergleichbare Operationalisierung gesundheitlicher Resilienz alter Menschen verwendeten Hildon und Kollegen im Rahmen einer empirischen Studie (vgl. Hildon u.a. 2008, S. 729). Falls sich eine Person zu mindestens einem Zeitpunkt nicht der Unterschicht bzw. unteren Mittelschicht zuordnen ließ, blieb der Status „resilient" bzw. „vulnerabel" unbestimmt. Dies betraf rund ein Viertel der Messzeitpunkte der unteren Mittelschicht und zwischen 3% und 7% der Unterschicht.

überhaupt nicht unterhalb der Armutsrisikoschwelle wirtschaften mussten folglich Null und erreicht den Wert 1 für Personen, die zu allen vier Wellen von Armut betroffen waren. Im Rahmen der Analyse unterscheide ich vier Gruppen, die den Quartilen des Armuts-Index entsprechen.

Die Wohnungsdichte entspricht dem Quotient der Größe der Wohnung in m^2 und der Anzahl der Personen, die zum jeweiligen Erhebungszeitpunkt im Haushalt lebten. Die Wohnungsausstattung wurde als additiver Index konzipiert und gemessen über die Anzahl der zur Verfügung stehenden Räumlichkeiten und grundlegende funktionale Einrichtungsmerkmale (Küche, Bad mit WC, Zentralheizung, Keller, Balkon usw.) sowie bestimmter Gebrauchsgüter (Automobil, Fernsehen, Mikrowelle, Spüle und Waschmaschine).

Strukturelle Merkmale des Wohnumfeldes alter Menschen wurden auf der Grundlage von Angaben zu Beeinträchtigungen des Wohnumfeldes durch Lärm, Luftverschmutzung oder einen Mangel an Grünflächen sowie der Qualität der Infrastruktur, gemessen anhand der geschätzten Entfernung zu Fuß zum Hausarzt, zu Einrichtungen für alte Menschen, zu Sportanlagen usw., bestimmt. Diese Daten wurden im SOEP lediglich für das Jahr 2004 erhoben. Daher hielt ich sie für die Befragten im Untersuchungszeitraum konstant, es sei denn, die Personen waren innerhalb dieses Zeitraumes verzogen. Die verfügbaren Angaben zu den strukturellen Charakteristika des Wohnumfeldes fasste ich jeweils zu einem additiven Index zusammen.

Die Lebenszufriedenheit wurde ebenfalls als additiver Index aus der Summe der klassifizierten Angaben der subjektiven Zufriedenheit in den Bereichen Einkommen, Wohnung, soziale Sicherung und allgemeiner Lebensstandard gebildet. Dabei unterteilte ich auf den jeweils 10-stufigen Ausgangsskalen den Bereich 0 bis 5 als „unzufrieden mit der materiellen Wohlfahrt" und der Bereich 6 bis 10 als „zufrieden mit der materiellen Wohlfahrt".

8.3.4 Gesundheitslebensstile

Das zweidimensionale Konzept der *Gesundheitslebensstile* wurde auf der Grundlage der Dimensionen gesundheitsrelevanter Einstellungen und Verhaltensweisen operationalisiert (vgl. Abschnitt 6.1). Für eine diachrone Analyse *gesundheitsbezogener Einstellungen* und *Wissensbestände* sind die Daten des SOEP – wie auch die meisten anderen der für diese Untersuchung in Frage kommenden Panel-Studien (vgl. Anhang 11.2) – nur bedingt geeignet. In die Konstruktion der Gesundheitslebensstile flossen daher lediglich die Angaben zum Ausmaß der Sorge um die eigene Gesundheit sowie der selbstberichteten Risikobereitschaft in Bezug auf die eigene Gesundheit als Komponenten der Dimension „gesundheitsbezogene Einstellungen“ ein.

Das SOEP enthält vor allem Fragen zu vielfältigen *gesundheitsbezogenen Verhaltensweisen* wie Tabak- und Alkoholkonsum, dem Grad des Achtens auf gesundheitsbewusste Ernährung, der Regelmäßigkeit aktiven Sports, der typischen Schlafdauer an einem Werktag bzw. am Wochenende sowie dem Body Mass Index (BMI) (vgl. Tabelle 4). Der BMI wurde in der Analyse in erster Linie als Proxy einer ganzen Reihe gesundheitsbezogener Verhaltensweisen verwendet, die sich im Verhältnis von Körpergewicht zu Körpergröße widerspiegeln, wie bspw. Aspekte der Ernährung und körperlicher Aktivität. Letztere umfasst auch körperliche Betätigungen, die sich nicht unmittelbar unter die Rubrik „sportliche Betätigung“ fassen lassen, wie bspw. Gartenarbeiten oder regelmäßige Spaziergänge.

Prinzipiell wurden die Angaben zu gesundheitsbezogenen Einstellungen und Verhaltensweisen in lebenszeitlicher Perspektive untersucht, um dem theoretischen Verständnis gesundheitlicher Resilienz als dynamischem Prozess zu entsprechen (vgl. Abschnitt 3.4). Dies war nicht für alle Variablen des SOEP in gleicher Weise möglich, da manche Informationen nicht über den gesamten Untersuchungszeitraum erfragt oder in früheren Wellen nicht erhoben wurden. So enthielt das SOEP bspw. Angaben zur gesundheitlichen Risikobereitschaft nur für das Jahr 2004, die Informationen zum persönlichen Alkoholkonsum der Befragten lediglich für 2006 und 2008 und die Informationen zum gesundheitsbewussten Ernährungsverhalten nur für die Jahre 2004 und 2006 (vgl. Tabelle 4). Es kann jedoch angenommen werden kann, dass gesundheitliche Verhaltensweisen und Einstellungen relativ stabil sind. Sie gehen durch regelmäßige Praxis in Alltagsroutinen über, die sich kurzfristig nicht wesentlich ändern., Daher flossen die unvollständigen Angaben zur Risikobereitschaft, zum Ernährungsverhalten, zur Schlafdauer und zum Alkoholkonsum in die Berechnung der Gesundheitslebensstile über sämtliche Wellen des Untersuchungszeitraumes hinweg ein.[158]

---

[158] Eine Alternative wäre gewesen, auf diese Dimensionen bei der Berechnung der Gesundheitslebensstile für die jeweilige Welle des SOEP ganz zu verzichten, was einen erheblichen Informationsverlust mit sich gezogen hätte. Eine andere Möglichkeit bestünde darin, lediglich für eine Welle die Zugehörigkeit zu einem bestimmten Gesundheitslebensstil auf der Basis aller verfügbaren Informationen zu bestimmen und diese für die übrigen Messzeitpunkte konstant zu halten. Dieses Vorgehen würde allerdings Prozesse individueller Mobilität zwischen Lebensstiltypen ausblenden. Aus diesen Gründen habe ich mich für das oben beschriebene Vorgehen entschieden, um für alle vier Messzeitpunkte vollständige – wenn auch nicht unabhängige – Informationen zu erhalten.

Tabelle 4: Übersicht zu den einzelnen Variablen gesundheitsbezogener Einstellungen und Verhaltensweisen des Sozio-ökonomischen Panels (SOEP)

Dimension	**Variable im SOEP**	**Jahr / Welle des SOEP**
Verhaltensweisen	Tabakkonsum	1998 (1999), 2001, 2002, 2004, 2006
	Ernährung	2004, 2006
	Regelmäßiger aktiver Sport	1984-1986, 1988, 1990, 1992, 1994-1999, 2001, 2003-2006
	BMI	2002, 2004, 2006, 2008
	Alkoholkonsum	2006, 2008
	Schlafgewohnheiten	2008
Einstellungen	Gesundheitliche Risikobereitschaft	2004
	Sorgen um die Gesundheit	2002, 2004, 2006, 2008

Quelle: Sozio-ökonomisches Panel (SOEP); eigene Darstellung

Der *Tabakkonsum* eines Menschen kann in lebenszeitlicher Perspektive auf unterschiedliche Art und Weise modelliert werden. Der gebräuchlichste Indikator in sozialwissenschaftlichen und epidemiologischen Studien ist der sogenannte „*Rauch-Status*", den u.a. auch die vorliegende Untersuchung betrachtet.[159] Der „Rauch-Status" ist jedoch ein recht grober Indikator, der keine Aussagen zu Dauer oder Intensität des Tabakkonsums zulässt. Detailliertere Aussagen zum Tabakkonsum erlauben die sogenannten „Rauch- bzw. Packungs-Jahre" („Smoke/Cigarette-Years" bzw. „Pack-Years"), die als zusätzlicher Indikator auf Basis der entsprechenden Informationen des Sozio-ökonomischen Panels berechnet wurden. Es handelt sich dabei um ein Instrument, das aus dem Produkt der zeitlichen Dauer sowie der Intensität des Rauchens – hier gemessen als die Summe der Zigaretten, Pfeifen oder Zigarren/Zigarillos pro Tag – gebildet wird (vgl. Leffondré u.a. 2002, S. 813). Beide Dimensionen gehen im Allgemeinen unge-

[159] Im Allgemeinen unterscheiden Forscher zur Bestimmung des „Rauch-Status", ob es sich bei einer Person zu einem bestimmten Messzeitpunkt um einen gegenwärtigen oder ehemaligen Raucher handelt oder um eine Person, die noch nie in ihrem Leben rauchte. In der vorliegenden Untersuchung ergänze ich diese Dreiteilung um Personen, die aufgrund des nicht-täglichen Konsums von Tabakwaren (Zigaretten, Zigarren/Zigarillos oder Pfeife) als „Gelegenheitsraucher" bezeichnet werden können sowie ehemaligen Raucher, die seit weniger oder seit mehr als einem Jahr nicht mehr geraucht hatten (vgl. Helmert/Schorb 2009, S. 135). Raucher werden allgemein definiert als Personen, die entweder gegenwärtig (letzter vorliegender Messzeitpunkt des Sozio-ökonomischen Panels im Jahre 2008) oder zu einem früheren Zeitpunkt angaben, Rauchwaren in Form von Zigaretten, Pfeifen oder Zigarren/Zigarillos zu konsumieren.

wichtet in die Berechnung der „Rauch-Jahre" ein. Da der Anteil der fehlenden Werte bei beiden Dimensionen des Tabakkonsums „Intensität" und „Dauer" vergleichsweise hoch war, wurden die fehlenden Werte größtenteils durch die Mittelwerte der verfügbaren personenbezogenen Angaben aus den Vorjahren ersetzt. Falls dies nicht möglich war, wurde der Mittelwert der „Rauch-Intensität" aller Fälle des jeweiligen Jahres eingefügt.[160]

Die subjektive Einschätzung des Achtens auf *gesundheitsbewusste Ernährung* erfragte das SOEP bisher nur in den Jahren 2004 und 2006. Aus diesem Grunde setzte ich für die Angaben der Jahre 2002 bzw. 2008 jeweils die individuellen Mittelwerte der Jahre 2004 und 2006 ein. Da insbesondere das Jahr 2006 eine große Zahl fehlender Werte aufwies, wurden diese Angaben zudem durch den Mittelwert der verfügbaren Angaben aus den übrigen drei Jahren imputiert.

Bis auf wenige Ausnahmen lagen Angaben zur Häufigkeit der *aktiven sportlichen Betätigung* fast geschlossen für den gesamten Erhebungszeitraum des SOEP ab dem Startjahr 1984 vor. Da das Panel die Informationen zu den individuellen sportlichen Aktivitäten anhand unterschiedlicher Skalen erfragte, war es im Vorfeld der weiteren Untersuchungsschritte notwendig, die Merkmalsausprägungen in sogenannte „z-Werte"[161] zu transformieren und somit zu standardisieren.[162] Aus diesen standardisierten Werten wurde ein additiver Index der sportlichen Betätigung im Lebenslauf gebildet: Je höher die Ausprägung dieses Indexwertes, desto häufiger trieben die Befragten während der letzten Jahre Sport. Die Imputation der fehlenden Werte erfolgte für die Jahre 2002 bis 2008, indem die Mittelwerte der für jeden Befragten jeweils verfügbaren Angaben zum Grad der sportlichen Aktivität im gleichen Zeitraum berechnet und an Stelle der fehlenden Werte eingesetzt wurden.

Die World Health Organization (WHO) definierte den *Body Mass Index* (BMI) als bevölkerungsbezogenes Instrument zur Messung der Prävalenz von Übergewicht und Adipositas im internationalen Vergleich (vgl. WHO 1998, S. 7). Das SOEP erhob den BMI zu drei Zeitpunkten (2002, 2004 und 2006). Dieses Maß kann – wie bereits eingangs dieses Abschnitts angemerkt – vor allem als Indikator des Ernährungsverhaltens und des Niveaus der körperlichen Aktivität interpretiert werden (vgl. Lampert 2005, S. 10). Der numerische Wert des BMI ergibt sich aus dem Quotienten des Körpergewichts in kg und der Körpergröße

---

[160] Zudem ergänzte ich für die Analyse einen Teil der fehlenden Werte der Dauer des Rauchens mittels linearer Regression. Diese Modelle adjustierten für Alter und Geschlecht und lieferten individuelle Schätzwerte der Dauer des Rauchens in Jahren, welche ich als Ersatz für die fehlenden Werte in dieser Dimension heranzog.

[161] Zum statistischen Verfahren der z-Transfomation vgl. die Ausführungen in Abschnitt 8.3.1.

[162] Vor dieser Umrechnung bzw. Standardisierung der Werte wurden die Angaben „trifft nicht zu" in die Kategorie „nie aktiver Sport" bzw. „sehr selten aktiver Sport" bei allen SOEP-Variablen zur sportlichen Betätigung von 1984 bis 2008 umcodiert.

in cm zum Quadrat. Alte Menschen aus der SOEP-Kohorte, die einen BMI von 20 bis unter 25 aufwiesen, wurden als normalgewichtig definiert. Ein BMI kleiner als 20 indizierte dementsprechend Untergewicht.[163] Leichtes Übergewicht lag folglich bei einem BMI von 25 bis unter 27 vor, Übergewicht von 27 bis unter 30. Ab einem BMI von 30 spricht man von Adipositas, d.h. es liegt starkes Übergewicht bzw. Fettleibigkeit vor.[164]

Die Daten zum persönlichen *Alkoholkonsum* der Befragten umfassten Angaben zur Häufigkeit des Genusses von Bier, Wein, alkoholhaltigen Mischgetränken (bspw. Cocktails) und stärkeren Alkoholika, wie bspw. Likör oder anderen Spirituosen. Aus diesen Angaben bildete ich einen additiven Index zum Genuss alkoholischer Getränke in den Jahren 2006 und 2008. Für die Jahre 2002 bzw. 2004 wurden jeweils die Mittelwerte der gültigen Angaben aus den Jahren 2006 und 2008 eingesetzt. Aufgrund der hohen Vollständigkeit der Angaben in der Studienkohorte (über 99% im Jahre 2008) war eine weitere Imputation der Werte nicht nötig.

Informationen zur typischen *Schlafdauer* an einem Werktag bzw. am Wochenende ermittelte das SOEP lediglich im Jahre 2008. Aus diesen beiden Angaben wurde eine Variable gebildet, die den Mittelwert der Schlafdauer eines Befragten über die ganze Woche hinweg wiedergab. Diese Angaben wurden – in Ermangelung entsprechender diachroner Daten – auf die übrigen SOEP-Wellen im Untersuchungszeitraum übertragen.

Die *gesundheitliche Risikobereitschaft* als ein Indikator gesundheitsbezogener Einstellungen erhob das SOEP ebenfalls nur zu einem Erhebungszeitpunkt, in diesem Falle im Jahr 2004. Diese Angaben behandelte ich ebenfalls als fixe Werte und übertrug diese – ähnlich wie Angaben zur Schlafdauer – auf die jeweils fehlenden Erhebungswellen des SOEP. Den zweiten Indikator zur Messung gesundheitsbezogener Einstellungen bildeten die selbstberichteten Informationen über den Grad der *Sorgen um die eigene Gesundheit*. Diese Angaben erhob das SOEP im gesamten Untersuchungszeitraum. Aufgrund des relativ hohen Anteils fehlender Werte wurden die „Missings" zum Grad der gesundheit-

[163] Nach den Vorgaben der Weltgesundheitsorganisation (WHO) werden Menschen bereits ab einem BMI von 18,5 als normalgewichtig definiert (vgl. WHO 1998, S. 9). Da die WHO eine Kategorisierung für den internationalen Vergleich bereitstellt, orientiere ich mich an den Vorgaben, welche die deutschen Stichproben des Bertelsmann-Gesundheitsmonitors und des Bundesgesundheitssurveys zur Kategorisierung des BMI zu Grunde legten (vgl. Helmert/Schorb 2009, S. 134f.).

[164] Bei der Interpretation der Zusammenhänge zwischen dem Gesundheitszustand und dem BMI ist darauf zu achten, dass dieser einen nicht-linearen bzw. ein umgekehrt u-förmigen Zusammenhang annehmen kann. Bei normalgewichtigen Personen würden sich nach diesen modellhaften Annahmen somit die relativ höchsten Werte gesundheitlicher Lebensqualität ergeben, während sowohl untergewichtige als auch übergewichtige Personen geringere Werte aufweisen.

lichen Sorgen der einzelnen SOEP-Wellen durch die medianen Werte der jeweils anderen drei Jahre des Untersuchungszeitraumes ersetzt.

8.3.5 Soziales Kapital

Den theoretischen Ausführungen des Abschnitts 6.2 folgend, wählte ich eine Reihe geeigneter Variablen des Sozio-ökonomischen Panels zur Operationalisierung sozialen Kapitals als individuell verfügbare (Beziehungskapital) und als kollektive Ressource (Systemkapital) aus und arbeitete diese im Vorfeld der statistischen Analyse auf. Es handelt sich dabei sowohl um sozialstrukturelle Variablen (bspw. Merkmale des nachbarschaftlichen Wohnumfeldes) als auch um eher soziokulturelle Konzepte, wie bspw. den individuellen Reziprozitätserwartungen oder das Ausmaß des generellen Vertrauens in Mitmenschen.

Die einzelnen in Tabelle 5 aufgeführten Variablen zur Messung des sozialen Kapitals erhob das SOEP während des Untersuchungszeitraumes keinesfalls vollständig. Vielmehr gab es – wie auch bereits bei den Angaben zu gesundheitsbezogenen Einstellungen und Verhaltensweisen – Informationen, die das Panel lediglich zu einem bzw. zu zwei Erhebungszeitpunkten ermittelte. Erstere wurden als feste Größen für den gesamten Beobachtungszeitraum verwendet. So lagen bspw. Daten zur Anzahl der Personen, von denen die Befragten emotionale oder instrumentelle Unterstützungsleistungen erwarten konnten, lediglich für das Jahr 2006 vor. Ebenso erhob das SOEP Angaben zum Ausmaß des verwandtschaftlichen Netzwerks allein im Jahre 2006 und Daten zur Messung des Systemkapitals des nachbarschaftlichen Wohnumfeldes lagen lediglich für 2004 vor. Letztere wurden zudem um diejenigen Personen bereinigt, die während des Untersuchungszeitraumes verzogen waren, da man bei diesen Personen davon ausgehen konnte, dass sich mit dem Umzug auch die Charakteristika des jeweiligen Wohnumfeldes änderten. Bei Angaben, die zu zwei Messzeitpunkten vorlagen, wie bspw. die Anzahl enger Freunde, das Ausmaß generellen Vertrauens in Mitmenschen bzw. gegenüber fremden Personen sowie den allgemeinen Reziprozitätserwartungen, wurden die fehlenden Variablen aus den Mittelwerten der jeweils erhobenen Wellen ersetzt. Ganz analog verfuhr ich zum Teil auch bei fehlenden Werten innerhalb der Wellen, welche die betreffenden Angaben unvollständig erhoben. Beim metrisch skalierten, annähernd normalverteilten Variablen – wie im Falle der Angaben zum Umfang des Freundesnetzwerks des Jahres 2008 – konnten die fehlenden Werte mittels eines linearen Regressionsmodells geschätzt werden.[165]

[165] Als Variablen zur Schätzung der Anzahl enger Freunde in den fehlenden Jahren verwendete ich das Geschlecht, das Lebensalter im Jahre 2008 sowie die Anzahl enger Freunde des Jahres 2006.

Tabelle 5: Übersicht zu den für die Operationalisierung der Konzepte des Beziehungs- und Systemkapitals verwendeten Variablen des SOEP

Ebene	Dimension	Variable im SOEP	Jahr / Welle des SOEP
Individuell / Beziehungskapital	Strukturell	• Emotionale und instrumentelle Unterstützungsleistungen	2006
		• Größe des verwandtschaftliches Netzwerkes und des Freundesnetzwerks	2003, 2006, 2008
Kollektiv / Systemkapital	Strukturell	• Kontakte mit den Nachbarn • Verhältnis der Menschen im Wohngebiet untereinander • Ausmaß der Kriminalität im Wohngebiet	2004
	Kulturell	• Generelles Vertrauen in Mitmenschen bzw. gegenüber fremden Personen • Reziprozitätserwartungen (u.a. Einschätzung der allgemeinen Hilfsbereitschaft von Mitmenschen)	2003, 2008

Quelle: Sozio-ökonomisches Panel (SOEP); eigene Darstellung

Wie aus Tabelle 5 ersichtlich, operationalisierte ich das individuell verfügbare soziale Kapital bzw. Beziehungskapital anhand zweier Dimensionen: dem Umfang der erwartbaren emotionalen und instrumentellen Unterstützungsleistungen des sozialen Umfeldes sowie der Größe des verwandtschaftliches Netzwerkes und des Freundesnetzwerks.

Die Erhebungswelle des Jahres 2006 ermittelte insgesamt fünf Dimensionen von *Unterstützungsleistungen* aus dem jeweiligen sozialen Netzwerk einer befragten Person, die eine wesentliche Dimension des Beziehungskapitals darstellten. Vier dieser Dimensionen waren für alte Menschen besonders bedeutsam:[166]

- Personen, mit denen die Befragten persönliche Gedanken und Gefühle teilen konnten.
- Erwartbare Unterstützung im Falle einer Pflegebedürftigkeit.
- Streit und Konflikte innerhalb einer Beziehung, welche die Betroffenen als belastend erlebten.

[166] Die fünfte Dimension erfasste die erwartbare Unterstützung hinsichtlich einer erfolgreichen Ausbildung und Berufstätigkeit. Dieser Bereich wurde aus naheliegenden Gründen für Menschen im Rentenalter aus der weiteren Untersuchung ausgeklammert.

- Personen, die gegenüber dem Befragten „unangenehme Wahrheiten“ aussprechen durften.

Hierbei bildet die erwartbare Unterstützung im Falle einer Pflegebedürftigkeit eine, insbesondere für das hohe Lebensalter, bedeutsame Form der *instrumentellen Unterstützung* ab, während die übrigen drei Dimensionen als Formen *emotionaler Unterstützung* bestimmt wurden.[167] Die Befragten nannten jeweils bis zu drei Arten von Beziehungen bzw. maximal drei Personen, die als Quelle der jeweiligen Unterstützungsleistung in Frage kamen. Aus diesen Angaben bildete ich einen additiven Index, um den Zugang zu sozialer Unterstützung für jeden Befragten zu quantifizieren. Der so gebildete Index konnte Werte zwischen 0 und 10 annehmen, wobei ersterer für Personen typisch war, die keinerlei emotionale oder instrumentelle Unterstützung aus ihrem näheren sozialen Umfeld erwarteten und letzterer demgegenüber einen ausgesprochen breiten Zugang zu diesen Hilfeleistungen erwarten ließ. Ein im Vergleich zur gesamten SOEP-Kohorte überdurchschnittlich hohes Niveau dieser erwartbaren Unterstützung wurde als gesundheitlicher Schutzfaktor definiert und der empirischen Analyse zugeführt.

Während die erwartbaren Unterstützungsleistungen eher die qualitativen Aspekte des Beziehungskapitals erfassten, ermittelte ich dessen quantitative Dimension über die Anzahl enger *Freunde* und die *verwandtschaftlichen Beziehungen.* Bei letzteren schloss ich die aktuellen sowie die ehemaligen (Ehe-) Partner, die Kinder und Enkelkinder, Brüder und Schwestern, Tanten und Onkels sowie die Anzahl „sonstiger Verwandte“ in die Analyse ein. Aus den – wie bereits weiter oben beschriebenen – aufbereiteten Daten wurde ebenfalls eine additive Indexvariable gebildet, welche die Gesamtzahl der Freunde und Verwandte im Untersuchungszeitraum pro befragte Person der Studienkohorte wiedergab. Eine überdurchschnittlich hohe Anzahl von Freunden oder Verwandten wertete ich – unabhängig davon, wie weit entfernt sie vom jeweiligen Befragten lebten – als Indikator eines gesundheitlich schützenden Potenzials des individuellen Beziehungskapitals. Personen mit vergleichsweise wenigen sozialen Beziehungen, wurden als gesundheitlich eher vulnerabel eingeschätzt.

Auf der Grundlage der Angaben zur Qualität und Quantität des Beziehungskapitals wurde in einem weiteren Arbeitsschritt eine Typologie gebildet, die vier Typen des Beziehungskapitals umfasst. Typ 1 ist in beiden Dimensionen durch ein geringes Ausmaß an Beziehungskapital gekennzeichnet. Bei diesen Personen ist sowohl der qualitative als auch der quantitative Aspekt des indivi-

[167] Die negativ konnotierte Beziehungsdimension „belastender Streit und Konflikte“ wurde für die empirische Analyse entsprechend umcodiert, da ich die Abwesenheit dieses Merkmals als positiven Aspekt des Beziehungskapitals wertete.

duellen Sozialkapitals unterdurchschnittlich ausgeprägt. Typ 2 bezeichnet einen Mischtyp, bei dem eine geringe Qualität des Beziehungskapitals mit einer hohen Anzahl von Freunden und Verwandten einhergeht. Demgegenüber charakterisiert Typ 3 Personen, die über eine hohe Qualität individuellen sozialen Kapitals bei gleichzeitig geringem Umfang sozialer Netzwerke verfügen. Typ 4 umfasst Menschen, die sowohl in qualitativer als auch in quantitativer Hinsicht über eine hohe Ausstattung mit Beziehungskapital verfügen.

Das kollektiv verfügbare Systemkapital als Merkmal des näheren Wohnumfeldes alter Menschen bildete ich anhand von drei Indikatoren ab: der Kontakthäufigkeit mit den Nachbarn, der Einschätzung des Verhältnisses der Personen im Wohngebiet untereinander sowie dem subjektiven Ausmaß der Kriminalität im Wohngebiet. Diese Indikatoren dienten zur Operationalisierung der sozialstrukturellen Dimension des Systemkapitals. Die kulturelle Dimension des Konzeptes wurde anhand des generellen Niveaus an Vertrauen in Mitmenschen bzw. im Umgang mit fremden Personen[168] sowie der subjektiven Einschätzung der allgemeinen Hilfsbereitschaft von Mitmenschen und dem „fairen" Umgang miteinander gemessen (vgl. Tabelle 5).

Aus den drei Indikatoren der strukturellen und den zwei Variablen der soziokulturellen Aspekte des Systemkapitals wurde – nach Transformation bzw. Standardisierung der ursprünglichen Skalen[169] – jeweils ein additiver Index gebildet, um die Güte des sozialen Kapitals der jeweiligen Nachbarschaft abzubilden. Diese beiden Indexvariablen wurden in einem zweiten Schritt dichotomisiert, um Personen mit über- bzw. unterdurchschnittlich hohem Grad an Systemkapital in struktureller bzw. soziokultureller Hinsicht zu differenzieren. Aus diesen getrennt vorliegenden Indexvariablen bildete ich in einem letzten Arbeitsschritt einen Gesamtindex des Systemkapitals, der sämtliche in der Stichprobe vorkommende Kombinationen der binären strukturellen und kulturellen Komponenten umfasst. Dieser nimmt die Form eines hierarchischen Index mit drei Ausprägungen an: „Geringe", „mittlere" und „hohe" Verfügbarkeit von Systemkapital im näheren Wohnumfeld.[170]

---

[168] Der genaue Fragetext in den Personenfragebögen des SOEP der Jahre 2003 und 2008 lautete: „Wie sehr stimmen Sie den folgenden Aussagen zu?" (1) „Im Allgemeinen kann man den Menschen vertrauen", (2) „Heutzutage kann man sich auf niemand mehr verlassen" sowie (3) „Wenn man mit Fremden zu tun hat, ist es besser, vorsichtig zu sein, bevor man ihnen vertraut". Die Befragten hatten die Möglichkeit, ihre Zustimmung bzw. Ablehnung zu diesen Aussagen auf einer vierstufigen Skala mit „stimme voll zu" bis „lehne voll ab" zu dokumentieren.

[169] So wurden erstens die Werte der „negativen" Skala der Angaben zum Ausmaß der Kriminalität und Kontakthäufigkeit mit den Nachbarn in „positive" Skalen umcodiert. Da diese Skalen unterschiedliche Wertebereiche umfassten, wurden sie zweitens in Form von „z-Werten" standardisiert. Ganz ähnlich ging ich auch bei den Angaben zum allgemeinen Vertrauen in Mitmenschen vor.

[170] „Geringes" Systemkapital lag in Wohngebieten vor, in denen sowohl die strukturelle als auch die kulturelle Komponente unterdurchschnittlich ausgeprägt waren. Ein „mittlerer" Grad an Systemkapi-

8.4 Statistische Methoden

8.4.1 Wachstumskurven-Modelle

Um auf Basis längschnittlicher Paneldaten den lebenszeitlichen Verlauf gesundheitlicher Lebensqualität in Abhängigkeit sozialer Risiko- und Schutzfaktoren zu modellieren, sind prinzipiell statistische Verfahren der multiplen linearen Panelregression geeignet. Im engeren Sinne bietet sich die Schätzung von *Wachstumskurven-Modellen* (sogenannte *„Growth Curve Models"*) an (vgl. West/Welch/Galecki 2007, S. 219).

Bei diesen seit Beginn der 1980er Jahren genutzten Verfahren, die formell zur Familie der Hierarchisch-Linearen Modelle gehören, handelt es sich um Mehrebenen-Modelle, die besonders geeignet sind, zeitliche Verläufe auf der Grundlage von Paneldaten abzubilden. Ein Vorteil von Wachstumskurven-Modellen besteht darin, dass sie die Schätzung von zeitlichen Verläufen einer bestimmten metrischen und normalverteilten Zielgröße auf der Personenebene ermöglichen (vgl. Langer 2009, S. 227). Somit können individuelle gesundheitliche Übergänge im Alter in Abhängigkeit mehrerer Einflussgrößen, wie bspw. der sozialen Schichtzugehörigkeit des Haushalts, geschätzt werden. Diese Modelle gehen prinzipiell von einer hierarchischen Datenstruktur mit mindestens zwei interdependenten Ebenen aus, die sich in der gleichen Weise in allen Panelstudien – so auch im Sozio-ökonomischen Panel – wiederfindet.

Für jede Person wurde ein eigenes Wachstumskurven-Modell geschätzt, das die Abhängigkeit der gesundheitsbezogenen Lebensqualität von zeitabhängigen Kovariaten bestimmt. Die Varianz des personenspezifischen „Intercepts" (Regressionskonstanten) und der „Slopes" (Steigungskoeffizienten) schätzen die Modelle mit Hilfe der zeitabhängigen Variablen „Lebensalter", „Jahr der Erhebung", „soziale Schichtzugehörigkeit" sowie „Resilienzkonstellation" und „Anzahl protektiver Faktoren innerhalb einer Resilienzkonstellation" (vgl. Tabelle 6).

Wachstumskurven-Modelle sind recht robuste statistische Verfahren, da sie u.a. kein balanciertes Design voraussetzen, das vollständige Daten zu allen Personen und zu allen Messzeitpunkten erfordert. Darüber hinaus können die Modelle sowohl lineare als auch quadratische Verläufe der Zielgröße unmittelbar schätzen (vgl. Langer 2009, S. 223ff.). In einem hypothetischen längsschnittlichen Datensatz mit zwei Ebenen wird eine individuelle Beobachtung im Rahmen eines allgemeinen Wachstumskurven-Modells wie folgt berechnet. Y_{ti} stellt hier-

---

tal bezeichnete Wohnquartiere, in denen entweder die strukturelle oder die kulturelle Dimension überdurchschnittliche Werte aufwiesen. Ein „hohes" Systemkapital wurde folglich in Nachbarschaften vermutet, deren Bewohner in beiden Dimensionen überdurchschnittliche Werte berichteten.

bei die metrische abhängige Variable dar, die zum Beobachtungszeitpunkt t von Person i erhoben wurde.

$$Y_{ti} = ß_1 * X_{ti}^{(1)} + ß_2 * X_{ti}^{(2)} + ß_3 * X_{ti}^{(3)} + \dots + ß_p * X_{ti}^{(p)} + u_{1i} * Z_{ti}^{(1)} + \dots + u_{qi} * Z_{ti}^{(q)} + \varepsilon_{ti}$$

Der Wert t (t=1,...,n) ist ein Index der n_i längsschnittlichen Beobachtungen der abhängigen Variablen einer bestimmten Person i. Der Wert i (i=1,...,m) indiziert die i-te Person als Untersuchungseinheit der Analyse. Das allgemeine Modell umfasst zwei Gruppen von Kovariaten, nämlich X und Z. Die erste Gruppe umfasst p Kovariaten, $X^{(1)},\dots, X^{(p)}$, die mit den festen Effekten assoziiert sind. Ein fester Effekt entspricht einem Regressionskoeffizient, d.h. sie beschreiben die statistische Assoziation zwischen einer abhängigen Variablen und einer Prädiktorvariablen für eine komplette Stichprobe oder für bestimmte Subgruppen innerhalb dieser Population. Die zweite Gruppe enthält q Kovariaten, $Z^{(1)},\dots, Z^{(q)}$, die mit den zufälligen Effekten $u_{1i},\dots, u_{qi}$ assoziiert sind, die für jeweils eine Untersuchungseinheit i spezifiziert werden. Solche Effekte bezeichnen zufällige Werte, die mit den Ebenen eines a-priori definierten zufälligen Faktors korreliert sind. Diese Werte geben im Allgemeinen die zufälligen Abweichungen von den im Modell dargestellten Korrelationen zwischen den festen Effekten und der abhängigen Variablen wieder. Für jede Kovariate X, $X^{(1)},\dots, X^{(p)}$, repräsentieren die Terme $X_{ti}^{(1)},\dots, X_{ti}^{(p)}$ den beobachteten Wert t der entsprechenden Kovariate für die Person i. Im Allgemeinen wird angenommen, dass die Kovariaten p entweder zeitlich invariante Merkmale aufweisen (bspw. das Geschlecht) oder das diese Merkmale in Abhängigkeit des Messzeitpunktes variieren (bspw. die Werte der Summenskalen physische und mentale Gesundheit). Jeder Parameter ß bezeichnet den festen Effekt einer Änderung um eine Einheit der entsprechenden Kovariate X auf den Mittelwert der abhängigen Variable Y, wobei angenommen wird, dass die übrigen Kovariaten auf einem gegebenen Niveau konstant bleiben.

Die Effekte der Kovariaten Z auf die abhängige Variable werden durch eine Anzahl von q zufälliger Effekte $u_{1i},\dots, u_{qi}$ dargestellt, die mit der i-ten Person assoziiert sind. Zusätzlich bezeichnet ε_{ti} die residualen Größen, die jeweils mit der Beobachtung t der i-ten Person zusammenhängt (vgl. West/Welch/Galecki 2007, S. 13ff.).

Einen Überblick über die zeitunabhängigen bzw. -abhängigen Einflussgrößen liefert Tabelle 6. Die unveränderliche Personennummer verwenden diese Modelle lediglich zur Bestimmung der Referenzebene der zufälligen Effekte.

Tabelle 6: Variablen und Interaktionseffekte der Wachstumskurven-Modelle

Personenbezogene Variablen (Ebene 2):

- Unveränderliche Personennummer

Zeitabhängige Variablen (Ebene 1):

- Physischer und mentaler Summenscore des SF12v2 (abhängige Variablen)
- Alter in Jahren
- Alter in Jahren (quadriert)
- Jahr der Erhebung
- Soziale Schichtzugehörigkeit des Haushaltes
- Einkommensarmut
- Wohnungsdichte
- Wohnungsausstattung
- Infrastruktur des Wohnumfeldes
- Zufriedenheit mit der materiellen Wohlfahrt
- Resilienzkonstellation
- Anzahl protektiver Faktoren innerhalb einer Resilienzkonstellation

Interaktionseffekte:

- Alter in Jahren*Jahr der Erhebung
- Alter in Jahren (quadriert)*Jahr der Erhebung
- Alter in Jahren*soziale Schichtzugehörigkeit
- Alter in Jahren (quadriert)*soziale Schichtzugehörigkeit
- Alter in Jahren* Resilienzkonstellation
- Alter in Jahren*Anzahl protektiver Faktoren innerhalb einer Resilienzkonstellation

Quelle: Eigene Darstellung

Auf der Basis dieser Einflussgrößen wurden für den Zusammenhang zwischen gesundheitlicher Lebensqualität und sozialer Schichtzugehörigkeit zwei Wachstumskurven-Modelle berechnet. In Modell 1 gingen sämtliche der in Tabelle 6 aufgeführten Faktoren und Interaktionen ein. Modell 2 schätzte neben der sozialen Schichtzugehörigkeit lediglich die Alterseffekte sowie die Interaktion zwischen Lebensalter und sozialer Schichtzugehörigkeit, um den altersabhängigen Gesundheitseffekt des Sozialstatus abzubilden. Der Interaktionseffekt zwischen der sozialen Schichtzugehörigkeit und dem Lebensalter gibt in beiden Modellen Aufschluss über die Veränderung der Stärke des gesundheitlichen Einflusses der Schichtzugehörigkeit pro zusätzlichem Lebensjahr. Diese Zahlen liefern somit

Informationen darüber, ob sich der Schichtgradient mit zunehmendem Lebensalter nivelliert, konstant bleibt oder sich verschärft. Modell 2 überprüft in erster Linie die statistische Robustheit der Befunde aus Modell 1. Das Lebensalter wurde für Männer und Frauen um das mediane Alter der Studienkohorte zentriert. Das quadrierte Lebensalter ging ebenfalls als zeitabhängige Einflussgröße in Modell 1 ein, um nicht-lineare Verläufe der gesundheitlichen Lebensqualität zu schätzen. Die Referenzgruppe der Wachstumskurven-Modelle 1 und 2 bilden die im Jahre 2008 74jährigen Männer oder Frauen, die in einem Haushalt der oberen Mittelschicht lebten.

Im Hinblick auf die gesundheitlichen Einflüsse der schichtassoziierten Risiko-Mechanismen (Einkommensarmut, Wohnungsdichte, Wohnungsausstattung, Infrastruktur des Wohnumfeldes sowie Zufriedenheit mit der materiellen Wohlfahrt) wurden jeweils Modelle geschätzt, die lediglich für den Einfluss des Lebensalters kontrollierten. Die Wachstumskurven-Modelle für den Zusammenhang zwischen den Resilienzkonstellationen bzw. der Anzahl protektiver Faktoren und der gesundheitlichen Lebensqualität innerhalb der Gruppe resilienter Männer und Frauen wurden analog zu dem für die Interaktionseffekte mit dem Lebensalter adjustierten Modell 2 berechnet. Zusätzlich zu den Resilienzkonstellationen, die sich durch statistisch auffällig höhere Anteile gesundheitlich resilienter Menschen auszeichnen (vgl. Abschnitt 9.5.1), nahmen die Berechnungen lediglich das um den Median der Stichprobe zentrierte Lebensalter in die Berechnungen auf, das sich als statistisch auffällige Einflussgröße erwiesen hatte. Es wurden für alle Einflussgrößen jeweils zwei Modelle, unterteilt nach der somatischen Dimension des gesundheitlichen Wohlbefindens resilienter Männer und der mentalen gesundheitlichen Lebensqualität resilienter Frauen, berechnet.

8.4.2 Clusteranalysen

Sämtliche der in Abschnitt 8.3.4 aufgearbeiteten Variablen der gesundheitsbezogenen Verhaltensweisen und Einstellungen wurden – mit Ausnahme des bereits in standardisierte Form gebrachten, additiven Indizes zur sportlichen Aktivität – in „z-Werte“ transformiert, um ein einheitliches Skalenniveau zu gewährleisten.[171] Ein solches Vorgehen bildete eine wesentliche Voraussetzung für die Durchführung statistischer Klassifikationsverfahren mit mehreren Variablen. Solche Verfahren dienen dazu, Kollektive mit möglichst ähnlichen Mustern gesundheitlicher Verhaltensroutinen und Mentalitäten abzugrenzen.

[171] Zudem war es bei einigen Variablen nötig, die z-Werte mit -1 zu multiplizieren, um eine einheitliche Ausrichtung der Variablenwerte zu gewährleisten.

Die transformierten Variablen[172] führte ich hierzu einer Reihe von *Clusteranalysen* zu, deren Ergebnisse als gruppentypische bzw. kollektive Gesundheitslebensstile interpretiert wurden (vgl. Abschnitt 6.1). Clusteranalysen dienen im Allgemeinen dazu, eine Menge von Variablen oder Fällen bestimmten Gruppen bzw. „Clustern" zuzuordnen, so dass die Objekte eines Clusters eine möglichst hohe Homogenität bzw. Ähnlichkeit aufweisen (sogenannte „Intracluster-Homogenität"), während zugleich die Objekte verschiedener Cluster möglichst unterschiedlich sind, was die Fachliteratur als möglichst geringe „Intercluster-Homogenität" bezeichnet (vgl. Brosius 2006, S. 643; Schendera 2010, S. 8). Clusteranalysen gehören daher – bspw. im Unterschied zu den analytisch orientierten, statistischen Regressionsverfahren – zur Familie der klassifikatorischen Untersuchungsmodelle (vgl. Litz 2000, S. 384).

Da eine Vielzahl von zum Teil recht unterschiedlicher Verfahren der Clusteranalyse existieren, ist es angebracht, näher auf die hier verwendeten Ansätze einzugehen. Aufgrund der recht hohen Fallzahl von 2.075 Personen, bei denen jeweils zu 4 Messzeitpunkten Informationen vorlagen, was eine Gesamtzahl der erhobenen Zeitreihendaten von 8.300 ergab[173], griff ich primär auf ein Verfahren der partitionierenden oder auch direkten Methode der Clusterbildung bzw. der *Clusterzentrenanalyse* zurück, die auf dem sogenannten *„K-Means-Algorithmus"* basiert.[174] Gegenüber aufwändigeren hierarchisch-agglomerativen Clusteranalysen, die zwar präzisiere Ergebnisse liefern, jedoch aufgrund der hohen Fallzahl nicht zu realisieren waren[175], besteht ein Nachteil der Clusterzentrenanalyse darin, dass sie a priori eine vorgegebene Anzahl von Clustern voraussetzen. Um

---

[172] Da durch die z-Werte nicht nur die Skalenniveaus, sondern auch die absoluten Streuungen innerhalb einer Variable verloren gehen (vgl. Brosius 2006, S. 653), wurden die entsprechenden Daten für die endgültigen Clusteranalysen so transformiert, dass sie einen Wertebereich von 0 bis 100 umfassten. Dies verbesserte nicht nur die Ergebnisse der Clusteranalyse, sondern auch die Interpretierbarkeit der Clusterlösungen.

[173] Prinzipiell sind Clusteranalysen in der Lage, auch abhängige Datenstrukturen, wie sie für Paneldaten wie dem SOEP charakteristisch sind, zu clustern (vgl. Schendera 2010, S. 18). Da in der Studienkohorte für jede Person die gleiche Anzahl von Messwiederholungen vorlag und die Daten für die Analyse in ein längsschnittliches Format gebracht wurden, schien eine solche Lösung vertretbar, obschon der Effekt des Faktors „Zeit" im Nachhinein nur noch schwer zu bestimmen war. Andererseits entspricht eine längsschnittliche Clusterung gerade dem theoretischen Anspruch des Konzeptes der Gesundheitslebensstile, nämlich der Abbildung eines relativ konstanten Ensembles aus alltäglichen, gesundheitsbezogenen Routinen und Einstellungen (vgl. Hradil 2009, S. 47f.).

[174] Eine kurze Übersicht zur grundlegenden Verfahrensweise des K-Means-Algorithmus findet sich bei Schendera 2010, S. 117f.

[175] Hierarchische Clusteranalysen berechnen in jedem Arbeitsschritt eine Distanzmatrix zwischen allen augenblicklich aktuellen Gruppen, was zur Folge hat, dass die Rechenzeit mit der dritten Potenz der jeweils zugrunde liegenden Fallzahl ansteigt (vgl. Bühl/Zöfel 2002, S. 508). Solche statistischen Klassifikationsverfahren sind daher selbst bei recht leistungsstarken Rechnern nur für relativ kleine Fallzahlen bis zu ca. 250 Fällen geeignet (vgl. Bacher 1996, S. 302; Schendera 2010, S. 23).

eine Lösung für dieses Problem zu finden, erfolgte die Analyse in mehreren aufeinander aufbauenden Schritten: Erstens wurde eine 10%-Zufallsstichprobe der SOEP-Studienkohorte gezogen und mit diesen Daten eine hierarchische Clusteranalyse durchgeführt (vgl. Bühl/Zöfel 2002, S. 508). Ziel dieses Arbeitsschrittes war es, mit Hilfe des sogenannten „Elbow-Kriteriums" Hinweise auf die optimale Clusterzahl zu erhalten, die sich anhand des grafischen Verlaufs bzw. des Anstiegs der erklärten Fehlerquadratsumme der jeweiligen Clusterzahl ablesen lässt (vgl. Backhaus u.a. 2003, S. 522ff.).

Da dieses Vorgehen zu keiner eindeutigen Lösung führte, wurden zweitens einige einschlägige statistische Modellprüfgrößen für die auf dem K-Means-Verfahren basierenden Clusterlösungen zwischen 1 und 12 Clustern berechnet.[176] Die auf der Grundlage dieser Prüfgrößen ausgewählten Clusterlösungen mit 2, 3 und 4 Gruppen unterzog ich in einem dritten Arbeitsschritt einer genaueren inhaltlichen Überprüfung, bei der es in erster Linie um die Interpretation und die Plausibilität der Clusterlösungen ging. Dieser letzte Schritt ist generell notwendig, da es sich bei Clusteranalysen um rein objektiv-klassifizierende Methoden und nicht etwa um interpretativ-sinnstiftende Verfahren handelt. Falls die formalen Kriterien zwar hinreichend erfüllt, die Ergebnisse des Clusterverfahrens jedoch nicht interpretierbar sind, kann die Clusteranalyse als gescheitert gelten. Aus diesem Grunde genießt die inhaltliche Interpretierbarkeit bzw. Plausibilität einer Clusterlösung grundlegend Vorrang vor ihren statistischen Modellprüfgrößen, weshalb u.U. das Ausweichen auf eine formell schlechtere, aber inhaltlich plausible und widerspruchsfreie Clusterlösung vorzuziehen ist (vgl. Schendera 2010, S. 131f.)[177] Nach dieser Methode wurde die Lösung mit 2 Clustern verworfen, da das größere der beiden Cluster, das etwas mehr als zwei Drittel der Stichprobe umfasste, sich nicht als hinreichend trennscharf zu den Mittelwerten

---

[176] Im Einzelnen handelte es sich dabei um die Streuungsquadratsumme der Cluster, den Anteil der erklärten Streuung, die proportionale Fehlerverbesserung gegenüber einer vorausgegangenen Clusterlösung, den Maximalwert der F-Statistik sowie die jeweiligen Bealschen F-Werte als Gütekriterien der Clusterlösungen (vgl. Schendera 2010, S. 118ff.; Bacher 1996, S. 317f.). Die optimale Clusterzahl bestimmte ich auf der Grundlage dieser statistischen Maßzahlen wie folgt: Es wurden erstens jene Clusterlösungen ausgewählt, die zu einer auffälligen Reduktion der Streuungsquadratsumme führten. In einem zweiten Arbeitsschritt wählte ich diejenige Lösung mit dem größten Wert der F-Statistik aus. Drittens wurde auf der Grundlage des Bealschen F-Wertes jene Lösung gewählt, die im Vergleich zu vorausgegangenen Lösungen mit kleineren Clusterzahlen zu einer statistisch auffälligen Reduktion der Streuungsquadratsumme führte, während bei den folgenden Clusterlösungen eine solche Reduktion nicht mehr eintrat (vgl. Bacher 1996, S. 318).

[177] Die Fachliteratur führt fünf grundlegende Kriterien einer guten Clusterung auf, die auch die vorliegende Untersuchung anleiteten. Neben einer möglichst hohen Intracluster-Homogenität und einer möglichst geringen Intercluster-Homogenität nennt sie die formale Güte der Modellanpassung, die inhaltliche Interpretierbarkeit, d.h. die internale und externale Validität der jeweiligen Clusterlösung sowie deren Stabilität (vgl. Schendera 2010, S. 18).

der Studienkohorte erwies, um von einer abgrenzbaren Lebensstil-Gruppierung sprechen zu können. Bei der weiteren Prüfung zeigte sich, dass die Ergebnisse mit 3 und 4 Clustern inhaltlich recht ähnliche Lebensstil-Gruppen unterschieden. Da jedoch die Lösung mit 4 Gruppen eine vergleichsweise klarere, „hierarchische" Trennung in Gesundheitslebensstile mit mehrheitlich gesundheitsschädigenden gegenüber Stilen mit eher gesundheitsförderlichen Komponenten aufwies, wie sie den in Hypothese 2 gemachten Annahmen entspricht (vgl. Abschnitt 7.1), wurde dieses Ergebnis der Lösung mit 3 Gruppen vorgezogen und als Grundlage der folgenden Untersuchung verwendet.[178]

8.4.3 Binäre logistische Regressionsmodelle

Neben beschreibenden bzw. strukturbildenden statistischen Untersuchungen kamen für die Untersuchungen von Hypothese 2, 3a und 3b Verfahren der *binären logistischen Regression* bzw. *logistischer Diskrimination*[179] in Frage. Diese Verfahren eignen sich u.a. für die Modellierung der Wahrscheinlichkeit einer Person, einer von zwei Gruppen – im vorliegenden Falle der Gruppe gesundheitlich resilienter Menschen – anzugehören, in Abhängigkeit mehrerer unabhängiger Variablen (vgl. Schendera 2008, S. 143; Backhaus u.a. 2003, S. 418).[180]

Als unabhängige Variablen gingen die jeweils theoretisch vermuteten protektiven Faktoren ein, d.h. im Falle der Annahmen von Hypothese 2 die als „gesundheitsbewusst" definierten Gesundheitslebensstile und bei Hypothesen 3a und 3b eine jeweils überdurchschnittlich hohe Verfügbarkeit von Beziehungs- und Systemkapital. Die Regressionsanalysen wurden zudem unter Einschluss der aus Abschnitt 9.2.2 zusätzlich identifizierten, gesundheitsrelevanten Faktoren

---

[178] Die Stabilität der Clusterlösung mit 4 Lebensstil-Gruppen wurde in Form der konsistenten Ermittlung der Clusterzugehörigkeit überprüft. Diese liegt vor, wenn die Zuordnung der Fälle zu den Clustern unabhängig von den Startwerten – den sogenannten „Seeds" – der Studienkohorte ist. Zu diesem Zwecke verglich ich die ursprüngliche Clusterlösung mit einer Lösung, die auf zufälligen Startwerten beruhte. Die kreuzklassifizierten Aufteilungen der Fälle auf die beiden Clusterlösungen zeigten eine statistisch auffällige Übereinstimmung (Kappa=-0.4; p<0,1%). Die Fallzuweisung erfolgte demnach weitgehend unabhängig davon, ob zufällige oder beobachtete Startwerte gewählt wurden. Eine hinreichende Stabilität der Clusterlösung mit 4 Gruppen war somit gewährleistet.

[179] Ein Überblick über die Voraussetzungen, die Durchführung und die Interpretation der Ergebnisse solcher binär logistischer Regressionsmodelle mit dem Statistikpaket SPSS findet sich bei Schendera 2008, S. 142ff. Für eine Einführung in die grundlegende Methodik logistischer Regressionsmodelle vgl. Menard 1995.

[180] Im einfachsten Falle geht man bei der Durchführung einer binär logistischen Regression davon aus, dass die abhängige Variable ein sogenanntes „1/0-Ereignis" bzw. „Komplementärereignis" darstellt, deren Eintrittswahrscheinlichkeiten in der Summe 1 ergeben, also bspw. Tod oder Überleben eines lebensgefährlichen Unfalls, ein Lotteriegewinn oder der Status als aktiver Raucher zu einem bestimmten Zeitpunkt (vgl. Backhaus u.a. 2003, S. 418).

„Lebenszufriedenheit in den Bereichen Einkommen, Wohnen, Lebensstandard und soziale Sicherung“ sowie „geringe Wohndichte“ durchgeführt, die bei gesundheitlich resilienten Menschen im untersuchten Zeitraum auffällig häufiger vorkamen als bei gesundheitlich vulnerablen Menschen.

9 Ergebnisse der empirischen Analysen

9.1 Gesundheitliche Risiken sozialer Schichtzugehörigkeit

Auf der Grundlage der in Abschnitt 2.1.2 präsentierten empirischen Befunde der „Health Inequalities"-Forschung wurde die Hypothese formuliert, dass eine benachteiligte sozioökonomische Position, die üblicherweise mit einer „unteren" sozialen Schichtzugehörigkeit verknüpft ist, auch im hohen Lebensalter ein Risiko für das gesundheitliche Wohlbefinden darstellt (vgl. Abschnitt 7.1). Die Ergebnisse der Wachstumskurven-Modelle, die ich zur Prüfung dieser Hypothese verwende, wurden prinzipiell nach der physischen und der mentalen gesundheitlichen Lebensqualität und nach Männern und Frauen getrennt dargestellt. Damit entspricht die Darstellung inhaltlich und methodisch der in der Sozialgerontologie vertretenen Auffassung, dass es sich beim Geschlecht – neben der Gesundheit – um eine Determinante handelt, die den menschlichen Altersgang grundlegend beeinflusst bzw. in vielerlei Hinsicht formt (vgl. Lasch/Reimann/Backes 2006, S. 12). Eine komprimierte grafische Darstellung der Befunde zu sozial bedingten gesundheitlichen Ungleichheiten wurde auf der Grundlage der entsprechenden personenbezogenen Schätzwerte des Wachstumskurven-Modells für die SOEP-Daten der Jahre 2002 bis 2008 vorgenommen (vgl. Abbildungen 6 und 7). Da in Anlehnung an Hypothese 1a vermutet wird, dass gerade die Zugehörigkeit zu „unteren" Sozialschichten im Vergleich zu privilegierten Statusgruppen einen besonders ausgeprägten gesundheitlichen Risikofaktor darstellt, kontrastieren die Abbildungen lediglich die Ergebnisse der beiden untersten Statusgruppen, also der Unterschicht und unteren Mittelschicht, mit dem Verlauf der höchsten Sozialschicht (obere Mittelschicht).[181]

[181] Wenn im Folgenden von „unteren Sozialschichten" oder „unteren Statusgruppen" die Rede ist, so sind damit die Angehörigen der Unterschicht und unteren Mittelschicht beiderlei Geschlechts gemeint.

Tabelle 7: Einflüsse der sozialen Schichtzugehörigkeit auf die Summenskalen der physischen und mentalen Gesundheit des SF12v2 in der Gruppe der über 64jährigen Männer

Feste Effekte und Interaktionseffekte	**Physische gesundheitliche Lebensqualität**		**Mentale gesundheitliche Lebensqualität**	
	Modell 1 (n=3.684)+	**Modell 2 (n=3.684)+**	**Modell 1 (n=3.684)+**	**Modell 2 (n=3.684)+**
Konstante	44,76***	44,90***	52,50***	53,58***
Feste Effekte				
Alter	-0,45**	-0,40***	-0,17	-0,18
Alter²	-0,01		0,004	
Jahr 2002	1,78***		1,52**	
Jahr 2004	0,32		1,76***	
Jahr 2006	0,07		0,78	
Jahr 2008	Ref.		Ref.	
Unterschicht	-5,11***	-5,45***	-0,44	-1,67
Untere Mittelschicht	-3,94***	-3,71***	-0,84	-1,10
Mittlere Mittelschicht	-3,52***	-2,88***	-1,10	-1,00
Gehobene Mittelschicht	-1,94*	-1,58*	-0,13	-0,64
Obere Mittelschicht	Ref.	Ref.	Ref.	Ref.
Interaktionseffekte				
Alter*Jahr 2002	0,28*		0,24	
Alter*Jahr 2004	0,14		0,19	
Alter*Jahr 2006	0,02		0,13	
Alter*Jahr 2008	Ref.		Ref.	
Alter²*Jahr 2002	-0,008		0,009	
Alter²*Jahr 2004	-0,002		0,01	
Alter²*Jahr 2006	0,002		-0,007	
Alter²*Jahr 2008	Ref.		Ref.	
Alter*Unterschicht	0,08	0,02	0,06	-0,02
Alter*untere Mittelschicht	0,02	-0,03	0,01	-0,05
Alter*mittlere Mittelschicht	0,04	0,01	-0,06	-0,11
Alter*gehob. Mittelschicht	0,03	0,003	0,09	0,04
Alter*obere Mittelschicht	Ref.	Ref.	Ref.	Ref.
Alter²*Unterschicht	-0,003		-0,02	
Alter²*untere Mittelschicht	0,02		0,01	
Alter²*mittlere Mittelschicht	0,03		0,02	
Alter²*gehob. Mittelschicht	0,01		-0,01	
Alter²*obere Mittelschicht	Ref.		Ref.	

*: p<5%; **: p<1%; ***: p<0,1%

+: Die Angaben beziehen sich auf die Anzahl der in die Modelle eingeschlossenen Messzeitpunkte zwischen 2002 und 2008; 12 Messzeitpunkte wurden aus der Analyse ausgeschlossen. Die Schätzwerte der Tabelle basieren auf den mit dem Produkt der Bleibewahrscheinlichkeiten der Jahre 2002 bis 2008 gewichteten Daten des SOEP.

Quelle: Sozio-ökonomisches Panel (SOEP); eigene Berechnung und Darstellung

Abbildung 6: Altersabhängiger Verlauf des sozialen Gradienten der physischen Dimension gesundheitlicher Lebensqualität der über 64jährigen Männer

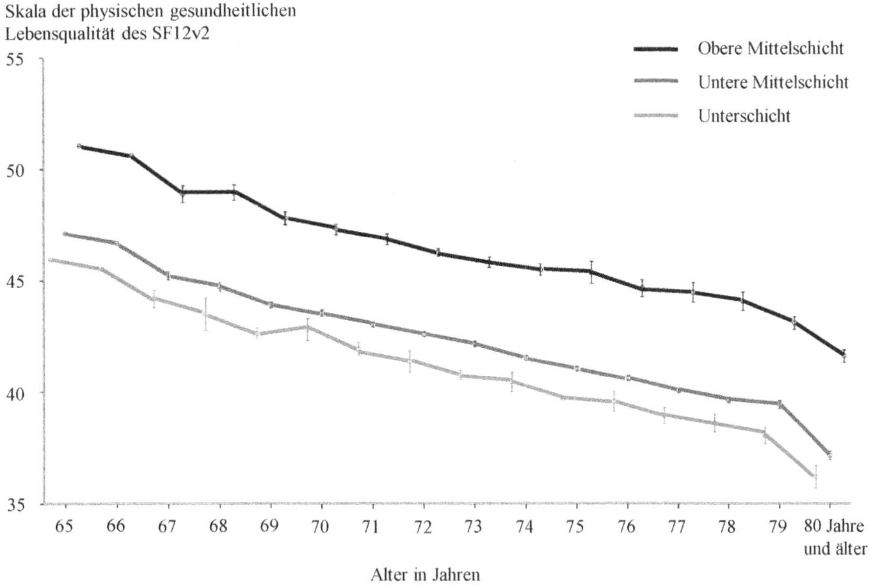

Die Angaben basieren auf den geschätzten Mittelwerten von Modell 1 (vgl. Tabelle 7). Die Abbildung zeigt die 95%-Konfidenzintervalle der Altersgruppen an. Messzeitpunkte 2002 bis 2008: N = 2.501.

Quelle: Sozio-ökonomisches Panel (SOEP); eigene Darstellung

Obschon das Niveau der *physischen* gesundheitlichen Lebensqualität mit zunehmendem Lebensalter bei Männern aller sozialer Statusgruppen relativ kontinuierlich abnimmt (vgl. Abbildung 6), findet der Rückgang in Abhängigkeit der sozialen Schichtzugehörigkeit auf unterschiedlichen Niveaus statt. Es tritt ein augenfälliger Gradient zutage: Menschen aus Haushalten der oberen Mittelschicht weisen die beste, die Angehörigen der Unterschichthaushalte die vergleichsweise geringsten Werte gesundheitlichen Wohlbefindens auf. Die Befunde zeigen somit einen deutlich ausgeprägten Schichtgradienten beim Verlauf der physischen Gesundheit der über 64jährigen Männer. Männliche Angehörige von Haushalten der Unterschicht und der unteren Mittelschicht wiesen im Zeitraum zwischen 2002 und 2008 einen im Schnitt um mehr als 5 bzw. fast 4 Punkte geringeren Skalenwert des SF12v2 auf als gleichaltrige Männer aus Haushalten der höchsten Statusgruppe, der oberen Mittelschicht (vgl. Tabelle 7).

Hingegen kann im Hinblick auf den lebenszeitlichen Verlauf der *mentalen* Gesundheit bei den Männern kein Schichtgradient beobachtet werden (vgl. Tabelle 7). Die Ergebnisse stehen somit bei den männlichen Befragten der Studienkohorte nicht völlig im Einklang mit den in Hypothese 1a formulierten Annahmen (vgl. Abschnitt 7.1), da sie nur für einen bestimmten Teilbereich des gesundheitlichen Wohlbefindens zutreffen. Sie lassen jedoch den Schluss zu, dass die Zugehörigkeit zu Haushalten der beiden unteren Sozialschichten einen Risiko-Indikator für die körperlichen Aspekte des gesundheitlichen Wohlbefindens alter Männer in der Studienkohorte im Sinne des Konzeptes gesundheitlicher Resilienz (vgl. Abschnitt 3.4) darstellt.

Ein ganz anderes Bild gesundheitlicher Ungleichheiten zeichnet sich bei den Frauen ab: Ein gesundheitliches Gefälle zeigt sich bei Frauen aus Haushalten der Unterschicht und – in Modell 2 – der unteren Mittelschicht lediglich bei der *mentalen* Gesundheit, während hinsichtlich der physischen Gesundheit kein stetiger Schichtgradient im Sinne von Hypothese 1a zu beobachten ist.[182] Der bei den Frauen für die mentale Dimension der gesundheitlichen Lebensqualität beobachtete Schichtgradient ist im Vergleich zu dem des physischen Wohlbefindens der Männer zudem um etwa die Hälfte schwächer ausgeprägt: Weibliche Angehörige von Haushalten der Unterschicht und der unteren Mittelschicht weisen im Untersuchungszeitraum einen im Mittel um rund 3 bzw. gut 2 Punkte geringeren Skalenwert des mentalen gesundheitlichen Wohlbefindens auf als gleichaltrige Frauen aus Haushalten der höchsten Statusgruppe (vgl. Abbildung 7 sowie Tabelle 8).

Lediglich die Zugehörigkeit zu Haushalten der Unterschicht bzw. unteren Mittelschicht kann als Risiko-Indikator der mentalen Gesundheit bei den Frauen identifiziert werden, während die mittlere und gehobene Mittelschicht im Vergleich zur höchsten Statusgruppe keine höheren gesundheitlichen Risiken zu tragen haben (vgl. Tabelle 8). Die Befunde decken sich somit auch bei den Frauen nur partiell mit den Annahmen von Hypothese 1a, die u.a. von einem stetigen Gradienten ausgehen, der in der gesellschaftlichen Schichtungshierarchie durchgehend wirksam ist (vgl. Tabelle 20 in Anhang 11.1).

[182] Gleichwohl zeigen sich auch bei den Frauen in der physischen Dimension der gesundheitlichen Lebensqualität statistisch auffällige Zusammenhänge mit der Stellung im sozialen Schichtungsgefüge. Diese können allerdings nur bei den weiblichen Befragten aus Haushalten der unteren und der mittleren Mittelschicht beobachtet werden, während Frauen aus der Unterschicht keine auffällige Verschlechterung des körperlichen Wohlbefindens im Vergleich zur oberen Mittelschicht aufweisen (vgl. Tabelle 8). Die folgenden Analysen konzentrieren sich daher auf die mentale Dimension der gesundheitlichen Lebensqualität der Frauen, die eher den Annahmen von Hypothese 1a entsprechen.

Tabelle 8: Einflüsse der sozialen Schichtzugehörigkeit auf die Summenskalen der physischen und mentalen Gesundheit des SF12v2 in der Gruppe der über 64jährigen Frauen

Feste Effekte und Interaktionseffekte	**Physische gesundheitliche Lebensqualität**		**Mentale gesundheitliche Lebensqualität**	
	Modell 1 (n=4.604)+	**Modell 2 (n=4.604)+**	**Modell 1 (n=4.604)+**	**Modell 2 (n=4.604)+**
Konstante	41,92***	41,95***	51,62***	51,86***
Feste Effekte				
Alter	-0,42*	-0,51***	-0,49*	-0,18
Alter²	-0,02		0,01	
Jahr 2002	1,08**		0,27	
Jahr 2004	0,20		-0,16	
Jahr 2006	-0,23		-0,70*	
Jahr 2008	Ref.		Ref.	
Unterschicht	-1,72	-1,14	-2,79*	-2,51*
Untere Mittelschicht	-1,85	-1,74*	-1,96	-2,07*
Mittlere Mittelschicht	-2,53**	-2,28*	-1,13	-1,32
Gehobene Mittelschicht	-1,71	-1,07	-0,45	-0,31
Obere Mittelschicht	Ref.	Ref.	Ref.	Ref.
Interaktionseffekte				
Alter*Jahr 2002	0,004		0,50***	
Alter*Jahr 2004	-0,04		0,30**	
Alter*Jahr 2006	-0,10		0,13	
Alter*Jahr 2008	Ref.		Ref.	
Alter²*Jahr 2002	-0,005		-0,01	
Alter²*Jahr 2004	0,009		0,001	
Alter²*Jahr 2006	0,01*		-0,003	
Alter²*Jahr 2008	Ref.		Ref.	
Alter*Unterschicht	0,04	0,07	-0,05	-0,05
Alter*untere Mittelschicht	0,13	0,10	0,09	0,04
Alter*mittlere Mittelschicht	0,13	0,12	0,20	0,20
Alter*gehob. Mittelschicht	0,10	0,10	-0,08	-0,05
Alter*obere Mittelschicht	Ref.	Ref.	Ref.	Ref.
Alter²*Unterschicht	0,02		0,02	
Alter²*untere Mittelschicht	0,01		0,003	
Alter²*mittlere Mittelschicht	0,01		-0,004	
Alter²*gehob. Mittelschicht	0,02		0,005	
Alter²*obere Mittelschicht	Ref.		Ref.	

*: p<5%; **: p<1%; ***: p<0,1%

+: Die Angaben beziehen sich auf die Anzahl der in die Modelle eingeschlossenen Messzeitpunkte zwischen 2002 und 2008; 12 Messzeitpunkte wurden aus der Analyse ausgeschlossen. Die Schätzwerte der Tabelle basieren auf den mit dem Produkt der Bleibewahrscheinlichkeiten der Jahre 2002 bis 2008 gewichteten Daten des SOEP.

Quelle: Sozio-ökonomisches Panel (SOEP); eigene Berechnung und Darstellung

Abbildung 7: Altersabhängiger Verlauf des sozialen Gradienten der mentalen Dimension gesundheitlicher Lebensqualität der über 64jährigen Frauen

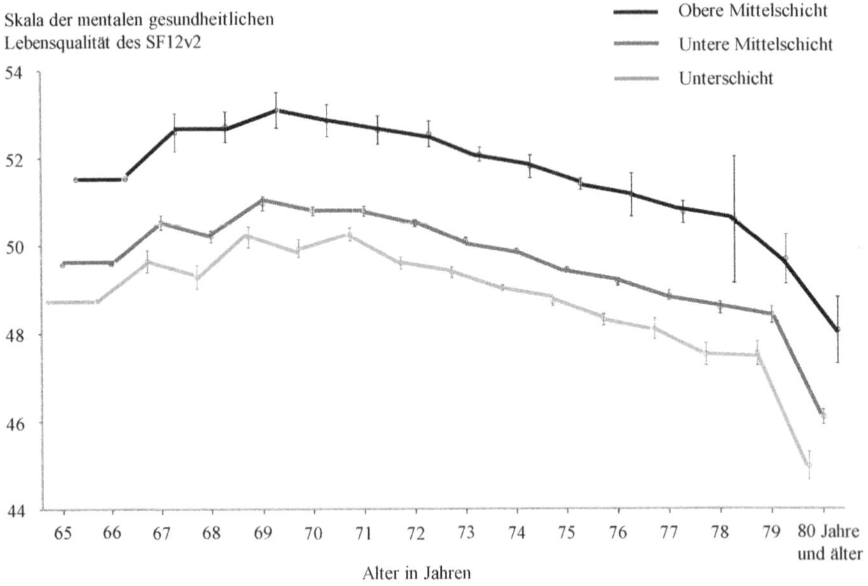

Die Angaben basieren auf den geschätzten Mittelwerten von Modell 1 (vgl. Tabelle 8). Die Abbildung zeigt die 95%-Konfidenzintervalle der Altersgruppen an. Messzeitpunkte 2002 bis 2008: N = 3.681.

Quelle: Sozio-ökonomisches Panel (SOEP); eigene Darstellung

Unabhängig von der sozialen Schichtzugehörigkeit der Frauen bewegt sich die mentale Dimension gesundheitlicher Lebensqualität generell auf einem höheren absoluten Niveau als dies bei den Männern im Hinblick auf die physische Dimension der Fall ist (vgl. Abbildungen 6 und 7). Dieser Befund korrespondiert mit den Ergebnissen, die bereits in Abschnitt 8.3.1 beschrieben wurden. Zudem findet ein kontinuierlicher, altersbedingter Rückgang des mentalen gesundheitlichen Wohlbefindens der Frauen in allen Statusgruppen erst nach dem 69. Lebensjahr statt. Dieser Rückgang ist zudem schwächer ausgeprägt als die Abnahme des körperlichen Wohlbefindens der Männer (vgl. Abbildungen 6 und 7).

Hypothese 1b nahm im Sinne der *Destrukturierungs-* bzw. *Nivellierungsthese* an, dass der Schichtgradient im Allgemeinen und der negative gesundheitliche Einfluss der beiden unteren Sozialschichten im Besonderen mit zunehmendem Lebensalter verblasst, ohne jedoch bei den Hochaltrigen völlig zu verschwinden (vgl. Abschnitte 5.2 und 7.1). Im Hinblick auf den altersabhängigen Verlauf der Schichtgradienten in der SOEP-Kohorte kann diese These nicht bestätigt werden. Vielmehr entsprechen die Ergebnisse insgesamt eher den Annahmen der *Kontinuitätsthese*, d.h. das Ausmaß gesundheitlicher Ungleichheiten bleibt bei den über 64jährigen während des gesamten Beobachtungszeitraumes relativ konstant (vgl. Tabellen 7 und 8 sowie Abbildungen 6 und 7).[183]

Zusammenfassend stützen die Befunde die Annahme, dass die Zugehörigkeit zu unteren Sozialschichten auch im Rentenalter einen gesundheitlichen Risiko-Indikator im Sinne des Konzeptes gesundheitlicher Resilienz darstellt (vgl. Abschnitte 3.1ff.). Die Prävalenz und die Stärke dieses Risiko-Indikators ist jedoch von der Geschlechtszugehörigkeit und der jeweiligen Dimension gesundheitlicher Lebensqualität (körperlich vs. mental) abhängig. So zeigt sich ein ausgeprägter und stetiger Schichtgradient in der physischen Dimension des SF12v2 nur für die Männer, während er sich bei den Frauen der Unterschicht und der unteren Mittelschicht allein bei der mentalen Gesundheit zeigt und nur etwa halb so stark ausgeprägt ist. Die weitgehend altersunabhängige Kontinuität der beobachteten Schichtgradienten widerspricht der im Kontext der Destruktu-

---

[183] Um die Einflüsse selektiver Mortalität auf die beobachteten Schichtgradienten zu testen, wurden zusätzliche statistische Analysen mit einer erweiterten Studienkohorte durchgeführt, welche die verstorbenen Personen einschloss. Die im Untersuchungszeitraum verstorbenen Personen verblieben zunächst in der Stichprobe. Ein multiples Wachstumskurven-Modell schätzte die individuellen Werte der gesundheitlichen Lebensqualität auf der Grundlage aller Stichprobenteilnehmer. Die vorhergesagten Werte der gesundheitlichen Lebensqualität wurden auf der Basis der Modellschätzer berechnet. Die so geschätzten Werte setzte ich als fiktive Angaben zur gesundheitlichen Lebensqualität der inzwischen verstorbenen Personen ein. In einem dritten Arbeitsschritt berechnete ich ein Wachstumskurven-Modell mit allen festen und zufälligen Effekten unter Einschluss der imputierten Werte der Verstorbenen und verglich diese mit dem Modell ohne die Verstorbenen, um den Effekt selektiver Mortalität abschätzen zu können. Hierbei ist vor allem eine Änderung des Interaktionseffekts zwischen der sozioökonomischen Lage und dem Lebensalter im Vergleich zu Modell 1 und 2 bedeutsam. Falls sich hier eine substantielle Veränderung der Parameter zeigt, könnte man dies im Sinne eines selektiven Einflusses der Mortalität auf die sozial bedingte gesundheitliche Ungleichheit im Alter interpretieren (vgl. Herd 2006, S. 383).
Da eine Reihe von Methoden zur Imputation fehlender Werte der physischen und mentalen Summenskala in Frage kommt, wurden Sensitivitätsanalysen mit den folgenden Alternativen durchgeführt:

a. Für alle Verstorbenen wurde jeweils der Median nach Geschlecht und Lebensalter physischen und mentalen Summenskala imputiert.
b. Für alle Verstorbenen wurde der jeweils nach Geschlecht und Lebensalter kleinste Wert der physischen und mentalen Summenskala imputiert.

In Übereinstimmung mit den Annahmen der Kontinuitätsthese zeigen sich hierbei keinerlei auffällige Effekte selektiver Mortalität auf die Schichtgradienten.

rierungsthese formulierten Annahme, wonach sich selektive Mortalität und steigende Morbiditätsraten im Altersgang nivellierend auf gesundheitliche Ungleichheiten der subjektiven Morbidität auswirken (vgl. Abschnitte 5.2.1 und 5.2.2). Vielmehr kann davon ausgegangen werden, dass die Zugehörigkeit zu einem Haushalt der beiden unteren Sozialschichten während der gesamten „Lebensphase Alter" einen mehr oder weniger konstanten gesundheitlichen Risiko-Indikator in körperlicher Hinsicht bei den Männern und – in mentaler Hinsicht – bei den Frauen darstellt. Das Konzept gesundheitlicher Resilienz und die Analyse der in den Abschnitten 6.1 und 6.2 beschriebenen sozialen Schutzfaktoren fokussieren sich daher im Folgenden auf diese beiden Gruppierungen.

9.2 Gesundheitliche Resilienz

9.2.1 Typen gesundheitlicher Resilienz

Je nach Zugehörigkeit zur Unterschicht bzw. unteren Mittelschicht unterscheidet sich auch der Grad der Benachteiligung durch gesundheitlich widrige Lebensumstände, wobei Menschen aus Haushalten der Unterschicht vergleichsweise ungünstigeren Lebensbedingungen ausgesetzt waren. Für beschreibende Analysen wurden daher in Abhängigkeit der Schichtzugehörigkeit prinzipiell zwei Typen gesundheitlicher Resilienz unterschieden: „Robuste Resilienz" gegenüber stark benachteiligenden Lebensbedingungen in der Unterschicht und „favorable Resilienz" angesichts weniger starker gesundheitlicher Belastungen in der unteren Mittelschicht.

Insgesamt waren zwischen 2002 und 2008 etwas mehr als ein Fünftel der Männer aus den beiden unteren Sozialschichten (Unterschicht: zwischen ca. 20% und 22%; Untere Mittelschicht: rund 22%) und zwischen ca. 10% bis 11% (Unterschicht) bzw. rund 17% (untere Mittelschicht) der Frauen gesundheitlich resilient (vgl. Tabellen 9 und 10). Während bei den Männern die Anteile der resilienten Personen zwischen der Unterschicht und der unteren Mittelschicht relativ ähnlich ist, klaffen sie bei den Frauen deutlich auseinander. Der Typus der „robusten Resilienz", der an die benachteiligten Lebensbedingungen von Frauen der Unterschicht gekoppelt ist, kommt in der SOEP-Kohorte weitaus seltener vor als der Typus der „favorablen Resilienz" von Frauen aus Haushalten der unteren Mittelschicht. Die soziale Schichtzugehörigkeit spielt bei den Frauen offenbar eine wesentliche Rolle für die Chance gesundheitlicher Widerstandsfähigkeit.

Tabelle 9: Verteilung der gesundheitlich resilienten und vulnerablen Männer in den unteren Sozialschichten im Untersuchungszeitraum

Statusgruppe	Resilienz/ Vulnerabilität	2002		2004		2006		2008	
		Anzahl	(%)	Anzahl	(%)	Anzahl	(%)	Anzahl	(%)
Unterschicht	Robuste Resilienz	12	20,0	12	19,7	15	21,7	15	20,0
	Vulnerabilität	48	80,0	49	80,3	54	78,3	60	80,0
	Gesamt	60	100,0	61	100,0	69	100,0	75	100,0
Untere Mittelschicht	Favorable Resilienz	79	22,2	79	22,3	76	21,9	76	22,3
	Vulnerabilität	277	77,8	276	77,7	271	78,1	265	77,7
	Gesamt	356	100,0	355	100,0	347	100,0	341	100,0

Die Tabelle enthält die mit dem Produkt der Bleibewahrscheinlichkeiten der Jahre 2002 bis 2008 gewichteten absoluten und relativen Häufigkeiten des SOEP.[184]

Quelle: Sozio-ökonomisches Panel (SOEP); eigene Berechnung und Darstellung

Tabelle 10: Verteilung der gesundheitlich resilienten und vulnerablen Frauen in den unteren Sozialschichten im Untersuchungszeitraum

Statusgruppe	Resilienz/ Vulnerabilität	2002		2004		2006		2008	
		Anzahl	(%)	Anzahl	(%)	Anzahl	(%)	Anzahl	(%)
Unterschicht	Robuste Resilienz	18	9,8	19	10,0	22	10,3	26	11,2
	Vulnerabilität	165	90,2	171	90,0	191	89,7	207	88,8
	Gesamt	183	100,0	190	100,0	213	100,0	233	100,0
Untere Mittelschicht	Favorable Resilienz	86	16,7	84	16,5	82	16,9	78	16,7
	Vulnerabilität	430	83,3	424	83,5	404	83,1	388	83,8
	Gesamt	516	100,0	508	100,0	486	100,0	466	100,0

Die Tabelle enthält die mit dem Produkt der Bleibewahrscheinlichkeiten der Jahre 2002 bis 2008 gewichteten absoluten und relativen Häufigkeiten des SOEP.

Quelle: Sozio-ökonomisches Panel (SOEP); eigene Berechnung und Darstellung

[184] Da die Angaben der Tabellen 9 und 10 pro Welle/Jahr berechnet wurden, können diese gewichteten absoluten Häufigkeiten durch unterschiedliches Auf- bzw. Abrunden minimal von den gleichen Angaben abweichen, die sich auf den gesamten Beobachtungszeitraum beziehen. Bei einem Teil der Befragten konnten keine Aussagen zum Resilienz-Typ oder zur Vulnerabilität im Zeitverlauf getroffen werden, da sich die Schichtzugehörigkeit änderte. Aus diesem Grunde ist die Anzahl der in den Tabellen 9 und 10 wiedergegebenen Resilienz-Typen pro Jahr/Welle generell kleiner als die Gesamtzahl der Personen in der Unterschicht bzw. unteren Mittelschicht (vgl. Tabelle 3).

Womöglich spiegeln sich in der differentiellen Verteilung gesundheitlicher Widerstandsfähigkeit besonders widrige Lebensbedingungen alter und hochaltriger Frauen aus Haushalten der Unterschicht wider, die häufiger alleine leben als Männer der gleichen Statusgruppe und in diesem Falle typischerweise auch ein geringeres Renteneinkommen – bspw. in Form einer Witwenrente – aufweisen. Zusätzlich kommen bestimmte statistische Merkmale der mentalen gesundheitlichen Lebensqualität als Erklärung in Betracht. So weist diese Dimension im Vergleich zur physischen Summenskala in allen SOEP-Wellen eine höhere Streuung auf (vgl. Tabelle 2), was insbesondere bei den Frauen zu beobachten ist. Dies setzt die Wahrscheinlichkeit gesundheitlicher Resilienz in diesem Bereich tendenziell herab, da deren Messung gerade auf einer gewissen individuellen Konstanz der Werte im Untersuchungszeitraum beruht.

Die Fallzahlen resilienter Personen aus der Unterschicht sind sowohl bei den Männern als auch bei den Frauen relativ klein (vgl. Tabellen 9 und 10). Dies kann bei statistischen Modellen mit mehreren Variablen zu methodischen Schwierigkeiten führen. Aus diesem Grund fasse ich die beiden „unteren" Sozialschichten in den weiteren Untersuchungsschritten bzw. statistischen Modellen teilweise zusammen, um die Aussagekraft der Ergebnisse zu erhöhen.

9.2.2 Gesundheitliche Risiko-Mechanismen

Die zentrale These dieser Arbeit lautet, dass sich gesundheitlich resiliente alte Menschen durch bestimmte soziale Merkmale – vor allem durch Formen spezieller, „gesundheitsbewusster" Lebensstile und dem Zugang zu Beziehungs- und Systemkapital – von den gesundheitlich vulnerablen Menschen gleichen Alters und sozialem Status unterscheiden (vgl. Abschnitt 3). Um die hiermit verbundenen Annahmen möglichst verzerrungsfrei untersuchen zu können, klären die folgenden Analysen zunächst die Einflüsse der in Abschnitt 5.1 aufgeführten *Risiko-Mechanismen* ab.

Dies erforderte mehrere aufeinanderfolgende Arbeitsschritte. Im ersten Schritt wurde untersucht, ob die postulierten Risiko-Mechanismen überhaupt einem Schichtgradienten folgen, d.h. ob sie umso häufiger auftreten, je niedriger die soziale Schicht der Befragten ist (vgl. Tabelle 11). Im zweiten Schritt wurde betrachtet, ob diese Faktoren außerdem als gesundheitliche Einflüsse innerhalb der Unterschicht und unteren Mittelschicht in Frage kommen (vgl. Tabelle 12). Da sich nach den in Hypothese 1a formulierten Annahmen gesundheitlich resiliente Alte aus unteren Sozialschichten in ihren über den Lebenslauf hinweg kumulierten gesundheitlichen Risiken, die sozialstrukturelle, finanzielle und psychosoziale Belastungen umfassen (vgl. Abschnitt 5.1.1), nicht von den gesundheitlich vulnerablen Alten der jeweils gleichen Sozialschicht unterscheiden sollten, wurde drittens ein Vergleich zwischen diesen Personengruppen im Hinblick auf diese schichtspezifischen Gesundheitsrisiken durchgeführt (vgl. Tabelle 13). Dieser Vergleich sollte darüber Auskunft geben, ob die ökonomische Lage, gemessen anhand der aktuellen Einkommensverhältnisse, die Wohnverhältnisse sowie strukturelle Merkmale des Wohnumfeldes oder die subjektive Zufriedenheit in diesen Bereichen als gesellschaftliche Determinanten gesundheitlicher Resilienz alter Menschen in Betracht kommen. Die Intention dieses Vorgehens bestand darin, weitere mutmaßliche gesellschaftliche Determinanten, welche die beobachteten intrastratumiären Unterschiede der gesundheitlichen Lebensqualität erklären könnten, im Vorfeld der Analyse der beiden in Abschnitt 6 postulierten protektiven Faktoren abzuklären und diese – falls notwendig – in die folgenden Untersuchungsschritte zu integrieren.

Tabelle 11: Zusammenhang zwischen der sozialen Schichtzugehörigkeit und Risiko-Mechanismen

Gesundheitliche Risiko-Mechanismen	**Korrelation mit sozialer Schichtzugehörigkeit⁺**
Einkommensarmut-Index	-3,580***
Wohnungsdichte	0,116***
Wohnungsausstattung	0,281***
Belastungen im Wohnumfeld	-0,006
Infrastrukturausstattung	0,075***
Zufriedenheit mit der materiellen Wohlfahrt	0,158***

+: Korrelationskoeffizient nach Spearman zum zweiseitigen Signifikanzniveau α=5% im gesamten Untersuchungszeitraum; ***: p<0,1%

Quelle: Sozio-ökonomisches Panel (SOEP); eigene Berechnung und Darstellung

Mit Ausnahme der kumulierten Belastungen durch Lärm, Abgase usw. im Wohnumfeld der Befragten folgen sämtliche materiellen, strukturellen und psychosozialen Faktoren einem Schichtgradienten (vgl. Tabelle 11) und kommen somit als schichtassoziierte Risiko-Mechanismen grundsätzlich in Frage. Allerdings zeigt sich innerhalb der unteren Sozialschichten lediglich für die Wohnungsdichte und -ausstattung sowie für die kumulierte Lebenszufriedenheit ein auffälliger gesundheitlicher Effekt (vgl. Tabelle 12).

Tabelle 12: Gesundheitliche Effekte der Risiko-Mechanismen innerhalb der Unterschicht und der unteren Mittelschicht

	Feste Effekte		Physische gesundheitliche Lebensqualität	Mentale gesundheitliche Lebensqualität
Modell 1 (n=4.259)	Konstante		41,17***	51,04***
	Alter		-0,39***	-0,22***
	Einkommensarmut-Index	0	-0,92	-0,24
		25	-1,86	-2,61
		50	1,50	-1,16
		75	-0,08	-2,15
		100	Ref.	Ref.
Modell 2 (n=4.224)	Konstante		39,45***	50,99***
	Alter		-0,39***	-0,22***
	Wohnungsdichte		0,02*	-0,01
Modell 3 (n=4.245)	Konstante		38,64***	45,45***
	Alter		-0,39***	-0,21***
	Wohnungsausstattung		0,15	0,43***
Modell 4 (n=4.144)	Konstante		39,26***	50,49***
	Alter		-0,39***	-0,22***
	Infrastrukturausstattung		0,16	0,003
Modell 5 (n=4.187)	Konstante		41,22***	52,38***
	Alter		-0,39***	-0,22***
	Unzufrieden mit der materiellen Wohlfahrt		-1,70***	-3,65***
	Zufrieden mit der materiellen Wohlfahrt		Ref.	Ref.

*: p<5%; **: p<1%; ***: p<0,1%. Die Anzahl der eingeschlossenen Messzeitpunkte pro Modell und die Schätzwerte der Wachstumskurven-Modelle basieren auf den mit dem Produkt der Bleibewahrscheinlichkeiten der Jahre 2002 bis 2008 gewichteten Daten des SOEP.

Quelle: Sozio-ökonomisches Panel (SOEP); eigene Berechnung und Darstellung

Da es sich bei sozialen Schichten per definitionem um relativ homogene Statuslagen im Hinblick auf sozioökonomische Ressourcen handelt, entsprechen diese Befunde durchaus den Erwartungen. Zusätzliche Unterschiede zwischen den Gruppen der gesundheitlich widerstandsfähigen und „verwundbaren" Menschen konnte lediglich für die Wohnungsdichte und für den Grad der Lebenszufriedenheit ermittelt werden, wobei erstere nur im Hinblick auf die physische gesundheitliche Lebensqualität differiert. Der Grad der Zufriedenheit hat einen günstigen Effekt auf das gesundheitliche Wohlbefinden sowohl in körperlicher als auch mentaler Hinsicht. Zudem weisen gesundheitlich resiliente Menschen einen auffällig höheren Anteil zufriedener Menschen auf, als gesundheitlich vulnerable Personen (vgl. Tabelle 13).

Tabelle 13: Risiko-Mechanismen im Vergleich zwischen gesundheitlich resilienten und vulnerablen Personen

Gesundheitliche Risiko-Mechanismen	Korrelation mit resilient/vulnerabel+	
	Physische gesundheitliche Lebensqualität – Männer	Mentale gesundheitliche Lebensqualität – Frauen
Einkommensarmut-Index	0,00	-1,48***
Wohnungsdichte	0,09***	-0,02
Wohnungsausstattung	0,02	-0,01
Infrastrukturausstattung	0,05	-0,01
Zufriedenheit mit der materiellen Wohlfahrt	0,12***	0,24***
Lebensalter	-0,09***	-0,05*

+: Korrelationskoeffizient nach Spearman zum zweiseitigen Signifikanzniveau α=5% im gesamten Untersuchungszeitraum; *: p<5%; **: p<1%; ***: p<0,1%.

Quelle: Sozio-ökonomisches Panel (SOEP); eigene Berechnung und Darstellung

Zusätzlich zu den sozialstrukturell-materiellen Risiko-Mechanismen wurde auch das Lebensalter als Determinante des gesundheitlichen Wohlbefindens alter Menschen betrachtet.[185] Wie bereits in der deskriptiven Analyse des Abschnitts 8.3.1 beobachtet, verschlechterten sich sowohl die physische als auch die mentalen Aspekte des gesundheitlichen Wohlbefindens mit zunehmendem Lebensalter relativ konstant, wobei der Rückgang des körperlichen Wohlbefindens vergleichsweise stärker ausfällt (vgl. Tabelle 12). Altersunterschiede spielen darüber hinaus eine gewisse Rolle für die Zugehörigkeit zur Gruppe der gesundheitlich resilienten bzw. vulnerablen Personen: Je älter ein Mensch ist, umso wahrscheinlicher gehört er der Gruppe der gesundheitlich verwundbaren Personen an. Dieser Alterseffekt fällt jedoch weitaus schwächer aus, als man vor dem Hintergrund der deutlichen Alterseffekte auf den allgemeinen Grad des gesundheitlichen Wohlbefindens erwartet hätte (vgl. Tabelle 13). Ein gewisser Anteil der gesund-

[185] Gesundheitlich vulnerable Männer weisen mit rund 13% einen leicht höheren Anteil Hochaltriger auf als gesundheitlich resiliente Männer mit insgesamt nur etwa 10%. Bei den Frauen ist der Anteil der Hochaltrigen erwartungsgemäß rund doppelt so hoch als bei den Männern. Auch bei ihnen zeigt sich ein leicht höherer Anteil Hochaltriger bei den gesundheitlich „verwundbaren" (rund 26%) als bei den resilienten Frauen (etwa 23%). Wie statistische Tests zeigen, kommen diese Altersverteilungen bei Männern und Frauen jedoch mit großer Wahrscheinlichkeit durch zufällige Variation zustande. So zeigt der Chi-Quadrat-Test nach Pearsons eine zweiseitige statistische Signifikanz von 8% (bei den Frauen: 31%), die oberhalb des vorgegebenen statistischen Signifikanzniveaus von α=5% liegt. Zu einem ähnlichen Ergebnis führt auch der exakte Test nach Fischer, der eine exakte zweiseitige Signifikanz von 9% (bei den Frauen: 33%) ergibt.

heitlichen Differenzen zwischen gesundheitlich resilienten und vulnerablen Männern und Frauen dürfte somit – vor allem bei der stärker altersabhängigen, physischen Gesundheit (vgl. Abschnitt 8.3.1) – der Tatsache geschuldet sein, dass die Gruppe der gesundheitlich „verwundbaren" einen höheren Anteil hochaltriger Menschen umfasst, die üblicherweise eine schlechtere gesundheitliche Lebensqualität berichteten als „Junge Alte".

In der Zusammenschau der Befunde kommt man zum Ergebnis, dass sich die Gruppe der gesundheitlich resilienten Männer und Frauen nur in wenigen gesundheitsrelevanten Merkmalen wie bspw. einem geringeren Anteil Hochaltriger, von den gesundheitlich vulnerablen Menschen der gleichen Sozialschicht unterscheiden. Insgesamt sind sich beide Gruppen recht ähnlich, was strukturelle und ökonomische Risiken betrifft. Diese Kriterien, im Einzelnen Einkommens-Armut, mangelhafte Wohnungs- oder Infrastrukturausstattung sowie verschiedene Belastungen im Wohnumfeld scheiden als Determinanten gesundheitlicher Widerstandsfähigkeit alter Menschen weitgehend aus. Nur die Wohnungsdichte unterscheidet sich als gesundheitsrelevante Determinante der physischen Lebensqualität zwischen den gesundheitlich resilienten und vulnerablen Menschen und soll daher in den folgenden Analysen entsprechend berücksichtigt werden. Einen deutlichen gesundheitlichen Effekt zeigen demgegenüber *psychosoziale Einflüsse*, die in Form der kumulierten Lebenszufriedenheit der Befragten in ökonomischen und strukturellen Bereichen gemessen wurden. Der Grad der Lebenszufriedenheit ist darüber hinaus auch ein Unterscheidungskriterium für gesundheitlich resiliente und vulnerable Personen und wird daher ebenfalls in den weiteren Untersuchungsschritten zu den protektiven Faktoren mitgeführt.

Die Ergebnisse zeigen, dass die beiden genannten Kriterien zwar im statistischen Sinne auffällige, aber insgesamt recht schwache Determinanten für die Zugehörigkeit zu gesundheitlich widerstandsfähigen Personengruppen sind (vgl. Tabelle 13). Es ist daher naheliegend, dass bislang noch nicht untersuchte Merkmale für Prozesse „positiver" gesundheitlicher Anpassung in der Gruppe der resilienten alten Menschen verantwortlich sind. Die im Theorieteil ausführlich dargestellten gesundheitlichen Schutzfaktoren (vgl. u.a. Abschnitt 6) sind in diesem Zusammenhang möglicherweise von Bedeutung. Die hierunter subsummierten sozialstrukturellen Einflüsse auf die Chance gesundheitlicher Widerstandsfähigkeit alter Menschen detailliert zu untersuchen, ist Gegenstand der folgenden Abschnitte.

9.3 Ergebnisse zu Gesundheitslebensstilen

Die Befunde zu den gesundheitlichen Risiken sozioökonomisch benachteiligter Statuslagen stellen nur eine Seite des „Modells der intrastratumiären gesundheitlichen Resilienz" dar, das in Abschnitt 7.2 vorgestellt wurde. Eine ebenso große Rolle spielen protektive Faktoren, die bei manchen Menschen dafür sorgen, dass sie eine positive gesundheitliche Lebensqualität im Rentenalter auch vor dem Hintergrund sozioökonomischer Gesundheitsrisiken aufrechterhalten. Sozialwissenschaftliche Ansätze, welche die Anforderungen an solche protektiven und zugleich intervenierbaren Mechanismen am ehesten erfüllen, sind spezielle „gesundheitsbewusste" Lebensstile sowie der Zugang zu Beziehungs- und Systemkapital (vgl. Abschnitte 6.1 und 6.2). Wie schon in den vorangegangenen Abschnitten wurden die jeweils zugehörigen Ergebnisse der statistischen Untersuchungen in tabellarischer Form teilweise im Anhang aufgeführt (vgl. Anhang 11.3.2).

Da es sich bei Gesundheitslebensstilen um komplexe, kollektiv geteilte Muster spezifischer Alltagsgewohnheiten und Grundeinstellungen handelt (vgl. Abschnitt 6.1), ist die Interpretation solcher sozialen Tatbestände auf der Grundlage statistischer Modelle keineswegs trivial. Bevor auf die nähere Untersuchung der in Hypothese 2 postulierten protektiven Effekte bestimmter „gesundheitsbewusster" Lebensstile eingegangen wird, beschreiben die folgenden Abschnitte daher die wesentlichen Merkmale der einzelnen, mittels Clusteranalyse zu Tage geförderten Gesundheitslebensstil-Gruppen Nr. 1 bis Nr. 4 der SOEP-Kohorte.

9.3.1 „Aktive-Gesundheitsbewusste"

Gesundheitslebensstil Nr. 1 ist in den Jahren 2002 und 2004 mit jeweils rund einem Drittel die größte Lebensstil-Gruppe in der SOEP-Kohorte. Er büßt jedoch im Laufe der Zeit tendenziell an Umfang ein, so dass er im Jahre 2008 nur noch etwas mehr als ein Viertel der gesamten Studienkohorte der über 64jährigen umfasst. Im Gegensatz dazu ist dieser Gesundheitslebensstil in den Haushalten der unteren Sozialschichten nur der zweithäufigste und es ist kein eindeutiger zeitlicher Trend im Sinne einer stetigen Zu- oder Abnahme des anteilsmäßigen Umfangs des Clusters zu beobachten (vgl. Tabelle 26 in Anhang 11.3.2).

Mit Blick auf den gesamten Untersuchungszeitraum pflegen rund 26% der Angehörigen der Unterschicht und unteren Mittelschicht den Gesundheitslebensstil Nr. 1 (vgl. Tabelle 26 in Anhang 11.3.2). Hierbei schwanken dessen Anteile deutlich zwischen den Haushalten der Unterschicht und der unteren Mittelschicht der Männer: Während erstere nur zu gut 16% der Messzeitpunkte diesen Lebensstil praktizierten, kommen letztere auf einen entsprechenden Anteil von über 24% (vgl. Abbildungen 12 und 13). Zudem unterscheiden sich die Anteile zwischen Männern und Frauen der jeweils gleichen Statusgruppe, wobei die Unterschiede in den Unterschicht-Haushalten am deutlichsten ausgeprägt sind. So sind die zeitraumbezogenen Anteile des Gesundheitslebensstils Nr. 1 bei den Frauen unabhängig von der Sozialschicht mit gut 26% generell höher als bei Männern der gleichen Statusgruppen. In Haushalten der unteren Mittelschicht beträgt die Differenz der geschlechtsbezogenen Anteile jedoch nur rund 2%, während sie in Unterschicht-Haushalten ca. 10% ausmacht (vgl. Abbildungen 12 bis 15). Die weiblichen Befragten der unteren Statusgruppen, vor allem der Unterschicht, weisen somit eine generell höhere Affinität zu diesem Gesundheitslebensstil auf als die Männer der SOEP-Kohorte.

Abbildung 8: Gesundheitsbezogene Einstellungen und Verhaltensweisen im Rahmen des Gesundheitslebensstils der „Aktiven-Gesundheitsbewussten"

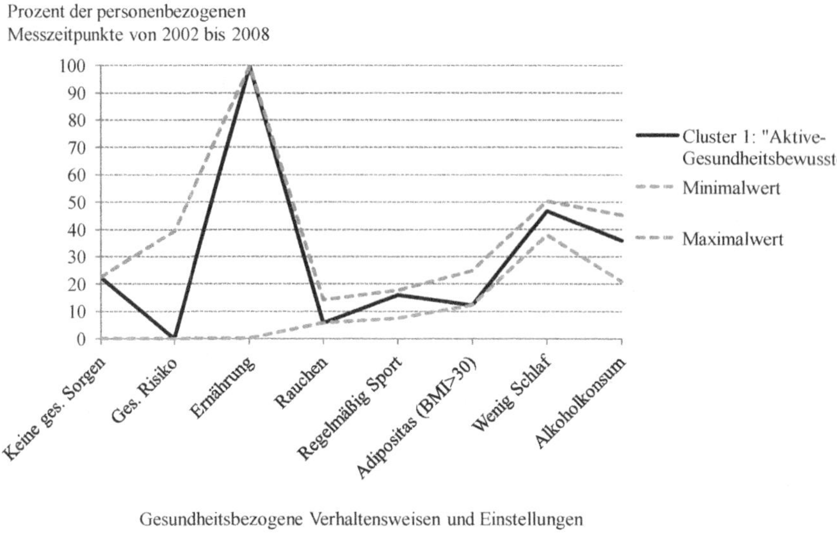

Die Angaben beziehen sich auf die gesamte SOEP-Studienkohorte. Minimal- und Maximalwerte bilden die geringste bzw. höchste Ausprägung der jeweiligen Dimension in den vier Lebensstil-Clustern ab. Messzeitpunkte 2002 bis 2008: N = 3.316.

Quelle: Sozio-ökonomisches Panel (SOEP); eigene Berechnung und Darstellung

Ein augenfälliges Merkmal des Gesundheitslebensstils Nr. 1 ist die in mentaler Hinsicht ausgesprochen hohe gesundheitliche Lebensqualität, welche die Angehörigen dieser Lebensstil-Gruppe im Allgemeinen berichteten. De facto weist der Cluster den höchsten mittleren Wert des mentalen gesundheitlichen Wohlbefindens unter allen Gesundheitslebensstilen auf. Dementsprechend gaben die Angehörigen dieses Gesundheitslebensstils zu 72% der pro Person erhobenen Zeitpunkte eine mindestens durchschnittlich hohe mentale Gesundheit an (vgl. Tabelle 24 in Anhang 11.3.2). Es ist daher zu erwarten, dass dieser Cluster vor allem bei den gesundheitlich widerstandsfähigen Frauen als protektiver Faktor in Erscheinung tritt.

Zudem weist ein im Vergleich zur Studienkohorte weit größerer Anteil dieses Gesundheitslebensstils von ca. 27% eine überdurchschnittlich hohe physische gesundheitliche Lebensqualität im Untersuchungszeitraum auf, was darauf hindeutet, dass dieser Lebensstil auch als Schutzfaktor für gesundheitlich widerstandsfähige Männer aus unteren Statusgruppen relevant sein könnte (vgl. Tabelle 24 in Anhang 11.3.2).

Angesichts dieses in beiden Dimensionen überdurchschnittlich hohen gesundheitlichen Wohlbefindens der Angehörigen des Clusters ist es durchaus nachvollziehbar, dass der Anteil der Zeitpunkte, zu denen die Befragten angaben, sich keine Sorgen um ihren aktuellen gesundheitlichen Zustand zu machen, in dieser Gruppe mit rund 22% am höchsten ausfällt. Die Personen, die diesen Lebensstil im Untersuchungszeitraum praktizierten, gaben zudem praktisch geschlossen an, sorgfältig auf eine gesundheitsbewusste Ernährung zu achten und sie gingen in aller Regel keinerlei gesundheitliche Risiken ein. Ferner trieben sie im Vergleich zu ihren Altersgenossen überdurchschnittlich häufig, d.h. täglich oder zumindest wöchentlich, Sport. Zusammengenommen erscheint daher auch der Befund plausibel, dass diese Gruppe den geringsten Anteil adipöser Personen (BMI größer 30) von allen Gesundheitslebensstilen aufweist. Dieser Wert liegt zugleich deutlich unterhalb des mittleren Wertes der Studienkohorte. Zudem weist diese Lebensstil-Gruppe im Untersuchungszeitraum den vergleichsweise niedrigsten Anteil aktiver sowie – gemessen an den Packungs-Jahren – starker Raucher auf (vgl. Abbildung 8 sowie Tabelle 24 in Anhang 11.3.2). Das mittlere Alter der Angehörigen dieser Lebensstil-Gruppe in der Studienkohorte entspricht mit 73 Jahren dem der Stichprobe, was darauf hindeutet, dass dem Lebensalter im Untersuchungszeitraum keine bestimmende Rolle für diesen Lebensstil zukommt.

Da sich die Angehörigen von Gesundheitslebensstil Nr. 1 praktisch ausschließlich durch gesundheitsförderliche Charakteristika hervortun und ihnen keine eindeutig gesundheitsschädigenden Verhaltensweisen oder Einstellungen zugeordnet werden konnten, wird diese Gruppierung im Folgenden als „*Aktive-*

Gesundheitsbewusste" bezeichnet.[186] Sie nimmt daher den höchsten Gesundheitsrang aller Lebensstil-Gruppierungen ein (vgl. Tabelle 25 in Anhang 11.3.2).[187]

9.3.2 „Besorgte-Inaktive"

Der Anteil der Personen innerhalb der SOEP-Kohorte, die Gesundheitslebensstil Nr. 2 angehören, stieg im Zeitverlauf kontinuierlich an. Im Jahre 2006 praktizierten 26% der Befragten diesen Gesundheitsstil, im Jahre 2008 waren es bereits etwas mehr als 35%, was diese Gruppe in der gesamten Kohorte zum anteilmäßig stärksten Lebensstil-Cluster in der zweiten Hälfte des Untersuchungszeitraumes macht. Dieser Trend ist vermutlich teilweise auf die Altersstruktur dieses Gesundheitslebensstils zurückzuführen. Es handelt sich mit einem mittleren Alter von 74 Jahren und einem weit überdurchschnittlichen Anteil Hochaltriger von 23% um die älteste Lebensstil-Gruppe. Dies spiegelt sich auch im Anteil der Frauen wider, die den größten Teil der Hochaltrigen stellen: Sie sind in diesem Cluster mit rund 62% ebenfalls deutlich häufiger vertreten als in der gesamten Studienkohorte (vgl. Tabelle 24 in Anhang 11.3.2). Es scheint daher plausibel, dass die im Zeitverlauf kontinuierlich alternde Studienkohorte im Altersgang und besonders mit dem Eintritt in die Hochaltrigkeit eine gewisse Affinität zu diesem Lebensstil entwickelte und ihn aus diesem Grunde in den Jahren 2006 und 2008 häufiger praktizierte als zu Beginn des Untersuchungszeitraumes.

In den Haushalten der Unterschicht und der unteren Mittelschicht ist diese Lebensstil-Gruppe von Beginn der Kohorte im Jahr 2002 an mit 31% am anteilsmäßig stärksten vertreten und nimmt als einzige im Zeitverlauf stetig zu, so dass im Jahre 2008 insgesamt bereits gut vier von zehn Menschen aus unteren Sozialschichten diesem Lebensstil angehören (vgl. Tabelle 26 in Anhang 11.3.2). Wie bereits bei den „Aktiven-Gesundheitsbewussten" sind auch in diesem Cluster geschlechts- und schichtbezogene Differenzen in den Haushalten der beiden unteren Statusgruppen zu beobachten. Während bei den Männern der unteren Mittelschicht der Anteil des Gesundheitslebensstils Nr. 2 im Vergleich zur Unterschicht von rund 37% auf 32% deutlich abnimmt (vgl. Abbildungen 12 und

[186] Dieser Gesundheitslebensstil zeigt auffällige Parallelen zu dem Cluster „Keine Risikoverhaltensweisen", das in einer aktuellen Querschnittstudie einer Stichprobe von 50- bis 70jährigen Baden-Württembergern mittels Clusteranalyse identifiziert wurde (vgl. Schneider u.a. 2010, S. 273).

[187] Der „Gesundheitsrang" wurde pro Lebensstil aus dem Verhältnis der als „gesundheitsförderlich" definierten Komponenten (bspw. regelmäßiger Sport, Nichtraucher, gesundheitsbewusste Ernährung) zu den „gesundheitsschädigenden" Komponenten (bspw. Anteil körperlich inaktiver Personen, Raucher, hoher Alkoholkonsum) bestimmt. Je günstiger das Verhältnis von Ersteren zu Letzteren, desto höher der Gesundheitsrang (vgl. Tabelle 25 in Anhang 11.3.2).

13), erfolgt bei den Frauen eine gerade gegenläufige Verteilung. Bei ihnen ist der Anteil dieses Gesundheitslebensstils mit gut 41% in der unteren Mittelschicht etwas höher als in der Unterschicht mit rund 37% (vgl. Abbildungen 14 und 15). Diese Ergebnisse sprechen dafür, dass der Einfluss der jeweiligen Sozialschicht – vor allem der Unterschicht – auf die Ausübung des Gesundheitslebensstils Nr. 2 hinter dem Einfluss der Geschlechtszugehörigkeit zurückbleibt. Gleichwohl legen die Ergebnisse der beschreibenden Statistiken wechselseitige Einflüsse dieser beiden Merkmale auf die Wahrscheinlichkeit, dass Gesundheitslebensstil Nr. 2 im Untersuchungszeitraum praktiziert wurde, nahe.

Abbildung 9: Gesundheitsbezogene Einstellungen und Verhaltensweisen im Rahmen des Gesundheitslebensstils der „Besorgten-Inaktiven"

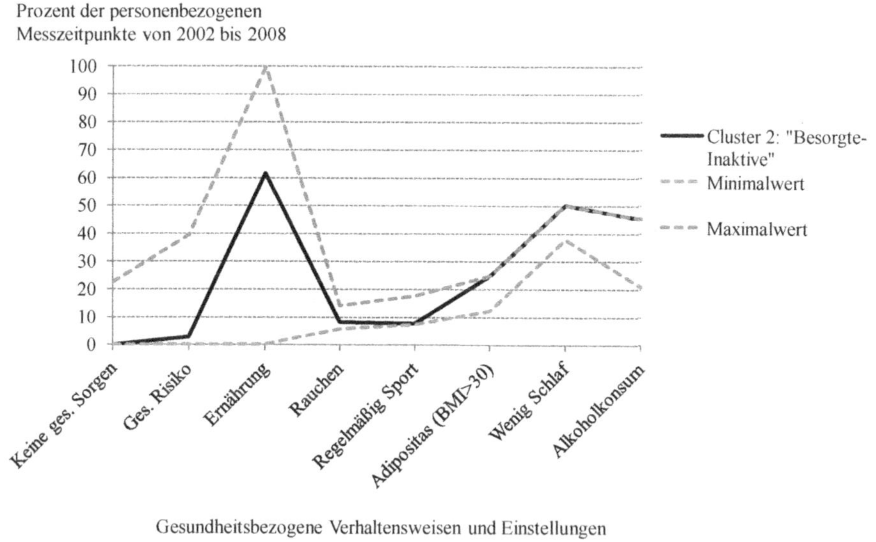

Die Angaben beziehen sich auf die gesamte SOEP-Studienkohorte. Minimal- und Maximalwerte bilden die geringste bzw. höchste Ausprägung der jeweiligen Dimension in den vier Lebensstil-Clustern ab. Messzeitpunkte 2002 bis 2008: N = 3.442.

Quelle: Sozio-ökonomisches Panel (SOEP); eigene Berechnung und Darstellung

Die Angehörigen dieses Gesundheitslebensstils weisen insgesamt eine deutlich unterdurchschnittliche gesundheitliche Lebensqualität in physischer und mentaler Hinsicht auf. Zudem ist der Anteil der Zeitpunkte, in denen die Angehörigen dieses Clusters eine geringe Lebensqualität im untersten Quartil der Skala des SF12v2 berichteten, fast dreimal so hoch wie in der gesamten Studienkohorte (vgl. Tabelle 24 in Anhang 11.3.2). Dies dürfte teilweise auf den hohen Anteil Hochaltriger zurückzuführen sein, welche in aller Regel eine im Vergleich zur Gruppe der „Jungen Alten" deutlich verringerte gesundheitliche Lebensqualität vor allem in körperlicher Hinsicht berichteten (vgl. Tabelle 24 in Anhang 11.3.2).

Gleichzeitig ist jedoch auch der Anteil potenziell gesundheitsschädigender Verhaltensweisen in dieser Gruppe besonders hoch. Besonders charakteristisch ist eine allgemeine sportliche Passivität in Kombination mit einem weit überdurchschnittlichen Anteil adipöser Menschen (vgl. Abbildung 9). Rund 82% der Befragten gaben an, im Untersuchungszeitraum nie Sport getrieben zu haben. Zudem weisen Angehörige dieses Clusters mit knapp einem Viertel den höchsten Anteil adipöser Personen auf. Auch ist der Anteil der Personen, die weniger als 7,5 Stunden täglich schlafen und somit eine unterdurchschnittliche Schlafdauer berichteten, im Vergleich zu den übrigen Lebensstil-Gruppen am höchsten. Der hohe Alkoholkonsum dieser Gruppierung bei gleichzeitig weitgehender sportlicher Inaktivität kontrastiert allerdings mit einem unterdurchschnittlichen Anteil aktiver Raucher sowie der recht starken Aufmerksamkeit, die auf eine gesundheitsbewusste Ernährung verwendet wird. Angehörige dieses Gesundheitslebensstils machten sich typischerweise große Sorgen um die eigene Gesundheit und berichteten dementsprechend eine im Allgemeinen gering ausgeprägte gesundheitliche Risikobereitschaft (vgl. Tabelle 24 in Anhang 11.3.2 sowie Abbildung 9).

Insgesamt herrscht trotz der auffallend ausgeprägten gesundheitlichen Sorgen und der Vermeidung gesundheitlicher Risiken in dieser Gruppe somit ein ambivalentes Bild vor, was sich in der simultanen Praxis einer kleineren Zahl eher gesundheitsförderlicher und einer Vielzahl mutmaßlich gesundheitsschädigender Verhaltensweisen ausdrückt. Aufgrund der beiden als wesentlich erachteten Merkmale dieser Gruppe (Sorgen um den Gesundheitszustand sowie körperliche Inaktivität) werden Personen, die Gesundheitslebensstil Nr. 2 angehören, im Folgenden als „*Besorgte-Inaktive*" bezeichnet. Da die „Besorgten-Inaktiven" ein deutliches Übergewicht potenziell gesundheitsschädigender Verhaltensweisen und Mentalitäten gegenüber den eher gesundheitsförderlichen Praktiken aufweisen, kommt dieser Gruppe der niedrigste Gesundheitsrang aller Lebensstil-Cluster zu (vgl. Tabelle 25 in Anhang 11.3.2).

9.3.3 *„Aktive-Risikofreudige"*

Im Falle von Gesundheitslebensstil Nr. 3 handelt es sich sowohl in der gesamten Studienkohorte als auch in den beiden unteren Sozialschichten um den vergleichsweise kleinsten Cluster, der jedoch nur im ersteren Falle im Zeitverlauf stetig kleiner wird. Konnten im Jahre 2002 noch rund 18% der Befragten der SOEP-Stichprobe dieser Lebensstil-Gruppe zugerechnet werden, so nimmt dieser Anteil bis ins Jahr 2008 auf etwa 16% ab. In den beiden unteren Sozialschichten schwankt der Anteil dieser Gruppe im Untersuchungszeitraum zwischen rund 13% und 12%, wobei kein eindeutiger zeitlicher Trend zu Tage tritt (vgl. Tabelle 26 in Anhang 11.3.2).

In den Haushalten der Unterschicht und der unteren Mittelschicht zeigt Gesundheitslebensstil Nr. 3 deutliche Unterschiede nach der Geschlechtszugehörigkeit, wobei die Männer aus der Unterschicht mit gut 18% einen mehr als doppelt so hohen Anteil innerhalb dieser Lebensstil-Gruppe aufweisen als Frauen der gleichen Statusgruppe. In Haushalten der unteren Mittelschicht sind die geschlechtsspezifischen Anteile jedoch fast wieder ausgeglichen. Sie betragen bei den Männern rund 13% und bei den Frauen 12% (vgl. Abbildungen 12 bis 15). Wie bereits beim Gesundheitslebensstil der „Besorgten-Inaktiven" zu beobachten ist, zeigt auch dieser Cluster zwischen Männern und Frauen eine gegenläufige prozentuale Verteilung in den beiden unteren Statusgruppen. Während bei den Männern aus der unteren Mittelschicht der Anteil des Gesundheitslebensstils Nr. 3 im Vergleich zur Unterschicht und um rund ein Drittel zurückgeht, steigt er bei den Frauen geringfügig von rund 9% auf 12% (vgl. Abbildungen 12 bis 15).

Gesundheitslebensstil Nr. 3 ist mit einem mittleren Alter von 72 Jahren und dem geringsten Anteil von Hochaltrigen von ca. 13% der jüngste Cluster. Diese Altersstruktur spiegelt sich teilweise auch in dem – relativ zu den übrigen Lebensstil-Gruppen – geringsten Anteil von Frauen von nur rund 45% wider, die diesem Gesundheitslebensstil im Untersuchungszeitraum angehörten. Sind die „Besorgten-Inaktiven" das – gemessen am Anteil der Frauen – „weiblichste" Cluster, so kann Gesundheitslebensstil Nr. 3 als das „männlichste" Cluster der Studienkohorte bezeichnet werden. Führt man sich zudem die relative hohe Altersabhängigkeit der physischen gesundheitlichen Lebensqualität vor Augen (vgl. Abschnitte 8.3.1 und 9.2.2), so verwundert es nicht, dass die Angehörigen dieser Gruppe in diesem Bereich den höchsten mittleren Wert von allen Clustern aufweisen (vgl. Tabelle 24 in Anhang 11.3.2).

Abbildung 10: Gesundheitsbezogene Einstellungen und Verhaltensweisen im Rahmen des Gesundheitslebensstils der „Aktiven-Risikofreudigen“

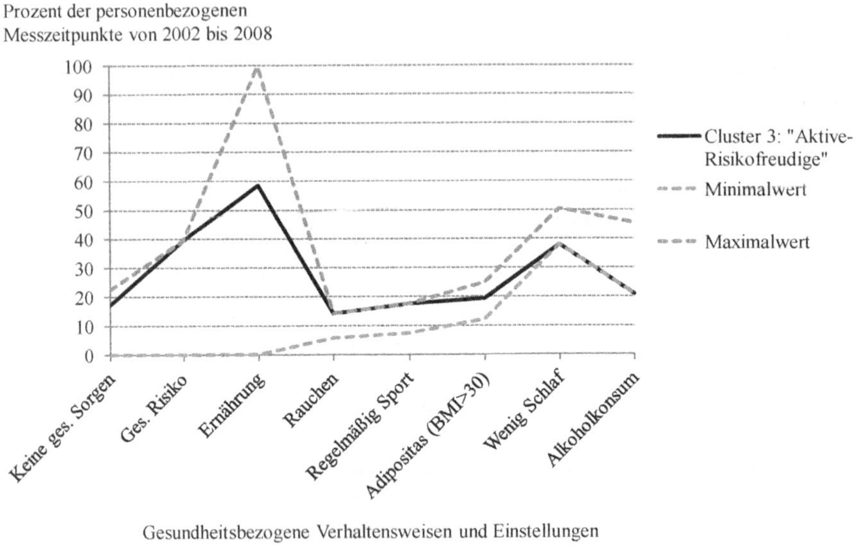

Die Angaben beziehen sich auf die gesamte SOEP-Studienkohorte. Minimal- und Maximalwerte bilden die geringste bzw. höchste Ausprägung der jeweiligen Dimension in den vier Lebensstil-Clustern ab. Messzeitpunkte 2002 bis 2008: N = 1.860.

Quelle: Sozio-ökonomisches Panel (SOEP); eigene Berechnung und Darstellung

Ein herausstechendes Merkmal dieses Clusters ist die auffällig hohe Risikobereitschaft im Hinblick auf die eigene Gesundheit, die mit einem relativ hohen Anteil von Sorglosigkeit bzw. Optimismus in diesem Bereich einhergeht. So berichteten Personen, die dem Gesundheitslebensstil Nr. 3 zugeordnet wurden, zu gut 39% der erhobenen Zeitpunkte eine ausgeprägte Risikobereitschaft in Bezug auf ihre eigene Gesundheit. Die Angehörigen dieses Gesundheitslebensstils weisen mit rund 14 % den höchsten Anteil aktiver Raucher auf und mit knapp 10 % auch den höchsten Anteil starker Raucher, gemessen an Personen, die im betrachteten Zeitraum auf 500 oder mehr „Packungs-Jahre“ kamen. Außerdem ist der Anteil der Zeitpunkte, zu denen die Befragten angaben, sorgfältig auf eine gesundheitsbewusste Ernährung zu achten, leicht unterdurchschnittlich ausgeprägt. Die Angehörigen dieser Lebensstil-Gruppe weisen zudem mit rund

18% den höchsten Anteil personenbezogener Messzeitpunkte auf, zu denen die Teilnehmer der Studienkohorte angaben, wöchentlich oder sogar täglich aktiv Sport zu treiben. Es erscheint plausibel, dass die hohe gesundheitliche Risikobereitschaft der Angehörigen des Clusters mit entsprechend riskanten bzw. verletzungsanfälligen Sportarten korrespondiert. Diese Informationen wurden jedoch im SOEP leider nicht erhoben und bleiben daher spekulativ. Auffallend sind auch der vergleichsweise geringe Alkoholkonsum sowie der deutlich unterdurchschnittliche Anteil von Zeitpunkten, bei denen die Befragten weniger als 7,5 Stunden täglicher Schlafdauer berichteten (vgl. Tabelle 24 in Anhang 11.3.2 sowie Abbildung 10).

Ähnlich wie bei den „Besorgten-Inaktiven" zeigen die im Rahmen des Gesundheitslebensstils Nr. 3 praktizierten gesundheitsbezogenen Verhaltensweisen und Einstellungen das Bild eines ambivalenten Ensembles. Es sind sowohl potenziell gesundheitsförderliche Komponenten – in diesem Falle eine relative Sorglosigkeit in Bezug auf die eigene Gesundheit, ein geringer Alkoholkonsum, eine im Allgemeinen hinreichende Schlafdauer sowie regelmäßige sportliche Aktivitäten – wie auch tendenziell gesundheitsschädigende Aspekte – am auffälligsten die hohe gesundheitliche Risikobereitschaft und der überdurchschnittliche Tabakkonsum – zu beobachten. Insgesamt überwiegen bei Gesundheitslebensstil Nr. 3 aber die gesundheitsförderlichen Komponenten, so dass dieser Gruppe der zweithöchste Gesundheitsrang zugeordnet wird (vgl. Tabelle 25 in Anhang 11.3.2). In Anlehnung an die herausstechensten Merkmale (sportliche Aktivität und gesundheitliche Risikobereitschaft) werden die Angehörigen dieser Lebensstil-Gruppe in der weiteren Untersuchung als „*Aktive-Risikofreudige*" bezeichnet.

9.3.4 „Optimistische Genießer"

Der Anteil der Befragten, die im Untersuchungszeitraum dem Gesundheitslebensstil Nr. 4 zugeordnet werden können, schwankt in der gesamten Studienkohorte zwischen rund einem Viertel im Jahre 2002 und etwa einem Fünftel im Jahre 2004. Insgesamt zeigt sich kein klarer Trend der Zu- oder Abnahme im Zeitverlauf. Dies trifft auch in den beiden unteren Sozialschichten zu, wobei die Anteile dieses Clusters zwischen rund 30% im Jahre 2002 und gut 21% im Jahre 2006 schwanken (vgl. Tabelle 26 in Anhang 11.3.2).

Bei den Männern unterscheiden sich die Anteile dieser Lebensstil-Gruppierung nur geringfügig zwischen den beiden untersten Statusgruppen, während die Quote bei den Frauen der unteren Mittelschicht im Vergleich zur Unterschicht um rund 8% abnimmt (vgl. Abbildungen 12 bis 15). Auch bei diesem Lebensstil-Cluster differenziert sich der Einfluss der sozialen Schichtzugehörigkeit somit entlang des „horizontalen“ Ungleichheitsmerkmals der Geschlechtszugehörigkeit. Bei den Männern zeigt sich lediglich ein schwacher Einfluss der sozialen Schichtzugehörigkeit, während bei den Frauen die Wahrscheinlichkeit, dass diese den Gesundheitslebensstil Nr. 4 praktizierten, vor allem durch die Zugehörigkeit zur unteren Mittelschicht modifiziert bzw. reduziert wird.

Abbildung 11: Gesundheitsbezogene Einstellungen und Verhaltensweisen im Rahmen des Gesundheitslebensstils der „Optimistischen Genießer“

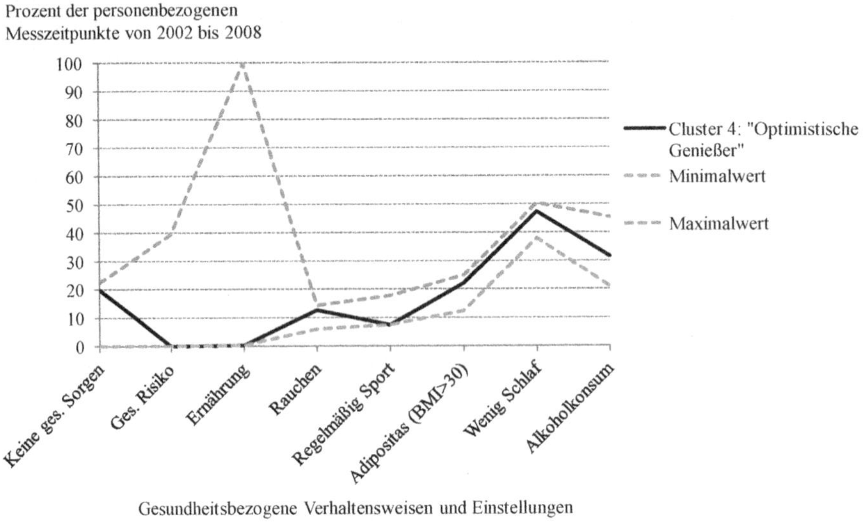

Die Angaben beziehen sich auf die gesamte SOEP-Studienkohorte. Minimal- und Maximalwerte bilden die geringste bzw. höchste Ausprägung der jeweiligen Dimension in den vier Lebensstil-Clustern ab. Messzeitpunkte 2002 bis 2008: N = 2.363.

Quelle: Sozio-ökonomisches Panel (SOEP); eigene Berechnung und Darstellung

Das mittlere Alter dieses Clusters entspricht mit 73 Jahren dem der Studienkohorte; er weist allerdings mit rund 17% einen leicht unterdurchschnittlichen Anteil Hochaltriger auf. Wie bereits bei den „Aktiven-Risikofreudigen“ sind Frauen im aktuellen Cluster mit lediglich rund 50% im Vergleich zu ihrem Anteil an der gesamten Stichprobe unterrepräsentiert, was Gesundheitslebensstil Nr. 4 ebenfalls zu einem überwiegend von Männern geprägten Cluster macht. Die Angehörigen dieses Lebensstils zeichnen sich durch einen vergleichsweise geringen Anteil von Zeitpunkten aus, zu denen die Befragten der Studienkohorte einen hohen Alkoholkonsum berichteten. Zudem waren sie typischerweise nicht bereit, gesundheitliche Risiken einzugehen und zeigten sich im Vergleich zu anderen Clustern recht sorglos bzw. optimistisch was die eigene Gesundheit anging (vgl. Tabelle 24 in Anhang 11.3.2 sowie Abbildung 11).

Das auffälligste Merkmal dieser Lebensstil-Gruppe ist jedoch das weitgehende ignorieren gesundheitsbewusster Ernährung. Die Angehörigen dieses Gesundheitslebensstils gaben zu lediglich 0,2% der erhobenen Zeitpunkte an, „sehr stark" oder „stark" auf eine gesundheitsbewusste Ernährung zu achten. Zudem waren Personen, die dieser Gruppe zugerechnet werden, in sportlicher Hinsicht vergleichsweise inaktiv. Lediglich gut 7% der Befragten gaben an, täglich oder einmal pro Woche aktiv Sport zu treiben, was deutlich unterhalb des mittleren Anteils der Studienkohorte liegt. Es ist daher durchaus nachvollziehbar, dass die Lebensstil-Gruppe Nr. 4 mit 22% auch den zweithöchsten Anteil adipöser Personen aller Gesundheitslebensstile aufweist. Das Cluster zeichnet sich zudem mit rund 13% bzw. gut 8% durch einen überdurchschnittlich hohen Anteil aktiver bzw. starker Raucher aus. Auch ist der Prozentsatz derjenigen, die angaben, weniger als 7,5 Stunden täglich zu schlafen, im Vergleich zur Stichprobe auffallend hoch (vgl. Tabelle 24 in Anhang 11.3.2 sowie Abbildung 11).

Anders als bei den „Aktiven-Risikofreudigen" überwiegen im Falle des Gesundheitslebensstils Nr. 4 die potenziell gesundheitsschädigenden Verhaltensweisen bzw. Einstellungen, auch wenn das Verhältnis der Komponenten günstiger ausfällt, als bei den „Besorgten-Inaktiven". Daher wird dem Gesundheitslebensstil Nr. 4 der vorletzte Gesundheitsrang zugewiesen (vgl. Tabelle 25 in Anhang 11.3.2). Vor dem Hintergrund der oben aufgeführten, auffälligsten Merkmale dieser Lebensstil-Gruppe werden ihre Angehörigen im Folgenden als *„Optimistische Genießer"* bezeichnet.

9.3.5 Befunde zu Gesundheitslebensstilen als soziale Determinanten gesundheitlicher Resilienz

Nimmt man diese Befunde zusammen, so ergibt sich eine recht klare Hierarchie mehr oder weniger „gesundheitsbewusster" Gesundheitslebensstile, die sich zwar graduell, aber nicht prinzipiell zwischen den Sozialschichten der Studienkohorte unterscheidet. So praktizierten auch Angehörige der unteren beiden Statusgruppen alle vier Gesundheitslebensstile. Es handelt sich folglich nicht um deutliche abgegrenzte, schichtspezifische Lebensstil-Gruppen. Dieser Befund unterstreicht die theoretisch postulierte und durch vorangegangene Studien gestützte Annahme, dass es sich bei (Gesundheits-)Lebensstilen um „horizontale" bzw. quer zur Schichtungshierarchie liegende gesellschaftliche Gebilde handelt (vgl. Abschnitt 6.1).

Den höchsten Gesundheitsrang nehmen die *„Aktiven-Gesundheitsbewussten"* ein, gefolgt von den *„Aktiven-Risikofreudigen"*, die nur einen leicht positiven „Saldo" gesundheitsförderlicher Komponenten aufweisen. Als gesundheitlich eher abträgliche Lebensstile sind die *„Optimistischen Genießer"* sowie an letzter Stelle die *„Besorgten-Inaktiven"* zu nennen, die das vergleichsweise ungünstigste Verhältnis von gesundheitsförderlichen zu gesundheitsschädigenden Verhaltensweisen und Einstellungen zeigen (vgl. Tabelle 25 in Anhang 11.3.2). Gemäß den Annahmen, die in Hypothese 2 formuliert wurden (vgl. Abschnitt 7.1), spiegelt sich diese Hierarchie auch in den Anteilen der von den gesundheitlich resilienten Personen ausgeübten Gesundheitslebensstile wider. Hierbei weisen vermutlich die eher „gesundheitsbewussten" Gesundheitslebensstile in dieser Gruppe die jeweils höchsten Anteile auf, während gesundheitlich vulnerable Personen eher Lebensstile mit einem Übergewicht gesundheitsschädigender Elemente praktizieren.

Wie aus den beschreibenden Befunden ersichtlich wird, die in den Tabellen 27 und 28 präsentiert sind, gestaltet sich die Beziehung zwischen gesundheitlicher Resilienz und bestimmten „gesundheitsbewussten" Lebensstilen jedoch komplexer, als es in den theoretischen Annahmen formuliert wurde. So konnte gemäß den in Hypothese 2 formulierten Annahmen erwartet werden, dass gesundheitlich resiliente Personen den Gesundheitslebensstil der *„Aktiven-Gesundheitsbewussten"* im Untersuchungszeitraum am vergleichsweise häufigsten praktizierten. Diese Vermutung trifft allerdings nur teilweise zu. Lediglich die in mentaler Hinsicht resilienten Frauen übten diesen Lebensstil am häufigsten aus. In dieser Gruppe weisen weibliche Befragte aus Unterschicht-Haushalten mit gut 35% einen geringeren Anteil auf als resiliente Frauen aus der unteren Mittelschicht, die im Untersuchungszeitraum zu ca. 41% den „Aktiven-Gesundheitsbewussten" zuzurechnen sind (vgl. Tabelle 28 in Anhang 11.3.2). Da diese Anteile in beiden Statusgruppen fast doppelt so hoch sind als in der Gruppe der vulnerablen Frauen (vgl. Tabelle 28 in Anhang 11.3.2), erhärtet dies den eingangs geäußerten Verdacht, dass die „Aktiven-Gesundheitsbewussten" bei den Frauen einen wesentlichen protektiven Einfluss im Prozess gesundheitlicher Widerstandsfähigkeit darstellen.

Die sozialschichtbezogenen Unterschiede der Anteile der „Aktiven-Gesundheitsbewussten" können in den beiden unteren Statusgruppen auch für die im Hinblick auf ihr körperliches Wohlbefinden resilienten Männer beobachtet werden. Rund 19% der männlichen Angehörigen der Unterschicht und rund 25% der unteren Mittelschicht praktizierten einen „aktiven-gesundheitsbewussten“ Lebensstil im Untersuchungszeitraum. Die anteilmäßigen Diskrepanzen dieser Lebensstil-Gruppe sind zwischen gesundheitlich resilienten und vulnerablen Männern relativ schwach ausgeprägt. Resiliente und vulnerable Männer aus Haushalten der unteren Mittelschicht praktizierten sogar zu fast gleichen Anteilen von jeweils gut 24% einen „aktiven-gesundheitsbewussten“ Lebensstil (vgl. Tabelle 27 in Anhang 11.3.2). Es kann daher davon ausgegangen werden, dass der Lebensstil der „Aktiven-Gesundheitsbewussten“ als Determinante gesundheitlicher Resilienz bei den über 64jährigen Männern eine eher untergeordnete Rolle spielt.

Den nach seinem Gesundheitsrang ebenfalls als „gesundheitsbewusst“ definierte Lebensstil der *„Aktiven-Risikofreudigen“* praktizieren gesundheitlich resiliente Männern und Frauen der beiden unteren Statusgruppen während des gesamten betrachteten Zeitraumes häufiger als dies bei den gesundheitlich vulnerablen Personen der Fall ist. Die deutlichsten Unterschiede zugunsten der gesundheitlich widerstandsfähigen Männer zeigen sich in der unteren Mittelschicht. Diese Gruppe übte den „aktiven-risikofreudigen“ Lebensstil im Untersuchungszeitraum mit gut 26% etwa dreimal so häufig aus wie die gesundheitlich vulnerablen Männer der gleichen Statusgruppe. Im Gegensatz dazu sind die Anteile der „Aktiven-Risikofreudigen“ zwischen den „robust-resilienten“ und den vulnerablen Männern aus Unterschicht-Haushalten mit rund 19% bzw. gut 18% praktisch ausgeglichen (vgl. Tabelle 27 in Anhang 11.3.2). Die protektive Wirkung dieser Lebensstil-Gruppe scheint demnach bei den Männern stark von der sozialen Schichtzugehörigkeit abzuhängen.

Gesundheitlich widerstandsfähige Frauen üben einen „aktiven-risikofreudigen“ Lebensstil relativ unabhängig von der sozialen Schichtzugehörigkeit des Haushalts häufiger aus als vulnerable Frauen. Zudem weisen Frauen der Unterschicht-Haushalte, die diesen Lebensstil praktizierten, einen recht hohen Anteil gesundheitlich widerstandsfähigen Personen auf. So übten mit etwas mehr als 14% fast doppelt so viele „robust-resiliente“ Frauen einen „aktiven-risikofreudigen“ Lebensstil im Untersuchungszeitraum aus, als die vulnerablen Frauen aus der gleichen Statusgruppe. Bei den „favorabel-resilienten“ Frauen der unteren Mittelschicht wurden gut 16% diesem Gesundheitslebensstil zugeordnet, während es bei den vulnerablen Frauen etwas mehr als 11% waren (vgl. Tabelle 28 in Anhang 11.3.2). Die protektive Wirkung des – im Vergleich zu den „Besorgten-Inaktiven“ – relativ gesundheitsbewussten „aktiven-risikofreudigen“ Lebensstils scheint nach diesen Befunden – mit Ausnahme der Männer aus Unterschicht-Haushalten – durchaus mit den theoretischen Annahmen aus Hypothese 2 vereinbar (vgl. Abschnitt 7.1).

Die „*Optimistischen Genießer*" werden aufgrund ihres Gesundheitsranges als tendenziell „gesundheitsschädigender" Lebensstil definiert (vgl. Tabelle 25 in Anhang 11.3.2). Nach den Annahmen von Hypothese 2 wird vermutet, dass ein höherer Anteil gesundheitlich vulnerabler Männer und Frauen diesen Gesundheitslebensstil ausübt. Ganz entgegen diesen Erwartungen praktizierten die gesundheitlich resilienten Männer den Lebensstil der „Optimistischen Genießer" im Untersuchungszeitraum sogar am häufigsten. So können die „robust-resilienten" Männer zu gut 62% der Messzeitpunkte diesem Cluster zugeordnet werden. Sie praktizierten diesen Lebensstil im Untersuchungszeitraum somit mehr als dreimal so häufig wie die vulnerablen Männer aus Unterschicht-Haushalten. Bei den „favorabel-resilienten" Männern der unteren Mittelschicht beträgt dieser Anteil hingegen nur noch rund 38%. Er ist jedoch auch in dieser Statusgruppe deutlich höher als der Anteil der vulnerablen Männer, die den Lebensstil der „Optimistischen Genießer" ausübten (vgl. Tabelle 27 in Anhang 11.3.2).

Gesundheitlich widerstandsfähige Frauen praktizierten den Lebensstil der „Optimistischen Genießer" im untersuchten Zeitraum hinter den „Aktiven-Gesundheitsbewussten" am zweithäufigsten (vgl. Tabelle 28 in Anhang 11.3.2). Dabei weisen resiliente Frauen aus Unterschicht-Haushalten mit rund einem Drittel nur einen leicht höheren Anteil auf als gesundheitlich widerstandsfähige Frauen aus der unteren Mittelschicht. Vor allem bei den Frauen aus der untersten Statusgruppe unterscheiden sich somit die Anteile dieses Gesundheitslebensstils nur marginal zwischen „robust-resilienten" und vulnerablen Personen. Der Lebensstil der „Optimistischen Genießer" wird vor allem von den „favorabel-resilienten" Frauen der unteren Mittelschicht mit gut 28% der erhobenen Zeitpunkte häufiger gepflegt als dies bei den gesundheitlich vulnerablen Frauen mit rund 19% der Fall ist (vgl. Tabelle 28 in Anhang 11.3.2).

In Übereinstimmung mit den in Hypothese 2 getroffenen Annahmen weisen die „*Besorgten-Inaktiven*" als Gesundheitslebensstil mit dem schlechtesten Gesundheitsrang die vergleichsweise geringsten Anteile gesundheitlich resilienter Männer im Untersuchungszeitraum auf: Resiliente Männer aus Unterschicht-Haushalten praktizierten zu keinem Zeitpunkt einen „besorgten-inaktiven" Lebensstil, während er von rund 47% der vulnerablen Männer der gleichen Statusgruppe ausgeübt wurde. Ein ähnliches, wenn auch nicht so krass ausgeprägtes Verhältnis zeigt dieser Cluster auch im Vergleich der resilienten und vulnerablen Männer der unteren Mittelschicht. In dieser Statusgruppe praktizierten vulnerable Männer den „besorgten-inaktiven" Lebensstil im Untersuchungszeitraum mehr als dreimal so häufig (vgl. Tabelle 27 in Anhang 11.3.2).

Auch bei den gesundheitlich widerstandsfähigen Frauen übte ein vergleichsweise geringer Anteil den Gesundheitslebensstil der „Besorgten-Inaktiven“ während des Untersuchungszeitraumes aus. In der Unterschicht sind es knapp 18%, in der unteren Mittelschicht rund 15% der in der Gruppe der resilienten Frauen erhobenen Zeitpunkte. Im Gegensatz dazu pflegten knapp 40% der gesundheitlich vulnerablen Frauen der Unterschicht und etwa 47% der Frauen aus Haushalten der unteren Mittelschicht diesen Lebensstil (vgl. Tabelle 28 in Anhang 11.3.2).

Diese Befunde verdeutlichen, dass der Gesundheitslebensstil der „Besorgten-Inaktiven“ im Sinne des Konzeptes der „Ambiguität von Faktoren“, wie es neuere Resilienzansätze diskutieren (vgl. Abschnitt 3.2), nicht als protektiver, sondern vielmehr als *Risikofaktor* gesundheitlicher Resilienz alter Menschen verstanden werden kann. Dies ist offenbar weitgehend unabhängig von der Geschlechts- und sozialen Schichtzugehörigkeit bzw. der jeweils betrachteten Dimension gesundheitlicher Lebensqualität der Fall. Aus diesem Grunde eignet sich die Lebensstil-Gruppe der „Besorgten-Inaktiven“ in den folgenden statistischen Analysen als *Referenzkategorie*, um die protektiven Effekte der eher „gesundheitsbewussten“ Gesundheitsslebensstile abzubilden.

Diese für die einzelnen Gesundheitslebensstile separat geschilderten Zusammenhänge spiegeln sich auch in den Abbildungen 12 bis 15 wider, die diese Befunde überblicksartig zusammenführen. Diese Abbildungen stellen jeweils das Verhältnis der Anteile der gesundheitlich vulnerablen zu den gesundheitlich resilienten Personen innerhalb der jeweiligen Gesundheitslebensstile getrennt nach Geschlechts- und sozialer Schichtzugehörigkeit für den gesamten Untersuchungszeitraum dar.

In der Zusammenschau zeigt sich anhand der Daten der SOEP-Wellen weder bei den Männern noch bei den Frauen der im Sinne von Hypothese 2 postulierte, positive Zusammenhang zwischen dem Gesundheitsrang des Gesundheitslebensstils und den Anteil gesundheitlich resilienter Menschen in der jeweiligen Statusgruppe. Die „robust-resilienten“ Männer aus der Unterschicht grenzen sich durch einen deutlich höheren Anteil von „Optimistischen Genießern“ von den übrigen Lebensstilen ab. Die Gesundheitslebensstile mit den höchsten Gesundheitsrängen, die „Aktiven-Gesundheitsbewussten“ und die „Aktiven-Risikofreudigen“, wurden von einem deutlich geringeren Anteil „robust-resilienter“ Männer im Untersuchungszeitraum praktiziert und unterscheiden sich lediglich von den „Besorgten-Inaktiven“ (vgl. Abbildung 12). Bei den Männern aus Haushalten der unteren Mittelschicht zeigt sich ein ähnliches, wenn auch homogeneres Bild, was die Anteile der von den „favorabel-resilienten“ und vulnerablen Männern gepflegten Gesundheitslebensstile im untersuchten Zeitraum betrifft (vgl. Abbildung 13).

Der überraschend hohe und den in Hypothese 2 getroffenen Annahmen klar zuwider laufenden Anteil gesundheitlich resilienter Männer, die während des

Untersuchungszeitraumes den Lebensstil der „Optimistischen Genießer“ praktizierten, ist auf der Grundlage der Befunde nicht abschließend zu erklären, sondern erfordert gesonderte Analysen. Eine beschreibende Analyse des gesundheitlichen Einflusses von Lebensstil-Gruppierungen in der vorliegenden Form ist nicht in der Lage, eine ursächliche Erklärung der gesundheitlichen Lebensqualität oder der gesundheitlichen Widerstandsfähigkeit alter Menschen zu liefern. Wie bereits in Abschnitt 6.1 angemerkt wurde, können die im Rahmen von Gesundheitslebensstilen praktizierten Verhaltensroutinen sowohl als ursächliche Faktoren für den aktuellen Gesundheitszustand verantwortlich sein, aber auch als Folge gesundheitlicher Veränderungen auftreten oder geändert werden. Es kann daher im Falle der „Optimistischen Genießer“ keinesfalls ausgeschlossen werden, dass es ihnen ihr vergleichsweise hohes Niveau gesundheitlichen Wohlbefindens (vgl. Tabelle 24 in Anhang 11.3.2) erst ermöglichte, auch im hohen Lebensalter in bestimmtem Graden gesundheitlich riskante Verhaltensweisen zu praktizieren ohne hierdurch unmittelbare gesundheitliche Einbußen zu erleiden. Ein ähnlicher Ursachenzusammenhang – nur mit umgekehrten Vorzeichen – ist im Falle der männlichen „Aktiven-Gesundheitsbewussten“ zu vermuten. Bei einem Teil dieser Gruppe scheint sich das gesundheitliche Wohlbefinden im Altersgang soweit verschlechtert zu haben, dass bestimmte gesundheitliche Risikoverhaltensweisen gar nicht mehr praktiziert werden können. Das besonders stark ausgeprägte Achten auf gesundheitsbewusste Ernährung sowie die äußerst geringe gesundheitliche Risikobereitschaft, die u.a. für diese Lebensstil-Gruppe typisch waren (vgl. Abschnitt 9.3.1), sind daher bei einem Teil der „Aktiven-Gesundheitsbewussten“ aus den beiden unteren Statusgruppen eher als Reaktionen auf einem relativ schlechten gesundheitlichen Allgemeinzustand zu werten, denn als bewusste Förderung oder gar „Optimierung“ einer guten Gesundheit im Rentenalter.

Abbildung 12: Gesundheitliche Resilienz und Vulnerabilität nach Lebensstiltypen der über 64jährigen Männer (physische gesundheitliche Lebensqualität) aus Haushalten der Unterschicht

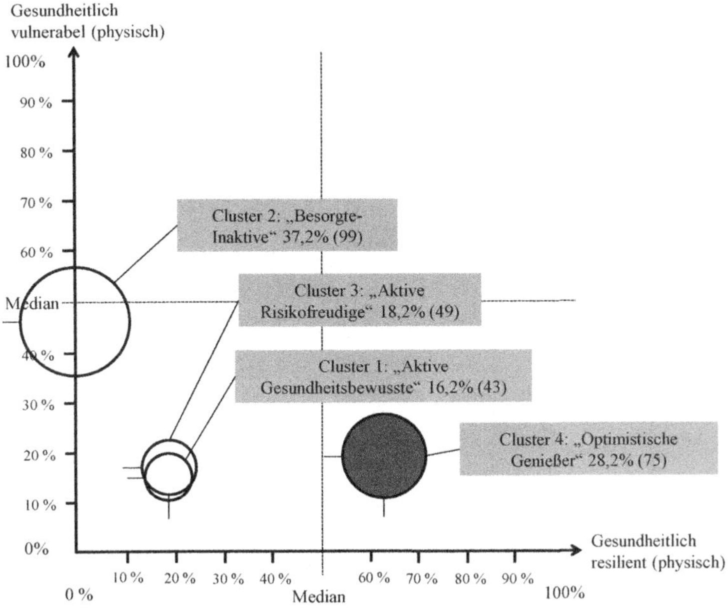

Der Durchmesser der Kreise entspricht dem Verhältnis der absoluten Häufigkeiten der jeweiligen Lebensstile zur Gesamtzahl der Messzeitpunkte in der Gruppe der gesundheitlich resilienten und vulnerablen Teilnehmer der SOEP-Kohorte in den Jahren 2002 bis 2008. Die Angaben wurden mit dem Produkt der Bleibewahrscheinlichkeiten der Jahre 2002 bis 2008 gewichtet. Grau ausgefüllte Lebensstil-Cluster erhöhen die Wahrscheinlichkeit gesundheitlicher Resilienz statistisch signifikant auf dem Niveau α=5% (vgl. Tabelle 27). Messzeitpunkte 2002 bis 2008: N = 266.

Quelle: Sozio-ökonomisches Panel (SOEP); eigene Darstellung

Abbildung 13: Gesundheitliche Resilienz und Vulnerabilität nach Lebensstiltypen der über 64jährigen Männer (physische gesundheitliche Lebensqualität) aus Haushalten der unteren Mittelschicht

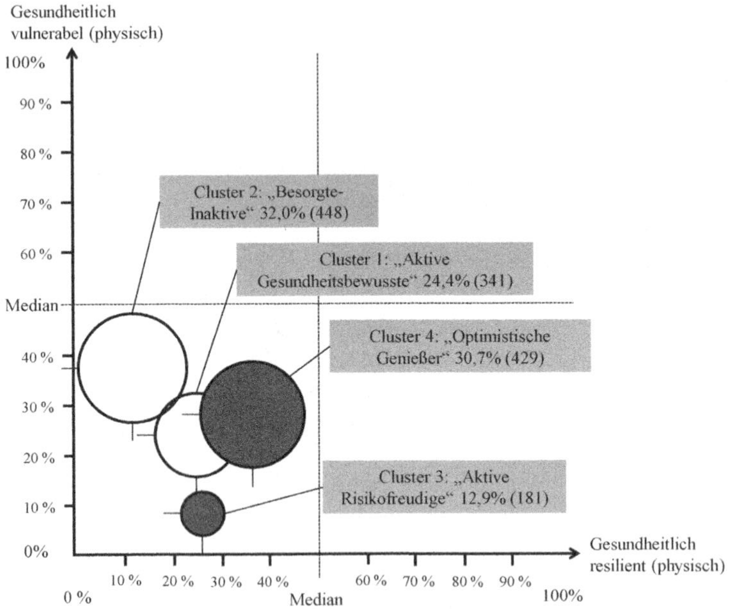

Der Durchmesser der Kreise entspricht dem Verhältnis der absoluten Häufigkeiten der jeweiligen Lebensstile zur Gesamtzahl der Messzeitpunkte in der Gruppe der gesundheitlich resilienten und vulnerablen Teilnehmer der SOEP-Kohorte in den Jahren 2002 bis 2008. Die Angaben wurden mit dem Produkt der Bleibewahrscheinlichkeiten der Jahre 2002 bis 2008 gewichtet. Grau ausgefüllte Lebensstil-Cluster erhöhen die Wahrscheinlichkeit gesundheitlicher Resilienz statistisch signifikant auf dem Niveau $\alpha=5\%$ (vgl. Tabelle 27). Messzeitpunkte 2002 bis 2008: N = 1.399.

Quelle: Sozio-ökonomisches Panel (SOEP); eigene Darstellung

Abbildung 14: Gesundheitliche Resilienz und Vulnerabilität nach Lebensstiltypen der über 64jährigen Frauen (mentale gesundheitliche Lebensqualität) aus Haushalten der Unterschicht

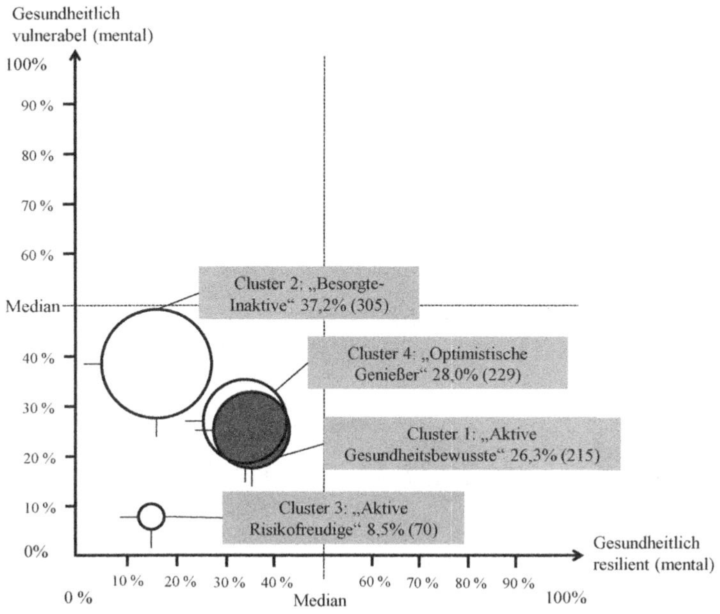

Der Durchmesser der Kreise entspricht dem Verhältnis der absoluten Häufigkeiten der jeweiligen Lebensstile zur Gesamtzahl der Messzeitpunkte in der Gruppe der gesundheitlich resilienten und vulnerablen Teilnehmer der SOEP-Kohorte in den Jahren 2002 bis 2008. Die Angaben wurden mit dem Produkt der Bleibewahrscheinlichkeiten der Jahre 2002 bis 2008 gewichtet. Grau ausgefüllte Lebensstil-Cluster erhöhen die Wahrscheinlichkeit gesundheitlicher Resilienz statistisch signifikant auf dem Niveau α=5% (vgl. Tabelle 28). Messzeitpunkte 2002 bis 2008: N = 819.

Quelle: Sozio-ökonomisches Panel (SOEP); eigene Darstellung

Abbildung 15: Gesundheitliche Resilienz und Vulnerabilität nach Lebensstiltypen der über 64jährigen Frauen (mentale gesundheitliche Lebensqualität) aus Haushalten der unteren Mittelschicht

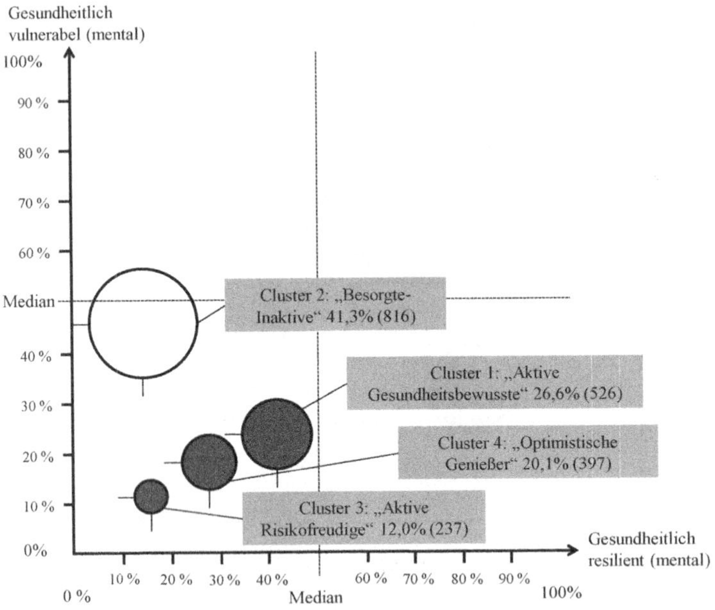

Der Durchmesser der Kreise entspricht dem Verhältnis der absoluten Häufigkeiten der jeweiligen Lebensstile zur Gesamtzahl der Messzeitpunkte in der Gruppe der gesundheitlich resilienten und vulnerablen Teilnehmer der SOEP-Kohorte in den Jahren 2002 bis 2008. Die Angaben wurden mit dem Produkt der Bleibewahrscheinlichkeiten der Jahre 2002 bis 2008 gewichtet. Grau ausgefüllte Lebensstil-Cluster erhöhen die Wahrscheinlichkeit gesundheitlicher Resilienz statistisch signifikant auf dem Niveau α=5% (vgl. Tabelle 28). Messzeitpunkte 2002 bis 2008: N = 1.976.

Quelle: Sozio-ökonomisches Panel (SOEP); eigene Darstellung

Bei den Frauen aus den beiden unteren Statusgruppen entsprechen die graduellen Abstufungen zwischen den vier Lebensstil-Gruppen eher den in Hypothese 2 postulierten Annahmen („Je ‚gesundheitsbewusster' der Lebensstil, umso größer ist die Wahrscheinlichkeit, gesundheitlich resilient zu sein"), was allerdings in erster Linie auf den hohen Anteil des „aktiven-gesundheitsbewussten" Lebensstils in der Gruppe der resilienten Frauen zurückzuführen ist (vgl. Abbildungen

14 bis 15). Da in beiden Statusgruppen jedoch die gesundheitlich resilienten Frauen bereits am zweithäufigsten den Lebensstil der „Optimistischen Genießer" praktizierten, während deren Anteile bei den „Aktiven-Risikofreudigen" weitaus geringer blieben, konnte die Analyse auch in diesem Falle den positiven Zusammenhang zwischen dem Gesundheitsrang des jeweiligen Gesundheitslebensstils und dem Anteil gesundheitlich widerstandsfähiger Menschen nicht bestätigen. Die „robust-resilienten" Frauen der Unterschicht praktizierten den Lebensstil der „Aktiven-Risikofreudigen" sogar in geringerem Maße als den Stil der „Besorgten-Inaktiven" (vgl. Abbildung 14 sowie Tabelle 28 in Anhang 11.3.2).

Um zu einer abschließenden Beurteilung der Einflüsse vom Gesundheitslebensstilen als gesellschaftlichen Determinanten gesundheitlicher Resilienz alter Menschen zu kommen, wurden diese im Zusammenspiel mit den in Abschnitt 9.2.2 identifizierten Einflussgrößen (Wohnungsdichte, Lebenszufriedenheit und Lebensalter) untersucht. Die Ergebnisse dieser multiplen Regressionsmodelle, deren methodische Grundlagen in Abschnitt 8.4.3 beschrieben wurden, stellt Tabelle 14 für Männer und Frauen getrennt dar. Die Ergebnisse der Modelle bestätigen weitgehend die Befunde der beschreibenden Untersuchung, wie sie u.a. die Abbildungen 12 bis 15 darstellen. So ist bspw. die Wahrscheinlichkeit für Männer, gesundheitlich widerstandsfähig zu sein, für Angehörige der „Aktiven-Risikofreudigen" mit dem zweithöchsten Gesundheitsrang ungeachtet der sozialen Statusgruppe um das fast 12-fache höher als für Angehörige der „Besorgten-Inaktiven", die den schlechtesten Gesundheitsrang einnehmen. Dieser ausgesprochen hohe Wert ist durch das extrem ungleiche Verhältnis von „favorabel-resilienten" zu vulnerablen Männern in der im Vergleich zur Unterschicht zahlenmäßig weitaus stärker besetzten unteren Mittelschicht bedingt (vgl. Tabelle 27 in Anhang 11.3.2). Die „Aktiven-Gesundheitsbewussten", bei denen theoretisch die größte Wahrscheinlichkeit gesundheitlicher Resilienz vermutet werden konnte, weisen im Vergleich dazu insgesamt „nur" eine um das 4-fache erhöhte Chance auf, während die Gruppe der „Optimistischen Genießer" mit dem zweitniedrigsten Gesundheitsrang eine sogar etwas mehr als 5-mal so hohe Wahrscheinlichkeit haben, in körperlicher Hinsicht gesundheitlich widerstandsfähig zu sein (vgl. Tabelle 14).

Tabelle 14: Gesundheitslebensstile als soziale Determinanten gesundheitlicher Resilienz

Einflussfaktoren und Gütekriterium der Modellanpassung	Gesundheitliche Resilienz	
	Physische gesundheitliche Lebensqualität - Männer (n=1.612)+	Mentale gesundheitliche Lebensqualität - Frauen (n=2.728)+
Konstante	0,62	0,14**
Feste Effekte		
Lebensalter	0,96**	0,98
Wohnungsdichte	1,01	-
Unterschicht*	-	-
Untere Mittelschicht	Ref.	Ref.
Zufrieden mit materieller Wohlfahrt	1,52**	3,40***
Unzufrieden mit materieller Wohlfahrt	Ref.	Ref.
Aktive-Gesundheitsbewusste	3,95***	4,34***
Aktive-Risikofreudige	11,66***	3,84***
Optimistische Genießer	5,43***	4,43***
Besorgte-Inaktive	Ref.	Ref.
Interaktionseffekte		
Aktive-Gesundheitsbewusste*Unterschicht	1,17	0,58*
Aktive-Risikofreudige*Unterschicht	0,32**	1,04
Optimistische Genießer*Unterschicht	2,02**	0,46**
Modellanpassung		
Nagelkerkes R^2	0,17	0,17

*: p<5%; **: p<1%; ***: p<0,1%. Ergebnisse des multiplen binär logistischen Regressionsmodells. Die Schätzwerte der Modelle („Odds Ratios") basieren auf den mit dem Produkt der Bleibewahrscheinlichkeiten der Jahre 2002 bis 2008 gewichteten Daten des SOEP.
*: Feste Effekte für die soziale Schichtzugehörigkeit (Unterschicht vs. untere Mittelschicht) konnte das logistische Regressionsmodell nicht schätzen, da in der Unterschicht zu wenige Fälle vorhanden waren.
+: Angaben beziehen sich auf die Anzahl der in die Analyse einbezogenen Messzeitpunkte.

Quelle: Sozio-ökonomisches Panel (SOEP); eigene Berechnung und Darstellung

Das Modell bestätigt auch die bedeutenden Unterschiede der protektiven Wirkung von Gesundheitslebensstilen im Vergleich zwischen den beiden unteren Statusgruppen. So steigt der protektive Einfluss der „Optimistischen Genießer" für Männer aus Unterschicht-Haushalten im Vergleich zu Männern aus der unteren Mittelschicht deutlich an, während der Einfluss der „Aktiven-Risikofreudigen“ bei Männern aus der Unterschicht vergleichsweise schwächer ausgeprägt ist. In der Gruppe der „aktiven-gesundheitsbewussten“ Männer konnten demgegenüber keine Unterschiede nach sozialer Schichtzugehörigkeit beobachtet werden (vgl. Tabelle 14).

Bei den Frauen zeigen die beiden überwiegend „gesundheitsbewussten“ Lebensstil-Gruppen der „Aktiven-Gesundheitsbewussten“ und der „Aktiven-Risikofreudigen“ sowie die „Optimistischen Genießer“ im Vergleich mit den Angehörigen der „Besorgten-Inaktiven“ jeweils ungefähr gleich hohe Wahrscheinlichkeiten gesundheitlicher Widerstandsfähigkeit. Allerdings sind die Chancenverhältnisse bzw. „Odds Ratios“ mit Ausnahme der „Aktiven-Gesundheitsbewussten“ geringer ausgeprägt als bei den Männern, was bereits auf der Grundlage der deskriptiven Befunde zu erwarten war. Bei den Frauen erhöht die Zugehörigkeit zu den „Optimistischen Genießern“ die Chancen, in mentaler Hinsicht gesundheitlich resilient zu sein, um mehr als das 4-fache. Somit ist die Wahrscheinlichkeit gesundheitlicher Widerstandsfähigkeit für die Angehörigen dieser Lebensstil-Gruppe sogar geringfügig höher, als für die beiden „gesundheitsbewussten“ Gesundheitslebensstile der „Aktiven-Gesundheitsbewussten“ und der „Aktiven-Risikofreudigen“ (vgl. Tabelle 14).

Auch bei den Frauen sind auffällige Unterschiede zwischen der Unterschicht und der unteren Mittelschicht festzustellen, was die protektiven Einflüsse der Gesundheitslebensstile betrifft. So vermindert die Zugehörigkeit zu Haushalten der Unterschicht die protektiven Einflüsse der „Aktiven-Gesundheitsbewussten“ und der „Optimistischen Genießer“ deutlich, während die „Aktiven-Risikofreudigen“ keinerlei auffällige Unterschiede zwischen den beiden Statusgruppen zeigen (vgl. Tabelle 14).

9.3.6 Zusammenfassung der Befunde zu Gesundheitslebensstilen

Die zentralen Befunde der empirischen Analyse zu Gesundheitslebensstilen als soziale Determinanten gesundheitlicher Resilienz alter Menschen lassen sich wie folgt zusammenfassen:

- Wie bereits in einigen Vorläuferstudien aus dem In- und Ausland (vgl. Abschnitt 6.1), so konnten auch anhand der Daten des SOEP mehrere distinkte und inhaltlich plausible Gesundheitslebensstil-Gruppen in der Altersgruppe der über 64jährigen identifiziert werden. Es handelt sich hierbei um vier Gruppen, die sich nach der Anzahl potenziell gesundheitsförderlicher bzw. -schädigender Verhaltensweisen und Einstellungen graduell voneinander unterscheiden (in Form sogenannter „Gesundheitsränge“). Dabei bilden die

„Aktiven-Gesundheitsbewussten“ und die *„Aktiven-Risikofreudigen“* die eher gesundheitsbewussten und die *„Optimistischen Genießer“* sowie – an letzter Stelle – die *„Besorgten-Inaktiven“* die Gruppen mit einem Übergewicht von mutmaßlich gesundheitsschädigenden Praktiken und Einstellungen.

- Die Häufigkeiten, mit denen die Befragten aus den beiden unteren Statusgruppen bestimmte Gesundheitslebensstile praktizierten sowie deren direkte gesundheitliche Wirkung und deren protektiver Einfluss im Prozess gesundheitlicher Resilienz differierte u.a. nach *Lebensalter* sowie nach *Geschlechts-* und *sozialer Schichtzugehörigkeit*, in diesem Falle freilich zwischen Haushalten der Unterschicht und der unteren Mittelschicht. Dabei kommen alle vier Gesundheitslebensstile – wenn auch im Vergleich zur gesamten SOEP-Kohorte in leicht unterschiedlicher Verteilung – in diesen beiden unteren Sozialschichten vor. In Einklang mit den theoretischen Annahmen aus Abschnitt 6.1 konnte somit keineswegs ein für die unteren Statusgruppen spezifischer Gesundheitslebensstil identifiziert werden. Darüber hinaus sind bei den Männern als auch bei den Frauen auffällige Unterschiede zwischen der Unterschicht und der unteren Mittelschicht zu beobachten, was die Stärke der protektiven Einflüsse von Gesundheitslebensstilen angeht. So erhöht bspw. die Zugehörigkeit zur Lebensstil-Gruppe der „Aktiven-Risikofreudigen“ bei Männern aus Unterschicht-Haushalten die Wahrscheinlichkeit, gesundheitlich resilient zu sein im Vergleich zu Männern aus der nächst höheren Statusgruppe um das 2-fache (vgl. Tabelle 14). Zudem sind die protektiven Effekte mehr oder weniger „gesundheitsbewusster“ Gesundheitslebensstile für die physischen Aspekte gesundheitlicher Resilienz der Männer fast durchgehend stärker ausgeprägt als dies im Hinblick auf die mentale gesundheitliche Widerstandsfähigkeit der Frauen der Fall ist. Bei der Konzeption geeigneter Interventionsprogramme zur Förderung gesundheitlicher Widerstandsfähigkeit alter Menschen ist es daher geboten, diese differentiellen Wirkungen von Gesundheitslebensstilen angemessen zu berücksichtigen.
- Es konnte kein kontinuierlicher, positiver Zusammenhang zwischen dem Gesundheitsrang eines Gesundheitslebensstils und der Wahrscheinlichkeit gesundheitlicher Resilienz im Sinne von Hypothese 2 beobachtet werden (vgl. Abschnitt 7.1). Vielmehr lassen sich die Befunde im Sinne eines *qualitativen* Unterschieds interpretieren: Die „Besorgten-Inaktiven“, die den niedrigsten Gesundheitsrang aufwiesen, zeigen – mit Ausnahme der „robust-resilienten“ Frauen – generell den geringsten Anteil gesundheitlich widerstandsfähiger Personen und grenzen sich hierdurch von den übrigen drei Gesundheitslebensstilen ab, deren zeitraumbezogene Anteile in der Gruppe

gesundheitlich resilienter Personen in Abhängigkeit der Geschlechts- und sozialen Schichtzugehörigkeit variieren. Auch wenn aufgrund der Charakteristika der verwendeten SOEP-Daten die Frage der Kausalität nicht eindeutig geklärt werden konnte, so legen die Befunde doch den Schluss nahe, dass zumindest bei den Männern weniger die Zahl gesundheitsförderlicher Praktiken bzw. Einstellungen gesundheitliche Resilienz begünstigt, sondern vielmehr die Vermeidung einer übermäßigen Anzahl gesundheitsschädigender Lebensstil-Merkmale einen protektiven Einfluss entfaltet. Bei den Frauen fungiert darüber hinaus ein „aktiv-gesundheitsbewusster" Lebensstil in beiden Statusgruppen als gesellschaftlicher Schutzfaktor der gesundheitlichen Widerstandsfähigkeit. Anders als bei den Männern scheint hier vor allem die Förderung eines dezidiert „gesundheitsbewussten" Lebensstils die Chance gesundheitlicher Resilienz zu erhöhen.

Insgesamt sprechen die Befunde dafür, dass „gesundheitsbewusste" Gesundheitslebensstile, d.h. der „aktiv-gesundheitsbewusste" und der „aktiv-risikofreudige" Lebensstil, zwar eine gewisse Determinationskraft im Hinblick auf die gesundheitliche Widerstandsfähigkeit alter Menschen aus unteren Sozialschichten besitzen. Sie können jedoch nur mit Einschränkungen als gesellschaftliche Schutzfaktoren im Sinne des Modells gesundheitlicher Resilienz (vgl. Abschnitte 3.1ff.) angesehen werden. Dafür sind die „protektiven" Einflüsse von Gesundheitslebensstilen, die sich durch mehrere gesundheitlich eher riskante Praktiken auszeichneten, zu deutlich ausgeprägt. Vor allem die Lebensstil-Gruppe der „Optimistischen Genießer", die nur den vorletzten Gesundheitsrang einnimmt (vgl. Tabelle 25 in Anhang 11.3.2), wurde – am deutlichsten bei den Männern – von einem überraschend hohen Anteil gesundheitlich resilienter alter Menschen praktiziert.

Wie bereits weiter oben ausgeführt, besteht eine mögliche Erklärung für dieses auf den ersten Blick kontraintuitive Ergebnis darin, dass je nach Gesundheitslebensstil unterschiedliche kausale Wirkungsmechanismen am Werk sind. Während es für die Angehörigen der Gruppen der „Aktiven-Gesundheitsbewussten" und der „Aktiven-Risikofreudigen" insbesondere in sozioökonomisch benachteiligten Statusgruppen plausibel erscheint, dass gesundheitsförderliche Alltagsroutinen weniger häufig mit dem Ziel praktiziert werden, eine gute Gesundheit zu erhalten bzw. zu verbessern als vielmehr einer weiteren altersbedingten Verschlechterung des Gesundheitszustandes entgegenzuwirken, könnte es bei den „Optimistischen Genießern" gerade so sein, dass man sich aufgrund des verhältnismäßig hohen gesundheitlichen Wohlbefindens bestimmte gesundheitlich riskante Verhaltensweisen auch im hohen Lebensalter (noch) „leisten" kann. Die Beobachtung, dass die „Optimistischen Genießer" den geringsten

Anteil Hochaltriger in den beiden unteren Statusgruppen aufweisen (vgl. Tabelle 24 in Anhang 11.3.2), deutet darauf hin, dass die Betroffenen mit zunehmendem Alter bzw. einer altersbedingten Verschlechterung des Gesundheitszustandes einen anderen, womöglich „gesundheitsbewussteren“ Lebensstil wählten. Gesundheitslebensstile können somit vor dem Hintergrund dieser Befunde lediglich als ein – wenn auch nicht unwichtiger – Mosaikstein in einem komplexen, multifaktoriellen Erklärungsmodell gesundheitlicher Resilienzprozesse im hohen Lebensalter verstanden werden.

9.4 Ergebnisse zum sozialen Kapital

9.4.1 Beziehungskapital

Die beschreibende Analyse der Typen des *Beziehungskapitals*, wie sie in Abschnitt 8.3.5 definiert wurden, liefert beim Vergleich zwischen gesundheitlich resilienten und vulnerablen alten Menschen Ergebnisse, die lediglich in einigen Aspekten in Einklang mit der in Hypothese 3a formulierten Annahmen stehen (vgl. Tabellen 29 und 30 in Anhang 11.3.2). Die Differenzen in Art und Grad der Ausstattung mit Beziehungskapital zeigen sich nicht nur zwischen diesen beiden Gruppen sondern – ähnlich, wie dies bereits bei den Gesundheitslebensstilen beobachtet werden konnte – auch zwischen den Geschlechtern bzw. den damit verknüpften Dimensionen gesundheitlicher Lebensqualität und den sozialen Schichten. Der Zusammenhang zwischen dem Grad des individuellen Beziehungskapitals und der Wahrscheinlichkeit gesundheitlicher Widerstandsfähigkeit gestaltet sich daher in der Studienkohorte des SOEP vielschichtiger, als es Hypothese 3a postuliert.

Etwas mehr als 30% der resilienten Männer aus den unteren beiden Statusgruppen verfügen nur über eine geringe soziale Unterstützung und ein vergleichsweise kleines Freundes- bzw. Verwandtschaftsnetzwerk. Im Vergleich dazu hat in der Gruppe der gesundheitlich „verwundbaren“ Männer bereits etwas mehr als ein Drittel in der unteren Mittelschicht und sogar mehr als die Hälfte in der Unterschicht einen so definierten „geringen“ Zugang zu Beziehungskapital (vgl. Tabelle 29). Vor allem bei Männern aus Unterschicht-Haushalten stellt somit ein relativ kleines und wenig unterstützendes soziales Netzwerk einen Risikofaktor dar, da es gesundheitliche Vulnerabilität begünstigt (vgl. Tabelle 29 in Anhang 11.3.2 sowie Abbildung 16).

Im Hinblick auf die beiden „Mischtypen“ des Beziehungskapitals (vgl. Abschnitt 8.3.5) zeigt sich bei den Männern unabhängig von der sozialen Schichtzugehörigkeit, dass vor allem eine überdurchschnittlich hohe Anzahl enger

Freunde und Verwandte die Wahrscheinlichkeit gesundheitlicher Widerstandsfähigkeit erhöht. So weisen gesundheitlich „robust-resiliente“ Männer der Unterschicht, die zwar vergleichsweise wenig emotionale und instrumentelle Unterstützungsleistungen aus ihrem näheren sozialen Umfeld erwarteten, jedoch gleichzeitig über ein relativ großen Freundes- und Verwandtschaftsnetzwerk verfügten (sogenannter „Mischtyp 1“), mit rund 42% einen deutlich höheren Anteil im untersuchten Zeitraum auf als die vulnerablen Männer mit lediglich rund 15% (vgl. Tabelle 29 in Anhang 11.3.2). Das hieraus errechnete Chancenverhältnis zeigt den vergleichsweise stärksten Einfluss dieses „Mischtyps“ auf die Wahrscheinlichkeit robuster Resilienz, so dass ein überdurchschnittlich großes Freundes- und Verwandtschaftsnetzwerk als wesentlicher protektiver Faktor der Männer aus Unterschicht-Haushalten interpretiert werden kann. Einen ähnlichen, wenn auch deutlich schwächer ausgeprägter Zusammenhang zeigt die Analyse bei den Männern aus Haushalten der unteren Mittelschicht (vgl. Tabelle 29 in Anhang 11.3.2 sowie Abbildung 16).

Im Gegensatz dazu berichteten gerade gesundheitlich vulnerable Männer in beiden Statusgruppen zu weitaus höheren Anteilen ein hohes Ausmaß instrumenteller und emotionaler Unterstützung aus dem persönlichen Umfeld bei einer gleichzeitig eher kleinen Zahl enger Freunde und Verwandte („Mischtyp 2“). So ist der Anteil der gesundheitlich vulnerablen Männer aus der Unterschicht, die im Untersuchungszeitraum dem „Mischtyp 2“ zugeordnet werden konnten, doppelt so hoch wie in der Gruppe der „robust-resilienten“ Männer. In der unteren Mittelschicht zeigen sich im Hinblick auf „Mischtyp 2“ ähnliche, wenn auch nicht ganz so deutlich ausgeprägte Unterschiede zwischen gesundheitlich vulnerablen und „favorabel-resilienten“ Männern, was die Chance gesundheitlicher Widerstandsfähigkeit in dieser Statusgruppe sogar in statistisch auffallender Weise senkt (vgl. Tabelle 29 in Anhang 11.3.2 sowie Abbildung 16).

Es erscheint vor dem Hintergrund der theoretischen und empirischen Befunde aus den Abschnitten 3.2 und 6.2.3 nicht plausibel, instrumentelle und emotionale Unterstützungsleistungen als ursächlich wirksame, gesundheitliche Risikofaktoren alter Menschen zu interpretieren. Aller Wahrscheinlichkeit nach handelt es sich bei den vorliegenden Ergebnissen der SOEP-Kohorte um Fälle, bei denen ein umgekehrter kausaler Wirkungszusammenhang am Werke ist: Menschen mit besonders schlechtem gesundheitlichen Zustand sind gerade im Alter in ihrer alltäglichen Autonomie eingeschränkt und daher verstärkt auf externe Hilfeleistungen und Unterstützung angewiesen. Ihr „vulnerabler“ Gesundheitszustand zwang diese Menschen somit möglicherweise, im hohen Grade auf solche Unterstützungen zurückzugreifen. Da es sich bei Mischtyp 2 zudem um Personen handelt, die über eine relativ kleine Anzahl enger Freunde und Verwandte verfügen, ist anzunehmen, dass es sich bei einem recht hohen Teil um hochaltrige Männer handelt, deren persönliches Beziehungsnetzwerk bereits durch Todesfälle reduziert wurde. Diese Personen berichteten, ungeachtet ihrer benachteiligten sozioökonomischen Lage, eine im Allgemeinen geringere gesundheitliche Lebensqualität als „Junge Alte“ und stellen daher einen höheren Anteil gesundheitlich „vulnerabler“ Personen in der SOEP-Kohorte.

Abbildung 16: Chancenverhältnisse („Odds Ratios“) gesundheitlicher Resilienz und Vulnerabilität nach Typen des Beziehungskapitals der über 64jährigen Männer/physische Gesundheit und Frauen/mentale Gesundheit aus Haushalten der Unterschicht und der unteren Mittelschicht

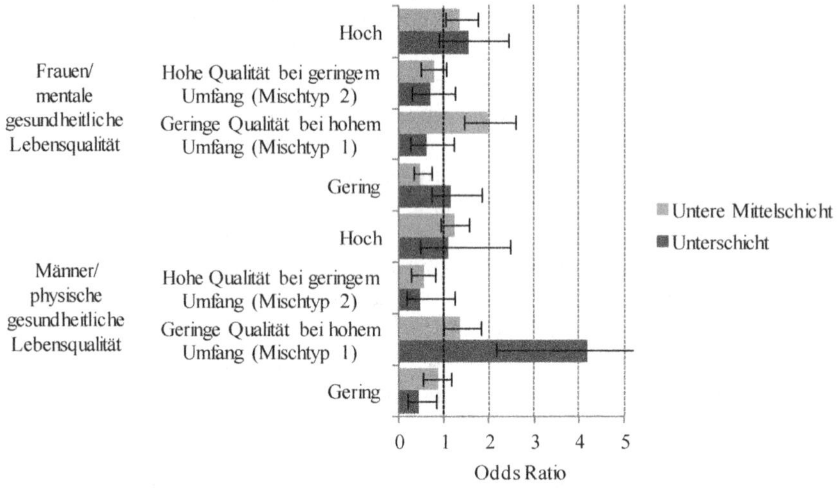

Die Angaben wurden mit dem Produkt der Bleibewahrscheinlichkeiten der Jahre 2002 bis 2008 gewichtet. Die Abbildung zeigt die Odds Ratios sowie die jeweiligen 95%-Konfidenzintervalle der Typen des Beziehungskapitals an. Messzeitpunkte 2002 bis 2008: N = 1.665 (Männer), 2.795 (Frauen).

Quelle: Sozio-ökonomisches Panel (SOEP); eigene Darstellung

In Anbetracht dieser Überlegungen scheint es nicht verwunderlich, dass die Anteile in der Gruppe resilienter Männer, die im untersuchten Zeitraum sowohl über ein hohes Maß an sozialer Unterstützung als auch über ein weitläufiges Freundes- und Verwandtschaftsnetzwerk und somit über einen „hohen“ Grad an individuellem Beziehungskapital verfügten, nur geringfügig höher sind als in der Gruppe der vulnerablen Männer (vgl. Tabelle 29 in Anhang 11.3.2 sowie Abbildung 16). In diesem Typ überlagern sich wahrscheinlich die gegenläufigen gesundheitlichen Effekte der beiden Dimensionen des Beziehungskapitals, so dass eine „hohe“ Ausstattung mit diesen Ressourcen weder als protektive Einflussgröße noch als Risikofaktor gesundheitlicher Resilienz alter Männer interpretierbar ist.

Frauen der unteren Mittelschicht zeigen im Hinblick auf die mentale Dimension gesundheitlicher Lebensqualität ein ganz ähnliches Verhältnis dieser Quoten im Untersuchungszeitraum wie die Männer für die physische Dimension. Frauen aus Unterschicht-Haushalten weisen jedoch eine andere Verteilung des individuellen Beziehungskapitals zwischen gesundheitlich widerstandsfähigen und vulnerablen Personen auf (vgl. Tabelle 30 in Anhang 11.3.2). Bei ihnen scheint der Grad des persönlich zugänglichen Beziehungskapitals überraschenderweise gar keinen Einfluss auf die Chance gesundheitlicher Widerstandsfähigkeit zu nehmen. Die „robust-resilienten“ Frauen zeigen gegenüber den vulnerablen Frauen der gleichen Statusgruppe lediglich einen höheren Anteil von Zeitpunkten, bei denen sie über einen „hohen“ Grad an Beziehungskapital in beiden Dimensionen verfügten. Es kann jedoch nicht ausgeschlossen werden, dass es sich bei diesen Unterschieden nur um zufällige Variationen innerhalb der SOEP-Kohorte handelt (vgl. Tabelle 30 in Anhang 11.3.2 sowie Abbildung 16). Diese Befunde sind vor allem deshalb bemerkenswert, da aufgrund der recht geringen sozioökonomischen Ressourcen in Unterschicht-Haushalten und des allgemein höheren Anteils hochaltriger und alleinlebender Frauen vermutet werden kann, dass gerade bei ihnen ein ausgedehntes Freundes-, Verwandschafts- und Unterstützungsnetzwerk eine für die Bewältigung alltäglicher Aufgaben bedeutende kompensatorische und somit auch gesundheitlich schützende Rolle spielt.

In der unteren Mittelschicht weisen die Ergebnisse der Analyse demgegenüber darauf hin, dass ein „geringer“ Grad an Beziehungskapital im Sinne von Hypothese 3a als Risikofaktor „favorabler“ Resilienz interpretiert werden kann. Vulnerable Frauen aus dieser Statusgruppe weisen zu rund 40% der personenbezogenen Messzeitpunkte eine „geringe“ Ausstattung mit diesen sozialen Ressourcen auf, während es bei den „favorabel-resilienten“ Frauen nur ca. 28% sind (vgl. Tabelle 30 in Anhang 11.3.2).

Die „favorabel-resilienten“ Frauen der unteren Mittelschicht weisen im untersuchten Zeitraum mit gut 24% fast doppelt so häufig den „Mischtyp 1“ auf als vulnerable Frauen. Da man auf der Grundlage der statistischen Messkriterien einen zufälligen Befund weitgehend ausschließen kann, begünstigt offenbar ein weitläufiges Freundes- und Verwandtschaftsnetzwerk auch bei den Frauen gesundheitliche Resilienz (vgl. Tabelle 30 in Anhang 11.3.2 sowie Abbildung 16).

Für die Frauen der unteren Mittelschicht zeigt sich ein protektiver gesundheitlicher Effekt eines „hohen" Zugangs zu persönlichem Beziehungskapital (vgl. Tabelle 30 in Anhang 11.3.2 sowie Abbildung 16). Angesichts der Befunde zu den beiden „Mischtypen" kann jedoch auch in diesem Falle davon ausgegangen werden, dass sich hierin vor allem der günstige Effekt einer großen Zahl enger Freunde und Verwandter auf die gesundheitliche Widerstandsfähigkeit widerspiegelt.

Die bislang präsentierten deskriptiven Befunde zeigen, dass sich gesundheitlich widerstandsfähige Menschen offenbar nur graduell durch das Ausmaß an verfügbarem Beziehungskapital von den gesundheitlich vulnerablen Menschen im Sinne von Hypothese 3a unterscheiden (vgl. Abschnitt 7.1). Erstaunlicherweise geht – da im Gegensatz zu einigen in der Literatur präsentierten Ergebnissen (vgl. Abschnitt 3.2) – der deutlichste diskriminierende Einfluss nicht von der Qualität der Beziehungen im Rahmen egozentrierter Netzwerke in Form von erwartbaren Unterstützungsleistungen aus, sondern von der Anzahl enger Freunde und Verwandte im Rahmen des „Mischtyps 1", mithin also von den *quantitativen* Aspekten des Beziehungskapitals.

Diesen Befund stützen auch die Ergebnisse komplexerer statistischer Analysemodelle, deren Ergebnisse in Tabelle 15 aufgeführt sind.[188] Eine hohe Ausstattung mit Beziehungskapital in beiden Dimensionen hat in diesen Modellen lediglich bei den Frauen einen auffälligen Einfluss auf die Wahrscheinlichkeit gesundheitlicher Resilienz. Dieser fällt jedoch geringer aus als der Einfluss der quantitativen Dimension des Beziehungskapitals im Rahmen von „Mischtyp 1" (vgl. Tabelle 15). Zusammengenommen kann die Analyse somit einen additiven Effekt qualitativer und quantitativer Formen des individuell verfübaren Beziehungskapitals auf die hier untersuchten Prozesse gesundheitlicher Resilienz im Rentenalter mit großer Wahrscheinlichkeit ausschließen.

---

[188] Die Befunde decken sich auch mit den deskriptiven Ergebnissen, wonach sich die Verteilung des Beziehungskapitals nach Geschlecht bzw. Dimension gesundheitlicher Lebensqualität und sozialer Schichtzugehörigkeit unterscheidet. So beeinflusst die Zugehörigkeit zu einem Haushalt der Unterschicht generell die Stärke des Einflusses des „Mischtyps 1", d.h. eine hohe Anzahl enger Freunde und Verwandte bei gleichzeitig geringer erwarteter Unterstützung, als protektiven Faktor gesundheitlicher Resilienz. Diese Zusammenhänge weisen jedoch für die physische Gesundheit der Männer und das mentale Wohlbefinden der Frauen in unterschiedliche Richtungen: Während die Wahrscheinlichkeit gesundheitlicher Widerstandsfähigkeit des „Mischtyps 1" bei den Männern der untersten Statusgruppe um das fast 2,5-fache höher liegt als bei den Männern der unteren Mittelschicht, ist sie bei Frauen aus Unterschicht-Haushalten deutlich geringer als bei den weiblichen Befragten aus der nächsthöheren Statusgruppe (vgl. Tabelle 15).

Tabelle 15: Beziehungskapital als soziale Determinante gesundheitlicher Resilienz

Einflussfaktoren und Gütekriterium der Modellanpassung	Gesundheitliche Resilienz			
	Physische gesundheitliche Lebensqualität – Männer		Mentale gesundheitliche Lebensqualität – Frauen	
	Modell 1 (n=1.612)#	Modell 2 (n=1.538)#	Modell 1 (n=2.719)#	Modell 2 (n=2.643)#
Konstante	2,00	2,23	0,22*	0,13**
Feste Effekte				
Lebensalter	0,96**	0,97**	0,99	0,99
Wohnungsdichte	1,01	1,00	-	-
Zufriedenheit mit der materiellen Wohlfahrt	1,80***	1,73***	3,78***	3,74***
Unzufriedenheit mit der materiellen Wohlfahrt	Ref.	Ref.	Ref.	Ref.
Unterschicht+	-	-	-	-
Untere Mittelschicht	Ref.	Ref.	Ref.	Ref.
Geringes Beziehungskapital	Ref.		Ref.	
Geringe Qualität bei hohem Umfang (Mischtyp 1)	1,46*		1,93***	
Hohe Qualität bei geringem Umfang (Mischtyp 2)	0,83		1,06	
Hohes Beziehungskapital	1,33		1,55**	
Geringe Unterstützung		Ref.		Ref.
Hohe Unterstützung		0,85		0,87
Geringe Anzahl enger Freunde		Ref.		Ref.
Hohe Anzahl enger Freunde		1,38*		2,13***
Geringe Anzahl von Verwandten		Ref.		Ref.
Hohe Anzahl von Verwandten		1,14		1,51**
Interaktionseffekte				
Mischtyp 1*Unterschicht	2,43**		0,30**	
Mischtyp 2*Unterschicht	0,83		0,62	
Hohes Beziehungskapital*Unterschicht	0,98		0,61	
Unterstützung*Unterschicht		0,69		0,86
Anzahl enger Freunde*Unterschicht		1,06		0,91
Anzahl von Verwandten*Unterschicht		1,53		0,75
Modellanpassung				
Nagelkerkes R^2	0,06	0,04	0,12	0,14

*: p<5%; **: p<1%; ***: p<0,1%. Die Schätzwerte der Modelle („Odds Ratios") basieren auf den mit dem Produkt der Bleibewahrscheinlichkeiten der Jahre 2002 bis 2008 gewichteten Daten des SOEP.

+: Feste Effekte für die soziale Schichtzugehörigkeit (Unterschicht vs. untere Mittelschicht) konnte das logistische Regressionsmodell nicht schätzen, da in der Unterschicht zu wenige Fälle vorhanden waren.

#: Angaben beziehen sich auf die Anzahl der in die Analyse einbezogenen Messzeitpunkte.

Quelle: Sozio-ökonomisches Panel (SOEP); eigene Berechnung und Darstellung

Diese Befunde deuten darauf hin, dass einzelnen Dimensionen des Beziehungskapitals eine weitaus stärkere protektive Funktion zukommt als anderen. Ich nahm daher von der typologischen Betrachtung des Beziehungskapitals Abstand und konzentrierte mich stärker auf die einzelnen protektiven Aspekte des

Verwandtschafts- und Freundesnetzwerkes. Im nächsten Arbeitsschritt untersuchte ich folglich u.a. den Einfluss dieser beider Determinanten auf gesundheitliche Widerstandsfähigkeit getrennt. Die Ergebnisse dieses Untersuchungsschrittes sprechen dafür, dass eine vergleichsweise *hohe Zahl enger Freunde* sowohl bei Männern als auch bei Frauen als protektiver Faktor gesundheitlicher Resilienz in Frage kommt, wobei dieser Effekt bei den Frauen stärker ausgeprägt ist. Bei den weiblichen Befragten übt zusätzlich eine überdurchschnittlich *hohe Zahl von Verwandten* einen günstigen Einfluss auf deren gesundheitliche Widerstandsfähigkeit aus (vgl. Tabelle 15). Diese Ergebnisse sind angesichts der obigen Überlegung zur wichtigen kompensatorischen Funktion eines funktionierenden Freundes- und Verwandtschaftsnetzwerkes gerade bei alten Frauen durchaus plausibel. Das Analysemodell zeigt ferner keine auffälligen Unterschiede der protektiven gesundheitlichen Einflüsse der einzelnen Dimensionen des Beziehungskapitals nach sozialer Schichtzugehörigkeit.

Unabhängig davon, ob die Untersuchung der protektiven Einflüsse des Beziehungskapitals auf der Basis der oben aufgeführten Typologie oder anhand der einzelnen Dimensionen durchgeführt wird, ist die Erklärungskraft des individuellen sozialen Kapitals bei der mentalen Gesundheit der Frauen deutlich höher als bei der physischen Dimension gesundheitlicher Lebensqualität der Männer. Zieht man den Grad der individuellen Ausstattung mit Beziehungskapital in Betracht, kann bei den Frauen zwischen 12% und 14% der Unterschiede zwischen gesundheitlich resilienten und vulnerablen Menschen im Untersuchungszeitraum erklärt werden. Bei den Männern sind dies lediglich zwischen 4% und 6% (vgl. Tabelle 15). Im Vergleich zur Erklärungskraft der Gesundheitslebensstile kommt man zum Ergebnis, dass individuelles soziales Kapital bei den Frauen der SOEP-Kohorte eine nur geringfügig schwächere Determinante mentaler gesundheitlicher Resilienz darstellt, während bei den Männern im Hinblick auf die physische Gesundheit ein deutlich stärkerer Einfluss von den Gesundheitslebensstilen ausgeht (vgl. Tabellen 14 und 15).

9.4.2 Systemkapital

Vergleicht man den Grad der Ausstattung des jeweiligen Wohnquartiers mit Sozialkapital im Untersuchungszeitraum zwischen gesundheitlich resilienten und vulnerablen alten Menschen, so bestätigt die Analyse die Annahmen von Hypothese 3b (vgl. Abschnitt 7.1) tendenziell. In der Gruppe gesundheitlich widerstandsfähiger alter Menschen sind die Anteile derjenigen, deren Wohnumfeld durch ein „hohes" Maß an *Systemkapital* – gemessen über den Index der Einzeldimensionen (vgl. Abschnitt 8.3.5) – bestimmt war, deutlich höher als die der gesundheitlich vulnerablen Personen. Dies gilt für Männer und Frauen aus beiden Statusgruppen in ähnlichem Maße, auch wenn die Unterschiede bei den Frauen im Hinblick auf die mentale Dimension gesundheitlicher Lebensqualität etwas schwächer ausgeprägt sind (vgl. Tabellen 31 und 32 in Anhang 11.3.2).[189] Die Chance, gesundheitlich resilient zu sein, steigt ungeachtet des Geschlechts bzw. der jeweiligen Dimension gesundheitlicher Lebensqualität und der sozialen Schichtzugehörigkeit graduell an, je mehr soziales Kapital im jeweiligen Wohnumfeld zur Verfügung steht (vgl. Abbildung 17).

Allerdings schließen die Befunde nur bei den Männern aus der unteren Mittelschicht, deren Wohnumgebung durch eine „hohe“ und „mittlere“ Ausstattung mit Systemkapital gekennzeichnet ist, eine zufällige Variation der prozentualen Anteile zwischen gesundheitlich resilienten und vulnerablen Personen im untersuchten Zeitraum aus. Dabei scheint ein „mittelmäßig“ ausgeprägter Zugang zu Systemkapital sogar ein Risikofaktor für gesundheitliche Widerstandsfähigkeit zu sein (vgl. Tabelle 31 in Anhang 11.3.2 sowie Abbildung 17). Auf der Grundlage der vorliegenden Daten ist es schwierig, diese Beobachtung inhaltlich zu deuten. Da die Kategorien des Index des Systemkapitals – wie es in der empirischen Sozialforschung oftmals der Fall ist – nicht nach objektiven Kriterien festgelegt werden konnten, handelt es sich hier möglicherweise um ein methodisches Artefakt.

[189] Die Ergebnisse für die weiblichen Befragten stehen allerdings unter Vorbehalt, da in der Unterschicht gut 17%, in der unteren Mittelschicht sogar rund 40% der Angaben zum Systemkapital auch nach der Imputation fehlen (vgl. Tabelle 32 in Anhang 11.3.2). Eine Verzerrung der Ergebnisse ist daher vor allem bei den weiblichen Angehörigen der unteren Mittelschicht wahrscheinlich.

Abbildung 17: Chancenverhältnisse („Odds Ratios") gesundheitlicher Resilienz und Vulnerabilität nach dem Grad des Systemkapitals der über 64jährigen Männer/physische Gesundheit und Frauen/mentale Gesundheit aus Haushalten der Unterschicht und der unteren Mittelschicht

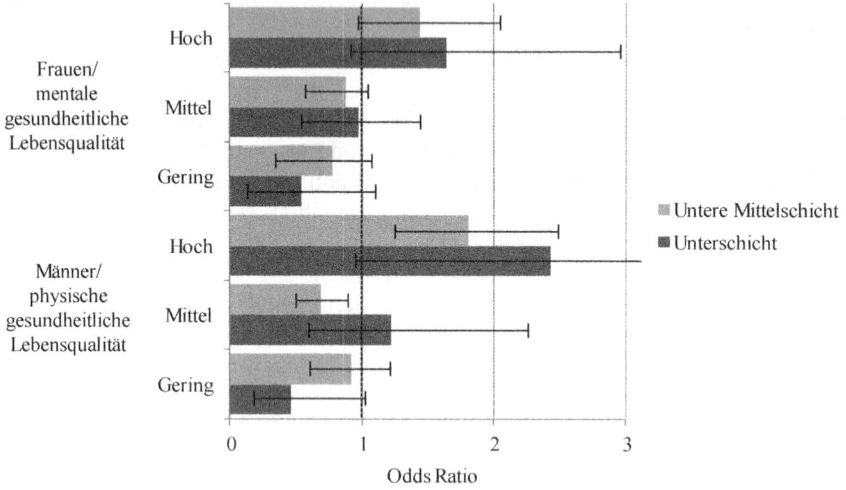

Die Angaben wurden mit dem Produkt der Bleibewahrscheinlichkeiten der Jahre 2002 bis 2008 gewichtet. Die Abbildung zeigt die Odds Ratios sowie die jeweiligen 95%-Konfidenzintervalle der Typen des Systemkapitals an. Messzeitpunkte 2002 bis 2008: N = 1.665 (Männer), 2.795 (Frauen).

Quelle: Sozio-ökonomisches Panel (SOEP); eigene Darstellung

Die Ergebnisse des multiplen Regressionsmodells bestärken die Befunde der beschreibenden Analyse, wobei ein „hoher" Grad an Systemkapital bei den Frauen die Chance, gesundheitlich resilient zu sein, sogar etwas stärker beeinflusst als bei den Männern (vgl. Tabelle 16). Zusätzlich untersucht das Modell – wie bereits im Falle des Beziehungskapitals – die Einflüsse der einzelnen strukturellen und kulturellen Dimensionen des Systemkapitals (vgl. Tabelle 5) in Bezug auf gesundheitliche Resilienz bei Männern und Frauen. Hierbei identifiziert es lediglich die Erwartung allgemeiner Reziprozität, d.h. das subjektiv eingeschätzte Ausmaß der Fairness und Hilfsbereitschaft im Umgang mit Menschen, bei beiden Geschlechtern als protektiver Faktor gesundheitlicher Widerstandsfähigkeit, wobei der Einfluss hinsichtlich der physischen Gesundheit der

Männer etwas stärker ausgeprägt ist als bei der mentalen gesundheitlichen Lebensqualität der Frauen (vgl. Tabelle 16).

Tabelle 16: Systemkapital als soziale Determinante gesundheitlicher Resilienz

Einflussfaktoren und Gütekriterium der Modellanpassung	Gesundheitliche Resilienz			
	Physische gesundheitliche Lebensqualität – Männer		Mentale gesundheitliche Lebensqualität – Frauen	
	Modell 1 (n=1.484)#	Modell 2 (n=1.484)#	Modell 1 (n=1.821)#	Modell 2 (n=1.821)#
Konstante	8,08*	8,10	0,26	0,28
Feste Effekte				
Lebensalter	0,95***	0,95***	0,98	0,98
Wohnungsdichte	1,01	1,01*	-	-
Zufriedenheit mit der materiellen Wohlfahrt	1,74***	1,72***	3,68***	3,71***
Unzufriedenheit mit der materiellen Wohlfahrt	Ref.	Ref.	Ref.	Ref.
Unterschicht+	-	-	-	-
Untere Mittelschicht	Ref.	Ref.	Ref.	Ref.
Geringes Systemkapital	Ref.		Ref.	
Durchschnittliches Systemkapital	0,94		1,23	
Hohes Systemkapital	1,69*		1,96*	
Geringes Vertrauen		Ref.		Ref.
Hohes Vertrauen		0,95		0,84
Geringe Reziprozität		Ref.		Ref.
Hohe Reziprozität		1,70***		1,44*
Geringes nachbarschaftliches Sozialkapital		Ref.		Ref.
Hohes nachbarschaftliches Sozialkapital		0,93		1,20
Interaktionseffekte				
Durchschnittliches Systemkapital*Unterschicht	1,15		0,69*	
Hohes Systemkapital*Unterschicht	1,64		0,57	
Vertrauen*Unterschicht		1,00		1,00
Reziprozität*Unterschicht		0,73		0,76
Nachbarschaft*Unterschicht		1,58		0,64
Modellanpassung				
Nagelkerkes R^2	0,06	0,06	0,10	0,10

*: p<5%; **: p<1%; ***: p<0,1%. Die Schätzwerte der Modelle („Odds Ratios") basieren auf den mit dem Produkt der Bleibewahrscheinlichkeiten der Jahre 2002 bis 2008 gewichteten Daten des SOEP.
+: Feste Effekte für die soziale Schichtzugehörigkeit (Unterschicht vs. untere Mittelschicht) konnte das logistische Regressionsmodell nicht schätzen, da in der Unterschicht zu wenige Fälle vorhanden waren.
#: Angaben beziehen sich auf die Anzahl der in die Analyse einbezogenen Messzeitpunkte.

Quelle: Sozio-ökonomisches Panel (SOEP); eigene Berechnung und Darstellung

Vor dem Hintergrund der vorangegangenen Ergebnisse, die sich bei der Untersuchung der gesundheitlichen Einflüsse des abgestuften Index des Systemkapitals („geringe", „mittlere" und „hohe" Ausstattung des Wohngebietes mit Systemkapital) zeigten, liegen daher synergistische gesundheitliche Effekte der Einzeldimensionen des Systemkapitals als plausible Erklärung nahe. Dieser Befund wäre im Sinne von Hypothese 3b, deren Annahmen zumindest von einem additiven Effekt der Einzelkomponenten des Systemkapitals auf die Chance gesundheitlicher Resilienz ausgehen (vgl. Abschnitt 7.1).

Im Hinblick auf die relative Erklärungskraft des Systemkapitals zeigt sich ein ähnliches Bild wie bereits beim individuellen Beziehungskapital. Mit 6% liegt die statistische Erklärungskraft des Systemkapitals bei der physischen gesundheitlichen Lebensqualität der Männer etwa auf dem gleichen, zudem recht geringen Niveau, wie die des Beziehungskapitals. Hinsichtlich der mentalen Gesundheit der Frauen rangiert dieser Wert mit rund 10% zwar deutlich über dem der Männer; der Anteil erklärter Varianz des Systemkapitals bleibt jedoch bei ihnen sogar noch knapp unterhalb des entsprechenden Wertes des Beziehungskapitals (vgl. Tabelle 16). Auch das Systemkapital bedingt somit, wenn auch für Männer und Frauen in unterschiedlichem Maße, nur einen recht geringen Teil des Prozesses gesundheitlicher Resilienz in der SOEP-Kohorte.

9.4.3 Zusammenfassung der Befunde zum sozialen Kapital

Insgesamt kommen einzelne Aspekte des sozialen Kapitals auf der individuellen wie auch auf der ökologischen Ebene durchaus als protektive Faktoren gesundheitlicher Resilienz alter Menschen in Betracht, auch wenn ihre Erklärungskraft im Vergleich zu den Einflüssen mancher Gesundheitslebensstile insgesamt geringer ausfällt. Zudem deuten die Befunde auf bedeutsame Unterschiede nach der bei Männern und Frauen jeweils untersuchten Dimension gesundheitlicher Lebensqualität hin, was die Erklärungskraft des individuellen und kollektiven Sozialkapitals betrifft. Sowohl das Beziehungs- als auch das Systemkapital spielt bei der mentalen Gesundheit der Frauen eine weitaus größere Rolle als Determinante gesundheitlicher Widerstandsfähigkeit als dies bei den Männern im Hinblick auf die körperliche Dimension gesundheitlicher Lebensqualität der Fall ist. Dabei sind die protektiven Einflüsse eines weitläufigen Freundes- und Verwandtschaftsnetzwerkes bei den weiblichen Befragten in ihrer Stärke durchaus mit „gesundheitsbewussten" Lebensstilen vergleichbar. Auffallend ist der recht hohe Anteil fehlender Werte in Bezug auf den Grad des Systemkapitals der Frauen, den Imputationsverfahren zwar reduzierten, aber nicht beseitigten (vgl. Abschnitt 8.3.5). Auch wenn die Befunde durchaus plausible Resultate liefern, sind daher Verzerrungen in diesem Bereich nicht auszuschließen (vgl. Tabelle 32 in Anhang 11.3.2).

Bei den Männern spielt der Zugang zu sozialem Kapital im Vergleich zu den Gesundheitslebensstilen lediglich eine untergeordnete Rolle bei der Erklärung gesundheitlicher Resilienzprozesse. Da es sich bei den Männern mehrheitlich um „Junge Alte" handelt, spielen bei ihnen vermutlich die „aktiven", in höherem Maße selbst gestaltbaren Lebensstile eine größere Rolle als gesundheitliche Schutzfaktoren. Bei den Frauen, deren Anteil mit dem Übergang in die Hochaltrigkeit jenseits des 80igsten Lebensjahres immer größer wird, gewinnen demgegenüber die „passiven" Schutzfaktoren, bspw. in Form des Empfangs von Hilfeleistungen aus einem weitläufigen Freundes- und Verwandtschaftsnetzwerk, an Bedeutung, ohne dass gleichzeitig gesundheitsrelevante Lebensstile an Einfluss verlieren. Zudem sind unterschiedliche Wirkungsmechanismen der protektiven Einflüsse zwischen der körperlichen und der mentalen Dimension gesundheitlicher Lebensqualität zu erwarten, die möglicherweise unabhängig von der Geschlechtszugehörigkeit sind.

Beiden Formen bzw. Ebenen sozialen Kapitals stellen als isolierte protektive Faktoren je nach Geschlechtszugehörigkeit nur mehr oder weniger kleine Bausteine in der Erklärung gesundheitlicher Widerstandsfähigkeit alter Menschen dar. Um zu einem umfassenderen Verständnis der sozialen Determinanten gesundheitlicher Resilienz im hohen Lebensalter zu kommen, müssen sie – wie dies auch bei Gesundheitslebensstilen der Fall ist – in jedem Falle bei alten Menschen beiderlei Geschlechts und in beiden Bereichen gesundheitlicher Lebensqualität durch weitere Schutzfaktoren ergänzt werden. Dies gilt insbesondere dann, wenn das Ziel darin besteht, praxistaugliche Interventionsmaßnahmen zur Förderung gesundheitlicher Widerstandsfähigkeit zu erarbeiten. Die bisherigen Analysen protektiver Faktoren zeigen nachdrücklich, dass es sich beim Resilienzphänomen um einen vielschichtigen, komplexen Prozess handelt, den nur das Zusammenwirken mehrerer Risiko- und Schutzfaktoren hinreichend erfasst. Der nächste Schritt besteht daher konsequenterweise in der Untersuchung von Interaktionen mehrerer protektiver Faktoren bzw. distinkter Muster von Resilienzkonstellationen, die in Lage sind, das Resilienzgeschehen besser zu erklären als einzelne, isolierte Faktoren (vgl. Abschnitt 7).

9.5 Resilienzkonstellationen

Die vorangegangenen Abschnitte 9.3 und 9.4 untersuchten die mutmaßlich protektiven Determinanten gesundheitlicher Resilienz zunächst getrennt. Um herauszufinden, welche dieser Determinanten für die Bestimmung typischer Resilienzkonstellationen in Frage kommen, war es darüber hinaus nötig, den gesundheitlichen Einflüssen dieser Merkmale simultan nachzugehen. Dieser Arbeitsschritt liefert somit gewissermaßen die „Grundelemente“ komplexer Muster protektiver Merkmale, die gesundheitliche Resilienz im Sinne von Hypothese 4 (vgl. Abschnitt 7.1) begünstigen.

In der Zusammenschau der in den obigen beiden Abschnitten separat untersuchten protektiven Faktoren identifizieren die statistischen Modelle eine Reihe sozialer Determinanten gesundheitlicher Resilienz alter Menschen, die sich zwischen Männern und Frauen in einigen Aspekten unterscheiden. Bei der körperlichen Dimension gesundheitlicher Lebensqualität der Männer sind in absteigender Rangfolge die folgenden Determinanten bedeutsam:

- Zugehörigkeit zur Gesundheitslebensstil-Gruppe der
    - „Aktiven-Risikofreudigen“
    - „Optimistischen Genießer“
    - „Aktiven-Gesundheitsbewussten“
- Überdurchschnittlich hohe Lebenszufriedenheit in den Bereichen Einkommen, Wohnung, Lebensstandard und soziale Sicherung.

Hinsichtlich der mentalen Dimension gesundheitlicher Lebensqualität der Frauen kristallisieren sich – wiederum in absteigender Rangfolge – die folgenden gesellschaftlichen Determinanten gesundheitlicher Widerstandsfähigkeit heraus:

- Überdurchschnittlich hohe Lebenszufriedenheit in den Bereichen Einkommen, Wohnung, Lebensstandard und soziale Sicherung
- Zugehörigkeit zur Gesundheitslebensstil-Gruppe der
    - „Aktiven-Gesundheitsbewussten“
    - „Optimistischen Genießer“
    - „Aktiven-Risikofreudigen“
- Überdurchschnittlich hohe Anzahl enger Freunde
- Überdurchschnittlich hohe Zahl von Verwandten (vgl. Tabelle 17).[190]

[190] Es wurde zudem ein Regressionsmodell berechnet, das zusätzlich zu den in Tabelle 17 aufgeführten Faktoren den hierarchischen Index des Systemkapitals enthielt, der sich in Abschnitt 9.4.2 für die Frauen als protektiver Faktor gesundheitlicher Resilienz erwiesen hatte. Im Gesamtmodell übte dieser Index jedoch keinen statistisch auffälligen Einfluss auf die abhängige Variable aus. Zudem fiel die erklärte Varianz dieses Modells mit 14% etwas kleiner aus als im letztlich präferierten Modell. Daher stützt sich die Untersuchung für die Frauen auf ein Regressionsmodell, das – neben den Gesundheitslebensstilen und sonstigen protektiven Faktoren – lediglich die Einzeldimensionen des Beziehungskapitals enthält, die sich in den Analysen des Abschnitts 9.4.1 als schützende Faktoren erwiesen hatten (vgl. Tabelle 15).

Tabelle 17: Zusammenschau sozialer Determinanten gesundheitlicher Resilienz

Einflussfaktoren und Gütekriterium der Modellanpassung	Gesundheitliche Resilienz			
	Physische gesundheitliche Lebensqualität – Männer (n=1.535)#		Mentale gesundheitliche Lebensqualität – Frauen (n=2.650)#	
	Odds Ratio	Wald-Statistik	Odds Ratio	Wald-Statistik
Konstante	0,71	0,13	0,05***	14,96
Feste Effekte				
Lebensalter	0,96**	8,49	0,99	0,61
Wohnungsdichte	1,01	2,50	-	-
Zufriedenheit mit der materiellen Wohlfahrt	1,51**	9,51	3,07***	82,39
Unzufriedenheit mit der materiellen Wohlfahrt	Ref.	-	Ref.	-
Unterschicht+	-	-	-	-
Untere Mittelschicht	Ref.	-	Ref.	-
Aktive-Gesundheitsbewusste	3,45***	28,26	4,20***	66,12
Aktive-Risikofreudige	9,50***	84,45	3,34***	30,73
Optimistische Genießer	4,67***	50,89	4,15***	56,75
Besorgte-Inaktive	Ref.	-	Ref.	-
Geringe Anzahl enger Freunde	Ref.	-	Ref.	-
Hohe Anzahl enger Freunde	1,17	1,20	1,93***	24,45
Geringe Anzahl von Verwandten			Ref.	-
Hohe Anzahl von Verwandten			1,34*	4,68
Geringe Reziprozität	Ref.	-	Ref.	-
Hohe Reziprozität	1,26	2,57	1,16	1,23
Interaktionseffekte				
Aktive-Gesundheitsbewusste *Unterschicht	2,23	3,29	0,71	1,38
Aktive-Risikofreudige*Unterschicht	0,45	3,43	1,13	0,091
Optimistische Genießer *Unterschicht	2,68**	7,54	0,48*	5,36
Freunde*Unterschicht	0,82	0,28	1,06	0,049
Verwandte*Unterschicht			0,99	0,002
Reziprozität*Unterschicht	0,65	1,21	0,84	0,425
Modellanpassung				
Nagelkerkes R^2	0,17		0,20	

*: p<5%; **: p<1%; ***: p<0,1%. Die Schätzwerte der Modelle („Odds Ratios") basieren auf den mit dem Produkt der Bleibewahrscheinlichkeiten der Jahre 2002 bis 2008 gewichteten Daten des SOEP.

+: Feste Effekte für die soziale Schichtzugehörigkeit (Unterschicht vs. untere Mittelschicht) konnte das logistische Regressionsmodell nicht schätzen, da in der Unterschicht zu wenige Fälle vorhanden waren.

#: Angaben beziehen sich auf die Anzahl der in die Analyse einbezogenen Messzeitpunkte.

Quelle: Sozio-ökonomisches Panel (SOEP); eigene Berechnung und Darstellung

Bei diesen Determinanten handelt es sich folglich um die Bausteine ganzheitlicher, kollektiver Resilienzkonstellationen, die den Kern der in Hypothese 4 formulierten Annahmen darstellen (vgl. Abschnitt 7.1). Aus der Zusammenschau ist unschwer zu erkennen, dass Frauen im Hinblick auf die mentale Gesundheit eine breitere Palette protektiver Faktoren aufweisen als dies bei der physischen Gesundheit der Männer der Fall ist, da bei ihnen Aspekte des Beziehungskapitals ebenfalls eine schützende Funktion ausüben. Aus diesem Grunde sind Resilienzkonstellationen bei den Frauen vermutlich sowohl zahlreicher als auch komplexer, was die Anzahl der zugrunde liegenden Dimensionen angeht und in Folge dessen auch vielgestaltiger als bei den gleichaltrigen Männern.

9.5.1 Konstellationen sozialer Schutzfaktoren

Um diesen typischen Mustern protektiver Faktoren auf die Spur zu kommen, bestimmte ich in einem weiteren Schritt daher alle möglichen Kombinationen dieser Determinanten und ermittelte die Häufigkeiten ihres jeweiligen Auftretens in der SOEP-Kohorte. Aufgrund der kleineren Anzahl von Schutzfaktoren waren bei den Männern lediglich 8 verschiedene Muster jeweils für die Unterschicht und die untere Mittelschicht möglich, während es bei den Frauen pro Sozialschicht sogar 32 mögliche Resilienzkonstellation gab. Die Ergebnisse dieser Prozedur sind für Männer und Frauen jeweils getrennt nach sozialer Schichtzugehörigkeit in den Tabellen 33 bis 36 dargestellt.

Wie erwartet, kommen nicht alle möglichen Konstellationen protektiver Determinanten in den Gruppen der gesundheitlich widerstandsfähigen bzw. vulnerablen Männer vor. Im Falle der Männer des „robusten" Resilienz-Typus, d.h. bei Männern aus Unterschicht-Haushalten, sind diejenigen Konstellationen überhaupt nicht besetzt, die im Untersuchungszeitraum einen „besorgten-inaktiven" Lebensstil praktizierten. Dies ist offenbar unabhängig von einer „hohen" Lebenszufriedenheit der Fall, was als Indiz gewertet werden kann, dass der „besorgte-inaktive" Lebensstil tatsächlich keine begünstigende Rolle im Resilienzprozess spielt, sondern vielmehr als Risikofaktor gesundheitlicher Widerstandsfähigkeit zu interpretieren ist (vgl. Tabelle 33 in Anhang 11.3.3). Bei den Männern des „robusten" Resilienz-Typus kommen im Untersuchungszeitraum zwei Konstellationen (Nr. 4 und Nr. 8), die beide durch den Gesundheitslebensstil der „Optimistischen Genießer" geprägt sind, fast drei- bzw. rund viermal so häufig vor wie in der Gruppe der vulnerablen Männer der gleichen Sozialschicht (vgl. Tabelle 33 in Anhang 11.3.3).[191] Tatsächlich umfassen diese beiden Kons-

[191] Für sämtliche Resilienzkonstellationen bestimmten die Modelle das Chancenverhältnis („Odds Ratio") zwischen den Messzeitpunkten der gesundheitlich resilienten und vulnerablen Personen mit den jeweils zugehörigen 95%-Konfidenzintervallen (vgl. Tabellen 33 bis 36 in Anhang 11.3.3). Durch diese statistischen Maßzahlen kann beurteilt werden, ob es sich bei den beobachteten Unterschieden zwischen den beiden Gruppen um zufällig zustande gekommene Variationen aufgrund von Stichprobencharakteristika der SOEP-Kohorte handelt, oder ob man mit einer gegebenen Wahrscheinlichkeit eine „reale" Gruppendifferenz annimmt.

tellationen fast zwei Drittel der personenbezogenen Messzeitpunkte in der Gruppe der „robust-resilienten“ Männer der SOEP-Studienkohorte. Die Konstellation mit dem größten Anteil stellen die „Optimistischen Genießer“ in Kombination mit einer „hohen“ Lebenszufriedenheit dar (Konstellation Nr. 8). Dieses Muster umfasst gut 37% der Messzeitpunkte aller resilienten Männer der Unterschicht (vgl. Tabelle 33 in Anhang 11.3.3). Im Gegensatz zu den übrigen Konstellationen, die für Männer aus Haushalten der Unterschicht beobachtet wurden, kann die Untersuchung im Falle dieser beiden Resilienzkonstellationen einen zufälligen Unterschied zwischen den Gruppen der „robust-resilienten“ und der vulnerablen Männer mit großer Wahrscheinlichkeit ausschließen.

Man kann daher mit einigem Grund annehmen, dass sich insbesondere der Lebensstil-Typ der *„Optimistischen Genießer“* als Ankerpunkt für gesundheitliche Interventionsmaßnahmen in dieser speziellen Subgruppe eignet. Ob sich ein zusätzlicher gesundheitlicher Effekt durch die gezielte Förderung des Niveaus der Lebenszufriedenheit erreichen lässt, ist eine wichtige Frage, die sich nicht unmittelbar aus den Ergebnissen aus Tabelle 33 ableiten lässt. Sie erfordert daher gesonderte Untersuchungsschritte, deren Befunde in Abschnitt 9.5.2 noch Gegenstand der Ausführungen sein werden.

Bei den Männern aus der unteren Mittelschicht, die dem „favorablen“ Typus gesundheitlicher Widerstandsfähigkeit zuzurechnen sind, kommen, im Gegensatz zu der untersten Statusgruppe, sämtliche Konstellationen in der SOEP-Kohorte vor, wenngleich deren jeweiligen Anteile in betrachteten Zeitraum recht große Differenzen aufweisen. So kommen auch in dieser Statusgruppe solche Konstellationen, deren Angehörige einen „besorgten-inaktiven“ Lebensstil pflegen, in der Gruppe „favorabel-resilienter“ Männer weitaus seltener vor als bei den gesundheitlich „Verwundbaren“ (vgl. Tabelle 34 in Anhang 11.3.3). Die Befunde sprechen somit auch in der unteren Mittelschicht dafür, dass Konstellationen mit diesem Lebensstil einen ausgesprochenen Risikofaktor gesundheitlicher Widerstandsfähigkeit darstellen. Demgegenüber weisen insgesamt vier Konstellationen, die bei den „favorabel-resilienten“ Männern häufiger auftreten, als in der Gruppe der vulnerablen Männer, Anteile zwischen 12% (Konstellation Nr. 7) und rund 25% (Konstellation Nr. 8) auf, gemessen an den personenbezogenen Messzeitpunkten aller resilienter Männer dieser Statusgruppe (vgl. Tabelle 34 in Anhang 11.3.3). Auf der Grundlage der unteren Konfidenzgrenzen kann man bei diesen Konstellationen davon ausgehen, dass die unterschiedlichen Quoten zwischen gesundheitlich resilienten und vulnerablen Männern nicht zufällig durch Merkmale der SOEP-Stichprobe bedingt werden, sondern dass es sich mit großer Wahrscheinlichkeit um „echte“ Unterschiede handelt. Am stärksten erhöhen die Resilienzkonstellationen Nr. 3 und Nr. 7, die sich jeweils durch einen

„aktiven-risikofreudigen“ Lebensstil auszeichnen, die Chance „favorabler“ Resilienz bei den männlichen Befragten (vgl. Tabelle 34 in Anhang 11.3.3).

Überraschenderweise ist die Übereinstimmung mit den Konstellationen, welche die resilienten Männer der Unterschicht kennzeichnen, recht gering. Lediglich die Kombination aus dem Gesundheitslebensstil der „Optimistischen Genießer“ und einer „hohen“ Lebenszufriedenheit (Konstellation Nr. 8) weist auch in der unteren Mittelschicht mit rund einem Viertel der Messzeitpunkte den höchsten Anteil in der Gruppe gesundheitlich widerstandsfähiger Männer auf. Dennoch kommt diesem Gesundheitslebensstil in der unteren Mittelschicht keine so große Bedeutung zu wie in der Unterschicht. Zudem begünstigt Konstellation Nr. 1, die sich aus einem „aktiven-gesundheitsbewussten“ Lebensstil bei gleichzeitig „geringer“ Lebenszufriedenheit zusammensetzt, sogar die Wahrscheinlichkeit gesundheitlicher Vulnerabilität (vgl. Tabelle 34 in Anhang 11.3.3). Hier liegen vermutlich – wie bereits in Abschnitt 9.3.5 angeführt wurde – Fälle vor, bei denen ein zu den Annahmen von Hypothese 2 gegenläufiger Ursachenzusammenhang vorliegt: Ein vergleichsweise schlechtes gesundheitliches Wohlbefinden machte es notwendig, diesen ausdrücklich gesundheitsbewussten Lebensstil im Alter zu pflegen.

Insgesamt sind die Resilienzkonstellationen der Männer in der unteren Mittelschicht durch eine größere Heterogenität der Lebensstil-Typen geprägt als dies in der Unterschicht der Fall ist. Drei von vier Konstellationen (Nr. 3, Nr. 5 und Nr. 7), die unter den gesundheitlich „favorabel-resilienten“ Männer im betrachteten Zeitraum häufiger vorkommen als in der Gruppe der „Verwundbaren“, zeichnen sich durch einen mehr oder weniger „gesundheitsbewussten“ Lebensstil, also entweder dem „aktiven-gesundheitsbewussten“ oder dem „aktivenrisikofreudigen“ Lebensstil aus. Der Typus der „Optimistischen Genießer“ kommt hier im Gegensatz zu den Männern der untersten Statusgruppe nur einmal innerhalb einer solchen Resilienzkonstellation vor (vgl. Tabelle 34 in Anhang 11.3.3).

Drei Viertel der Konstellationen, die den Typus der „favorablen“ Resilienz bei den Männern begünstigen, zeichnen sich durch eine Kombination eines bestimmten Lebensstils mit einer „hohen“ Lebenszufriedenheit in Bezug auf die materielle Lage aus. Anders als bei Männern der untersten Sozialschicht legt dies die Vermutung nahe, dass in der unteren Mittelschicht die Zufriedenheit mit verschiedenen „objektiven“ Lebensbedingungen (Einkommen, Wohnung, allgemeiner Lebensstandard sowie soziale Sicherung) eine im Vergleich zur Unterschicht häufiger auftretende und daher „konstantere“ Einflussgröße innerhalb der verschiedenen Resilienzkonstellationen ist. Maßnahmen zu Förderung gesundheitlicher Widerstandsfähigkeit im hohen Lebensalter können sich in dieser Statusgruppe daher zunächst an der Verbesserung bzw. Stabilisierung subjektiver

Bereichszufriedenheiten orientieren, als an den stärker alternierenden Gesundheitslebensstilen. Dies kann jedoch nicht darüber hinwegtäuschen, dass Gesundheitslebensstile insgesamt einen weitaus stärkeren Einfluss auf Prozesse gesundheitlicher Resilienz der Männer ausüben als die subjektive Zufriedenheit (vgl. Tabelle 17). Eine effektive Förderung gesundheitlicher Widerstandsfähigkeit sollte daher in jedem Falle beide sozialen Schutzfaktoren berücksichtigen.

Offenbar führt bei den Männern aus den beiden unteren Sozialschichten nicht nur die Praxis bzw. selektive Förderung eines der drei mehr oder weniger „gesundheitsbewussten“ Lebensstil-Typen, insbesondere der „Optimistischen Genießer“, zu einer höheren Chance gesundheitlicher Resilienz, sondern vielmehr die Vermeidung eines dezidiert gesundheitsschädigenden Gesundheitslebensstils, wie er im Typ der „Besorgten-Inaktiven“ zum Ausdruck kommt. Es scheint daher – auch im Rahmen der hier untersuchten Resilienzkonstellationen – naheliegend, in diesen Bevölkerungsgruppen die Verhütung einer lebensstilbedingten Kumulation gesundheitlicher Risiken stärker in den Vordergrund konkreter Anstrengungen zur Förderung gesundheitlicher Resilienz zu rücken, als die protektive Wirkung bestimmter „gesundheitsbewusster“ Alltagsroutinen und Mentalitäten allzu einseitig hervorzuheben.

Die Resilienzkonstellationen der Frauen unterscheiden sich vor allem nach „quantitativen“ Gesichtspunkten zwischen der Unterschicht und der unteren Mittelschicht. So zeigen gesundheitlich „robust-resiliente“ Frauen aus Haushalten der Unterschicht im Vergleich zu Frauen aus der nächsthöheren Statusgruppe alles in allem eine deutlich geringere Gesamtzahl von Konstellationen im Untersuchungszeitraum. Sind „favorabel-resiliente“ Frauen in nur zwei Konstellationen überhaupt nicht vertreten (Nr. 7 und Nr. 27), so ist dies für „robust-resiliente“ Frauen sogar bei acht, also einem Viertel aller Kombinationen im betrachteten Zeitraum der Fall (vgl. Tabellen 35 und 36 in Anhang 11.3.3).

Positiv gewendet kann daher zunächst vermutet werden, dass Frauen der untersten Sozialschicht insgesamt homogenere Formen von Konstellationen protektiver Faktoren aufweisen als Frauen aus der unteren Mittelschicht. Diese Annahme bestätigen die Ergebnisse der Datenauswertung jedoch nicht. In der Tat unterscheiden sich die Muster der „robust-resilienten“ und vulnerablen Frauen aus Unterschicht-Haushalten nur tendenziell von denen der Frauen aus der nächsthöheren Sozialschicht. Dabei scheinen für Frauen Aspekte der Lebenszufriedenheit eine recht große Rolle für die gesundheitliche Widerstandsfähigkeit zu spielen.[192] So sind sechs von sieben bzw. rund 86% der Konstellationen, die zu auffallend höheren Anteilen bei den „robust-resilienten“ Frauen im Untersuchungszeitraum vorkommen (Nr. 5, Nr. 17, Nr. 19 bis 21, Nr. 25 sowie Nr.

[192] Dieser Befund spiegelt sich bereits in den Ergebnissen des multiplen Regressionsmodells wieder, die in Tabelle 17 präsentiert werden.

31)[193], durch eine überdurchschnittlich hohe subjektive Lebenszufriedenheit in Bezug auf die materielle Lage gekennzeichnet (vgl. Tabelle 35 in Anhang 11.3.3).

Der Gesundheitslebensstil der „Aktiven-Gesundheitsbewussten", der den höchsten Gesundheitsrang aufweist (vgl. Tabelle 25 in Anhang 11.3.2), spielt eine recht prominente Rolle innerhalb derjenigen Konstellationen, die in der Gruppe der gesundheitlich widerstandsfähigen im Vergleich zu den vulnerablen Frauen aus der Unterschicht häufiger vorkommen. In vier von insgesamt sieben Resilienzkonstellationen praktizierten die weiblichen Befragten während des Untersuchungszeitraumes diesen Gesundheitslebensstil, was ihn zu einem wesentlichen Baustein gesundheitlicher Widerstandsfähigkeit alter Frauen macht, die dieser Statusgruppe angehören. Im Gegensatz dazu spielt der Gesundheitslebensstil der „Optimistischen Genießer", der bei den Männern auffallend häufig Bestandteil von Resilienzkonstellationen ist, bei den Frauen lediglich eine untergeordnete Rolle. Dieser Lebensstil ist nur in einer Konstellation, in Verbindung mit einer „hohen" bereichsbezogenen Lebenszufriedenheit sowie einer überdurchschnittlich hohen Zahl enger Freunde und Verwandter, vertreten (Nr. 20), die bei gesundheitlich resilienten Frauen aus der untersten Statusgruppe auffallend häufiger beobachtet wurde, als in der Gruppe der vulnerablen Frauen (vgl. Tabelle 35 in Anhang 11.3.3).

Bei den Frauen aus Haushalten der unteren Mittelschicht zeigen sich – obschon sie teilweise andere Resilienzkonstellationen aufweisen als die Frauen aus der Unterschicht – in Bezug auf das häufige Vorkommen der „Aktiven-Gesundheitsbewussten" recht ähnliche Befunde. In dieser Statusgruppe ist fast die Hälfte der identifizierten Resilienzkonstellationen durch diesen ausgesprochen gesundheitsbewussten Lebensstil-Typus gekennzeichnet (vgl. Tabelle 36 in Anhang 11.3.3). Gleichwohl begünstigen offenbar zwei Konstellationen mit einem „aktiven-gesundheitsbewussten" Lebensstil (Nr. 5 und Nr. 9) die gesundheitliche Vulnerabilität der Frauen aus dieser Statusgruppe. Diese beiden Konstellationen weisen in den übrigen Dimensionen eine zumeist unterdurchschnittliche Ausstattung gesundheitlicher Ressourcen auf. Es scheint daher plausibel, dass es sich hierbei um sozial relativ isolierte, hochaltrige Frauen handelt, deren schlechter bzw. „vulnerabler" Gesundheitszustand die Ursache für einen derart gesundheitsbewussten Lebensstil ist. Zudem führen diese beiden „Risikokonstellatio-

[193] Für die Resilienzkonstellationen Nr. 19 und Nr. 31 konnte kein Chancenverhältnis („Odds Ratio") berechnet werden, da diese Konstellationen in der Gruppe gesundheitlich vulnerabler Frauen im Untersuchungszeitraum nicht auftraten. In diesen Fällen wurde ein exakter Fischer-Test durchgeführt, um zu überprüfen, ob die beobachteten Variationen zufällig zustande kamen. Der Test konnte dies für beide Resilienzkonstellationen mit 95-prozentiger Wahrscheinlichkeit ausschließen (vgl. Tabelle 35 in Anhang 11.3.3).

nen“ die herausragende Bedeutung einer „hohen“ Zufriedenheit mit der materiellen Lage für gesundheitliche Resilienzprozesse der weiblichen Befragten vor Augen (vgl. Tabelle 17).

Resilienzkonstellationen, bei denen eine „hohe“ Lebenszufriedenheit in Kombination mit einer überdurchschnittlich hohen Zahl enger Freunde oder Verwandter auftreten, sind – ungeachtet des jeweiligen Gesundheitslebensstils – für resiliente Frauen sowohl in der Unterschicht wie auch in der unteren Mittelschicht typisch. So machen Konstellationen, bei denen mindestens zwei dieser Merkmale zugleich vorliegen, bei den „robust-resilienten“ Frauen im Untersuchungszeitraum etwas mehr als 70% und bei den „favorabel-resilienten“ Frauen rund 64% aus (vgl. Tabellen 35 und 36 in Anhang 11.3.3). Diese Befunde legen die Vermutung nahe, dass diese Schutzfaktoren tatsächlich einen synergistischen Einfluss auf Prozesse gesundheitlicher Resilienz im Rahmen von Resilienzkonstellationen spielen könnten. Die in den Tabellen 35 und 36 präsentierten deskriptiven Ergebnisse reichen jedoch nicht aus, um diese These zu überprüfen. Hierfür wurden gesonderte Analysen durchgeführt, auf die ich im folgenden Abschnitt noch detailliert eingehe.

Wie die bisherigen Ausführungen zeigen, unterscheiden sich die Resilienzkonstellationen, welche die Analyse für die mentale gesundheitliche Lebensqualität der Frauen aus der Unterschicht und unteren Mittelschicht identifiziert, von denen der physischen Dimension gesundheitlicher Lebensqualität der Männer sowohl in der Anzahl als auch in der Komplexität. Dies erschwert zunächst einmal die Interpretierbarkeit der Ergebnisse und die Möglichkeit, einen generellen Ankerpunkt für praktische Interventionen zur Förderung gesundheitlicher Resilienz aufzuzeigen. Dennoch lassen sich zumindest zwei allgemeine Tendenzen ablesen, die für beide Statusgruppen Gültigkeit beanspruchen:

- Bei den Frauen spielt der besonders „gesundheitsbewusste“ Lebensstil-Typ der *„Aktiven-Gesundheitsbewussten“* eine anteilsmäßig auffallend große Rolle. In der Unterschicht ist dieser Gesundheitslebensstil in gut 57% und in der unteren Mittelschicht in rund 46% der Resilienzkonstellationen vertreten, die zu auffallend höheren Anteilen in der Gruppe der gesundheitlich widerstandsfähigen Frauen vorkommen (vgl. Tabellen 35 und 36 in Anhang 11.3.3). Anders als bei der physischen Dimension gesundheitlicher Lebensqualität älterer Männer, bei der die Vermeidung eines besonders gesundheitsschädigenden Lebensstils im Sinne einer Prävention gesundheitlicher Risiken im Vordergrund steht, übt bei den Frauen offenbar der Aspekt der *aktiven Gesundheitsförderung* einen stärkeren Einfluss auf Prozesse gesundheitlicher Resilienz im Hinblick auf deren mentale Gesundheit aus.

Dies gilt allerdings nur in Verbindung mit einer gewissen Anzahl zusätzlicher protektiver Faktoren. Fehlen diese, so ist ein „aktiver-gesundheitsbewusster" Lebensstil sogar mit gesundheitlicher Vulnerabilität der weiblichen Befragten assoziiert. Dieser Befund weist auf einen bei den Frauen weitaus stärker ausgeprägten Einfluss einer überdurchschnittlich hohen Zufriedenheit in den Bereichen Einkommen, Wohnung, allgemeiner Lebensstandard und sozialer Sicherung auf das gesundheitliche Resilienzgeschehen hin (vgl. Tabelle 17).

- Besonders häufig weisen die Ergebnisse bei den Frauen auf Resilienzkonstellationen hin, die sich durch eine Kombination von „gesundheitsbewusstem" Gesundheitslebensstil, „hoher" Lebenszufriedenheit und einer überdurchschnittlich hohen Zahl enger Freunde oder Verwandte auszeichnen. Dies legt den Schluss nahe, dass gesundheitliche Schutzfaktoren zumindest eine *additive Wirkung* auf die Chance gesundheitlicher Resilienz ausüben. Ob einzelne Resilienzkonstellationen tatsächlich synergistische gesundheitliche Effekte zeitigen, klären die deskriptiven Befunde nicht eindeutig. Dies ist u.a. Gegenstand des folgenden Abschnitts.

9.5.2 Gesundheitliche Einflüsse der Resilienzkonstellationen

Nach den in Abschnitt 7.1 formulierten Annahmen ist davon auszugehen, dass bestimmte Konstellationen protektiver Faktoren im Untersuchungszeitraum nicht nur auffallend häufiger bei den gesundheitlich resilienten Menschen vorkommen als dies bei vulnerablen Menschen der Fall ist. Vielmehr geht Hypothese 4 zusätzlich davon aus, dass sich die direkte gesundheitliche Wirkung einzelner Resilienzkonstellationen innerhalb der Gruppen resilienter Männer und Frauen unterscheidet. Sollte sich diese Annahme durch die folgenden Untersuchungen bestätigen, wäre dies ein Hinweis auf gesundheitlich besonders „wirkungsmächtige" Resilienzkonstellationen, die für Maßnahmen der Gesundheits- bzw. Resilienzförderung vielversprechend sind.

Darüber hinaus können – ebenfalls in Übereinstimmung mit den in Abschnitt 7.1 formulierten Überlegungen – umso stärkere gesundheitsförderliche Einflüsse von Resilienzkonstellationen erwartet werden, je mehr protektive Faktoren diese umfassen. Die Annahmen gehen somit von einem additiven gesundheitlichen Einfluss von Schutzfaktoren innerhalb der Resilienzkonstellationen aus. Dieses Konzept entspricht der Vorstellung synergistischer Effekte ganzheitlicher Resilienzkonstellationen, die deutlich über den Einfluss einzelner protektiver Faktoren hinausreichen.

Die Ergebnisse der in Tabelle 18 dargestellten Wachstumskurven-Modelle (vgl. Abschnitt 8.4.1) zeigen für die beiden Konstellationen protektiver Faktoren, welche den Typus der „robusten“ Resilienz der Männer aus Haushalten der Unterschicht begünstigen (Nr. 4 und Nr. 8), keinerlei direkten gesundheitlichen Effekt bei „robust-resilienten“ Männern. Diese beiden Muster spielen somit zwar eine wesentliche Rolle im Prozess gesundheitlicher Resilienz bzw. bei der Abgrenzung zu gesundheitlich vulnerablen Männern der gleichen Statusgruppe. Das absolute Niveau gesundheitlicher Lebensqualität im Untersuchungszeitraum unterscheidet sich jedoch zwischen diesen beiden Resilienzkonstellationen innerhalb der Gruppe „robust-resilienter“ Männer nicht. Unter den „favorabel-resilienten“ Männern der unteren Mittelschicht ist allein Resilienzkonstellation Nr. 5, die sich aus dem Lebensstil der „Aktiven-Gesundheitsbewussten“ mit überdurchschnittlich hoher Lebenszufriedenheit zusammensetzt, mit einem zwar nur recht geringfügig, aber dennoch statistisch auffällig höherem gesundheitlichen Wohlbefinden assoziiert als die übrigen Konstellationen (vgl. Tabelle 18).

In der Gruppe der resilienten Frauen sind die Unterschiede zwischen den Resilienzkonstellationen im Hinblick auf die direkten gesundheitlichen Einflüsse recht deutlich ausgeprägt. Dies trifft vor allem auf „robust-resiliente“ Frauen aus der untersten Statusgruppe zu. In dieser Gruppe zeigen gleich drei Resilienzkonstellationen (Nr. 17, Nr. 19 und Nr. 21) auffallend höhere Niveaus des mentalen gesundheitlichen Wohlbefindens im betrachteten Zeitraum (vgl. Tabelle 18). Es handelt sich dabei um Konstellationen, die sowohl besonders „gesundheitsbewusste“ Lebensstile – entweder „Aktive-Gesundheitsbewusste“ oder „Aktive-Risikofreudige“ – als auch eine „hohe“ bereichsspezifische Lebenszufriedenheit in Kombination mit einer überdurchschnittlichen Ausstattung mit Formen des Beziehungskapitals aufweisen (vgl. Tabelle 35 in Anhang 11.3.3).

In der Gruppe der „favorabel-resilienten“ Frauen der unteren Mittelschicht hat im Gegensatz dazu lediglich eine Resilienzkonstellation eine auffallend hohe, den übrigen Konstellationen überlegene gesundheitliche Wirkung. Es handelt sich dabei um Resilienzkonstellation Nr. 28, die durch den Gesundheitslebensstil der „Optimistischen Genießer“ in Kombination mit einer ausgeprägt „hohen“ Lebenszufriedenheit und einer überdurchschnittlichen Anzahl von nahen Verwandten gekennzeichnet ist (vgl. Tabelle 36 in Anhang 11.3.3).

Tabelle 18: Direkte gesundheitliche Effekte ausgewählter Resilienzkonstellationen

Feste Effekte und Interaktionseffekte		Physische gesundheitliche Lebensqualität – Männer		Mentale gesundheitliche Lebensqualität – Frauen	
		Unterschicht (n=48)#	Untere Mittelschicht (n=248)#	Unterschicht (n=70)#	Untere Mittelschicht (n=266)#
	Konstante	48,34***	48,92***	55,93***	60,81***
Feste Effekte					
	Lebensalter	-0,35	-0,05	0,35*	-0,11
Resilienzkonstellationen	Nr. 3		-1,29		
	Nr. 4	-1,56			
	Nr. 5		2,69**	-0,71	
	Nr. 7		-0,08		
	Nr. 8	3,50	1,53		
	Nr. 13				1,00
	Nr. 17			8,11***	0,46
	Nr. 19			6,86**	1,21
	Nr. 20			0,70	0,91
	Nr. 21			9,92*	-1,57
	Nr. 23				0,87
	Nr. 24				-1,60
	Nr. 25			0,26	1,83
	Nr. 28				5,50*
	Nr. 29				0,68
	Nr. 31			3,52	1,56
Interaktionseffekte					
Lebensalter* Resilienzkonstellation	Nr. 3		-0,33		
	Nr. 4	0,19			
	Nr. 5		-0,25	-0,36	
	Nr. 7		-0,24		
	Nr. 8	0,27	-0,02		
	Nr. 13				0,22
	Nr. 17			0,16	-0,08
	Nr. 19			-0,30	0,31
	Nr. 20			-0,71	-0,05
	Nr. 21			1,14	0,21
	Nr. 23				0,35
	Nr. 24				-0,26
	Nr. 25			0,03	-0,18
	Nr. 28				0,58
	Nr. 29				-0,10
	Nr. 31			-0,40	-0,30

*: p<5%; **: p<1%; ***: p<0,1%. Die Schätzwerte der Modelle basieren auf den mit dem Produkt der Bleibewahrscheinlichkeiten der Jahre 2002 bis 2008 gewichteten Daten des SOEP.
#: Angaben beziehen sich auf die Anzahl der in die Analyse einbezogenen Messzeitpunkte.

Quelle: Sozio-ökonomisches Panel (SOEP); eigene Berechnung und Darstellung

Zusammengenommen weisen diese Ergebnisse zum einen darauf hin, dass es zwischen den in Abschnitt 9.5.1 identifizierten Resilienzkonstellationen zum Teil beträchtliche Unterschiede gibt, was deren direkte gesundheitliche Effekte in den nach Geschlecht bzw. Dimension gesundheitlicher Lebensqualität und sozialer Schichtzugehörigkeit differenzierten Gruppen resilienter Personen betrifft. Gerade diejenigen Konstellationen, die einen zusätzlichen gesundheitsfördernden Effekt in diesen Gruppen aufweisen, dürften für konkrete Maßnahmen der Gesundheits- bzw. Resilienzförderung alter Menschen aus benachteiligten Statuslagen von besonderem Interesse sein. Zum anderen weisen die Befunde im Sinne der in Hypothese 4 postulierten Annahmen (vgl. Abschnitt 7.1) bereits recht deutlich auf einen additiven gesundheitlichen Effekt der einzelnen sozialen Schutzfaktoren bei beiden Geschlechtern bzw. für beide Bereiche gesundheitlichen Wohlbefindens hin.

Um diesem Zusammenhang gezielt nachzugehen, wurde zusätzlich ein additiver Index berechnet, der die Anzahl protektiver Faktoren pro Resilienzkonstellation widerspiegelt. Dieser Index wurde wiederum in Wachstumskurven-Modelle implementiert, um additive gesundheitliche Einflüsse der Schutzfaktoren in Abhängigkeit ihrer absoluten Häufigkeit innerhalb der jeweiligen Resilienzkonstellationen bestimmen zu können. Die Ergebnisse dieser Prozeduren bildet Tabelle 19 ab.

Tabelle 19: Additive gesundheitliche Effekte ausgewählter Resilienzkonstellationen

Feste Effekte und Interaktionseffekte	**Physische gesundheitliche Lebensqualität – Männer**		**Mentale gesundheitliche Lebensqualität – Frauen**	
	Unterschicht (n=42)#	**Untere Mittelschicht** (n=222)#	**Unterschicht** (n=44)#	**Untere Mittelschicht** (n=188)#
Konstante	45,89***	49,23***	57,95***	61,82***
Feste Effekte				
Lebensalter	-0,39	-0,13	-0,23	-0,17
1 protektiver Faktor	Ref.	Ref.		
2 protektive Faktoren	6,23*	1,46	Ref.	Ref.
3 protektive Faktoren			0,95	-0,13
4 protektive Faktoren			7,50***	-0,94
Interaktionseffekte				
Lebensalter*1 protektiver Faktor	Ref.	Ref.		
Lebensalter*2 protektive Faktoren	0,38	-0,03	Ref.	Ref.
Lebensalter*3 protektive Faktoren			0,19	0,04
Lebensalter*4 protektive Faktoren			0,42	0,05

*: p<5%; **: p<1%; ***: p<0,1%. Die Schätzwerte der Modelle basieren auf den mit dem Produkt der Bleibewahrscheinlichkeiten der Jahre 2002 bis 2008 gewichteten Daten des SOEP.
#: Angaben beziehen sich auf die Anzahl der in die Analyse einbezogenen Messzeitpunkte.

Quelle: Sozio-ökonomisches Panel (SOEP); eigene Berechnung und Darstellung

Ein positiver Zusammenhang zwischen der Anzahl der protektiven Faktoren innerhalb einer bestimmten Resilienzkonstellation und dem Grad der gesundheitlichen Lebensqualität, der den in Hypothese 4 formulierten Annahmen entspricht (vgl. Abschnitt 7.1), zeigt das Modell allein bei den gesundheitlich widerstandsfähigen Männern und Frauen aus Haushalten der Unterschicht, während in der nächsthöheren Statusgruppe kein entsprechender Zusammenhang zu beobachten ist. So berichteten „robust-resiliente" Männer, deren Konstellationen zwei protektive Faktoren aufweisen, einen im Schnitt deutlich höheren Skalenwert der gesundheitlichen Lebensqualität als resiliente Männer, die über lediglich einen protektiven Faktor verfügten. Bei den „robust-resilienten" Frauen zeigt sich ein ähnliches Bild, wobei der positive gesundheitliche Einfluss von vier gegenüber lediglich zwei protektiven Faktoren sogar noch etwas stärker ausgeprägt ist als bei den Männern. Es zeigt sich jedoch bei den „robust-resilienten" Frauen kein stetig verlaufender Gradient, d.h. Konstellationen mit drei protektiven Faktoren erhöhen die gesundheitliche Lebensqualität gegenüber Konstellationen mit nur zwei Schutzfaktoren nicht (vgl. Tabelle 19).

Wahrscheinlich sind diese auffälligen Schichtdifferenzen, die unabhängig von der Geschlechtszugehörigkeit bzw. der jeweils untersuchten Dimension gesundheitlicher Lebensqualität beobachtet werden, mit unterschiedlichen Graden sozioökonomischer Risiken zwischen der Unterschicht und der unteren Mittelschicht zu erklären. So machen es vermutlich Prozesse der *„robusten Resilienz"*, die für Angehörige der sozialen Unterschicht typisch sind, notwendig, auf eine Vielzahl protektiver Faktoren zurückzugreifen, um einer Kumulation von zum Teil gravierenden gesundheitlichen Risiken, wie bspw. einem hohen Armutsrisiko, geringer Bildung und benachteiligter Wohnverhältnisse, erfolgreich zu begegnen. Im Gegensatz dazu reicht es womöglich bei der milderen bzw. *„favorablen Resilienz"* der Angehörigen der unteren Mittelschicht bereits aus, eine kleinere Zahl sozialer Schutzfaktoren in Anspruch zu nehmen, um eine „positive" gesundheitliche Anpassung im Alter zu erzielen. Ein additiver gesundheitlicher Effekt mehrerer Schutzfaktoren würde sich folglich für die Angehörigen der unteren Mittelschicht in aller Regel ausschließen, da in dieser Gruppe zugleich eine recht geringe Zahl bzw. ein vergleichsweise schwächer ausgeprägter Grad sozioökonomisch bedingter gesundheitlicher Risikofaktoren vorliegt.

9.5.3 *Zusammenfassung der Befunde zu den Resilienzkonstellationen*

Bilanziert man die in den vorigen Abschnitten präsentierten Befunde zu den Resilienzkonstellationen, so kristallisieren sich die folgenden Gesichtspunkte heraus:

- Hinsichtlich des mentalen gesundheitlichen Wohlbefindens älterer Frauen identifiziert die Analyse eine größere Zahl protektiver Faktoren, da bei ihnen – anders als im Bereich des physischen Wohlbefindens der Männer – Merkmalen des individuell verfügbaren Sozialkapitals, zusätzlich zu den „gesundheitsbewussten" Gesundheitslebensstilen und einer „hohen" Lebenszufriedenheit, eine resilienzfördernde Funktion zukommt. Aus diesem Grunde unterscheiden sich die Resilienzkonstellationen der Frauen sowohl in quantitativer als auch in qualitativer bzw. struktureller Hinsicht deutlich von denen der Männer.
- In den Resilienzkonstellationen der Männer aus Haushalten der Unterschicht ist der Gesundheitslebensstil der „Optimistischen Genießer" relativ unabhängig von der subjektiven Zufriedenheit mit Aspekten der materiellen Lage vorherrschend. Im Gegensatz dazu sind bei den Männern der unteren Mittelschicht eher „gesundheitsbewusste" Lebensstile, wie etwa der „aktive-gesundheitsbewusste" oder der „aktive-risikofreudige" Typus, zu gleichen oder gar höheren Anteilen vertreten wie der Typus der „Optimistischen Genießer". Auffallender als diese keineswegs eindeutigen Befunde ist jedoch das unabhängig von der Sozialschicht bereits in Abschnitt 9.3.5 beobachtete Ergebnis, dass der Gesundheitslebensstil der „Besorgten-Inaktiven", der typischerweise den höchsten Anteil gesundheitsschädigender Verhaltensroutinen und Mentalitäten umfasst, als Risikofaktor gesundheitlicher Resilienz auch im Rahmen komplexer Resilienzkonstellationen identifiziert werden konnte. Bei den Männern beider Statusgruppen erhöht daher insgesamt eher die Vermeidung eines besonders gesundheitsschädigenden Lebensstils im Sinne einer *Risikoprävention* die Chance auf gesundheitliche Resilienz, als Praktiken, die einer gezielten Gesundheitsförderung dienen. Im Gegensatz dazu üben im Hinblick auf die mentale Gesundheit der Frauen beider Sozialschichten die eher „gesundheitsbewussten" Lebensstile einen deutlich positiven Einfluss auf die Chance gesundheitlicher Widerstandsfähigkeit vor allem dann aus, wenn sie in Verbindung mit weiteren protektiven Faktoren, allen voran einer „hohen" Zufriedenheit mit der materiellen Lage im Rentenalter, praktiziert werden. Offenbar spielen im Bereich der mentalen gesundheitlichen Lebensqualität der weiblichen Befragten Aspekte der *aktiven Gesundheitsförderung* eine stärkere Rolle beim

Prozess gesundheitlicher Resilienz. Diese Differenzen nach Geschlecht und somatischem bzw. psychischem Bereich gesundheitlichen Wohlbefindens älterer Menschen haben einen unmittelbaren praktischen Bezug, da sie für die grundlegende Ausrichtung konkreter Gesundheitsprogramme zur Förderung gesundheitlicher Widerstandsfähigkeit in diesen Altersgruppen eine wesentliche Rolle spielen.

- Die in Abschnitt 7.1 postulierten, synergistischen gesundheitlichen Effekte von Resilienzkonstellationen kann die Untersuchung für beide Geschlechter lediglich für Angehörige der sozialen Unterschicht nachweisen (vgl. Tabelle 19). Eine Erklärung für diesen Befund könnte darin liegen, dass es für den erfolgreichen Prozess *„robuster Resilienz"* in der Unterschicht, der sich typischerweise vor dem Hintergrund einer Kumulation mehrerer gesundheitlicher Risikofaktoren vollzieht, ebenso einer Vielzahl sich wechselseitig verstärkender, protektiver Faktoren bedarf, um eine positive gesundheitliche Anpassung herzustellen. Diese Argumentation entspricht den theoretischen Überlegungen aus Abschnitt 3.2, nach denen eine „positive" Anpassung im Sinne des Resilienzkonzeptes nur dann möglich ist, wenn zwischen Risiko- und Schutzfaktoren ein ausbalanciertes Verhältnis besteht. Ganz simultan ist im Falle der *„favorablen Resilienz"*, die für Haushalte der unteren Mittelschicht typisch ist, eine vergleichsweise geringere Zahl protektiver Faktoren ausreichend, um jene Balance zu gewährleisten, während gleichzeitig eine Vielzahl von Schutzfaktoren in dieser Statusgruppe nicht notwendigerweise mit einer positiveren gesundheitlichen Anpassung verknüpft sein muss.
- Bei einer Reihe von Resilienzkonstellationen konnten zusätzlich direkte gesundheitliche Effekte in den Gruppen resilienter Männer und Frauen beobachtet werden. Diese Konstellationen eignen sich daher in besonderem Maße als Ankerpunkte gesundheitlicher Interventionen, da sie gewissermaßen ein „Optimum" gesundheitlicher Lebensqualität in der SOEP-Studienkohorte hervorbringen (vgl. Tabelle 18). Sie bieten sich daher als *primäre Ansätze* zur Förderung gesundheitlicher Resilienz an, während die übrigen Resilienzkonstellationen als nachgeordnete bzw. sekundäre Zugänge angesehen werden können. Es handelt sich bei diesen *primären Resilienzkonstellationen* – bei den Männern als auch bei den Frauen – typischerweise um Konstellationen mit einem „aktiven-gesundheitsbewussten" oder einem „aktiven-risikofreudigen" Lebensstil in Kombination mit einer überdurchschnittlich hohen Lebenszufriedenheit und – bei den Frauen – einer hohen Ausstattung in mindestens einer Dimension des persönlichen Beziehungskapitals. Es ist daher mit einiger Wahrscheinlichkeit anzunehmen, dass im Rahmen dieser speziellen Kategorie von Resilienzkonstellationen gerade solche Praktiken, die der *aktiven Förderung gesundheitlicher Res-*

sourcen dienen (bspw. regelmäßige sportliche Betätigung, gesundheitsbewusste Ernährung, Optimismus in Bezug auf die eigene Gesundheit und Lebenszufriedenheit sowie die Pflege biografisch gewachsener, individueller Beziehungsnetzwerke) im Alltag der resilienten Menschen einen größeren Stellenwert einnehmen als eher passive Maßnahmen der bloßen Vermeidung gesundheitlicher Risiken.

10 Schlussbetrachtung

10.1 Resümee der Untersuchung und Ausblick

Die vorliegende Arbeit knüpft an die Ergebnisse und die offenen Flanken der aktuellen Forschungen zum Phänomen sozial bedingter Ungleichheiten der Morbidität im Rentenalter an. Die wenigen zu diesem Forschungsgegenstand in Deutschland durchgeführten Studien weisen darauf hin, dass die Chancen auf ein gesundes Altern in aller Regel einem ähnlichen sozioökonomischen Gradienten folgen, der bereits in einer Vielzahl empirischer Studien für frühere Lebensphasen des Erwachsenenalters nachgewiesen wurde. Es gilt offenbar auch für das Rentenalter: Je höher die während des erwerbsfähigen Alters erreichte Stellung im gesellschaftlichen Schichtungsgefüge, umso höher ist die subjektive, funktionale, physische oder mentale Gesundheit (vgl. Abschnitte 2.1.2 und 2.2).

Da sozial bedingte gesundheitliche Ungleichheiten den grundlegenden Gleichheitsvorstellungen moderner Gesellschaften, wie bspw. dem Ideal einer gleichen Gesundheitsversorgung aller Bürger, zuwiderlaufen, werden sie gemeinhin als soziales Problem gesehen, das es zu beseitigen oder zumindest zu reduzieren gilt. Allerdings ist die überwiegend beschreibend ausgerichtete „Health Inequalites"-Forschung in Deutschland von dem Ziel, wissenschaftlich fundierte Ansätze aufzuzeigen, die in der Praxis zu einer nachhaltigen Verringerung gesundheitlicher Ungleichheiten genutzt werden könnten, gegenwärtig noch weit entfernt. Augenfälligstes Symptom dieser deskriptiven Grundausrichtung der gegenwärtigen empirischen Forschung ist die zumeist atheoretische, „variablensoziologische" Verwendung von Schichtungsmodellen bzw. einzelner, hiermit assoziierter Merkmale „vertikaler" sozialer Ungleichheit, wie bspw. dem Bildungs- oder Einkommensniveau. Obschon diese Indikatoren offenbar auch in der Bevölkerung im Rentenalter wesentliche gesundheitliche Determinanten beschreiben, haben sie jedoch lediglich eine Orientierungsfunktion und tragen ohne ergänzende Theorien oder konzeptionelle Bezugsrahmen kaum zur Erklärung des Ungleichheitsgeschehens oder zur Entwicklung geeigneter Interventionen bei (vgl. Abschnitt 2.3). Ausgangspunkt der vorliegenden Untersuchung war daher, die eingeschränkte Perspektive der in der „Health Inequalities"-Forschung vorherrschenden Schichtungsmodelle konzeptionell zu erweitern, ohne auf deren Stärken bei der Beschreibung gesundheitlicher Ungleichheiten zu verzichten. Die

Arbeit vertritt insbesondere den Anspruch, durch empirische Evidenzen gestützte, bevölkerungsbezogene Ansätze zu identifizieren, die geeignet erscheinen, diese sozialen Ungleichheiten der Gesundheitschancen im hohen Lebensalter zu reduzieren (vgl. Abschnitt 1.1).

Die Bedeutung dieses Forschungsproblems geht freilich weit über den engen Kreis der fachakademischen Diskussion hinaus. Vor allem Aspekte des demografischen Wandels und – damit eng zusammenhängend – sozial- und gesundheitspolitische und nicht zuletzt gesundheitsökonomische Gesichtspunkte sorgen für eine steigende Relevanz dieser im normativen Sinne „ärgerlichen" sozialen Tatsache. So wird das gesundheitliche Panorama aller entwickelten Gesellschaften zunehmend durch einen kontinuierlichen Anstieg des Bevölkerungsanteils von Altersgruppen der über 65jährigen, insbesondere der Hochaltrigen geprägt, mit dem – ceteris paribus – auch ein Zunahme chronischer, altersassoziierter Krankheiten einhergeht. Diese Trends verschärfen den gesellschaftlichen und politischen Stellenwert des sozialen Problems gesundheitlicher Ungleichheiten alter Menschen langfristig allein schon dadurch, da im Zuge demografischer Alterung ein immer größerer Bevölkerungskreis hiervon betroffen sein wird. Zudem ist als Folge dieses demografischen und epidemiologischen Wandels zu erwarten, dass die gesellschaftliche Ungleichverteilung einer „guten" Gesundheit in der deutschen Bevölkerung insgesamt selbst dann zunehmen wird, wenn sich relative soziale Ungleichheiten der Morbidität im Rentenalter nivellieren. Praktikable Wege zur Reduzierung dieser Ungleichheiten aufzuzeigen, ist daher nicht nur gegenwärtig eine wichtige Aufgabe zur Förderung der öffentlichen Gesundheit; sie stellt sich in mittel- und langfristiger Perspektive mit besonderem Nachdruck angesichts der zukünftigen Herausforderungen demografischer Alterung (vgl. Abschnitte 1.2.1 und 1.2.2).

Zur Lösung dieses Problems erweiterte die vorliegende Arbeit die „vertikale" Perspektive der aktuellen „Health Inequalities"-Forschung, die sich typischerweise auf die Verteilung gesundheitlicher Risiken zwischen den Sozialschichten konzentrierte, um einen „horizontalen" Blickwinkel. In dieser erweiterten Perspektive stand die Frage nach sozialstrukturell verankerten, gesundheitlichen Schutzfaktoren im Vordergrund, die es einem gewissen Anteil von Menschen aus benachteiligten Statusgruppen aller sozioökonomischen Risiken zum Trotz ermöglichten, eine positive gesundheitliche Anpassung im Altersgang zu realisieren. Diese Überlegungen basieren zum Teil auf den Ergebnissen eigener Auswertungen des Alters-Surveys 2002. Anhand dieser Daten konnte zwar ein Schichtgradient ungleicher Gesundheitschancen in subjektiver, psychischer, funktionaler und physischer Hinsicht bei den über 64jährigen Männern und Frauen beobachtet werden. Dennoch alterten zwischen ca. 30% und 45% der Personen aus der untersten Sozialschicht in einem relativ guten gesundheitlichen

Zustand, wenngleich diese Quoten auch deutlich hinter denen der höheren Statusgruppen zurückblieben (vgl. Abschnitt 3). Es wurde folglich vermutet, dass sich solche Gruppen gesundheitlich widerstandsfähiger bzw. resilienter alter Menschen aus unteren Sozialschichten durch bestimmte Konstellationen protektiver Merkmale (sogenannte „Resilienzkonstellationen“) von den gesundheitlich typischerweise vulnerablen Alten, die gleichartigen sozioökonomischen Lebensbedingungen ausgesetzt waren, unterscheiden (vgl. Abschnitt 3). Ziel der Untersuchung war es, durch das bessere Verständnis dieser Resilienzprozesse und deren gesellschaftlicher Determinanten Wege aufzuzeigen, wie gesundheitliche Ungleichheiten der Morbidität im hohen Lebensalter verringert werden können.

Die in Abschnitt 6 formulierten Anforderungen an sozialstrukturelle Determinanten gesundheitlicher Resilienzprozesse alter Menschen erfüllten das Konzept der Gesundheitslebensstile und das individuell und kollektiv verfügbare soziale Kapital. Diese beiden Klassen protektiver Faktoren fungierten als „horizontale“ Ergänzung des gesundheitlichen Risiko-Indikators „untere soziale Schichtzugehörigkeit“. Sie bildeten zudem die konzeptionellen Elemente zur Beschreibung mehrdimensionaler Resilienzkonstellationen, welche die eigentlichen Ansatzpunkte von Interventionen zur Förderung gesundheitlicher Widerstandsfähigkeit alter Menschen darstellen. Die theoretisch-konzeptionellen Überlegungen zu sozialen Risiko- und Schutzfaktoren und deren komplexes Zusammenwirken bündelte das „Modell der intrastratumiären gesundheitlichen Resilienz“ (vgl. Abschnitt 7.2) sowie eine Reihe von Hypothesen (vgl. Abschnitt 7.1), welche als Leitlinien der empirischen Untersuchungen dienten.

Datengrundlage der statistischen Sekundäranalysen bildete das Sozio-ökonomische Panel (SOEP), das sich aufgrund einer Reihe von Merkmalen im Vergleich zu anderen Längsschnittstudien mit Alters- und Gesundheitsbezug für die Untersuchung der Forschungsfrage besonders eignet (vgl. Abschnitt 8 sowie Anhang 11.2). Es wurden die Jahre 2002, 2004, 2006 und 2008 als primärer Untersuchungszeitraum ausgewählt, da die entsprechenden SOEP-Wellen Angaben zur gesundheitlichen Lebensqualität mit Hilfe des standardisierten, mehrdimensionalen Instruments des SF12v2 erhoben. Die SOEP-Kohorte der im Jahre 2002 über 64jährigen Männer und Frauen, für die bis 2008 vollständige Angaben in diesem Bereich vorlagen, umfasste insgesamt 2.075 Menschen (vgl. Abschnitt 8.2).

Die empirischen Befunde zum Zusammenhang zwischen der sozialen Schichtzugehörigkeit und der physischen bzw. mentalen Dimension der gesundheitlichen Lebensqualität bei den über 64jährigen stützten wie erwartet die in Hypothese 1a formulierten Annahmen (vgl. Abschnitt 7.1). Vor allem die Zugehörigkeit zu Haushalten der unteren Mittelschicht und der Unterschicht stellten gesundheitliche Risiko-Indikatoren im Sinne des Resilienz-Konzeptes dar. Diese

Zusammenhänge variierten jedoch in Abhängigkeit der Geschlechtszugehörigkeit und der jeweiligen Dimension der gesundheitlichen Lebensqualität: Bei den Männern zeigte sich ein stetiger Schichtgradient nur für die physische, bei den Frauen nur für die mentale Dimension des gesundheitlichen Wohlbefindens. Zudem waren die gesundheitlichen Risiken einer unteren Sozialschicht-Zugehörigkeit bei den weiblichen Befragten in Bezug auf das mentale Wohlbefinden weitaus schwächer ausgeprägt als dies bei der physischen Gesundheit der Männer der Fall war. Die in Hypothese 1b getroffen Annahmen über ein graduelles Verblassen gesundheitlicher Ungleichheiten im Altersgang im Sinne der Destrukturierungs- bzw. Nivellierungsthese (vgl. Abschnitte 2.1.1 und 7.1) konnten nicht bestätigt werden. Vielmehr blieben die mit der sozialen Schichtzugehörigkeit verknüpften Ungleichheiten der gesundheitlichen Lebensqualität über die gesamte „Lebensphase Alter" hinweg relativ konstant (vgl. Abschnitt 9.1). Demnach entsprachen die Ergebnisse vielmehr den Annahmen der Kontinuitätsthese (vgl. Abschnitt 2.1.1).

Als gesundheitlich resilient wurden Männer und Frauen aus den beiden unteren Sozialschichten, also der Unterschicht und der unteren Mittelschicht definiert, die über den gesamten Beobachtungszeitraum eine überdurchschnittlich hohe gesundheitliche Lebensqualität berichteten. Da sich der Grad gesundheitlicher Risiken typischerweise nach der Sozialschicht-Zugehörigkeit unterschied, wurden zwei Typen gesundheitlicher Resilienz unterschieden: die sogenannte „robuste Resilienz" von Angehörigen der Unterschicht und der Typus der „favorablen Resilienz", der für die vergleichsweise geringer ausgeprägten gesundheitlichen Risiken in der unteren Mittelschicht charakteristisch war. Im Untersuchungszeitraum waren etwas mehr als 20% der Männer und etwa 10% bzw. 17% der Frauen aus den beiden untersten Statusgruppen gesundheitlich resilient (vgl. Abschnitt 9.2.1).

Nach den in Hypothese 1a formulierten Annahmen, sollten schichtspezifische Risiko-Mechanismen, wie gesundheitsrelevante materielle und psychosoziale Belastungen, sowohl für gesundheitlich resiliente wie auch vulnerable alte Menschen in ähnlicher Weise vorliegen (vgl. Abschnitt 7.1 sowie Anhang 11.1). Diese Annahmen, welche die Vergleichbarkeit der beiden Gruppen als Voraussetzung für die anschließende Untersuchung der sozialen Schutzfaktoren gewährleisten sollte, überprüften die Analysen in Abschnitt 9.2.2. Die Befunde weisen darauf hin, dass sich die betrachteten Risiko-Mechanismen zwischen diesen beiden in gesundheitlicher Hinsicht konträren Gruppen kaum unterscheiden. Die strukturell-materiellen Merkmale, die einen zeitlichen Index des Verbleibs in relativer Einkommens-Armut, den zur Verfügung stehenden Wohnraum als Indikator der Wohnungsdichte, Aspekte der Wohnungsausstattung sowie Merkmale der Infrastruktur und verschiedene Formen subjektiver Belastungen durch das nähere Wohnumfeld umfassten, konnten als Bestimmungsfaktoren gesundheitlicher Resilienz der über 64jährigen – mit Ausnahme der Wohnungsdichte – ausgeschlossen werden. Demgegenüber hatten psychosoziale Merkmale, die in Form eines Index der kumulierten Lebenszufriedenheit der Befragten in ökonomischen und strukturellen Bereichen gemessen wurden, einen direkten gesundheitlichen Einfluss. Sie variierten zudem zwischen gesundheitlich resilienten und vulnerablen Menschen, wobei eine überdurchschnittlich hohe Zufriedenheit in diesen Bereichen die Chance gesundheitlicher Widerstandsfähigkeit erhöhte. Aus diesem Grunde berücksichtigten auch die weiteren Untersuchungsschritte diese beiden Determinanten als soziale Schutzfaktoren und als Elemente komplexer Resilienzkonstellationen (vgl. Abschnitt 9.2.2).

Die Abschnitte 9.3 und 9.4 untersuchten, gemäß den theoretischen Überlegungen des Abschnitts 6, jeweils die protektive Wirkung bestimmter Gesundheitslebensstile und der Ausstattung mit sozialem Kapital sowohl als individueller wie auch als kollektiver Ressource. Ein clusteranalytisches Verfahren (vgl. Abschnitt 8.4.2) förderte hierbei vier Gesundheitslebensstile zu Tage, die sich u.a. durch das interne Verhältnis mutmaßlich gesundheitsförderlicher zu gesundheitsschädigenden Verhaltensweisen und Mentalitäten voneinander unterschieden, so dass jeder Lebensstil-Gruppe ein hierarchischer „Gesundheitsrang“ zugeordnet werden konnte. Die Lebensstil-Gruppe der „Aktiven-Gesundheitsbewussten“ wies dabei den höchsten Anteil gesundheitsförderlicher Komponenten auf, gefolgt von den „Aktiven-Risikofreudigen“. Gesundheitslebensstile mit einem höheren Anteil gesundheitlich riskanter Praktiken und Einstellungen waren die „Optimistischen Genießer“ und – auf dem letzten Gesundheitsrang – die Gruppe der „Besorgten-Inaktiven“ (vgl. Abschnitte 9.3.1ff.).

Im Gegensatz zu dem in Hypothese 2 postulierten, positiven Zusammenhang zwischen dem Gesundheitsrang eines bestimmten Gesundheitslebensstils und der Chance gesundheitlicher Widerstandsfähigkeit zeigte sich vor allem bei den männlichen Befragten der SOEP-Kohorte vielmehr ein qualitativer Unterschied zwischen den „Besorgten-Inaktiven“ mit dem niedrigsten Gesundheitsrang und den übrigen Gesundheitslebensstilen. Erstere wiesen unabhängig von der sozialen Schichtzugehörigkeit den weitaus geringsten Anteil gesundheitlich resilienter Männer auf, während sich bei den übrigen Gruppen insgesamt kein konsistenter Trend im Sinne von Hypothese 2 zeigte. Offenbar erhöhte generell weniger die Praxis eines betont „gesundheitsbewussten“ Lebensstils die Chance auf gesundheitliche Resilienz, sondern vielmehr das Vermeiden eines gesundheitlich allzu riskanten Stils, wie er im Typus der „Besorgten-Inaktiven“ zum Ausdruck kam. Bei den Frauen wirkte ein „aktiv-gesundheitsbewusster“ Lebensstil in beiden Sozialschichten zusätzlich als begünstigender Faktor gesundheitlicher Resilienz. Im Gegensatz zum somatischen Bereich gesundheitlichen Wohlbefindens älterer den Männern erhöhte somit die Praxis eines ausdrücklich „gesundheitsbewussten“ Lebensstils die Chance gesundheitlicher Widerstandsfähigkeit in mentaler Hinsicht bei den weiblichen Befragten. Im Allgemeinen waren die protektiven gesundheitlichen Einflüsse der Gesundheitslebensstile bei den Männern in Bezug auf deren physisches Wohlbefinden stärker ausgeprägt als für die mentale Gesundheit der Frauen (vgl. Abschnitte 9.3.5 und 9.3.6).

Ebenso wie manche Gesundheitslebensstile kamen auch bestimmte Dimensionen des sozialen Kapitals als protektive Faktoren gesundheitlicher Resilienz alter Menschen in Frage. Ihre Erklärungskraft war indes im Allgemeinen geringer als diejenige des Gesundheitslebensstil-Konzeptes. Einen additiven Effekt des verfügbaren Beziehungskapitals im Sinne von Hypothese 3a bestätigten die Befunde des Abschnitts 9.4.1 nicht. Im Gegensatz dazu stimmten jedoch die in Hypothese 3b getroffen Annahmen tendenziell mit den Befunden überein, die durch den Vergleich des Systemkapitals des jeweiligen Wohnquartiers zwischen gesundheitlich resilienten und vulnerablen Personen gewonnen wurden: Alte Menschen, deren nachbarschaftliches Wohnumfeld durch ein hohes Maß an Systemkapital geprägt war, hatten eine deutlich höhere Chance, gesundheitlich widerstandsfähig zu sein, als Personen, deren Nachbarschaft nur einen geringen Grad an Systemkapital aufwies (vgl. Abschnitt 9.4.2).

Bei den Frauen zeigte eine reichhaltige Sozialkapital-Ausstattung sowohl auf individueller wie auch auf kollektiver Ebene eine größere Determinationskraft gesundheitlicher Widerstandsfähigkeit als bei den Männern, wobei vor allem ein weitläufiges Freundes- und Verwandtschaftsnetzwerk einen relativ starken protektiven Einfluss auf das mentale gesundheitliche Wohlbefinden ausübte. Insgesamt hatte eine überdurchschnittlich hohe Ausstattung mit sozialem Kapital im Hinblick auf die physische Gesundheit der männlichen Befragten nur einen geringen Einfluss auf gesundheitliche Resilienzprozesse. Zum Teil waren diese deutlichen Unterschiede vermutlich auf die jeweilige Altersstruktur dieser beiden Gruppen zurückzuführen. Bei den Männern dominierten die „Junge Alten“ (65 bis 79 Jahre), während die Hochaltrigen (80 Jahre und älter) unter den Frauen einen weitaus größeren Anteil ausmachten. Es erscheint daher plausibel, dass bei ersteren den eher „aktiv“ und selbstständig praktizierten Gesundheitslebensstilen eine größere protektive Funktion für das somatische Wohlbefinden zukam als den mehr „passiven“ bzw. empfangenden Schutzfaktoren, wie bspw. der Inanspruchnahme unterschiedlicher sozialer Unterstützungsleistungen aus dem Freundes- und Verwandtschaftsnetzwerk, die vor allem bei den funktional stärker eingeschränkten, hochaltrigen Menschen an Bedeutung gewinnen. Zudem bieten sich unterschiedliche ätiologische Pfade und Wirkungsmechanismen einzelner protektiver Faktoren im somatischen bzw. psychischen Bereich gesundheitlicher Lebensqualität als Erklärung an (vgl. Abschnitt 9.4.3).

Die separate Untersuchung dieser beiden Schutzfaktoren in den Abschnitten 9.3 und 9.4 zeigte, dass sie lediglich in Lage waren, Teilaspekte gesundheitlicher Resilienzprozesse im hohen Lebensalter zu erfassen. Offenbar handelt es sich bei gesundheitlicher Resilienz um einen vielschichtigen, komplexen Prozess, der nur in der Zusammenschau mehrerer Risiko- und Schutzfaktoren verständlich wird. Entsprechend den theoretischen Überlegungen des Abschnitts 7 und aufbauend auf den bisherigen empirischen Befunden setzte der folgende Untersuchungsschritt eine Analyse charakteristischer Muster von Resilienzkonstellationen in der SOEP-Kohorte um (vgl. Abschnitt 9.5). Dabei unterschieden sich die für den mentalen Bereich gesundheitlicher Lebensqualität älterer Frauen charakteristischen, in Übereinstimmung mit Hypothese 4 (vgl. Abschnitt 7.1) identifizierten Resilienzkonstellationen, sowohl in quantitativer als auch in qualitativ-struktureller Hinsicht von denen des physischen Wohlbefindens der Männer, da bei ersteren eine größere Zahl von Schutzfaktoren relevant war (vgl. Abschnitt 9.5.1).

Synergistische gesundheitliche Effekte, die nach den in Abschnitt 7.1 getroffenen theoretischen Annahmen mit der Anzahl protektiver Faktoren innerhalb einer bestimmten Resilienzkonstellation korrespondierten, konnten bei Männern und Frauen allein für die Angehörigen der Unterschicht, also für den Prozess „robuster Resilienz" beobachtet werden. Da die Angehörigen dieser Statusgruppe im Allgemeinen einer Kumulation mehrerer sozioökonomisch bedingter, gesundheitlicher Risikofaktoren ausgesetzt waren, bedurfte es in diesem Falle möglicherweise einer Vielzahl sich wechselseitig verstärkender, simultan wirksamer Schutzfaktoren, um gesundheitliche Widerstandsfähigkeit im Altersgang relativ dauerhaft zu gewährleisten. Im Gegensatz dazu war vermutlich für Angehörige der unteren Mittelschicht eine geringere Zahl protektiver Faktoren bereits ausreichend, um eine resilienzfördernde Balance zwischen gesundheitlichen Risiko- und Schutzfaktoren herzustellen, so dass die Untersuchung keinen synergistischen Effekt mehrerer Schutzfaktoren in dieser Statusgruppe zeigte (vgl. Abschnitt 9.5.2).

Bestimmte Resilienzkonstellationen kamen in der Gruppe gesundheitlich widerstandsfähiger alter Menschen im untersuchten Zeitraum nicht nur auffallend häufiger vor als bei den vulnerablen Personen (vgl. Abschnitt 9.5.1), sondern zeigten bei Ersteren auch zusätzliche, gesundheitsfördernde Einflüsse. Bei diesen sogenannten „primären Resilienzkonstellationen" handelte es sich im Allgemeinen um Kombinationen eines „aktiven-gesundheitsbewussten" oder eines „aktiven-risikofreudigen" Gesundheitslebensstils mit einer überdurchschnittlich hohen Lebenszufriedenheit in Bezug auf die materielle Lage und – hinsichtlich des mentalen gesundheitlichen Wohlbefindens der Frauen – eines weitläufigen Freundes- oder Verwandtennetzwerkes. Diese primären Resilienzkonstellationen bieten sich aufgrund ihrer herausragenden gesundheitsförderlichen Eigenschaften in besonderem Maße als Ausgangspunkte konkreter Maßnahmen zur Förderung gesundheitlicher Resilienz an. Sie sollten daher bei der Planung und Durchführung solcher Interventionen als primäre Ansätze genutzt werden, während die übrigen, „sekundären“ Resilienzkonstellationen oder gar nur einzelne protektive Faktoren als nachgeordnete Zugänge aufgefasst werden können (vgl. Abschnitt 9.5.3).

Neben den theoretisch-konzeptionellen und methodischen Stärken der Untersuchung, welche die vorausgegangenen Abschnitten mehrfach deutlich machten (vgl. Abschnitte 8.1 und 11.2), können freilich auch einige Aspekte angeführt werden, welche die Aussagekraft der Ergebnisse des empirischen Teils der Untersuchung einschränken. Da gesundheitliche Resilienz als relativ langfristiger Prozess definiert wurde, der sich in der SOEP-Kohorte erst über den gesamten Untersuchungszeitraum hinweg manifestierte, und nicht etwa als singuläres, zeitpunktbezogenes Ereignis bzw. Zielzustand (vgl. Abschnitte 3.4 und 8.3.3), waren kausale Ursache-Wirkungs-Analysen mit Variablen, die ebenfalls in den Wellen 2002 bis 2008 erhoben wurden, nicht möglich. Diese Einschränkung betraf den überwiegenden Teil der Informationen zu den gesellschaftlichen Determinanten gesundheitlicher Widerstandsfähigkeit. Zudem waren die diachronen Angaben des SOEP zu gesundheitsrelevanten Verhaltensweisen und Einstellungen, die zur clusteranalytischen Generierung der Gesundheitslebensstil-Gruppen führten, durch unterschiedliche Vollständigkeit gekennzeichnet. Das gleiche galt prinzipiell auch für die Angaben, die zur Operationalisierung des Beziehungs- und Systemkapitals zur Verfügung standen (vgl. Abschnitte 8.3.4 und 8.3.5). Es war daher schon aufgrund des vorhandenen Datenmaterials nicht möglich, umfassende und valide Kausalaussagen zum Zusammenhang zwischen den protektiven Faktoren und dem Prozess gesundheitlicher Resilienz abzuleiten. Aus diesen Gründen haben die statistischen Analysen der sozialen Schutzfaktoren – obschon sie auf Längsschnittdaten basieren – lediglich beschreibenden Charakter.

Der auf mehreren Dimensionen basierende Indikator „gesundheitliche Lebensqualität“ spiegelt zwar durchaus vielfältige und bedeutsame Aspekte der Gesundheit alter Menschen wider (vgl. Abschnitt 4.3); er ist allerdings nicht in der Lage, das gesamte Spektrum gesundheitlicher Zustände in diesen Altersgruppen abzubilden. So gibt dieser Indikator bspw. keinen Aufschluss über manifeste Erkrankungen und liefert keine detaillierte Beschreibung gesundheitlich bedingter, funktionaler Einschränkungen bzw. des Grades der Hilfs- und Pflegebedürftigkeit im hohen Lebensalter. Um einen umfassenden Überblick des gesundheitlichen Ungleichheits- und Resilienzgeschehens zu gewinnen, ist es daher notwendig, weitere Indikatoren von Gesundheit und Krankheit als Ergänzung der gesundheitlichen Lebensqualität zu berücksichtigen. Das SOEP enthielt bislang jedoch keine entsprechenden gesundheitlichen Informationen, so dass hier auf andere Datenquellen zurückgegriffen werden müsste. Bestehende Panelstudien müssten allerdings ihrerseits u.a. die Angaben zu sozialen Determinanten gesundheitlicher Resilienz und die Umfänge der Panelstichproben teilweise erheblich erweitern, um zu solchen speziellen Fragen aussagekräftige Untersuchungen zuzulassen (vgl. Abschnitte 8.1 und 11.2).

Der – im Vergleich zu anderen Panelstudien mit Alters- und Gesundheitsbezug bereits recht hohe – Stichprobenumfang des SOEP ließ, sieht man von der Unterscheidung nach Geschlechts- und Schichtzugehörigkeit ab, nur recht generelle statistische Aussagen zur Gruppe der deutschen Wohnbevölkerung im Rentenalter zu. Analysen zu spezielleren Gruppen der Altenbevölkerung, wie sie die Fachliteratur angesichts der Pluralität und Heterogenität des Alters (vgl. Backes Clemens 2003, S. 19) zweifellos zutreffend fordert, waren nicht mit hinreichender statistischer Teststärke möglich. Es bleibt somit die Aufgabe zukünftiger, speziell konzipierter und fokussierter Kohortenstudien, auf die spezifischen Lebenslagen und Resilienzpotenziale bestimmter Gruppierungen innerhalb der Altenbevölkerung einzugehen, die eine besonders hohe gesundheitliche Vulnerabilität aufweisen. Das Ziel solcher Untersuchungen sollte sein, Hilfestellungen für „maßgeschneiderte" gesundheitliche Interventionen zur Förderung der gesundheitlichen Resilienz solcher Risikogruppierungen zu liefern.

Sind die hier präsentierten sozialen Determinanten gesundheitlicher Resilienz alter Menschen nun geeignet, sozial bedingte Ungleichheiten der Morbidität in diesen Altersgruppen zu reduzieren? Insgesamt bildeten alle der in der vorliegenden Untersuchung der SOEP-Kohorte berücksichtigten Schutzfaktoren nur rund ein Fünftel der Chance ab, zur Gruppe der gesundheitlich resilienten alten Menschen zu gehören (vgl. Tabelle 17). Daher kann die Erklärungskraft sowohl der theoretisch abgeleiteten (vgl. Abschnitt 6), als auch der durch empirische Analysen zusätzlich identifizierten sozialen Schutzfaktoren (vgl. Abschnitt 9.2.2) als recht gering veranschlagt werden. Gleichwohl war angesichts der theoretischen Überlegungen und der bisherigen empirischen Befunde zum Resilienz-Konzept (vgl. Abschnitte 3.1ff.), nicht zu erwarten, dass gesellschaftliche Determinanten als die bedeutsamsten oder gar die einzigen Einflussgrößen gesundheitlicher Resilienzprozesse alter Menschen in Frage kämen. Da es sich bei diesen Phänomenen um vielschichtige, mehrdimensionale Prozesse handelt, erscheint es nur plausibel, dass soziale Determinanten neben u.a. biologischen, psychischen und weiteren ökologischen Faktoren lediglich einen Ausschnitt des Kaleidoskops potenzieller Determinanten gesundheitlicher Widerstandsfähigkeit abbildeten.

Die identifizierten Schutzfaktoren erfassen daher zwar nur gewisse Teilaspekte des Phänomens und müssten in jedem Falle um weitere Determinanten aus unterschiedlichen Bereichen ergänzt werden. Sie sind nichtsdestotrotz zumindest als Bausteine zur graduellen Förderung gesundheitlicher Resilienzprozesse, die bei Kenntnis zusätzlicher Schutzfaktoren sukzessive ausgebaut werden könnten und somit als erste Schritte zur Reduktion des Schichtgradienten ungleicher gesundheitlicher Lebensqualität im hohen Lebensalter, durchaus geeignet. Dies gilt in besonderem Maße für die „primären" Resilienzkonstellationen (vgl. Abschnitte 9.5.2 und 9.5.3). Sollte es folglich in der Praxis gelingen, soziale Schutzfaktoren in der Gruppe gesundheitlich vulnerabler alter Menschen aus unteren Sozialschichten nach dem Vorbild dieser primären Resilienzkonstellationen zu stärken, wäre meines Erachtens ein sinnvoller Schritt zur Verminderung sozialer Ungleichheiten des gesundheitlichen Wohlbefindens im Rentenalter getan.

10.2 Leitlinien für Interventionen

Es war bereits an mehreren Stellen dieser Arbeit recht allgemein von „gesundheitsbezogenen Interventionen" zur Förderung gesundheitlicher Resilienz alter Menschen mit dem Ziel der Reduktion gesundheitlicher Ungleichheit im hohen Lebensalter die Rede. Dieser Abschnitt unterbreitet abschließend einige präzisierende Vorschläge, wie diese übergeordneten Ziele vor dem Hintergrund der präsentierten Befunde erreicht werden können. Dabei spielen sowohl präventive Ansätze, die sich an der Vermeidung pathogenetischer Dynamiken, bspw. in Folge eines übermäßigen Alkoholkonsums, orientieren, eine ebenso grundlegende Rolle, wie Ansätze der Gesundheitsförderung, die sich in salutogenetischer Perspektive auf die Stärkung gesundheitlicher Ressourcen und Entfaltungsmöglichkeiten stützen (vgl. Hurrelmann/Klotz/Haisch 2007, S. 11f.).[194] In der Literatur herrscht weitgehend Konsens, dass eine solche komplementäre Perspektive eine notwendige Voraussetzung für zielführende gesundheitliche Interventionen darstellt (vgl. Hurrelmann/Klotz/Haisch 2007, S. 14). Im vorliegenden Falle gilt dies auch unabhängig davon, ob diese Maßnahmen an einzelnen protektiven Faktoren orientiert sind (vgl. Abschnitte 9.3 und 9.4) oder an komplexen Resilienzkonstellationen (vgl. Abschnitt 9.5).

Nach den Ergebnissen der vorliegenden empirischen Untersuchungen folgt die Effektivität der einzelnen Schutzfaktoren und der identifizierten Resilienz-

[194] Dabei sollte berücksichtigt werden, dass die einschlägige Literatur die Begriffe „Krankheitsprävention" und „Gesundheitsförderung" keinesfalls einheitlich verwendet. So versteht Hurrelmann unter präventiven Ansätze solche Interventionen, die sich im Sinne einer „Verhaltensprävention" mehr oder weniger direkt auf das individuelle Gesundheitsverhalten konzentrieren (vgl. Hurrelmann 2006, S. 197) im Gegensatz zu Ansätzen der Gesundheitsförderung, die auf die Veränderung von „Gesundheitsverhältnissen" abzielen (vgl. Hurrelmann 2006, S. 153).

konstellationen zur Förderung gesundheitlicher Widerstandsfähigkeit im hohen Lebensalter einer recht klaren Hierarchie, die in Abbildung 18 dargestellt ist. An der Spitze stehen die sogenannten „primären" Resilienzkonstellationen, gefolgt von den „sekundären" Konstellationen (vgl. Abschnitte 9.5.2 und 9.5.3). Maßnahmen mit dem vergleichsweise geringsten Einfluss auf Prozesse gesundheitlicher Resilienz sind bei einer Ausrichtung auf isolierte, einzelne Schutzfaktoren zu vermuten, bei denen wiederum bestimmte Gesundheitslebensstile bzw. eine überdurchschnittlich hohe Lebenszufriedenheit mit Aspekten der materiellen Lage den vergleichsweise stärksten protektiven Einfluss ausüben (vgl. Abschnitte 9.3 und 9.5).

Abbildung 18: Hierarchie der Ansätze zur Förderung gesundheitlicher Resilienz alter Menschen

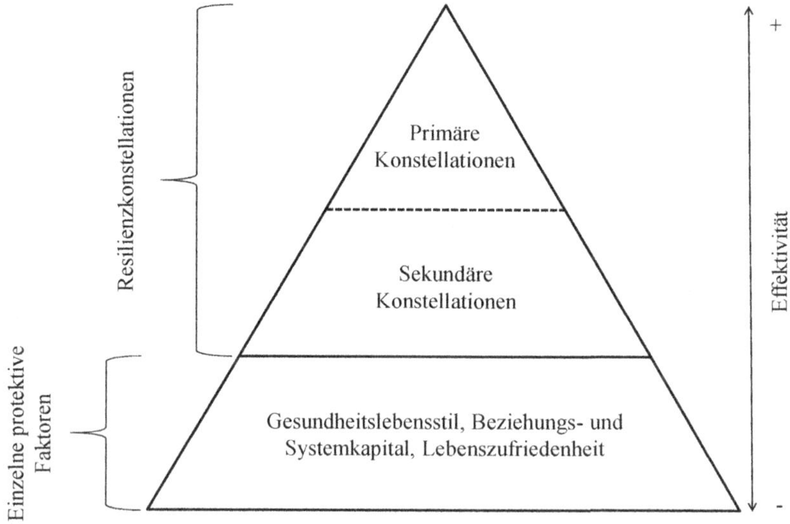

Quelle: Eigene Darstellung

Wie ist vor diesem Hintergrund die praktische Intervenierbarkeit dieser Konstellationen und deren Komponenten zu beurteilen? Generell ist zu bedenken, dass Resilienzkonstellationen zwar eine größere Effektivität bei der Förderung gesundheitlicher Widerstandsfähigkeit versprechen als einzelne, isolierte Schutzfaktoren; sie weisen jedoch auch eine höhere interne Komplexität auf, was in der Praxis zu Problemen führen kann, da gleichzeitig mehrere gesundheitsrelevante Ressourcen gestärkt werden sollen. Dies stellt besondere Ansprüche an die Organisation des Zusammenwirkens der unterschiedlichen, hieran beteiligten Akteure, die u.a. zivilgesellschaftliche und wohlfahrtsstaatliche Organisationen, das alltägliche soziale Umfeld der Betroffenen sowie die alten Menschen selbst umfassen. Darüber hinaus sind nicht alle Komponenten von Resilienzkonstellationen gleichermaßen durch das Eingreifen öffentlicher bzw. professioneller oder privater Akteure beeinflussbar. Besonders die Zufriedenheit mit materiellen und strukturellen Lebensbedingungen und die Anzahl enger Freunde und Verwandter stellen Schutzfaktoren dar, die durch öffentliche Gesundheitsinitiativen nur schlecht zu beeinflussen sind. Es handelt sich hierbei typischerweise um „gewachsene" bzw. biografisch geprägte Ressourcen, die im hohen Lebensalter selbst unter günstigen Bedingungen vermutlich nur teilweise intervenierbar oder – bei deren Fehlen – substituierbar sind.

Möglicherweise kann die gesundheitsförderliche Wirkung des Freundesnetzwerkes, das sich bei den alten Frauen aus unteren Statusgruppen als bedeutsamer Schutzfaktor erwiesen hatte (vgl. Abschnitte 9.4.1 und 9.5), bei sozial weitgehend isoliert lebenden Frauen im Rentenalter durch zivilgesellschaftliches Engagement und Solidarität zumindest partiell ersetzt werden. Für diese Aufgabe kommen allerdings professionelle Hilfs- und Pflegedienste, die zwar wichtige, aber nur temporäre und daher im Allgemeinen nur recht oberflächliche Beziehungen zu alten Menschen entwickeln können als mögliche Substituenten für solche intimen, durch besondere emotionale Gebundenheit und einem gemeinsamen, singulären Fundus durchlebter Erfahrungen geprägten sozialen Beziehungen, nicht in Frage. Vielmehr sind zivilgesellschaftliche Organisationen, allen voran örtliche Vereine aber auch nachbarschaftliche Netzwerke oder Selbsthilfegruppen, als „Reservoir" geeignet, aus dem sich auch im Alter freundschaftlich geprägte Vertrauensbeziehungen entwickeln können. Um diese Möglichkeiten auszuschöpfen, müssten sich Vereine allerdings in noch stärkerem Maße den demografischen Realitäten anpassen als dies aktuell der Fall ist, gerade auch durch spezielle Angebote für die wachsende und von sozialer Isolation besonders bedrohte Gruppe der Hochaltrigen, insbesondere aus unteren Sozialschichten.

Zudem könnten weitreichendere Optionen für ehrenamtliche Helfer geschaffen werden, die dauerhaft einen gewissen Teil ihrer „Sozialzeit" (vgl. Geißler 1994, S. 195f.)[195] mit einem oder mehreren alten Menschen aus dem näheren

[195] Geißler schlägt eine dreiteilige Zeitstruktur des Alltags mit Erwerbsarbeitszeit, individueller (Frei-)Zeit und Sozialzeit vor. Dabei umfasst Sozialzeit alle Arten zwischenmenschlicher Zuwendung, Begleitung oder Unterstützung, also bspw. Kindererziehung oder Hilfe- und Pflegeleistungen.

Wohnumfeld verbringen. Bei der Tätigkeit dieser „Gesundheitslotsen" würden weniger instrumentelle Hilfestellungen oder Pflegedienste im Vordergrund stehen, die professionelle medizinisch-geriatrische Kenntnisse voraussetzen. Vielmehr ginge es um emotionale und informationelle Unterstützung bei verschiedenen Problemen des täglichen Lebens und um die Vermittlung von sozialer Eingebundenheit und Nähe durch Gespräche, dem Teilen von Erinnerungen oder durch gemeinsame Aktivitäten, wie bspw. Einkäufe oder Spaziergänge.

Bei beiden Geschlechtern und in beiden Dimensionen gesundheitlicher Lebensqualität, insbesondere aber für das somatische Wohlbefinden der Männer, kommt bestimmten Gesundheitslebensstilen eine Schlüsselfunktion zur Förderung gesundheitlicher Resilienz zu. Innerhalb der primären Resilienzkonstellationen sind vor allem die „gesundheitsbewussten" Lebensstile der „Aktiven-Gesundheitsbewussten" und der „Aktiven-Risikofreudigen" zu fördern (vgl. Abschnitt 9.5.2 und 9.5.3). Liegt der Fokus auf den sekundären Konstellationen oder nur den einzelnen Gesundheitslebensstilen, so steht demgegenüber die Vermeidung eines Stils mit besonders vielen und stark ausgeprägten gesundheitsschädigenden Praktiken, wie er im Typ der „Besorgten-Inaktiven" zum Ausdruck kam, im Vordergrund. Hier geht es in der Perspektive der Risikoprävention folglich in erster Linie darum, eine Anhäufung gesundheitsschädlicher Faktoren zu vermeiden. Ein Schlüssel zur Implementierung eines stärker gesundheitsbewussten Lebensstils in die Alltagsabläufe sozioökonomisch benachteiligter alter Menschen könnte wiederum die Tätigkeit der ehrenamtlichen „Gesundheitslotsen" sein. Als Vertrauenspersonen könnten sie einen unmittelbareren Einfluss sowohl auf den jeweiligen Gesundheitslebensstil dieser Menschen im Ganzen als auch auf die in dessen Rahmen ausgeübten, einzelnen Verhaltensroutinen und Einstellungen nehmen, als dies bspw. den professionellen Vertretern des Gesundheitssystems möglich wäre.

Der Schlüssel zur Förderung nicht nur einzelner gesundheitlicher Schutzfaktoren, sondern auch komplexer Resilienzkonstellationen liegt daher meines Erachtens nicht etwa nur in einem weiteren Ausbau professioneller Dienste des Gesundheitswesens, sondern in der Bereitschaft der Menschen zum zivilgesellschaftlichen, ehrenamtlichen Engagement. Dabei spielen die sogenannten „Gesundheitslotsen" eine wesentliche Rolle nicht nur bei der Stärkung einzelner Schutzfaktoren im Rahmen ganzheitlicher Resilienzkonstellationen, sondern auch bei der Koordinierung der beteiligten Akteure. Für die speziell an der Förderung gesundheitlicher Resilienz alter Menschen aus unteren Sozialschichten interessierten „Gesundheitslotsen" wäre es wünschenswert, dass diese zur Vorbereitung etwa von den Krankenkassen angebotene Schulungen zur speziellen

---

Sie ist somit unmittelbarer Ausdruck persönlicher Solidarität mit den Mitmenschen (vgl. Geißler 1994, S. 196).

Weiterbildung durchliefen, die für die jeweils relevanten Schutzfaktoren sensibilisieren. Im Rahmen dieser Seminare könnten jene ehrenamtlichen Helfer u.a. Strategien kennenlernen, die gesundheitliche Ressourcen bei alten Menschen aus sozioökonomisch benachteiligten Statusgruppen gezielt stärken. Solche Helfer könnten sich prinzipiell aus allen Altersgruppen der erwachsenen Wohnbevölkerung rekrutieren. Es bietet sich jedoch an, sowohl im Hinblick auf das gemeinhin hohe Kontingent disponibler Zeit (vgl. Abschnitt 6.1.2) als auch aus Gründen des geringeren Altersabstandes, was eine größere Schnittmenge biografischer und aktueller alltagsweltlicher Erfahrungen begünstigt, die „Gesundheitslotsen" aus der Gruppe der „Jungen Alten" bzw. des ressourcenstarken „Dritten Alters" für diese wichtige gesellschaftliche Aufgabe zu gewinnen.

Literaturverzeichnis

Abel, Thomas 1991: Measuring Health Lifestyles in a Comparative Analysis: Theoretical Issues and Empirical Findings, in: Social Science and Medicine, Jg. 32, H. 8, S. 899-908

Abel, Thomas 1992: Konzept und Messung gesundheitsrelevanter Lebensstile, in: Prävention, Jg. 15, H. 4, S. 123-128

Abel, Thomas 1997: Gesundheitsverhaltensforschung und Public Health: Paradigmatische Anforderungen und ihre Umsetzung am Beispiel gesundheitsrelevanter Lebensstile, in: Weitkunat, Rolf/Haisch, Jochen/Kessler, Manfred (Hg.): Public Health und Gesundheitspsychologie. Konzepte, Methoden, Prävention, Versorgung, Politik, Bern: Huber, S. 56-61

Abel, Thomas 1999: Gesundheitsrelevante Lebensstile: Zur Verbindung von handlungs- und strukturtheoretischen Aspekten in der modernen Ungleichheitsforschung, in: Maeder, Christoph/Burton-Jeangros, Claudine/Haour-Knipe, Mary (Hg.): Gesundheit, Medizin und Gesellschaft. Beiträge zur Soziologie der Gesundheit, Zürich: Seismo, S. 43-61

Abel, Thomas/Buddeberg, Claus/Duetz, Margreet 2004: Gesundheitsrelevante Lebensstile, in: Buddeberg, Claus (Hg.): Psychosoziale Medizin, 3. Aufl., Berlin, Heidelberg, New York: Springer, S. 297-306

Abel, Thomas/Cockerham, William C. 1993: Lifestyle or Lebensführung? Critical Remarks on the Mistranslation of Weber's „Class, Status, Party", in: Sociological Quarterly, Jg. 34, H. 3, S. 551-556

Abel, Thomas/Rütten, Alfred 1994: Struktur und Dynamik moderner Lebensstile: Grundlagen für ein neues empirisches Konzept, in: Dangschat, Jens/Blasius, Jörg (Hg.): Lebensstile in den Städten. Konzepte und Methoden, Opladen: Leske + Budrich, S. 216-234

Abel, Thomas u.a. 1999: The Berne-Munich Lifestyle Panel. Background and Baseline Results from a Longitudinal Health Lifestyle Survey, in: Sozial- und Präventivmedizin, Jg. 44, H. 3, S. 91-106

Adamson, Joy A./Ebrahim, Shah/Hunt, Kate 2006: The Psychosocial Versus Material Hypothesis to Explain Observed Inequality in Disability Among Older Adults: Data from the West of Scotland Twenty-07 Study, in: Journal of Epidemiology and Community Health, Jg. 60, H. 11, S. 974-980

Addington-Hall, Julia/Kalra, Lalit 2001: Who Should Measure Quality of Life?, in: BMJ, Jg. 322, H. 7299, S. 1417-1420

Ahrens, W./Bellach, B.-M./Jöckel, K.-H. (Hg.) 1998: Messung soziodemographischer Merkmale in der Epidemiologie, Schriften des Robert Koch-Instituts (RKI) 1, München: MMV Medizin Verlag

Allison, P.J./Locker, D./Feine, J.S. 1997: Quality of Life: A Dynamic Construct, in: Social Science and Medicine, Jg. 45, H. 2, S. 221-230

Alwan, Nisreen u.a. 2007: Do Standard Measures of Deprivation Reflect Health Inequalities in Older People?, in: Journal of Public Health Policy, Jg. 28, H. 3, S. 356-362

Amaducci, Luigi u.a. 1998: Education and the Risk of Physical Disability and Mortality Among Men and Women Aged 65 to 84: the Italian Longitudinal study on Aging, in: The Journals of Gerontology, Biological Sciences and Medical Sciences, Series A, M484-M490

Anderson, Kathryn L./Burckhardt, Carol S. 1999: Conceptualization and Measurement of Quality of Life as an Outcome Variable for Health Care Intervention and Research, in: Journal of Advanced Nursing, Jg. 29, H. 2, S. 298-306

Andreß, Hans-Jürgen (Hg.) 1996: Fünf Jahre danach. Zur Entwicklung von Arbeitsmarkt und Sozialstruktur im vereinten Deutschland, Berlin, New York: de Gruyter

Arber, Sara/Ginn, Jay 1993: Gender and Inequalities in Health in Later Life, in: Social Science and Medicine, Jg. 36, H. 1, S. 33-46

Artazcoz, Lucia/Rueda, Silvia 2007: Social Inequalities in Health among the Elderly: A Challenge for Public Health Research, in: Journal of Epidemiology and Community Health, Jg. 61, H. 6, S. 466-467

Asthana, Sheena/Halliday, Joyce 2006: What Works in Tackling Health Inequalities? Pathways, Policies and Practice through the Lifecourse, Bristol: The Policy Press

Atkins, David/Clancy, Carolyn 2004: Multiple Risk Factor Interventions: Are We Up to the Challenge?, in: American Journal of Preventive Medicine, Jg. 27, Supplement/Sonderband 2, S. 102-103

Avlund, Kirsten/Damsgaard, Mogens Trab/Olser, Merete 2004: Social position and functional decline among non-disabled old men and women, in: European Journal of Public Health, Jg. 14, H. 2, S. 212-216

Babitsch, Birgit 2009. Die Kategorie Geschlecht: Implikationen für den Zusammenhang zwischen sozialer Ungleichheit und Gesundheit, in: Richter, Matthias/Hurrelmann, Klaus (Hg.): Gesundheitliche Ungleichheit. Grundlagen, Probleme, Perspektiven, 2. Aufl., Wiesbaden: VS Verlag für Sozialwissenschaften, S. 283-299

Babka von Gostomski, Christian/Hartmann, Josef 1997: Zur Problematik von Retrospektivbefragungen, in: Kopp, J. (Hg.): Methodische Probleme der Familienforschung. Zu den praktischen Schwierigkeiten bei der Durchführung einer empirischen Untersuchung, Frankfurt am Main, New York: Campus, S. 113-146

Bacher, Johann 1996: Clusteranalyse: anwendungsorientierte Einführung, 2. Aufl., München, Wien: Oldenbourg

Backes, Gertrud M. 1997: Lebenslage als soziologisches Konzept zur Sozialstrukturanalyse, in: Zeitschrift für Sozialreform, Jg. 43, H. 9, S, 704-727

Backes, Gertrud M./Clemens, Wolfgang (Hg.) 2000: Lebenslagen im Alter: Gesellschaftliche Bedingungen und Grenzen, Opladen: Leske + Budrich

Backes, Gertrud M./Clemens, Wolfgang 2003: Lebensphase Alter. Eine Einführung in die sozialwissenschaftliche Alternsforschung, 2. Aufl., Weinheim, München: Juventa

Backhaus Klaus u.a. 2003: Multivariate Analysemethoden. Eine anwendungsorientierte Einführung, 11. Aufl., Berlin, Heidelberg, New York: Springer

Badura, Bernhard 1981: Zur sozialepidemiologischen Bedeutung sozialer Bindung und Unterstützung, in: Badura, Bernhard (Hg.): Soziale Unterstützung und chronische Krankheit. Zum Stand sozialepidemiologischer Forschung, Frankfurt am Main: Suhrkamp, S. 13-39

Badura, Bernhard (Hg.) 1981: Soziale Unterstützung und chronische Krankheit. Zum Stand sozialepidemiologischer Forschung, Frankfurt am Main: Suhrkamp

Bajekal, Madhavi 2005: Healthy life expectancy by area deprivation: magnitude and trends in England, 1994-1999, in: Health Statistics Quarterly, Jg. 25, S. 18-27

Baltes, Paul B. u.a. 1996: Die Berliner Altersstudie (BASE): Überblick und Einführung, in: Mayer, Karl Ulrich/Baltes, Paul B. (Hg.): Die Berliner Altersstudie: Das höhere Alter in interdisziplinärer Perspektive, Ein Projekt der Berlin-Brandenburgischen Akademie der Wissenschaften, Band 3, Berlin: Akademie Verlag, S. 21-54

Bammann, Katrin/Helmert, Uwe 2000: Arbeitslosigkeit, soziale Ungleichheit und Gesundheit, in: Helmert, Uwe u.a. (Hg.): Müssen Arme früher sterben? Soziale Ungleichheit und Gesundheit in Deutschland, Weinheim, München: Juventa, S. 159-185

Barlösius, Eva 2004: Kämpfe um soziale Ungleichheit. Machttheoretische Perspektiven, Hagener Studientexte zur Soziologie, Wiesbaden: VS Verlag für Sozialwissenschaften

Bauer, Ullrich/Bittlingmayer, Uwe H./Richter, Matthias 2008: Determinanten und Mechanismen gesundheitlicher Ungleichheit. Die Herausforderung einer erklärenden Perspektive, in: Bauer, Ullrich/Bittlingmayer, Uwe H./Richter, Matthias (Hg.): Health Inequalities. Determinanten und Perspektiven gesundheitlicher Ungleichheit, Wiesbaden: VS Verlag für Sozialwissenschaften, S. 13-56

Bauer, Ullrich/Bittlingmayer, Uwe H./Richter, Matthias (Hg.) 2008: Health Inequalities. Determinanten und Perspektiven gesundheitlicher Ungleichheit, Wiesbaden: VS Verlag für Sozialwissenschaften

Beck, Ulrich 1986: Risikogesellschaft. Auf dem Weg in eine andere Moderne, Frankfurt am Main: Suhrkamp

Beck, Ulrich 2008: Risikogesellschaft und die Transnationalisierung sozialer Ungleichheit, in: Berger, Peter A./Weiß, Anja (Hg.): Transnationalisierung sozialer Ungleichheit, Reihe „Sozialstrukturanalyse", Wiesbaden: VS Verlag für Sozialwissenschaften, S. 19-40

Beckett, Megan 2000: Converging Health Inequalities in Later Life – an Artefact of Mortality Selection?, in: Journal of Health and Social Behavior, Jg. 41, H. 1, S. 106-119

Behrens, Johann 2009: Meso-soziologische Ansätze und die Bedeutung gesundheitlicher Unterschiede für die allgemeine Soziologie sozialer Ungleichheit, in: Richter, Matthias/Hurrelmann, Klaus (Hg.) 2006: Gesundheitliche Ungleichheit. Grundlagen, Probleme, Perspektiven, 2. Aufl., Wiesbaden: VS Verlag für Sozialwissenschaften, S. 55-76

Bengel, Jürgen/Strittmatter, Regine/Willmann, Hildegard 2001: Was erhält Menschen gesund? Antonovskys Modell der Salutogenese – Diskussionsstand und Stellenwert, Forschung und Praxis der Gesundheitsförderung, Band 6, Expertise im Auftrag der Bundeszentrale für gesundheitliche Aufklärung (BZgA), online unter (29.01.2010): http://www.gesundheitsmanagment.com/uploads/media/consulting_Salutogense_BZgA_www.gesundheitsmanagement.com_01.pdf

Ben-Shlomo, Yoav/Kuh, Diana 2002: A Life Course Approach to Chronic Disease Epidemiology: Conceptual Models, Empirical Challenges and Interdisciplinary Perspectives, in: International Journal of Epidemiology, Jg. 31, H. 2, S. 285-293

Berger, Peter A./Hradil, Stefan (Hg.) 1990: Lebenslagen, Lebensläufe, Lebensstile, Soziale Welt, Sonderband 7, Göttingen: Schwartz

Berger, Peter H./Schmidt, Volker H. 2004: Welche Gleichheit, welche Ungleichheit? Einleitung, in: Berger, Peter H./Schmidt, Volker H. (Hg.): Welche Gleichheit, welche Ungleichheit? Grundlagen der Ungleichheitsforschung, Reihe „Sozialstrukturanalyse", Band 20, Wiesbaden: VS Verlag für Sozialwissenschaften, S. 7-26

Berger, Peter H./Schmidt, Volker H. (Hg.) 2004: Welche Gleichheit, welche Ungleichheit? Grundlagen der Ungleichheitsforschung, Reihe „Sozialstrukturanalyse", Band 20, Wiesbaden: VS Verlag für Sozialwissenschaften

Berger, Peter A./Weiß, Anja (Hg.) 2008: Transnationalisierung sozialer Ungleichheit, Reihe „Sozialstrukturanalyse", Wiesbaden: VS Verlag für Sozialwissenschaften

Bergner, Marilyn 1989: Quality of Life, Health Status, and Clinical Research, in: Medical Care, Jg. 27, H. 3 (Supplement/Sonderband), S. S148-S156

Berkman, Lisa F./Glass, Thomas 2000: Social Integration, Social Networks, Social Support, and Health, in: Berkman, Lis F./Kawachi, Ichiro (Hg.): Social Epidemiology, Oxford: Oxford University Press, S. 137-173

Berkman, Lisa F./Kawachi, Ichiro (Hg.) 2000: Social Epidemiology, Oxford: Oxford University Press

Berrigan, David u.a. 2003: Patterns of Health Behavior in U.S. Adults, in: Preventive Medicine, Jg. 36, H. 5, S. 615-623

Bird, Cloe/Conrad, Peter/Fremont, Allen M. (Hg.) 2000: Handbook of Medical Sociology, 5. Aufl., Upper Saddle River, NJ: Prentice Hall

Bijak, Jakub u.a. 2007: Population and labour force projections for 27 European Countries, 2002-2052: impact of international migration on population ageing, in: European Journal of Population, Jg. 23, H. 1, S. 1-31

Black, Douglas u.a. 1992: Towards an Explanation of Health Inequalities, in: Townsend, Peter/Davidson, Nick (Hg.): Inequalities in Health. The Black Report. The Health Divide, London: Penguin Books, Chapter/Kapitel 6, S. 104-126

Blakely, Tony/Subramanian, S.V. 2006: Multilevel Studies, in: Oakes, Michael J./Kaufman, Jay S. (Hg.): Methods in Social Epidemiology, San Francisco: Jossey-Bass, S. 316-340

Blane, David 2006: The life course, the social gradient, and health, in: Marmot, Michael/Wilkinson, Richard G. (Hg.): Social Determinants of Health. 2. Aufl., Oxford: Oxford University Press, 2006, S. 54-77

Böhm, Karin 2008: Gesundheitszustand der Bevölkerung und Ressourcen der Gesundheitsversorgung, in: Statistisches Bundesamt u.a. (Hg.): Datenreport 2008. Ein Sozialbericht für die Bundesrepublik Deutschland, online unter (14.04.2010): http://www.destatis.de/jetspeedportal/cms/Sites/destatis/Internet/DE/Content/Publikationen/Querschnittsveroeffentlichungen/Datenreport/Downloads/Datenreport2008,property=file.pdf, S. 237-260

Böhm, Katrin/Tesch-Römer, Clemens/Ziese, Thomas (Hg.) 2009: Gesundheit und Krankheit im Alter, Beiträge zur Gesundheitsberichterstattung des Bundes, Robert Koch-Institut, Berlin

Böhmer, Franz 2001: Multimorbidität – ein Charakteristikum des geriatrischen Patienten: Bewältigungsstrategien am Beispiel der hüftgelenksnahen Fraktur, Wuppertal: Deimling

Borchert, Lars 2008: Soziale Ungleichheit und Gesundheitsrisiken älterer Menschen. Eine empirische Längsschnittanalyse unter Berücksichtigung von Morbidität, Pflegebedürftigkeit und Mortalität, Augsburg: Maro

Börsch-Supan, Axel/Wilke, Christina B. 2009: Ruhestandseinkommen und Renteneintrittsalter im europäischen Vergleich, in: Börsch-Supan, Axel u.a. (Hg.): 50plus in Deutschland und Europa. Ergebnisse des Survey of Health, Ageing and Retirement in Europe, Reihe "Alter(n) und Gesellschaft, Band 19, Wiesbaden: VS Verlag für Sozialwissenschaften, S. 11-55

Börsch-Supan, Axel u.a. (Hg.) 2009: 50plus in Deutschland und Europa. Ergebnisse des Survey of Health, Ageing and Retirement in Europe, Reihe "Alter(n) und Gesellschaft, Band 19, Wiesbaden: VS Verlag für Sozialwissenschaften

Bortz, Jürgen 1999: Statistik für Sozialwissenschaftler, 5. Aufl., Berlin u.a.: Springer

Boudon, Raymond 1980: Die Logik des gesellschaftlichen Handelns: Eine Einführung in die soziologische Denk- und Arbeitsweise, Neuwied: Luchterhand

Bourdieu, Pierre 1982: Die feinen Unterschiede. Kritik der gesellschaftlichen Urteilskraft, Frankfurt am Main: Suhrkamp

Bourdieu, Pierre 1983: Ökonomisches Kapital, kulturelles Kapital, soziales Kapital, in: Kreckel, Reinhard (Hg.): Soziale Ungleichheiten, Soziale Welt Sonderband 2, Göttingen: Schwartz, S. 183-198

Bowling, A. 2004: Socioeconomic differentials in mortality among older people, in: Journal of Epidemiology and Community Health, Jg. 58, H. 6, S. 438-440

Braun, Sebastian 2001: Putnam und Bourdieu und das soziale Kapital in Deutschland. Der rhetorische Kurswert einer sozialwissenschaftlichen Kategorie, in: Leviathan. Zeitschrift für Sozialwissenschaft, Jg. 29, H. 3, S. 337-354

Breckenkamp, Jürgen/Mielck, Andreas/Razum, Oliver 2007: Health Inequalities in Germany: Do Regional-Level Variables Explain Differentials in Cardiovascular Risk?, in: BMC Public Health, Jg. 7, Artikel Nr. 132

Bredow, Timothy S./Peterson, Sandra J. 2004: Health Related Quality of Life, in: Petersen, Sandra J./Bredow, Timothy S. (Hg.): Middle Range Theories: Application to Nursing Research, Lippincott: Williams & Wilkins, S. 274-287

Breeze, E./Sloggett, A./Fletcher, A. 1999a: Socioeconomic status and transitions in status in old age in relation to limiting long-term illness measured at the 1991 census – Results from the UK Longitudinal Study, in: European Journal of Public Health, Jg. 9, H. 4, S. 265-270

Breeze, E./Sloggett, A./Fletcher, A. 1999b: Socioeconomic and demographic predictors of mortality and institutional residence among middle aged and older people: results from the Longitudinal Study, in: Journal of Epidemiology and Community Health, Jg. 53, H. 12, S. 765-774

Breeze, E. u.a. 2001: Do socioeconomic disadvantages persist into old age? Self-reported morbidity in a 29-year follow-up of the Whitehall Study, in: American Journal of Public Health, Jg. 91, H. 2, S. 277-283

Breeze, E. u.a. 2005: Area deprivation, social class, and quality of life among people aged 75 and over in Britain, in: International Journal of Epidemiology, Jg. 34, H. 2, S. 276-283

Breyer, Friedrich/Felder, Stefan 2006: Life Expectancy and Health Care Expenditures: A New Calculation for Germany Using the Costs of Dying, in: Health Policy, Jg. 75, H. 2, S. 178-186

Brosius, Felix 2006: SPSS 14, Heidelberg: mitp-Verlag

Brückner, Erika 1990: Die retrospektive Erhebung von Lebensverläufen, in: Mayer, Karl Ulrich (Hg.): Lebensverläufe und sozialer Wandel, Kölner Zeitschrift für Soziologie und Sozialpsychologie (KZfSS), Sonderheft 31, Opladen: Westdeutscher Verlag, S. 374-404

Brüderl, Josef/Preisendörfer, Peter/Ziegler, Rolf 1998: Der Erfolg neugeründeter Unternehmen. Eine empirische Studie zu den Chancen und Risiken von Unternehmensgründungen, Betriebswirtschaftliche Schriften, Heft 140, 2. Aufl., Berlin: Duncker & Humblodt

Brusten, Manfred 2007: Stichwort "Soziale Schicht", in: Fuchs-Heinritz, Werner u.a. (Hg.): Lexikon zur Soziologie, 4. Aufl., Wiesbaden: VS Verlag für Sozialwissenschaften, S. 572-573

Buddeberg, Claus (Hg.): Psychosoziale Medizin, 3. Aufl., Berlin, Heidelberg, New York: Springer

Bühl, Achim/Zöfel, Peter 2002: SPSS 11. Einführung in die moderne Datenanalyse unter Windows, 8. überarb. u. erw. Aufl., München: Pearson Studium

Bullinger, Monika 1997: The Challenge of Cross-Cultural Quality of Life Assessment, in: Psychology and Health, Jg. 12, H. 6, S. 815-825

Bullinger, Monika 2000: Erfassung der gesundheitsbezogenen Lebensqualität mit dem SF-36-Health Survey, in: Bundesgesundheitsblatt – Gesundheitsforschung – Gesundheitsschutz, Jg. 43, H. 3, S. 190-197

Bundesministerium für Familie, Senioren, Frauen und Jugend (BMFSFJ) (Hg.) 1997: Datenreport Alter: Individuelle und sozioökonomische Rahmenbedingungen heutigen und zukünftigen Alterns, Stuttgart: Kohlhammer

Bundesministerium für Familie, Senioren, Frauen und Jugend (BMFSFJ) 2005: Fünfter Bericht zur Lage der älteren Generation in der Bundesrepublik Deutschland. Potenziale des Alters in Wirtschaft und Gesellschaft. Der Beitrag älterer Menschen zum Zusammenhalt der Generationen, Bericht der Sachverständigenkommission, Vollständiger Bericht online verfügbar unter (16.04.2010): http://www.bmfsfj.de/bmfsfj/generator/RedaktionBMFSFJ/Abteilung3/Pdf-Anlagen/fuenfter-altenbericht-stellungnahme-der-bundesregierung,property=pdf,bereich=,sprache=de,rwb=true.pdf

Bundesministerium für Arbeit und Familie (BMAF) 2008: Lebenslagen in Deutschland. Der 3. Armuts- und Reichtumsbericht der Bundesregierung, online unter (22.04.2010): http://www.bmas.de/coremedia/generator/26742/property=pdf/dritter_armuts_und_reichtumsbericht.pdf

Burchhardt, Hans-Jürgen 2003: Pierre Bourdieu und das Elend der Globalisierung. Kein Nachruf, in: Leviathan. Zeitschrift für Sozialwissenschaft, Jg. 31, H. 4, S. 505-518

Burt, Ronald 1992: Structural Holes. The Social Structure of Competition, Cambridge: Havard University Press

Burzan, Nicole 2005: Soziale Ungleichheit. Eine Einführung in die zentralen Theorien, 2. Aufl., Wiesbaden: VS Verlag für Sozialwissenschaften

Cairney, J./Arnold, R. 1996: Social class, health and ageing: Socioeconomic determinants of self-reported morbidity among the non-institutionalized elderly in Canada, in: Canadian Journal of Public Health-Revue Canadienne de Sante Publique, Jg. 87, H. 3, S. 199-203

Cannuscio, Carolyn/Block, Jason/Kawachi, Ichiro 2003: Social Capital and Successful Aging: The Role of Senior Housing, in: Annals of Internal Medicine, Jg. 139, H. 5, S. 395-399

Carr, Alison J./Gibson, Barry/Robinson, Peter G. 2001: Is Quality of Life Determined by Expectations or Experience?, in: BMJ, 322, S. 1240-1243

Carr, Alison J./Higginson, Irene J. 2001: Are Quality of Life Measures Patient Centred?, in: BMJ , 322, S. 1357-1360

Castiglione, Dario 2008a: Introduction: Conceptual Issues in Social Capital Theory, in: Castiglione, Dario/van Deth, Jan W./Wolleb, Guglielmo (Hg.): The Handbook of Social Capital, Oxford: Oxford University Press, S. 13-21

Castiglione, Dario 2008b: Social Capital as a Research Programme, in: Castiglione, Dario/van Deth, Jan W./Wolleb, Guglielmo (Hg.): The Handbook of Social Capital, Oxford: Oxford University Press, S. 177-195

Castiglione, Dario/van Deth, Jan W./Wolleb, Guglielmo (Hg.) 2008: The Handbook of Social Capital, Oxford: Oxford University Press

Chandola, Tarani u.a. 2007: Social inequalities in self reported health in early old age: follow-up of prospective cohort study, in: British Medical Journal, Jg. 334, Nr. 7601, S. 990-996

Clemens, Wolfgang 2008: Zur „ungleichheitsempirischen Selbstvergessenheit" der deutschsprachigen Alter(n)ssoziologie, in: Künemund, Harald/Schroeter, Klaus R. (Hg.): Soziale Ungleichheit und kulturelle Unterschiede in Lebenslauf und Alter. Fakten, Prognosen und Visionen, Reihe „Alter(n) und Gesellschaft", Wiesbaden: VS Verlag für Sozialwissenschaften, S. 17-30

Cockerham, William C. 2000: The Sociology of Health Behavior and Health Lifestyles, in: Bird, Cloe/Conrad, Peter/Fremont, Allen M. (Hg.): Handbook of Medical Sociology, 5. Aufl., Upper Saddle River, NJ: Prentice Hall, S. 159-172

Cockerham, William C. 2005: Health Lifestyle Theory and the Convergence of Agency and Structure, in: Journal of Health and Social Behavior, 46, S. 51-67

Cockerham, William C. 2006: Class Matters. Health Lifestyles in Post-Soviet Russia, in: Havard International Review (Spring), S. 64-67

Cockerham, William C./Kunz, Gerhard/Lüschen, Günther 1988: Social Stratification and Health Lifestyles in Two Systems of Health Care Delivery: A Comparison of the United States and West Germany, in: Journal of Health and Social Behavior, Jg. 29, H. 2, S. 113-126

Cockerham, William C./Abel, Thomas/Lüschen, Günther 1993: Max Weber, Formal Rationality, and Health Lifestyles, in: The Sociological Quarterly, Jg. 34, H. 3, S. 413-425

Cockerham, William C./Rütten, Alfred/Abel, Thomas 1997: Conceptualizing Contemporary Health Lifestyles: Moving Beyond Weber, in: The Sociological Quarterly, Jg. 38, H. 2, S. 321-342

Cockerham, William C./Snead, Christine M./Dewaal, Derek F. 2002: Health Lifestyles in Russia and the Socialist Heritage, in: Journal of Health and Social Behavior, Jg. 43, H. 1, S. 42-55

Cockerham, William C./Hinote, Brian P./Abbott, Pamela 2006: A sociological model of health lifestyles. Conducting a preliminary test with Russian data, in: Wendt, Claus/Wolf, Christof (Hg.): Soziologie der Gesundheit, Kölner Zeitschrift für Soziologie und Sozialpsychologie (KZfSS), Sonderheft 46, S. 177-197

Coleman, James S. 1988: Social Capital and the Creation of Human Capital, in: American Journal of Sociology, 94 Supplement/Sonderband, S. S95-S120

Coleman, James S. 1990: Foundations of Social Theory, Cambridge, Mass., London: Havard University Press

Crystal, Stephen/Shea, Dennis 1990: Cumulative Advantage, Cumulative Disadvantage, and Inequality Among Elderly People, in: The Gerontologist, Jg. 30, H. 4, S. 437-443

Dahl, E./Birkelund, G.E. 1997: Health inequalities in later life in a social democratic welfare state, in: Social Science and Medicine, Jg. 44, H. 6, S. 871-881

Dahrendorf, Ralf 1979: Lebenschancen. Anläufe zur sozialen und politischen Theorie, Frankfurt am Main: Suhrkamp

Dannefer, Dale 1987: Aging as intracohort differentiation: Accentuation, the Matthew Effect, and the life course, in: Sociological Forum, Jg. 2, H. 2, S. 211-236

Dannefer, Dale 2003: Cumulative advantage/disadvantage and the life course: Cross-fertilizing age and social science theory, in: Journal of Gerontology: Social Sciences, Jg. 58B, H. 6, S. S327-S337

Davey Smith, George 2008: Die Bedeutung einer Lebenslaufperspektive für die Erklärung gesundheitlicher Ungleichheit, in: Bauer, Ulrich/Bittlingmayer, Uwe H./Richter, Matthias (Hg.): Health Inequalities. Determinanten und Mechanismen gesundheitlicher Ungleichheit, Wiesbaden: VS Verlag für Sozialwissenschaften, S. 291-330

Davis, Mary C./Luecken, Linda/Lemery-Chalfant, Kathryn 2009: Resilience in Common Life: Introduction to a Special Issue, in: Journal of Personality, Jg. 77, H. 6, S. 1637-1644

Deckl, Silvia 2010: Leben in Europa 2007 und 2008. Bundesergebnisse für Sozialindikatoren über Einkommen, Armut und Lebensbedingungen, Statistisches Bundesamt, Wirtschaft und Statistik 1, online unter (16.04.2010): www.destatis.de

Deindl, Christian 2005: Soziale Netzwerke und soziales Kapital: Einfluss auf Lebenszufriedenheit und Vertrauen, Diskussionspapier, Forschungsgruppe Arbeit, Generation, Sozialstruktur (AGES), Universität Zürich, online unter (05.02.2010): http://www.suz.uzh.ch/ages/pages/PAGES-05.pdf

De Silva, Mary J. u.a. 2005: Social Capital and Mental Illness: A Systematic Review, in: Journal of Epidemiology and Community Health, Jg. 59, H. 8, S. 619-627

Deutscher Bundestag (Hg.) 1998: Demographischer Wandel: Zweiter Zwischenbericht der Enquete-Kommission „Demographischer Wandel“ – Herausforderungen unserer älter werden Gesellschaft an den einzelnen und die Politik, Bonn: Bonner Universitäts-Buchdruckerei

Deutsches Zentrum für Altersfragen (Hg.) 2001: Personale, gesundheitliche und Umweltressourcen im Alter, Expertisen zum Dritten Altenbericht der Bundesregierung, Band 1, Opladen: Leske + Budrich

Dieck, Margret/Naegele, Gerhard 1993: „Neue Alte“ und alte soziale Ungleichheiten – vernachlässigte Dimensionen in der Diskussion des Altersstrukturwandels, in: Naegele, Gerhard/Tews, Hans Peter (Hg.): Lebenslagen im Strukturwandel des Alters. Alternde Gesellschaft – Folgen für die Politik, Opladen: Westdeutscher Verlag, S. 43-60

Diekmann, Andreas 2001: Empirische Sozialforschung. Grundlagen, Methoden, Anwendung, 7. Aufl., Hamburg: Rowohlt

Diewald, Martin/Lüdicke, Jörg 2007: Akzentuierung oder Kompensation? Zum Zusammenhang von Sozialkapital, sozialer Ungleichheit und subjektiver Lebensqualität, in: Lüdicke, Jörg/Diewald, Martin (Hg.): Soziale Netzwerke und soziale Ungleichheit. Zur Rolle von Sozialkapital in modernen Gesellschaften, Reihe „Sozialstrukturanalyse“, Wiesbaden: VS Verlag für Sozialwissenschaften, S. 11-51

Diewald, Martin/Schupp, Jürgen 2004: Soziale Herkunft, Beziehung zu den Eltern und das kulturelle und soziale Kapital von Jugendlichen, in: Szydlik, Mark (Hg.): Generation und Ungleichheit, Wiesbaden: VS Verlag für Sozialwissenschaften, S. 104-127

Diezinger, Angelika/Mayr-Kleffel, Verena 1999: Soziale Ungleichheit. Eine Einführung für soziale Berufe, Freiburg: Lambertus

DiPrete, Thomas A./Eirich, Gregory M. 2006: Cumulative Advantage as a Mechanism for Inequality: A Review of Theoretical and Empirical Developments, in: Annual Review of Sociology, Jg. 32, S. 271-297

Doblhammer, Gabriele 2006: Das Alter ist weiblich. Demographie der weiblichen Bevölkerung, in: Der Gynäkologe, Jg. 39, H. 5, S. 346-353

Dowd, James J./Bengston, Vern L. 1978: Aging in minority populations. An examination of the Double Jeopardy Hypothesis, in: Journal of Gerontology, Jg. 33, H. 3, S. 427-436

Dragano, Nico 2007: Gesundheitliche Ungleichheit im Lebenslauf, in: Aus Politik und Zeitgeschichte, 42, S. 18-25

Dragano, Nico u.a. 2007: Neighbourhood Socioeconomic Status and Cardiovascular Risk Factors: A Multilevel Analysis of Nine Cities in the Czech Republic and Germany, in: BMC Public Health, Jg. 7, Artikel Nr. 255

Dragano, Nico/Siegrist, Johannes 2009: Die Lebenslaufperspektive gesundheitlicher Ungleichheit: Konzepte und Forschungsergebnisse, in: Richter, Matthias/Hurrelmann, Klaus (Hg.): Gesundheitliche Ungleichheit. Grundlagen, Probleme, Perspektiven, 2. Aufl., Wiesbaden: VS Verlag für Sozialwissenschaften, S. 181-194

Druwe, Ulrich 1995: Politische Theorie, 2. Aufl., Neuried: Ars Una

Dupre, Matthew E. 2007: Educational differences in age-related patterns of disease: Reconsidering the cumulative disadvantage and age-as-a-leveler hypotheses, in: Journal of Health and Social Behavior, Jg. 48 H. 1, S. 1-15

Dyer, J.G./McGuiness, T.M. 1996: Resilience: Analysis of the Concept, in: Archives of Psychiatric Nursing, Jg. 10, H. 5, S. 276-282

Emson, Harry Edmund 1987: Health, Disease and Illness: Matters for Definition, in: Canadian Medical Association Journal, Jg. 136, H. 8, S. 811-813

Endruweit, Günter 2002: Stichwort “Soziale Ungleichheit”, in: Trommsdorff, Günter/Endruweit, Gisela (Hg.): Wörterbuch der Soziologie, 2. Aufl., Stuttgart: Lucius & Lucius, S. 645-647

Endruweit, Günter/Trommsdorff, Gisela (Hg.) 2002: Wörterbuch der Soziologie, 2. Aufl., Stuttgart: Lucius & Lucius

Erhart, Michael/Wille, Nora/Ravens-Sieberer 2009: Die Messung der subjektiven Gesundheit: Stand der Forschung und Herausforderungen, in: Richter, Matthias/ Hurrelmann, Klaus (Hg.): Gesundheitliche Ungleichheit. Grundlagen, Probleme, Perspektiven, 2. Aufl., Wiesbaden: VS Verlag für Sozialwissenschaften, S. 335-352

Esser, Hartmut 1999: Soziologie. Spezielle Grundlagen, Band 1: Situationslogik und Handeln, Frankfurt, New York: Campus

Esser, Hartmut 2000: Soziologie. Spezielle Grundlagen, Band 4: Opportunitäten und Restriktionen, Frankfurt am Main, New York: Campus

Esser, Hartmut 2008: The Two Meanings of Social Capital, in: Castiglione, Dario/van Deth, Jan W./Wolleb, Guglielmo (Hg.): The Handbook of Social Capital, Oxford: Oxford University Press, S. 22-49

Farquhar, Morag 1995: Definitions of Quality of Life: A Taxonomy, in: Journal of Advanced Nursing, Jg. 22, H. 3, S. 502-508

Farr, James 2004: Social Capital: A Conceptual History, in: Political Theory, Jg. 32, H. 6, S. 6-33

Felten, Beverly Sigl 2000; Resilience in a Multicultural Sample of Community-Dwelling Women Older Than Age 85, in: Clinical Nursing Research, Jg. 9, H. 2, S. 102-123

Felten, Beverly Sigl/Hall, Joanne M. 2001: Conceptualizing Resilience in Women Older Than 85, in: Journal of Gerontological Nursing, Jg. 27, H. 11, S. 46-53

Ferrans, Carol Estwing 1990: Quality of Life: Conceptual Issues, in: Seminars in Oncology Nursing, Jg. 6, H. 4, S. 248-254

Ferraro, Kenneth F./Kelley-Moore, Jessica A. 2003: Cumulative Disadvantage and Health: Long-term Consequences of Obesity?, in: American Sociological Review, Jg. 68, H. 5, S. 707-729

Fingerle, Michael 2007: Der "riskante" Begriff der Resilienz – Überlegungen zur Resilienzförderung im Sinne der Organisation von Passungsverhältnissen, in: Opp, Günther/Fingerle, Michael (Hg.) 2007: Was Kinder stärkt. Erziehung zwischen Risiko und Resilienz, 2. Aufl., München, Basel: Ernst Reinhardt Verlag, S. 299-310

Flach, Frederic F. 1988: Resilience: Discovering a New Strength at Times of Stress, New York: Fawcett Columbine

Flap, Henk 2004: Creation and Returns of Social Capital: A New Research Program, London: Routhledge

Forsé, Michel 2004: Role and Rise of Social Capital, in: Flap, Henk/Völker, Beate (Hg.): Creation and Return of Social Capital. A New Research Program, London, New York: Routledge, S. 254-275

Frank, J.W. u.a. 2003: Socioeconomic gradients in health status over 29 years of follow-up after midlife: the Alameda County Study, in: Social Science and Medicine, Jg. 57, H. 12, S. 2305-2323

Franke, Alexa 2008: Modelle von Gesundheit und Krankheit, Bern: Huber

Freitas, Antonio L./Downey, Geraldine 1998: Resilience: A Dynamic Perspective, in: International Journal of Behavioral Development, Jg. 22, H. 2, S. 263-285

Fries, James 2005: The Compression of Morbidity, in: The Milbank Quarterly, Jg. 83, H. 4, S. 801-823

Fuchs-Heinritz, Werner 2007: Stichwort „soziales Kapital", in: Fuchs-Heinritz, Werner u.a.(Hg.): Lexikon zur Soziologie, 4. Aufl., Opladen: Westdeutscher Verlag, S. 322

Fuchs-Heinritz, Werner u.a. (Hg.) 2007: Lexikon zur Soziologie, 4, Aufl., Wiesbaden: VS Verlag für Sozialwissenschaften

Füsgen, I. 2002: Der geriatrische Patient, in: Orthopädie-Technik, Jg. 10, S. 800-805

Gabler (Hg.) 2000: Gabler Wirtschaftslexikon, 15. Aufl., Wiesbaden: Betriebswirtschaftlicher Verlag Dr. Th. Gabler GmbH

Gabriel, Oscar W. u.a. 2002 : Sozialkapital und Demokratie. Zivilgesellschaftliche Ressourcen im Vergleich, Wien: Signum

Galobardes, Bruna u.a. 2006: Indicators of socioeconomic position, in: Oakes, Michael J./Kaufman, Jay S. (Hg.): Methods in Social Epidemiology, San Francisco: Jossey-Bass, S. 47-85

Garms-Homolová, Vjenka/Schaeffer, Doris 2003: Ältere und Alte, in: Schwartz, Friedrich Wilhelm u.a. (Hg.): Das Public-Health-Buch: Gesundheit und Gesundheitswesen, 2. Aufl., München: Urban & Fischer, S. 675-686

Gärtner, Karla 2005: Anlage und Ziele des Lebenserwartungssurveys, in: Gärtner, Karla/Grünheid, Evelyn/Luy, Marc (Hg.): Lebensstile, Lebensphasen, Lebensqualität. Interdisziplinäre Analysen von Gesundheit und Sterblichkeit aus dem Lebenserwartungssurvey des BiB, Schriftenreihe des Bundesinstituts für Bevölkerungsforschung, Band 36, Wiesbaden: VS Verlag für Sozialwissenschaften, S. 19-28

Gärtner, Karla/Grünheid, Evelyn/Luy, Marc (Hg.) 2005: Lebensstile, Lebensphasen, Lebensqualität. Interdisziplinäre Analysen von Gesundheit und Sterblichkeit aus dem Lebenserwartungssurvey des BiB, Schriftenreihe des Bundesinstituts für Bevölkerungsforschung, Band 36, Wiesbaden: VS Verlag für Sozialwissenschaften

Gärtner, Karla/Luy, Marc/Mai, Ralf 2005: Die demographische Entwicklung als Grundlage für die Analyse von Morbidität und Mortalität, in: Gärtner, Karla u.a. (Hg.): Lebensstile, Lebensphasen, Lebensqualität: interdisziplinäre Analysen von Gesundheit und Sterblichkeit aus dem Lebenserwartungssurvey des BiB, Schriftenreihe des Bundesinstituts für Bevölkerungsforschung, Bd. 36, Wiesbaden: VS Verlag für Sozialwissenschaften, S. 29-64

Gee, Ellen M. 2002: Misconceptions and Misapprehensions about Population Ageing, in: International Journal of Epidemiology, Jg. 31, H. 4, S. 750-753

Geiger, Theodor 1962: Arbeiten zur Soziologie. Methode – Moderne Großgesellschaft – Rechtssoziologie – Ideologie – Kritik, Neuwied, Berlin: Luchterhand

Geißler, Clemens 1994: Investitionen in private Netzwerke. Individuelle und gesellschaftliche Perspektiven, in: Gräbe, Sylvia (Hg.): Lebensform Einpersonenhaushalt. Herausforderungen an Wirtschaft, Gesellschaft und Politik, Reihe Stiftung „Der private Haushalt", Band 22, Frankfurt am Main, New York: Campus, S. 183-197

Geißler, Rainer (Hg.) 1994: Soziale Schichtung und Lebenschancen in der Bundesrepublik Deutschland, Stuttgart: Enke

Geißler, Rainer 2006: Die Sozialstruktur Deutschlands. Zur gesellschaftlichen Entwicklung mit einer Bilanz zur Wiedervereinigung, 4. Aufl., Wiesbaden: VS Verlag für Sozialwissenschaften

Glantz, Meyer D./Johnson, Jeanette L. (Hg.) 1999: Resilience and Development: Positive Life Adaptations, New York u.a.: Kluwer

Glantz, Meyer D./Sloboda, Zili 1999: Analysis and Reconceptualization of Resilience, in: Glantz, Meyer D./Johnson, Jeanette L. (Hg.): Resilience and Development: Positive Life Adaptations, New York u.a.: Kluwer, S. 109-125

Glatzer, Wolfgang/Noll, Heinz-Herbert (Hg.) 1992: Lebensverhältnisse in Deutschland: Ungleichheit und Angleichung, Frankfurt am Main, New York: Campus

Goebel, Jan/Habich, Roland/Krause, Peter 2008: Einkommen – Verteilung, Armut und Dynamik, in: Statistisches Bundesamt u.a. (Hg.) 2008: Datenreport 2008. Ein Sozialbericht für die Bundesrepublik Deutschland, online unter (14.04.2010): http://www.destatis.de/jetspeed/portal/cms/Sites/destatis/Internet/DE/Content/Publikationen/Querschnittsveroeffentlichungen/Datenreport/Downloads/Datenreport2008,property=file.pdf, S. 163-172

Gordon, D. (Hg.) 1999: Inequalities in health: The evidence present to the independent inquiry into inequalities in health, Bristol: Policy Press

Gräbe, Sylvia (Hg.) 1994: Lebensform Einpersonenhaushalt. Herausforderungen an Wirtschaft, Gesellschaft und Politik, Reihe Stiftung „Der private Haushalt", Band 22, Frankfurt am Main, New York: Campus

Graham, Hilary 2002: Building an inter-disciplinary science of health inequalities: the example of lifecourse research, in: Social Science and Medicine, Jg. 55, H. 11, S. 2005-2016

Graham, Hilary 2008: Die Bekämpfung gesundheitlicher Ungleichheiten und die Bedeutung sozialer Determinanten: Unterschiedliche Definitionsansätze und ihre politischen Konjunkturen, in: Bauer, Ullrich/Bittlingmeyer, Uwe H./Richter, Matthias (Hg.): Health Inequalities. Determinanten und Mechanismen gesundheitlicher Ungleichheit, Wiesbaden: VS Verlag für Sozialwissenschaften, S. 455-479

Grobecker, Claire/Krack-Rohberg, Elle 2008: Bevölkerung, in: Statistisches Bundesamt u.a. (Hg.): Datenreport 2008. Ein Sozialbericht für die Bundesrepublik Deutschland, online unter (14.04.2010): http://www.destatis.de/jetspeed/portal/cms/Sites/destatis/Internet/DE/Content/Publikationen/Querschnittsveroeffentlichungen/Datenreport/Downloads/Datenreport2008,property=file.pdf, S. 11-25

Groß, Martin 2008: Klassen, Schichten, Mobilität. Eine Einführung, Wiesbaden: VS Verlag für Sozialwissenschaften

Grundy, E./Glaser, K. 2000: Socio-demographic differences in the onset and progression of disability in early old age: a longitudinal study, in: Age and Ageing, Jg. 29, H. 2, S. 149-157

Grundy, E./Holt, G. 2000: Adult life experiences and health in early old age in Great Britain, in: Social Science and Medicine, Jg. 51, H. 7, S. 1061-1074

Grundy, E./Sloggett, A. 2003: Health inequalities in the older population: the role of personal capital, social resources and socio-economic circumstances, in: Social Science and Medicine, Jg. 56, H. 5, S. 935-947

Grunow, Dieter 1987: Soziale Ressourcen in der alltäglichen Gesundheitsselbsthilfe, in: Keupp, Heiner/Röhrle, Bernd (Hg.): Soziale Netzwerke, Frankfurt am Main, New York: Campus, S. 245-267

Güthlin, Corina 2006: Die Messung gesundheitsbezogener Lebensqualität: ausgewählte psychometrische Analysen und Anwendungsprobleme, online unter (31.03.2010): http://deposit.d-nb.de/cgi-bin/dokserv?idn=987268791&dok_var=d1&dok_ext=pdf&filename=987268791.pdf

Gunzelmann, Thomas u.a. 2006: Die subjektive Gesundheit älterer Menschen im Spiegel des SF-36. Normwerte aus einer bevölkerungsrepräsentativen Erhebung, in: Zeitschrift für Gerontologie und Geriatrie, Jg. 36, H. 2, S. 109-119

Haase, Joan E. 2004: Resilience, in: Petersen, Sandra J./Bredow, Timothy S. (Hg.): Middle Range Theories: Application to Nursing Research , Lippincott: Williams & Wilkins, S. 341-367

Hagoel, Lea u.a. 2002: Clustering Women's Health Behaviors, in: Health Education & Behavior, Jg. 29, H. 2, S. 170-182

Haisken-DeNew, John P./Frick, Joachim 2005: Desktop Companion to the German Socio-Economic Panel (SOEP), online unter (14.01.2010): http://www.diw.de

Halpern, David 2005: Social Capital, Cambridge: Polity Press

Harpham, Trudy/Grant, Emma/Thomas, Elizabeth 2002: Measuring Social Capital within Health Surveys: Key Issues, in: Health Policy and Planning, Jg. 17, H. 1, S. 106-111

Hartfiel, Günter 1978: Soziale Schichtung, München: Juventa

Haug, Sonja 1997: Soziales Kapital. Ein kritischer Überblick über den aktuellen Forschungsstand, Mannheimer Zentrum für Europäische Sozialforschung, Arbeitspapier, online unter (18.02.2010): http://www.mzes.uni-mannheim.de/publications/wp/wp2-15.pdf

Hauser, R./Ott, N./Wagner, G. (Hg.) 1994: Deutsche Forschungsgemeinschaft. Mikroanalytische Grundlagen der Gesellschaftspolitik, Band II, Erhebungsverfahren, Analysemethoden und Mikrosimulation, Berlin: Akademie Verlag

Heinzel-Gutenbrunner, Monika 2001: Einkommen, Einkommensarmut und Gesundheit, in: Mielck, Andreas/Bloomfield, Kim (Hg.): Sozialepidemiologie. Eine Einführung in die Grundlagen, Ergebnisse und Umsetzungsmöglichkeiten, Weinheim, München: Juventa, S. 39-49

Helmert, Uwe/Schorb, Friedrich 2009: Die Bedeutung verhaltensbezogener Faktoren im Kontext der sozialen Ungleichheit der Gesundheit, in: Richter, Matthias/Hurrelmann, Klaus (Hg.) 2006: Gesundheitliche Ungleichheit. Grundlagen, Probleme, Perspektiven, 2. Aufl., Wiesbaden: VS Verlag für Sozialwissenschaften, S. 133-148

Helmert, Uwe u.a. (Hg.) 2000: Müssen Arme früher sterben? Soziale Ungleichheit und Gesundheit in Deutschland, Weinheim, München: Juventa

Herd, Pamela 2006: Do functional health inequalities decrease in old age?: Educational status and functional decline among the 1931-1941 birth cohort, in: Research on Aging, Jg. 28, H. 3, S. 375-392

Herfarth, Christian 2007: Einleitung, in: Herfarth, Christian (Hg.): Gesundheit, Heidelberger Jahrbücher, Bd. 15, Berlin: Springer, S. 1-18

Hildon, Zoe u.a. 2008: Understanding Adversity and Resilience at Older Ages, in: Sociology of Health & Illness, Jg. 30, H. 5, S. 726-740

Hildon, Zoe u.a. 2010: Examining Resilience of Quality of Life in the Face of Health-Related and Psychosocial Adversity at Older Ages: What is "Right" About the Way We Age?, in: The Gerontologist, Jg. 50, H. 1, S. 36-47

Hoffmann, Elke/Menning, Sonja/Schelhase, Torsten 2009: Demografische Perspektiven zum Altern und zum Alter, in: Böhm, Katrin/Tesch-Römer, Clemens/Ziese, Thomas (Hg.): Gesundheit und Krankheit im Alter, Beiträge zur Gesundheitsberichterstattung des Bundes, Robert Koch-Institut, Berlin, S. 21-30

Hoffmann, Rasmus 2005: Do socioeconomic mortality differentials decrease with rising age?, in: Demographic Research, Jg. 13, H. 2, S. 35-62

Hoffmeyer-Zlotnik, Jürgen H.P./Geis, Alfons J. 2003: Berufsklassifikation und Messung des beruflichen Status/Prestige, in: ZUMA-Nachrichten, Jg. 27, Nr. 52, S. 125-138

Hondrich, Karl-Otto/Matthes, Joachim (Hg.) 1978: Theorienvergleich in den Sozialwissenschaften, Darmstadt, Neuwied: Luchterhand

House, J./Kessler, R.C./Herzog, A.R. 1990: Age, socioeconomic status, and health, in: Milbank Quarterly, Jg. 68, H. 3, S. 382-411

House, James S. u. a. 1994: The Social Stratification of Ageing and Health, in: Journal of Health and Social Behavior, Jg. 35, H. 3, S. 213-234

Hradil, Stefan 1983: Die Ungleichheit der "Sozialen Lage". Eine Alternative zu schichtungssoziologischen Modellen sozialer Ungleichheit, in: Kreckel, Reinhard (Hg.): Soziale Ungleichheiten, Soziale Welt, Sonderband 2, Göttingen: Schwartz, S. 101-118

Hradil, Stefan 1992: Alte Begriffe und neue Strukturen. Die Milieu-, Subkultur- und Lebensstilforschung der 80er Jahre, in: Hradil, Stefan (Hg.): Zwischen Bewußtsein und Sein, Reihe „Sozialstrukturanalyse", Band 1, Opladen: Leske + Budrich, S. 15-55

Hradil, Stefan (Hg.) 1992: Zwischen Bewußtsein und Sein, Reihe „Sozialstrukturanalyse", Band 1, Opladen: Leske + Budrich

Hradil, Stefan 1994: Neuerungen der Ungleichheitsanalyse und die Programmatik künftiger Sozialepidemiologie, in: Mielck, Andreas (Hg.): Krankheit und soziale Ungleichheit: Ergebnisse der sozialepidemiologischen Forschung in Deutschland, Opladen: Leske + Budrich, S. 375-392

Hradil, Stefan 1996: Sozialstruktur und Kultur. Fragen und Antworten zu einem schwierigen Verhältnis, in: Schwenk, Otto G. (Hg.): Lebensstil zwischen Sozialstrukturanalyse und Kulturwissenschaft, Reihe „Sozialstrukturanalyse", Band 7, Opladen: Leske + Budrich, S. 14-30

Hradil, Stefan 1997a: Lebenssituation, Umwelt und Gesundheit, Materialen zur Bevölkerungswissenschaft, Heft 88, Bundesinstitut für Bevölkerungsforschung

Hradil, Stefan 1997b: Soziale Ungleichheit, Milieus und Lebensstile in den Ländern der Europäischen Union. Modernisierungsabstände oder nationale Besonderheiten?, in: Hradil, Stefan/Immerfall, Stefan (Hg.): Die westeuropäischen Gesellschaften im Vergleich, Opladen: Leske + Budrich, S. 475-519

Hradil, Stefan 2001: Eine Alternative? Einige Anmerkungen zu Thomas Meyers Aufsatz „Das Konzept der Lebensstile in der Sozialstrukturforschung", in: Soziale Welt, Jg. 52, H. 3, S. 273-282

Hradil, Stefan 2004: Die Sozialstruktur Deutschlands im internationalen Vergleich, Wiesbaden: VS Verlag für Sozialwissenschaften

Hradil, Stefan 2005a: Soziale Ungleichheit in Deutschland, 8. Aufl. (Nachdruck), Opladen: Leske + Budrich

Hradil, Stefan 2005b: Der theoretische Hintergrund – Gesundheitslebensstile, in: Gärtner, Karla/Grünheid, Evelyn/Luy, Marc (Hg.): Lebensstile, Lebensphasen, Lebensqualität. Interdisziplinäre Analysen von Gesundheit und Sterblichkeit aus dem Lebenserwartungssurvey des BiB, Schriftenreihe des Bundesinstituts für Bevölkerungsforschung, Band 36, Wiesbaden: VS Verlag für Sozialwissenschaften, S. 65-93

Hradil, Stefan 2006a: Stichwort „Lebensstil", in: Schäfers, Bernhard/Kopp, Johannes (Hg.): Grundbegriffe der Soziologie, 9. Aufl., Wiesbaden: VS Verlag für Sozialwissenschaften, S. 161-164

Hradil, Stefan 2006b: Stichwort „soziales Milieu", in: Schäfers, Bernhard/Kopp, Johannes (Hg.): Grundbegriffe der Soziologie, 9. Aufl., Wiesbaden: VS Verlag für Sozialwissenschaften, S. 199-202

Hradil, Stefan 2008: Soziale Ungleichheit, soziale Schichtung und Mobilität, in: Korte, Herrmann/Schäfers, Bernhard (Hg.): Einführung in die Hauptbegriffe der Soziologie, 7. Aufl., Wiesbaden: VS Verlag für Sozialwissenschaften, S. 211-234

Hradil, Stefan 2009: Was prägt das Krankheitsrisiko: Schicht, Lage, Lebensstil?, in: Richter, Matthias/Hurrelmann, Klaus (Hg.): Gesundheitliche Ungleichheit. Grundlagen, Probleme, Perspektiven, 2. Aufl., Wiesbaden: VS Verlag für Sozialwissenschaften, S. 35-54

Hradil, Stefan/Immerfall, Stefan (Hg.) 1997: Die westeuropäischen Gesellschaften im Vergleich, Opladen: Leske + Budrich

Hradil, Stefan/Immerfall, Peter (Hg.) 2003: Oberschichten – Eliten – Herrschende Klassen, Opladen: Leske + Budrich

Huisman, M./Kunst, A./Mackenbach J. 2003: Socioeconomic inequalities among the elderly: a European overview, in: Social Science and Medicine, Jg. 57, H. 5, S. 861-873

Huisman, Martijn u.a. 2004: Socioeconomic inequalities in mortality among elderly people in 11 European populations, in: Journal of Epidemiology and Community Health, Jg. 58, H. 6, S. 468-475

Huisman, Martijn u.a. 2005a: Educational inequalities in cause-specific mortality in middle-aged and older men and women in eight western European populations, in: Lancet, Jg. 365, H. 9458, S. 493-500

Huisman, Martijn u.a. 2005b: Educational inequalities in the prevalence and incidence of disability in Italy and the Netherlands were observed, in: Journal of Clinical Epidemiology, Jg. 58, H. 10, S. 1058-1065

Huisman, Martijn 2008: Gesundheitliche Ungleichheit im hohen Lebensalter, in: Bauer, Ullrich/Bittlingmayer, Uwe H./Richter, Matthias (Hg.): Health Inequalities. Determinanten und Perspektiven gesundheitlicher Ungleichheit, Wiesbaden: VS Verlag für Sozialwissenschaften, S. 359-381

Hurrelmann, Klaus 2006: Gesundheitssoziologie. Eine Einführung in sozialwissenschaftliche Theorien von Krankheitsprävention und Gesundheitsförderung, 6. Aufl., Weinheim, München: Juventa

Hurrelmann, Klaus/Klotz, Theodor/Haisch, Jochen 2007: Einführung: Krankheitsprävention und Gesundheitsförderung, in: Hurrelmann, Klaus/Klotz, Theodor/Haisch, Jochen (Hg.) 2007: Lehrbuch Prävention und Gesundheitsförderung, 2. Aufl., Bern: Huber, S. 11-19

Hurrelmann, Klaus/Klotz, Theodor/Haisch, Jochen (Hg.) 2007: Lehrbuch Prävention und Gesundheitsförderung, 2. Aufl., Bern: Huber

Hyyppä, Markku T./Mäki, Juhani 2001: Individual-Level Relationships between Social Capital and Self-Rated Health in a Bilingual Community, in: Preventive Medicine, Jg. 32, H. 2, S. 148-155

Infratest-Sozialforschung (Hg.) 1991: Die Älteren: Zur Lebenssituation der 55- bis 70jährigen, Reihe „praktische Demokratie“, Bonn: Dietz

Jacelon, Cynthia S. 1997: The Trait and Process of Resilience, in: Journal of Advanced Nursing, Jg. 25, H. 1, S. 123-129

Jadad, Alejandro R./O’Grady, Laura 2008: How should health be defined?, in: BMJ, Jg. 337, 13. Dezember 2008, S. 1363-1364

Jagger, Carol u.a. 2007: Educational differences in the dynamics of disability incidence, recovery and mortality: Findings from the MRC Cognitive Function and Ageing Study (MRC CFAS), in: International Journal of Epidemiology, Jg. 36, H. 2, S. 358-365

Janßen, Christian 1999: Lebensstil oder Schicht? Ein Vergleich zweier Konzepte im Hinblick auf ihre Bedeutung für die subjektive Gesundheit unter besonderer Berücksichtigung der gesundheitlichen Kontrollüberzeugungen, Berlin: Logos

Jansen, Dorothea 2006: Stichwort „Netzwerk, soziales", in: Schäfers, Bernhard/Kopp, Johannes (Hg.): Grundbegriffe der Soziologie, 9. Aufl., Wiesbaden: VS Verlag für Sozialwissenschaften, S. 207-213

Janssen, Jan-Peters (Hg.) 2001: Lebensstil und Gesundheitsförderung – Was ist zu erreichen?, Berichte aus dem Arbeitsbereich Sportpsychologie des Instituts für Sport und Sportwissenschaft der Christian-Albrechts-Universität zu Kiel, online unter (05.05.2010): http://www.lebensstilaenderung.de/publikationen/gesundheitsfoerderung.pdf

Jungbauer-Gans, Monika 2006: Soziale und kulturelle Einflüsse auf Krankheit und Gesundheit. Theoretische Überlegungen, in: Wendt, Claus/Wolf, Christoph (Hg.): Soziologie der Gesundheit, Kölner Zeitschrift für Soziologie und Sozialpsychologie (KZFSS), Sonderheft 46, Wiesbaden: VS Verlag für Sozialwissenschaften, S. 86-108

Jungbauer-Gans, Monika/Gross, Christine 2009: Erklärungsansätze sozial differenzierter Gesundheitschancen, in: Richter, Matthias/Hurrelmann, Klaus (Hg.): Gesundheitliche Ungleichheit. Grundlagen, Probleme, perspektiven, 2. Aufl., Wiesbaden: VS Verlag für Sozialwissenschaften, S. 77-98

Jürges, Hendrik 2007: Healthy minds in healthy bodies. An international comparison of education-related inequality in physical health among older adults, MEA discussion paper, 141-2007, Universität Mannheim, online unter: http://www.mea.uni-mannheim.de/publications /meadp_141-07.pdf

Jürges, Hendrick 2009: Bildungsbezogene Ungleichheit in der Gesundheit Älterer: Eine international vergleichende Analyse, in: Börsch-Supan, Axel u.a. (Hg.): 50plus in Deutschland und Europa: Ergebnisse des Surveys of Health, Ageing, and Retirement in Europe, Reihe „Alter(n) und Gesellschaft", Band 19, Wiesbaden: VS Verlag für Sozialwissenschaften, S. 149-173

Kaplan, Howard B. 1999: Toward an Understanding of Resilience: A Critical Review of Definition and Models, in: Glantz, Meyer D./Johnson, Jeanette L. (Hg.): Resilience and Development. Positive Life Adaptations, New York u.a.: Kluwer, S. 17-83

Kaplan, Mark S. u.a. 2008: Prevalence and factors associated with thriving in older adulthood: A 10-year population-based study, in: The Journals of Gerontology: medical Sciences, Jg. 63A, H. 10, S. 1097-1103

Kappelhoff, Peter 2002: Stichwort „Netzwerk", in: Endruweit, Günter/Trommsdorff, Gisela (Hg.): Wörterbuch der Soziologie, 2. Aufl., Stuttgart: Lucius & Lucius, S. 383-385

Kawachi, Ichiro 1999: Social Capital and Community Effects on Population and Individual Health, in: Annals of the New York Academy of Sciences, Jg. 896, S. 120-130

Kawachi, Ichiro 2006: Social Capital and Health: Making the Connections one Step at a Time, in: International Journal of Epidemiology, Jg. 35, H. 4, S. 989-993
Kawachi, Ichiro/Kennedy, Bruce P./Glass, Roberta 1999: Social Capital and Self-rated Health: A Contextual Analysis, in: American Journal of Public Health, Jg. 89, H. 8, S. 1187-1193
Kawachi, Ichiro/Berkman, Lisa F. 2000: Social Cohesion, Social Capital, and Health, in: Berkman, Lisa F./Kawachi, Ichiro (Hg.): Social Epidemiology, Oxford: Oxford University Press, S. 174-190
Kawachi, Ichiro u.a. 1997: Social Capital, Income Inequality, and Mortality, in: American Journal of Public Health, Jg. 87, H. 9, S. 1491-1498
Kern, Stephanie 2002: Führt Armut zu sozialer Isolation? Eine empirische Analyse mit Daten des Sozio-ökonomischen Panels, online unter (04.06.2010): http://ub-dok.uni-trier.de/diss/diss39/20030217/20030217.pdf
Keupp, Heiner/Röhrle, Bernd (Hg.) 1987: Soziale Netzwerke, Frankfurt am Main, New York: Campus
Khaw, K. 1999: Inequalities in health: older people, in: Gordon, D. (Hg.): Inequalities in health: The evidence present to the independent inquiry into inequalities in health, Bristol: Policy Press, S. 33-44
Kieselbach, Thomas/Voigt, Peter (Hg.) 1993: Systemumbruch, Arbeitslosigkeit und individuelle Bewältigung in der DDR, Psychologie sozialer Ungleichheit, Band 4, 2. Aufl., Weinheim: Deutscher Studien-Verlag
Kiuila, Olga/Mieszkowski, Peter 2007: The effects of income, education and age on health, in: Health Economics, Jg. 16, H. 8, S. 781-798
Klein, Thomas 2005: Sozialstrukturanalyse. Eine Einführung, Hamburg: Rowohlt
Klein, Thomas/Fischer-Kerli, David 2000: Die Zuverlässigkeit retrospektiv erhobener Lebensverlaufsdaten. Analysen zur Partnerschaftsbiographie des Familiensurvey, in: Zeitschrift für Soziologie, Jg. 29, H. 4, S. 294-312
Klein, Thomas/Unger, Rainer 2006: Einkommen und Mortalität im Lebenslauf, in: Wendt, Claus/Wolf, Christof (Hg.): Soziologie der Gesundheit, Kölner Zeitschrift für Soziologie und Sozialpsychologie (KZfSS), Sonderheft 46, Wiesbaden: VS Verlag für Sozialwissenschaften, S. 144-157
Klima, Rolf 2007: Stichwort „Lebensqualität“, in: Fuchs-Heinritz, Werner u.a. (Hg.): Lexikon zur Soziologie, 4. Aufl., Wiesbaden: VS Verlag für Sozialwissenschaften, S. 388-389
Klinenberg, Eric 2003: Heat Wave. A Social Autopsy of Disaster in Chicago, Chicago, London: The University of Chicago Press
Klotz, Theodor 2007: Prävention von Krebserkrankungen, in: Hurrelmann, Klaus/Klotz, Theodor/Haisch, Jochen (Hg.): Lehrbuch Prävention und Gesundheitsförderung, 2. Aufl., Bern: Huber, S. 141- 154
Knesebeck, Olaf von dem 2000: Sozialer Status und subjektive Gesundheit im Alter, in: Zeitschrift für Gesundheitswissenschaft, Jg. 8, H. 3, S. 262-272
Knesebeck, Olaf von dem 2002: Soziale Ungleichheit und Gesundheit im Alter – klassische oder alternative Statusindikatoren?, in: Zeitschrift für Gerontologie und Geriatrie, Jg. 35, H. 3, S. 224-231

Knesebeck, Olaf von dem 2005: Soziale Einflüsse auf die Gesundheit alter Menschen. Eine deutsch-amerikanische Vergleichsstudie, Bern u.a.: Huber

Knesebeck, Olaf von dem u.a. 2003: Socioeconomic status and health among the aged in the United States and Germany: A comparative cross-sectional study, in: Social Science and Medicine, Jg. 57, H. 9, S. 1643-1652

Knesebeck, Olaf von dem u.a. 2007: Socio-economic position and quality of life among older people in 10 European countries: results of the SHARE study, in: Ageing & Society, Jg. 27, S. 269-284

Knesebeck, Olaf von dem/Mielck, Andreas 2009: Soziale Ungleichheit und gesundheitliche Versorgung im höheren Lebensalter, in: Zeitschrift für Gerontologie und Geriatrie, Jg. 49, H. 1, S. 39-46

Knesebeck, Olaf von dem/Schäfer, Ingmar 2009: Gesundheitliche Ungleichheit im höheren Lebensalter, in: Richter, Matthias/Hurrelmann, Klaus (Hg.): Gesundheitliche Ungleichheit. Grundlagen, Probleme, Perspektiven, 2. Aufl., Wiesbaden: VS Verlag für Sozialwissenschaften, S. 253-265

Knurowski, T. u.a. 2005: Socio-economic health differences among the elderly population in Krakow, Poland, in: Sozial- und Präventivmedizin, Jg. 50, H. 3, S. 177-185

Kocka, Jürgen 1979: Stand – Klasse – Organisation. Strukturen sozialer Ungleichheit in Deutschland vom späten 18. bis zum frühen 20. Jahrhundert im Aufriss, in: Wehler, Hans-Ulrich (Hg.): Klassen in der europäischen Sozialgeschichte, Göttingen: Vandenhoeck & Rupprecht, S. 137-165

Kohli, Martin 1990: Das Alter als Herausforderung für die Theorie sozialer Ungleichheit, in: Berger, Peter A./Hradil, Stefan (Hg.): Lebenslagen, Lebensläufe, Lebensstile, Soziale Welt Sonderband 7, Göttingen: Schwartz, S. 387-406

Kohli, Martin 2005: Der Alters-Survey als Instrument wissenschaftlicher Beobachtung, in: Kohli, Martin/Künemund, Harald (Hg.): Die zweite Lebenshälfte. Gesellschaftliche Lage und Partizipation im Spiegel des Alters-Survey, 2. Aufl., Wiesbaden: VS Verlag für Sozialwissenschaften, S. 11-33

Kohli, Martin u.a. 2005: Soziale Ungleichheit, in: Kohli, Martin/Künemund, Harald (Hg.): Die zweite Lebenshälfte. Gesellschaftliche Lage und Partizipation im Spiegel des Alters-Survey, 2. Aufl., Wiesbaden: VS Verlag für Sozialwissenschaften, S. 318-336

Kohli, Martin/Künemund, Harald (Hg.) 2005: Die zweite Lebenshälfte. Gesellschaftliche Lage und Partizipation im Spiegel des Alters-Survey, 2. Aufl., Wiesbaden: VS Verlag für Sozialwissenschaften

Kolip, Petra 2002: Entwicklung der Gesundheitswissenschaften in Deutschland: Ausgangspunkte, Definitionen und Prinzipien, in: Kolip, Petra (Hg.): Gesundheitswissenschaften. Eine Einführung, Grundlagentexte Gesundheitswissenschaften, Weinheim, München: Juventa

Korte, Herrmann/Schäfers, Bernhard (Hg.) 2008: Einführung in die Hauptbegriffe der Soziologie, 7. Aufl., Wiesbaden: VS Verlag für Sozialwissenschaften

Koster, Annemarie u.a. 2006: Explanations of socio-economic differences in changes in physical function in older adults: results from the Longitudinal Aging Study Amsterdam, in: BMC Public Health, Jg. 6, Artikel Nr. 244, S. 1-12

Krause, Detlef 2007: Stichwort "Soziale Ungleichheit", in: Fuchs-Heinritz, Werner u.a. (Hg.): Lexikon zur Soziologie, 4. grundl. überarb. Aufl., Wiesbaden: VS Verlag für Sozialwissenschaften, S. 686
Kreckel, Reinhard (Hg.) 1983: Soziale Ungleichheiten, Soziale Welt, Sonderband 2, Göttingen: Schwartz
Kreckel, Reinhard 2004: Politische Soziologie der sozialen Ungleichheit, 3. überarb. u. erw. Aufl., Bd. 25, Reihe „Theorie und Gesellschaft", Frankfurt am Main, New York: Campus
Krick, John P./Sobal, Jeffery 1990: Relationships Between Health Protective Behaviors, in: Journal of Community Health, Jg. 15, H. 1, S. 19-34
Kroll, Lars Eric/Lampert, Thomas 2007: Sozialkapital und Gesundheit in Deutschland, in: Das Gesundheitswesen, Jg. 69, H. 3, S. 120-127
Kuh, Diana u.a. 2003: Life Course Epidemiology, in: Journal of Epidemiology and Community Health, Jg. 57, H. 10, S. 778-783
Kumpfer, Karol L. 1999: Factors and Processes Contributing to Resilience. The Resilience Framework, in: Glantz, Meyer D./Johnson, Jeanette L. (Hg.) 1999: Resilience and Development: Positive Life Adaptations, New York u.a.: Kluwer, S. 179-224
Künemund, Harald 2005a: Datengrundlage und Methoden, in: Kohli, Martin/Künemund, Harald (Hg.): Die zweite Lebenshälfte. Gesellschaftliche Lage und Partizipation im Spiegel des Alters-Survey, 2. Aufl., Wiesbaden: VS Verlag für Sozialwissenschaften, S. 34-41
Künemund, Harald 2005b: Gesundheit, in: Kohli, Martin/Künemund, Harald (Hg.): Die zweite Lebenshälfte. Gesellschaftliche Lage und Partizipation im Spiegel des Alters-Survey, 2. Aufl., Wiesbaden: VS Verlag für Sozialwissenschaften, S. 101-124
Künemund, Harald/Hollstein, Bettina 2005: Soziale Beziehungen und Unterstützungsnetzwerke, in: Kohli, Martin/Künemund, Harald (Hg.): Die zweite Lebenshälfte. Gesellschaftliche Lage und Partizipation im Spiegel des Alters-Survey, 2. Aufl., Wiesbaden: VS Verlag für Sozialwissenschaften, S. 212-267
Künemund, Harald/Schroeter, Klaus R. (Hg.) 2008: Soziale Ungleichheit und kulturelle Unterschiede in Lebenslauf und Alter. Fakten, Prognosen und Visionen, Reihe „Alter(n) und Gesellschaft", Wiesbaden: VS Verlag für Sozialwissenschaften
Kunz, Volker 2002: Vergleichende Sozialkapitalforschung, in: Lauth, Hans-Joachim (Hg.): Vergleichende Regierungslehre. Eine Einführung, Wiesbaden: Westdeutscher Verlag, S. 393-418
Kunz, Volker 2004: Rational Choice, Frankfurt am Main, New York: Campus
Kunz, Volker/Westle, Bettina/Roßteutscher, Sigrid 2008: Dimensionen und Messung sozialen Kapitals, in: Westle, Bettina/Gabriel, Oscar W. (Hg.): Sozialkapital. Eine Einführung, Baden-Baden: Nomos, S. 41-49
Laaksonen, Mikko/Prättalä, Ritva/Karisto, Antti 2001: Patterns of Unhealthy Behavior in Finland, in: European Journal of Public Health, Jg. 11, H. 3, S. 294-300
Lahelma, Ero 2006: Health Inequalities – the Need for Explanation and Intervention, in: European Journal of Public Health, Jg. 16, H. 4, S. 339

Lahelma, Eero u.a. 2008: Die Mehrdimensionalität der sozioökonomischen Lage – Konsequenzen für die Analyse gesundheitlicher Ungleichheit, in: Bauer, Ullrich/Bittlingmayer, Uwe H./Richter, Matthias (Hg.): Health Inequalities. Determinanten und Perspektiven gesundheitlicher Ungleichheit, Wiesbaden: VS Verlag für Sozialwissenschaften, S. 143-166

Lampert, Thomas 2000: Sozioökonomische Ungleichheit und Gesundheit im höheren Lebensalter – Alters- und geschlechtsspezifische Differenzen, in: Backes, Gertrud M./Clemens, Wolfgang (Hg.): Lebenslagen im Alter: Gesellschaftliche Bedingungen und Grenzen, Opladen: Leske + Budrich, S. 159-185

Lampert, Thomas 2005: Schichtspezifische Unterschiede im Gesundheitszustand und Gesundheitsverhalten, online unter (30.08.2010): http://bsph.charite.de/fileadmin/user_upload/microsites/sonstige/bsph/Blaue_Reihe/2005-04_ger.pdf

Lampert, Thomas 2009: Soziale Ungleichheit und Gesundheit im höheren Lebensalter, in: Böhm, Katrin/Tesch-Römer, Clemens/Ziese, Thomas (Hg.) 2009: Gesundheit und Krankheit im Alter, Beiträge zur Gesundheitsberichterstattung des Bundes, Robert Koch-Institut, Berlin, S. 121-133

Lampert, Thomas/Kroll, Lars E. 2009: Messung des sozioökonomischen Status in sozialepidemiologischen Studien, in: Richter, Matthias/Hurrelmann, Klaus (Hg.): Gesundheitliche Ungleichheit. Grundlagen, Probleme, Perspektiven, 2. Aufl., Wiesbaden: VS Verlag für Sozialwissenschaften, S. 309-334

Lampert, Thomas/Kroll, Lars Eric/Dunkelberg, Annalena 2007: Soziale Ungleichheit der Lebenserwartung in Deutschland, in: Aus Politik und Zeitgeschichte (APuZ), 42, S. 11-18

Lampert, Thomas/Maas, Ineke 2000: Sozial selektives Überleben ins und im Alter, in: Backes, Gertrud M./Clemens, Wolfgang (Hg.): Lebenslagen im Alter: Gesellschaftliche Bedingungen und Grenzen, Opladen: Leske + Budrich, S. 219-249

Lampert, Thomas/Maas, Ineke/Mayer, Karl Ulrich 2008: Sozioökonomische Ungleichheiten der Mortalität im hohen Alter, in: Bauer, Ullrich/Bittlingmayer, Uwe H./Richter, Matthias (Hg.) 2008: Health Inequalities. Determinanten und Perspektiven gesundheitlicher Ungleichheit, Wiesbaden: VS Verlag für Sozialwissenschaften, S. 382-402

Lampert, Thomas/Richter, Matthias 2009: Gesundheitliche Ungleichheit bei Kindern und Jugendlichen, in: Richter, Matthias/Hurrelmann, Klaus (Hg.): Gesundheitliche Ungleichheit. Grundlagen, Probleme, Perspektiven, 2. Aufl., Wiesbaden: VS Verlag für Sozialwissenschaften, S. 209-230

Lange, Elmar 2007: Stichwort „Wertfreiheit", in: Fuchs-Heinritz, Werner u.a. (Hg.): Lexikon zur Soziologie, 4. Aufl., Wiesbaden: VS Verlag für Sozialwissenschaften, S. 726

Langer, Wolfgang 2009: Mehrebenenanalysen. Eine Einführung für Forschung und Praxis, 2. Aufl., Wiesbaden: VS Verlag für Sozialwissenschaften

Larson, James S. 1996: The World Health Organization's definition of health: social vs. spiritual health, in: Social Indicators Research, Jg. 38, H. 2, S. 181-192

Lasch, Vera/Reimann, Katja/Backes, Gertrud M. 2006: Gender, Health, and Ageing: An Introduction, in: Lasch, Vera/Reimann, Katja/Backes, Gertrud M. (Hg.): Gender, health and Ageing. European Perspectives on Life Course, Health issues and Social Challenges, Reihe "Alter(n) und Gesellschaft, Band 13, Wiesbaden: VS Verlag für Sozialwissenschaften, S. 11-26

Laslett, Peter 1995: Das Dritte Alter. Historische Soziologie des Alterns, Grundlagentexte Soziologie, Weinheim, München: Juventa

Lauth, Hans-Joachim (Hg.) 2002: Vergleichende Regierungslehre. Eine Einführung, Wiesbaden: Westdeutscher Verlag

Leffondré, Karen u.a. 2002: Modeling smoking history: A comparison of different approaches, in: American Journal of Epidemiology, Jg. 156, H. 9, S. 813-823

Lehr, Ursula/Schmitt, Marina (Hg.) 1997: Interdisziplinäre Längsschnittstudie des Erwachsenenalters (ILSE). Ergebnisse des 1. Untersuchungszeitpunktes, Forschungsberichte aus dem DZFA, Nr. 2, online unter: http://www.nar.uni-heidelberg.de/pdf/forschungsberichte/fb2_ILSE.pdf

Leonhart, Rainer 2004: Lehrbuch Statistik. Einstieg und Vertiefung, Bern: Huber

Leppert, Karena u.a. 2005: Resilienz als protektives Persönlichkeitsmerkmal im Alter, in: Psychotherapie – Psychosomatik – Medizinische Psychologie, Jg. 55, S. 365-369

Liang, Wenchi u.a. 1999: A Population-Based Study of Age and Gender Differences in Patterns of Health Related Behaviors, in: American Journal of Preventive Medicine, Jg. 17, H. 1, S. 8-17

Liao, Y. u.a. 1999: Socioeconomic status and morbidity in the last years of life, in: American Journal of Public Health, Jg. 89, H. 4, S. 569-572

Lin, Nan 2003: Social Capital: A Theory of Social Structure and Action, Cambridge: Cambridge University Press

Lin, Nan 2008: A Network Theory of Social Capital, in: Castiglione, Dario/van Deth, Jan W./Wolleb, Guglielmo (Hg.) 2008: The Handbook of Social Capital, Oxford: Oxford University Press, S. 50-69

Lin, Nan/Erickson, Bonnie H. 2008: Theory, Measurement, and the research Enterprise on Social Capital, in: Lin, Nan/Erickson, Bonnie H. (Hg.): Social Capital: An International Research Program, Oxford: Oxford University Press, S. 1-24

Lin, Nan/Erickson, Bonnie H. (Hg.) 2008: Social Capital: An International Research Program, Oxford: Oxford University Press

Lindenberg, Siegwart/Wippler, Reinhard 1978: Theorienvergleich. Elemente der Rekonstruktion, in: Hondrich, Karl-Otto/Matthes, Joachim (Hg.): Theorienvergleich in den Sozialwissenschaften, Darmstadt, Neuwied: Luchterhand

Lindström, Bengt 1992: Quality of Life: A Model for Evalusting Health for All. Conceptual Considerations and Policy Implications, in: Sozial- und Präventivmedizin, Jg. 37, H. 6, S. 301-306

Litz, Hans Peter 2000: Multivariate statistische Methoden und ihre Anwendung in den Wirtschafts- und Sozialwissenschaften, München, Wien: Oldenbourg

Lloyd-Sherlock, Peter 2000: Population ageing in the developed and developing regions: implications for health policy, in: Social Science and Medicine, Jg. 51, H. 6, S. 887-895

Lösel, Friedrich/Bender, Doris 2007: Von generellen Schutzfaktoren zu spezifischen protektiven Prozessen: Konzeptuelle Grundlagen und Ergebnisse der Resilienzforschung, in: Opp, Günther/Fingerle, Michael (Hg.): Was Kinder stärkt. Erziehung zwischen Risiko und Resilienz, 2. Aufl., München, Basel: Ernst Reinhardt Verlag, S. 57-78

Loth, Franziska 2008: Das Konzept der Resilienz, Studienarbeit, München, Ravensburg: GRIN – Verlag für akademische Texte

Löw, M. u.a. 2004: Epidemiologische Studie zu Chancen der Verhütung, Früherkennung und optimierten Therapie chronischer Erkrankungen in der älteren Bevölkerung (ESTHER-Studie), in: Deutsche Medizinische Wochenschrift, Jg. 129, S. 2643-2647

Lüdicke, Jörg/Diewald, Martin (Hg.) 2007: Soziale Netzwerke und soziale Ungleichheit. Zur Rolle von Sozialkapital in modernen Gesellschaften, Reihe „Sozialstrukturanalyse“, Wiesbaden: VS Verlag für Sozialwissenschaften

Lüschen, Günther/Niemann, Steffen 1995: Health Life-Style and Social Stratification, in: Lüschen, Günther u.a. (Hg.): Health Systems in the European Union. Diversity, Convergence, and Integration, Soziologie und Sozialpolitik, Band 1, München: Oldenbourg, S. 101-112

Lüschen, Günther u.a. (Hg.) 1995: Health Systems in the European Union. Diversity, Convergence, and Integration, Soziologie und Sozialpolitik, Band 11, München: Oldenbourg

Luthar, Suniya S./Cicchetti, Dante/Becker, Bronwyn 2000a: The Construct of Resilience: A Critical Evaluation and Guidelines for Future Work, in: Child Development, Jg. 71, H. 3, S. 543-562

Luthar, Suniya S./Cicchetti, Dante/Becker, Bronwyn 2000b: Research on Resilience: Response to Commentaries, in: Child Development, Jg. 71, H. 3, S. 573-575

Luy, Marc/Di Giulio, Paola 2005: Der Einfluss von Verhaltensweisen und Lebensstilen auf die Mortalitätsdifferenzen der Geschlechter, in: Gärtner, Karla/Grünheid, Evelyn/Luy, Marc (Hg.): Lebensstile, Lebensphasen, Lebensqualität: interdisziplinäre Analysen von Gesundheit und Sterblichkeit aus dem Lebenserwartungssurvey des BiB, Schriftenreihe des Bundesinstituts für Bevölkerungsforschung, Bd. 36, Wiesbaden: VS Verlag für Sozialwissenschaften, S. 365-389

Lynch, John/Davey Smith, George 2005: A Life Course Approach to Chronic Disease Epidemiology, in: Annual Review of Public Health, Jg. 26, S. 1-35

MacIntyre, Sally 1997: The Black Report and Beyond. What are the Issues?, in: Social Science and Medicine, Jg. 44, H. 4, S. 723-745

Mackenbach, Johan P. 2005: Genetics and Health Inequalities: Hypotheses and Controversies, in: Journal of Epidemiology and Community Health, Jg. 59, H. 4, S. 268-273

Mackenbach, Johan P. 2006: Health inequalities: Europe in profile, online unter (04.06.2008): http://ec.europa.eu/health/ph_determinants/socio_economics/documents/ev_060302_rd06_en.pdf

Mackenbach, Johan P./Howden-Chapman, Philippa 2003: New Perspective on Socioeconomic Inequalites in Health, in: Perspectives in Biology and Medicine, Jg. 46, H. 3, S. 428-444

Maelicke, B. (Hg.) 2008: Lexikon der Sozialwirtschaft, Baden-Baden: Nomos

Mai, Ralf 2003: Die Alten der Zukunft. Eine bevölkerungsstatistische Datenanalyse, Schriftenreihe des Bundesinstituts für Bevölkerungsforschung, Band 32, Opladen: Leske + Budrich

Mancini, Anthony D./Bonanno, George A. 2009: Predictors and Parameters of resilience to Loss: Toward an Individual Difference Model, in: Journal of Personality, Jg. 77, H. 6, S. 1805-1831

Marbach, Jan H. 2005: Der Aktionsraum im höheren Lebensalter und Optionen der Netzwerkhilfe: Theoretische Konzepte und empirische Befunde, in: Otto, Ulrich/Bauer, Petra (Hg.): Mit Netzwerken professionell zusammenarbeiten. Band 1: Soziale Netzwerke in Lebenslauf- und Lebenslagenperspektive, Tübingen: Deutsche Gesellschaft für Verhaltenstherapie-Verlag, S. 515-551

Markides, Kyriakos S./Machalek, Richard 1984: Selective Survival, Aging and Society, in: Archives of Gerontology and Geriatrics, Jg. 3, H. 3, S. 207-222

Marmot, Michael/Wilkinson, Richard G. (Hg.) 2006: Social Determinants of Health, 2. Aufl., Oxford: Oxford University Press

Martin, Mike/Martin, Peter 2000: Methodik der Interdisziplinären Längsschnittstudie des Erwachsenenalters: Zweiter Messzeitpunkt und erster Längsschnitt, in: Martin, Peter u.a. (Hg.): Interdisziplinäre Längsschnittstudie des Erwachsenenalters (ILSE). Abschlussbericht über den 2. Untersuchungsdurchgang, Forschungsberichte aus dem DZFA, Nr. 8, online unter (14.01.2008): http://www.nar.uni-heidelberg.de/pdf/forschungsberichte/fb8_ILSE.pdf, Heidelberg: Deutsches Zentrum für Alternsforschung an der Universität Heidelberg, Abteilung für Entwicklungsforschung, S. 15-27

Martin, Peter u.a. 2000: Einführung, in: Martin, Peter u.a. (Hg.): Interdisziplinäre Längsschnittstudie des Erwachsenenalters (ILSE). Abschlussbericht über den 2. Untersuchungsdurchgang, Forschungsberichte aus dem DZFA, Nr. 8, online unter (14.01.2008): http://www.nar.uni-heidelberg.de/pdf/forschungsberichte/fb8_ILSE.pdf, Heidelberg: Deutsches Zentrum für Alternsforschung an der Universität Heidelberg, Abteilung für Entwicklungsforschung, S. 1-6

Martin, Peter u.a. (Hg.) 2000: Interdisziplinäre Längsschnittstudie des Erwachsenenalters (ILSE). Abschlussbericht über den 2. Untersuchungsdurchgang, Forschungsberichte aus dem DZFA, Nr. 8, online unter (14.01.2008): http://www.nar.uni-heidelberg.de/pdf/forschungsberichte/fb8_ILSE.pdf, Heidelberg: Deutsches Zentrum für Alternsforschung an der Universität Heidelberg, Abteilung für Entwicklungsforschung

Masten, Ann S. 1999: Resilience Comes of Age: Reflections on the Past and Outlook for the Next Generation of Research, in: Glantz, Meyer D./Johnson, Jeanette L. (Hg.): Resilience and Development: Positive Life Adaptations, New York u.a.: Kluwer, S. 281-298

Masten, Ann S. 2001: Ordinary Magic. Resilience Processes in Development, in: American Psychologist, Jg. 56, H. 3, S. 227-238

Masten, Ann S. 2007: Resilience in Developing Systems: Progress and Promise as the First Wave Rise, in: Development and Psychopathology, Jg. 19, S. 921-930

Masten, Ann S. 2009: Ordinary Magic: Lessons from Research on Resilience in Human Development, in: Education Canada, Bd. 49, H. 3, S. 28-32

Masten, Ann S./Obradović, Jelenea 2006: Competence and Resilience in Development, in: Annals New York Academy of Sciences, Nr. 1094, S. 13-27
Matthews, Ruth, J. u.a. 2005: Socioeconomic factors associated with the onset of disability in older age a longitudinal study of people aged 75 and over, in: Social Science and Medicine, Jg. 61, H. 7, S. 1567-1575
Matthews, Ruth, J./Jagger, Carol/Hancock, Ruth, M. 2006: Does socio-economic advantage lead to a longer, healthier old age?, in: Social Science and Medicine, Jg. 62, H. 10, S. 2489-2499
Mayer, Jeffrey P./Taylor, Jeffrey R./Thrush, John C. 1990: Exploratory cluster analysis of behavioural risks for chronic disease and injury. Implications for tailoring health promotion services, in: Journal of Community Health, Jg. 15, H. 6, S. 377-389
Mayer, Karl Ulrich/Blossfeld, Hans-Peter 1990: Die gesellschaftliche Konstruktion sozialer Ungleichheit im Lebensverlauf, in: Berger, Peter A./Hradil, Stefan (Hg.): Lebenslagen, Lebensläufe, Lebensstile, Soziale Welt, Sonderband 7, Göttingen: Schwartz, S. 297-318
Mayer, Karl Ulrich/Baltes, Paul B. (Hg.) 1996: Die Berliner Altersstudie: Das höhere Alter in interdisziplinärer Perspektive, Ein Projekt der Berlin-Brandenburgischen Akademie der Wissenschaften, Band 3, Berlin: Akademie Verlag
Mayer, Karl Ulrich/Wagner, Michael 1993: Socio-economic resources and differential ageing, in: Ageing and Society, Jg. 13, H. 4, S. 517-550
Mayer, Karl Ulrich/Wagner, Michael 1996: Lebenslagen und soziale Ungleichheit im hohen Alter, in: Mayer, Karl Ulrich/Baltes, Paul B. (Hg.): Die Berliner Altersstudie: Das höhere Alter in interdisziplinärer Perspektive, Ein Projekt der Berlin-Brandenburgischen Akademie der Wissenschaften, Band 3, Berlin: Akademie Verlag, S. 251-275
McMunn, Anne u.a. 2006: Social determinants of health in older age, in: Marmot, Michael/Wilkinson, Richard G. (Hg.): Social determinants of health, 2. Aufl., Oxford: Oxford University Press, S. 267-296
McMunn, Anne/Nazroo, James/Breeze, Elisabeth 2009: Inequalities in health at older ages: a longitudinal investigation of the onset of illness and survival effects in England, in: Age and Ageing, Jg. 38, H. 2, S. 181-187
Melzer, David u.a. 2000: Socioeconomic status and the expectation of disability in old age: estimates for England, in: Journal of Epidemiology and Community Health, Jg. 54, H. 4, S. 286-292
Melzer, David u.a. 2001: Educational differences in the prevalence of mobility disability in old age: The dynamics of incidence, mortality and recovery, in: The Journals of Gerontology, Jg. 56B, H. 5, S. S294-S301
Menard, Scott 1995: Applied Logistic Regression Analysis, Series: Quantitative Applications in the Social Sciences, Thousand Oakes, London, New Dehli: Sage
Menning, Sonja 2006a: Lebenserwartung, Mortalität und Morbidität im Alter, Report Altersdaten, Deutsches Zentrum für Altersfragen, online unter (17.10.2007): http//www.dza.de/gerostat/gerostat-aktuelle.html
Menning, Sonja 2006b: Gesundheitszustand und gesundheitsrelevantes Verhalten Älterer, Report Altersdaten, Deutsches Zentrum für Altersfragen, online unter (17.10.2007): http//www.dza.de/gerostat/gerostat-aktuelle.html

Menning, Sonja/Hoffmann, Elke 2009: Funktionale Gesundheit und Pflegebedürftigkeit, in: Böhm, Katrin/Tesch-Römer, Clemens/Ziese, Thomas (Hg.): Gesundheit und Krankheit im Alter, Beiträge zur Gesundheitsberichterstattung des Bundes, Robert Koch-Institut, Berlin, S. 62-78

Mergenthaler, Andreas 2007: Langfristig Arbeitslose – die neue Unterschicht Ostdeutschlands?, in: Gesellschaft – Wirtschaft – Politik, Sozialwissenschaften für politische Bildung, Jg. 56, H. 4, S. 481-491

Merton, Robert K. 1968: The Matthew Effect in science. The reward and communication systems of science are considered, in: Science, Jg. 159, H. 3810, S. 56-63

Merton, Robert K. 1988: The Matthew Effect in science, II: Cumulative advantage and the symbolism of intellectual property, in: Isis, Jg. 4, H. 4, S. 606-623

Merton, Robert K. 1995: Soziologische Theorie und soziale Struktur, Berlin, New York: De Gruyter

Meyer, Thomas 2001: Das Konzept der Lebensstile in der Sozialstrukturforschung – eine kritische Bilanz, in: Soziale Welt, Jg. 52, H. 3, S. 255-271

Meyer, Traute/Pfau-Effinger, Birgit 2008: Die Geschlechter-Dimension in der Restrukturierung von Rentensystemen – Deutschland und Großbritannien im Vergleich, in: Künemund, Harald/Schroeter, Klaus R. (Hg.): 2008: Soziale Ungleichheit und kulturelle Unterschiede in Lebenslauf und Alter. Fakten, Prognosen und Visionen, Reihe „Alter(n) und Gesellschaft“, Wiesbaden: VS Verlag für Sozialwissenschaften, S. 105-125

Miegel, Meinhard 2002: Die deformierte Gesellschaft. Wie die Deutschen ihre Wirklichkeit verdrängen, Berlin, München: Propyläen

Mielck, Andreas 1994: ‚Soziale Medizin‘. Die Diskussion zu Beginn des 20. Jahrhunderts, in: Mielck, Andreas (Hg.): Krankheit und soziale Ungleichheit: Ergebnisse der sozialepidemiologischen Forschung in Deutschland, Opladen: Leske + Budrich, S. 35-52

Mielck, Andreas (Hg.) 1994: Krankheit und soziale Ungleichheit: Ergebnisse der sozialepidemiologischen Forschung in Deutschland, Opladen: Leske + Budrich

Mielck, Andreas/Bloomfield, Kim (Hg.) 2001: Sozialepidemiologie. Eine Einführung in die Grundlagen, Ergebnisse und Umsetzungsmöglichkeiten, Weinheim, München: Juventa

Mielck, Andreas 2005: Soziale Ungleichheit und Gesundheit. Einführung in die aktuelle Diskussion, Bern: Huber

Mielck, Andreas 2006: Soziale Ungleichheit der gesundheitlichen Versorgung: Argumente gegen die Überbetonung des Gesundheitsverhaltens, in: Rehberg, Karl-Siegbert (Hg.): Soziale Ungleichheit, kulturelle Unterschiede, Verhandlungen des 32. Kongresses der Deutschen Gesellschaft für Soziologie in München 2004, Teilband 2, Frankfurt am Main, New York: Campus, S. 975-990

Mielck, Andreas u.a. 2009: Quantitative Zielvorgaben zur Verringerung der gesundheitlichen Ungleichheit: Lernen von England und anderen westeuropäischen Staaten, in: Richter, Matthias/Hurrelmann, Klaus (Hg.): Gesundheitliche Ungleichheit. Grundlagen, Probleme, Perspektiven, 2. Aufl., Wiesbaden: VS verlag für Sozialwissenschaften, S. 459-477

Motel-Klingebiel, Andreas 2005: Einkommen und Vermögen, in: Kohli, Martin/Künemund, Harald (Hg.) 2005: Die zweite Lebenshälfte. Gesellschaftliche Lage und Partizipation im Spiegel des Alters-Survey, 2. Aufl., Wiesbaden: VS Verlag für Sozialwissenschaften, S. 42-102

Motel-Klingebiel, Andreas 2006: Materielle Lage älterer Menschen – Verteilungen und Dynamiken in der zweiten Lebenshälfte, in: Tesch-Römer, Clemens/Engster, Heribert/Wurm, Susanne (Hg.): Altwerden in Deutschland: Sozialer Wandel und individuelle Entwicklung in der zweiten Lebenshälfte, Wiesbaden: VS Verlag für Sozialwissenschaften, S. 155-230

Motel-Klingebiel, Andreas u.a. 2003: Altersstudien und Studien mit alter(n)swissenschaftlichem Analysepotential. Eine vergleichende Kurzübersicht, Deutsches Zentrum für Altersfragen, Nr. 39, online unter (9.10.2007): http://www.dza.de/download/DP_39.pdf

Müller, Ulrich/Heinzel-Gutenbrunner, Monika 2005: Soziale Lage, Gesundheitslebensstile und Gesundheitsverhalten, in: Gärtner, Karla/Grünheid, Evelyn/Luy, Marc (Hg.): Lebensstile, Lebensphasen, Lebensqualität: interdisziplinäre Analysen von Gesundheit und Sterblichkeit aus dem Lebenserwartungssurvey des BiB, Schriftenreihe des Bundesinstituts für Bevölkerungsforschung, Bd. 36, Wiesbaden: VS Verlag für Sozialwissenschaften, S. 127-153

Müller, Ulrich O./Bormann, Cornelia 2004: Panel-Erhebungen mit Gesundheitsbezug, in: ZUMA-Nachrichten 55, Jg. 28, S. 53-96

Müller, Hans-Peter/Schmid, Michael (Hg.) 2003: Hauptwerke der Ungleichheitsforschung, Wiesbaden: Westdeutscher Verlag

Naegele, Gerhard/Tews, Hans Peter (Hg.) 1993: Lebenslagen im Strukturwandel des Alters. Alternde Gesellschaft – Folgen für die Politik, Opladen: Westdeutscher Verlag

Naisbitt, John 1982: Megatrends. Ten new directions transforming our lives, New York: Warner Books

Naisbitt, John/Aburdene, Patricia 1990: Megatrends 2000. Zehn Perspektiven für den Weg ins nächste Jahrtausend, Düsseldorf, Wien, New York: ECON Verlag

Netuveli, G. u.a. 2008: Mental Health and Resilience at Older Ages: Bouncing Back After Adversity in the British Household Panel Survey, in: Journal of Epidemiology and Community Health, Jg. 62, H. 11, S. 987-991

Neubäumer, Renate (Hg.) 1993: Arbeitsmarktpolitik kontrovers: Analysen und Konzepte für Ostdeutschland, Darmstadt: Wissenschaftliche Buchgesellschaft

Niebrój, L.T. 2006: Defining health/illness: societal and/or clinical medicine?, in: Journal of Physiology and Pharmacology, Jg. 57, Supplement/Sonderband 4, S. 251-262

Niederfranke, Annette/Naegele, Gerhardt/Frahm, Eckart (Hg.) 1999: Funkkolleg Altern 1. Die vielen Gesichter des Alterns, Opladen: Westdeutscher Verlag

Nigg, Claudio R./Allegrante, John P./Ory, Marcia 2002: Theory-Comparison and Multiple-Behavior Research: Common Themes Advancing Health Behavior Research, in: Health Education Research, Jg. 17, H. 5, S. 670-679

Noack, H. 1991: Conceptualizing and measuring health, in: Badura, Bernhard/Kickbusch, Ilona (Hg.): Health promotion research: Towards a new social epidemiology, WHO regional publications, European series, Genf: World Health Organization (WHO), S, 85-112

Noll, Heinz-Herbert/Weick, Stefan 2008: Lebenssituation von Älteren, in: Statistisches Bundesamt u.a. (Hg.) 2008: Datenreport 2008. Ein Sozialbericht für die Bundesrepublik Deutschland, online unter (14.04.2010): http://www.destatis.de/jetspeed/portal/cms/Sites/destatis/Internet/DE/Content/Publikationen/Querschnittsveroeffentlichungen/Datenreport/Downloads/Datenreport2008,property=file.pdf, S. 193-199

Nolte, Paul 2003: Zivilgesellschaft und soziale Ungleichheit, in: Forschungsjournal Neue Soziale Bewegungen, Heft 2: Konturen der Zivilgesellschaft. Zur Profilierung eines Begriffs, Jg. 16, S. 38-45

Nübling, Matthias/Andersen, Hanfried H./Mühlbacher, Axel 2006: Entwicklung eines Verfahrens zur Berechnung der körperlichen und psychischen Summenskalen auf Basis der SOEP-Version des SF 12 (Algorithmus), online unter (18.06.2009): http://www.diw.de/documents/publicationen/73/44987/diw_datarec_2006-016.pdf

Oakes, Michael J./Kaufman, Jay S. (Hg.) 2006: Methods in Social Epidemiology, San Francisco: Jossey-Bass

Obrist, Birgit/van Eeuwijk, Peter 2006: Einleitung, in: van Eeuwijk, Peter/Obrist, Birgit (Hg.): Vulnerabilität, Migration und Altern. Medizinethnologische Ansätze im Spannungsfeld von Theorie und Praxis, Zürich: Seismo, S. 10-24

Olshansky, Jay S. 1995: Mortality Crossovers and Selective Survival in Human and Nonhuman Populations, in: The Gerontologist, Jg. 35, H. 5, S. 583-587

Olson, Mancur 1998: Die Logik kollektiven Handelns.. Kollektivgüter und die Theorie der Gruppe, 4. Aufl., Tübingen: Mohr Siebeck

Ong, Anthony D./Bergeman, C.C./Boker, Steven M. 2009: Resilience Comes of Age: Defining Features in Later Adulthood, in: Journal of Personality, Jg. 77, H. 6, S. 1777-1804

Opp, Günther/Fingerle, Michael (Hg.) 2007: Was Kinder stärkt. Erziehung zwischen Risiko und Resilienz, 2. Aufl., München, Basel: Ernst Reinhardt Verlag

Opp, Karl-Dieter 2005: Methodologie der Sozialwissenschaften. Einführung in Probleme ihrer Theorienbildung und praktischen Anwendung, 6. Aufl., Wiesbaden: VS Verlag für Sozialwissenschaften

O'Rand, Angela M. 1996: The precious and the precocious: Understanding cumulative disadvantage and cumulative advantage over the life course, in: The Gerontologist, Jg. 36, H. 2, S. 230-238

O'Rand, Angela M./Henretta, John C. 1999: Age and inequality. Diverse pathways through later life, Oxford: Westview press

Otte, Gunnar 2004: Sozialstrukturanalyse mit Lebensstilen. Eine Studie zur theoretischen und methodischen Neuorientierung der Lebensstilforschung, Reihe „Sozialstrukturanalyse", Band 18, Wiesbaden: VS Verlag für Sozialwissenschaften

Otte, Gunnar 2005: Hat die Lebensstilforschung eine Zukunft? Eine Auseinandersetzung mit aktuellen Bilanzierungsversuchen, in: Kölner Zeitschrift für Soziologie und Sozialpsychologie (KZfSS), Jg. 57, H. 1, S. 1-31

Otto, Ulrich 2005: Soziale Netzwerke und soziale Unterstützung Älterer: Status Quo und Perspektiven im Lichte demographischer Befunde, in: Otto, Ulrich/Bauer, Petra (Hg.): Mit Netzwerken professionell zusammenarbeiten. Band 1: Soziale Netzwerke in Lebenslauf- und Lebenslagenperspektive, Tübingen: Deutsche Gesellschaft für Verhaltenstherapie-Verlag, S. 433-469

Otto, Ulrich/Bauer, Petra (Hg.) 2005: Mit Netzwerken professionell zusammenarbeiten. Band 1: Soziale Netzwerke in Lebenslauf- und Lebenslagenperspektive, Tübingen: Deutsche Gesellschaft für Verhaltenstherapie-Verlag

Pampel, Fred C./Hardy, Melissa 1994: Status maintenance and change during old age, in: Social Forces, Jg. 73, H. 1, S. 289-314

Patterson, Joän M. 2002: Understanding Family Resilience, in: Journal of Clinical Psychology, Jg. 58, H. 3, S. 233-246

Patterson, Ruth E./Haines, Pamela S./Popkin, Barry M. 1994: Health Lifestyle Patterns of United-States Adults, in: Preventive Medicine, Jg. 23, H. 4, S. 453-460

Perrin, Claire u.a. 2002 : Lifestyle Patterns Concerning Sports and Physical Activity, and Perceptions of Health, in : Sozial- & Präventivmedizin, Jg. 47, H. 3, S. 162-171

Peterson, Sandra J./Bredow, Timothy S. (Hg.) 2004: Middle Range Theories: Application to Nursing Research, Lippincott: Williams & Wilkins

Peuckert, Rüdiger 2006: Stichwort "Soziale Norm", in: Schäfers, Bernhard/Kopp, Johannes (Hg.): Grundbegriffe der Soziologie, 9. Aufl., Wiesbaden: VS Verlag für Sozialwissenschaften, S. 213-216

Pientka, Ludger 1994: Gesundheitliche Ungleichheit und das Lebensstilkonzept, in: Mielck, Andreas (Hg.): Krankheit und soziale Ungleichheit: Ergebnisse der sozialepidemiologischen Forschung in Deutschland, Opladen: Leske + Budrich, S. 393-409

Polk, Laura V. 1996: Toward a Middle-Range Theory of Resilience, in: Advances in Nursing Research, Jg. 19, H. 3, S. 1-13

Poortinga, Wouter 2006a: Social Capital: An Individual or Collective Resource for Health?, in: Social Science and Medicine, Jg. 62, H. 2, S. 292-302

Poortinga, Wouter 2006b: Social Relations or Social Capital? Individual and Community Health Effects of Bonding Social Capital, in: Social Science and Medicine, Jg. 63, H. 1, S. 255-270

Poortinga, Wouter 2006c: Do Health Behaviors Mediate the Association Between Social Capital and Health?, in: Preventive Medicine, Jg. 43, H. 6, S. 488-493

Poortinga, Wouter 2007: The Prevalence and Clustering of Four Major Lifestyle Risk Factors in an English Adult Population, in: Preventive Medicine, Jg. 44, S. 124-128

Portes, Alejandro 1998: Social Capital: Its Origins and Application in Modern Sociology, in: Annual review of Sociology, Jg. 24, S. 1-24

Power, Chris/Kuh, Diana 2006: Life Course Development of Unequal Health, in: Siegrist, Johannes/Marmot, Michael (Hg.): Social Inequalites in Health. New Evidence and Policy Implications, Oxford: Oxford University Press, S. 27-53

Preißer, Rüdiger 2003: Muster der intergenerationalen Statusreproduktion in der Oberschicht, in: Hradil, Stefan/Immerfall, Peter (Hg.): Oberschichten – Eliten – Herrschende Klassen, Opladen: Leske + Budrich, S. 209-235

Projektgruppe „Das Sozio-ökonomische Panel“ (Hg.) 1991: Lebenslagen im Wandel: Basisdaten und -analysen zur Entwicklung in den neuen Bundesländern, Frankfurt am Main, New York: Campus

Prus, Steven G. 2007: Age, SES, and Health: A Population Level Analysis of Health Inequalities over the Lifecourse, in: Sociology of Health & Illness, Jg. 29, H. 2, S. 275-296

Putnam, Robert D. 1993: Making Democracy Work. Civic Traditions in Modern Italy, Princeton: Princeton University Press

Putnam, Robert D. 1995: Tuning In, Tuning Out: The Strange Disapearance of Social Capital in America, in: Political Science and Politics, Jg. 28, H. 4, S. 664-683

Radoschewski, M. 2000: Gesundheitsbezogene Lebensqualität – Konzepte und Maße, in: Bundesgesundheitsblatt – Gesundheitsschutz – Gesundheitsforschung, Jg. 46, H. 3, S. 165-189

Rahkonen, O./Takala, P. 1998: Social class differences in health and functional disability among older men and women, in: International Journal of Health Services, Jg. 28, H. 3, S. 511-524

Raitakari, Olli T. u.a. 1995. Clustering of Risk Habits in Young Adults. The Cardiovascular Risk in Young Finns Study, in: American Journal of Epidemiology, Jg. 142, H. 1, S. 36-44

Rautio, N./ Heikkinen, E./ Heikkinen, RL. 2001: The association of socio-economic factors with physical and mental capacity in elderly men and women, in: Archives of Gerontology and Geriatrics, Jg. 33, H. 2, S. 163-178

Rautio, N./Heikkinen, E./Ephrahim, S. 2005: Socio-economic position and its relationship to physical capacity among elderly people living in Jyvaskyla, Finland: five and ten-year follow-up studies, in: Social Science and Medicine, Jg. 60, H. 11, S. 2405-2416

Razum, Oliver u.a. 2008: Social Epidemiology After the German Reunification: East vs. West or Poor vs. Rich?, in: International Journal of Public Health, Jg. 53, H. 1, S. 13-22

Reedy, Jill/Haines, Pamela S./Campbell, Marci Kramish 2005: The Influence of Health Behavior Clusters on Dietary Change, in: Preventive Medicine, Jg. 41, H. 1, S. 268-275

Rehberg, Karl-Siegbert (Hg.): Soziale Ungleichheit, kulturelle Unterschiede, Verhandlungen des 32. Kongresses der Deutschen Gesellschaft für Soziologie in München 2004, Teilband 2, Frankfurt am Main, New York: Campus

Richardson, John G. (Hg.) 1986: Handbook of Theory and Research for the Sociology of Education, New York, Westport, Conneticut, London: Greenwood Press

Richardson, Glenn E. 2002: The Metatheory of Resilience and Resiliency, in: Journal of Clinical Psychology, Jg. 58, H. 3, S. 307-321

Richter, Matthias/Hurrelmann, Klaus (Hg.) 2009: Gesundheitliche Ungleichheit. Grundlagen, Probleme, Perspektiven, 2. Aufl., Wiesbaden: VS Verlag für Sozialwissenschaften

Richter, Matthias/Hurrelmann, Klaus 2009: Gesundheitliche Ungleichheit: Ausgangsfragen und Herausforderungen, in: Richter, Matthias/Hurrelmann, Klaus (Hg.): Gesundheitliche Ungleichheit. Grundlagen, Probleme, Perspektiven, 2. Aufl., Wiesbaden: VS Verlag für Sozialwissenschaften, S. 13-33

Robert Koch-Institut (RKI) (Hg.) 2002: Gesundheit im Alter, Gesundheitsberichterstattung des Bundes, Heft 10, Berlin
Robert Koch-Institut (RKI) (Hg.) 2003: Multimorbidität in Deutschland: Stand-Entwicklung-Folgen, Berlin
Robert Koch-Institut (RKI) (Hg.) 2006: Gesundheit in Deutschland, Gesundheitsberichterstattung des Bundes, online unter (01.04.2010): http://wwwrki.de/cln_049/nn_204568/DE/Content/GBE/GesundheitsberichterstattungGesInDtld/gesundheitsbericht,templateId=raw,property=publicationFile.pdf/gesundheitsbericht.pdf
Robert Koch-Institut (RKI)/Gesellschaft der epidemiologischen Krebsregister in Deutschland (GEKID) (Hg.) 2008: Krebs in Deutschland 2003/2004. Häufigkeiten und Trends, Gesundheitsberichterstattung des Bundes, 6. überarb. Aufl., Berlin
Robert Koch-Institut (RKI)/Gesellschaft der epidemiologischen Krebsregister in Deutschland (GEKID) (Hg.) 2010: Krebs in Deutschland 2005/2006. Häufigkeiten und Trends, Gesundheitsberichterstattung des Bundes, 7. Aufl., Berlin
Robert, Stephanie A. u.a. 2009: Socioeconomic status and age variations in Health-related Quality of Life: Results from the National Health Measurement Study, in: Journal of Gerontology: Social Sciences, Jg. 64B, H. 3, S. 378-389
Robinson, JoAnn L. 2000: Are There Implications for Prevention Research from Studies of Resilience?, in: Child Development, Jg. 71, H. 3, S. 570-572
Rogerson, Robert J. 1995: Environmental and Health-Related Quality of Life: Conceptual and Methodological Similarities, in: Social Science and Medicine, Jg. 41, H. 10, S. 1373-1382
Roosa, Mark W. 2000: Some Thoughts about Resilience versus Positive Development. Main Effects versus Interactions, and the Value of Resilience, in: Child Development, Jg. 71, H. 3, S. 567-569
Rose, Richard 2000: How Much Does Social Capital Add to Individual Health? A Survey Study of Russians, in: Social Science and Medicine, Jg. 51, H. 9, S. 1421-1435
Rosenberg, Raben 1995: Health-Related Quality of Life between Naturalism and Hermeneutics, in: Social Science and Medicine, Jg. 41, H. 10, S. 1411-1415
Rosenbrock, Rolf/Kümpers, Susanne 2006: Die Public Health Perspektive. Krankheit vermeiden – Gesundheit fördern, in: Wendt, Claus/Wolf, Christof (Hg.): Soziologie der Gesundheit, Kölner Zeitschrift für Soziologie und Sozialpsychologie (KZfSS), Sonderheft 46, Wiesbaden: VS Verlag für Sozialwissenschaften, S. 243- 269
Rosenbrock, Rolf/Kümpers, Susanne 2009: Primärprävention als Beitrag zur Verminderung sozial bedingter Ungleichheit von Gesundheitschancen, in: Richter, Matthias/Hurrelmann, Klaus 2009: Gesundheitliche Ungleichheit. Grundlagen, Probleme, Perspektiven, 2. Aufl., Wiesbaden: VS Verlag für Sozialwissenschaften, S. 385-403
Rosenmayr, Leopold/Majce, Gerhard 1978: Die soziale Benachteiligung, in: Rosenmayr, Leopold/Rosenmayr, Hilde (Hg.): Der alte Mensch in der Gesellschaft, Reinbeck: Rowohlt, S. 231-260
Rosenmayr, Leopold/Rosenmayr, Hilde (Hg.) 1978: Der alte Mensch in der Gesellschaft, Reinbeck: Rowohlt
Ross, Catherine E./Wu, Chia-Ling 1996: Education, age, and the cumulative advantage in health, in: Journal of health and Social Behavior, Jg. 37, H. 1, S. 104-120

Rössel, Jörg 2005: Plurale Sozialstrukturanalyse. Eine handlungstheoretische Rekonstruktion der Grundbegriffe der Sozialstrukturanalyse, Wiesbaden: VS Verlag für Sozialwissenschaften

Roßteutscher, Sigrid/Westle, Bettina/Kunz Volker 2008: Das Konzept des Sozialkapitals und Beiträge zentraler Klassiker, in: Westle, Bettina/Gabriel, Oscar W. (Hg.): Sozialkapital. Eine Einführung, Baden-Baden: Nomos, S. 11-40

Rostila, Mikael 2007: Social Capital and Health in European Welfare Regimes: A Multilevel Approach, in: Journal of European Social Policy, Jg. 17, H. 3, S. 223-239

Rowe, John Wallis/Kahn, Robert Louis 1998: Successful aging, New York: Pantheon

Rutter, Michael 1987: Psychosocial Resilience and Protective Mechanisms, in: American Journal of Orthopsychiatry, Jg. 57, H. 3, S. 316-331

Rutter, Michael 1993: Resilience: Some Conceptual Considerations, in: Journal of Adolescent Health, Jg. 14, H. 8, S. 626-631

Sachverständigenrat zur Begutachtung der Entwicklung im Gesundheitswesen (Hg.) 2007: Kooperation und Verantwortung. Koordination und Qualität im Gesundheitswesen, Gutachten, Berlin

Sacker, Amanda u.a. 2005: Social dynamics of health inequalities: a growth curve analysis of aging and self assessed health in the British household panel survey 1991-2001, in: Journal of Epidemiologiy and Community Health, Jg. 59, H. 6, S. 495-501

Saracci, Rodolfo 1997: The World Health organization needs to reconsider its definition of health, in: BMJ, Nr. 314, 10. Mai 1997, S. 1409-1410

Saß, Anke-Christine/Lampert, Thomas/Ellert, Ute 2008: Gesundheitliche Lebensqualität im Alternsverlauf: Gibt es Zusammenhänge zur sozioökonomischen Lage, in: Rehberg, Karl-Siegbert (Hg.): Die Natur der Gesellschaft: Verhandlungen des 33. Kongesses der Deutschen Gesellschaft für Soziologie in Kassel, Band 2, Frankfurt am Main, New York: Campus, S. 1379-1383

Saß, Anke-Christine/Wurm, Susanne/Ziese, Thomas 2009: Alter=Krankheit? Gesundheitszustand und Gesundheitsentwicklung, in: Böhm, Katrin/Tesch-Römer, Clemens/Ziese, Thomas (Hg.): Gesundheit und Krankheit im Alter, Beiträge zur Gesundheitsberichterstattung des Bundes, Robert Koch- Institut, Berlin, S. 31-61

Schäfers, Bernhard 1998: Sozialstruktur und sozialer Wandel in Deutschland. Mit einem Anhang: Deutschland im Vergleich europäischer Sozialstrukturen, 7. neu bearb. Aufl., Stuttgart: Enke

Schäfers, Bernhard 2004: Sozialstruktur und sozialer Wandel in Deutschland, 8. Aufl., Stuttgart: Lucius & Lucius

Schäfers, Bernhard/Kopp, Johannes (Hg.) 2006: Grundbegriffe der Soziologie, 9. Aufl., Wiesbaden: VS Verlag für Sozialwissenschaften

Schäfers, Bernhard/Lehmann, Bianca 2006: Stichwort „Soziale Ungleichheit“, in: Schäfer, Bernhard/Kopp, Johannes (Hg.): Grundbegriffe der Soziologie, 9. grundl. überarb. u. akt. Aufl., Wiesbaden: VS Verlag für Sozialwissenschaften, S. 329-330

Schaffer, Majorie A. 2004: Social Support, in: Peterson, Sandra J./Bredow, Timothy S. (Hg.): Middle Range Theories: Application to Nursing Research, Lippincott: Williams & Wilkins, S. 179-201

Schaper, Klaus 2008: Die soziale Sicherung alter Menschen in Deutschland, in: Thieme, Frank (Hg.): Alter(n) in der alternden Gesellschaft. Eine soziologische Einführung in die Wissenschaft vom Alter(n), Wiesbaden: VS Verlag für Sozialwissenschaften, S. 115-158

Schäuble, Gerhard 1989: Die schönsten Jahre des Lebens? Lebenslagen und Alltagsrhythmen von jungen Alten, Stuttgart: Enke

Schendera, Christian 2008: Regressionsanalyse mit SPSS, München: Oldenbourg

Schendera, Christian 2010: Clusteranalyse mit SPSS, München: Oldenbourg

Schienkiewitz, Anja 2007: Multimorbidität in der EPIC-Potsdam Studie, genehmigte Dissertation, Berlin

Schimany, Peter 2003: Die Alterung der Gesellschaft. Ursachen und Folgen demographischen Umbruchs, Frankfurt am Main/New York: Campus

Schlicht, Wolfgang 2001: Soziale Komponenten der Lebensstiländerung – Kritik am Lebensstilkonzept, in: Janssen, Jan-Peters (Hg.): Lebensstil und Gesundheitsförderung – Was ist zu erreichen?, Berichte aus dem Arbeitsbereich Sportpsychologie des Instituts für Sport und Sportwissenschaft der Christian-Albrechts-Universität zu Kiel, online unter (05.05.2010): http://www.lebensstilaenderung.de/publikationen/gesundheitsfoerderung.pdf, S. 57-68

Schlicht, Wolfgang/Dickhuth, Hans Herrmann (Hg.) 1999: Gesundheit für alle: Fiktion oder Realität?, Stuttgart, New York: Schattauer

Schmähl, Winfried/Ulrich, Volker (Hg.) 2001: Soziale Sicherungssysteme und demographische Herausforderungen, Tübingen: Mohr

Schneider, Sven 2008: Der Schichtgradient von Morbidität und Mortalität: Vorschlag für ein theoretisches Erklärungsmodell gesundheitlicher Ungleichheit, in: Österreichische Zeitschrift für Soziologie, Jg. 33, H. 1, S. 43-66

Schneider, Sven u.a. 2010: Optimising Lifestyle Interventions: Indentification of Health Behavior Patterns by Cluster Analysis in a German 50+ Survey, in: European Journal of Public Health, Jg. 19, H. 3, S. 271-277

Schnell, Rainer/Hill, Paul B./Esser, Elke 2005: Methoden der empirischen Sozialforschung, 7. Aufl., München, Wien: Oldenbourg

Schönmäkers, Ronald C. 2005: Population ageing and its economic and financial implications, in: Schönmäkers, Ronald C./Kotowska, Irena (Hg.): Population ageing and its challenges to social policy: study prepared for the European Population Conference 2005, Strasbourg: Council of Europe, S. 27-116

Schönmäkers, Ronald C./Kotowska, Irena (Hg.) 2005: Population ageing and its challenges to social policy: study prepared for the European Population Conference 2005, Strasbourg: Council of Europe

Schoon, Ingrid 2006: Risk and Resilience. Adaptation in Changing Times, Cambridge: Cambridge University Press

Schröder, Harry 2008: Gesundheit, in: Berth, Hendrick/Balck, Friedrich/Brähler, Elmar (Hg.): Medizinische Psychologie und Medizinische Soziologie von A bis Z, Göttingen: Hogrefe, S. 177-180

Schuit, Jantine A. u.a. 2002: Clustering of Lifestyle Risk Factors in a General Adult Population, in: Preventive Medicine, Jg. 35, H. 3, S. 219-224

Schulze, Alexander 2008: Die sozialwissenschaftliche Erklärung gesundheitlicher Ungleichheiten, in: Gesellschaft – Wirtschaft – Politik (GWP), H. 2, S. 203-214
Schumacher, J./Brähler, E. 2004: Bezugssysteme von Gesundheit und Krankheit, in: Strauß, B. u.a. (Hg.): Lehrbuch medizinische Psychologie und medizinische Soziologie, Göttingen: Hogrefe, S. 17-39
Schupp, Jürgen/Wagner, Gert 1991: Die Ost-Stichprobe des Sozio-ökonomischen Panels, in: Projektgruppe „Das Sozio-ökonomische Panel" (Hg.): Lebenslagen im Wandel: Basisdaten und -analysen zur Entwicklung in den neuen Bundesländern, Frankfurt am Main, New York: Campus, S. 25-41
Schwartz, Friedrich Wilhelm u.a. (Hg.) 2003: Das Public-Health-Buch: Gesundheit und Gesundheitswesen, 2. Aufl., München: Urban & Fischer
Schwartz, Friedrich Wilhelm/Walter, Ulla 2003: Altsein – Kranksein?, in: Schwartz, Friedrich Wilhelm u.a. (Hg.): Das Public-Health-Buch: Gesundheit und Gesundheitswesen, 2. Aufl., München: Urban & Fischer, S. 163-180
Schwarz, Karl 1997: Bestimmungsgründe der Alterung einer Bevölkerung - Das deutsche Beispiel, in: Zeitschrift für Bevölkerungswissenschaft, Jg. 22, S. 347-359
Schwenk, Otto G. (Hg.) 1996: Lebensstil zwischen Sozialstrukturanalyse und Kulturwissenschaft, Reihe „Sozialstrukturanalyse", Band 7, Opladen: Leske + Budrich
Shuey, Kim M./Willson, Andrea E. 2008: Cumulative Disadvantage and Black-White Disparities in Life-Course Health Trajectories, in: Research on Aging, Jg. 30, H. 2, S. 200-225
Siegrist, Johannes 2005: Ageing societies - new priorities for public health research?, in: European Journal of Public Health, Jg. 15, H. 4, S. 335
Siegrist, Johannes/Marmot, Michael (Hg.) 2006: Social Inequalities in Health. New Evidence and Policy Implications, Oxford: Oxford University Press
Siegrist, Johannes/Marmot, Michael 2006: Introduction, in: Siegrist, Johannes/Marmot, Michael (Hg.): Social Inequalities in Health. New Evidence and Policy Implications, Oxford: Oxford University Press, S. 1-25
Slater, Michael D./Flora, June A. 1991: Health Lifestyles: Audience Segmentation Analysis for Public Health Interventions, in: Health Education & Behavior, Jg. 18, H. 2, S. 221-233
Smith, James P./Kington, Raynard 1997: Demographic and economic correlates of health in old age, in: Demography, Jg. 34, H. 1, S. 159-170
SOEP Group 2001: The German Socioeconomic Panel (SOEP) after more than 15 years – overview, in: Horst, Elke/Lillard, Dean R./DiPrete, Thomas A. (Hg.): Proceedings of the 2000 Fourth International Conference of the German Socioeconomic Panel Users (GSOEP 2000), Vierteljahreshefte zur Wirtschaftsforschung, Jg. 70, H. 1, S. 7-14
Solga, Heike/Powell, Justin/Berger, Peter A. (Hg.) 2009: Soziale Ungleichheit. Klassische Texte zur Sozialstrukturanalyse, Frankfurt am Main, New York: Campus
Spegel, Hedwig u.a. 1999: Muster des Gesundheitsverhaltens und ihre Determinanten – Ergebnisse des Bern-Münchner Lebensstilpanels, in: Sozial- und Präventivmedizin, Jg. 44, H. 4, S. 160-170

Spitzer, Walter O. 1987: State of Science 1986: Quality of life and Functional Status as Target Variables for Research, in: Journal of Chronic Disease, Jg. 40, H. 6, S. 465-471

Stansfeld, Stephen A. 2006: Social Support and Social Cohesion, in: Marmot, Michael/Wilkinson, Richard G. (Hg.): Social Determinants of Health, 2. Aufl., Oxford: Oxford University Press, S. 148-171

Statistisches Bundesamt (StBA) (Hg.) 2006: 11. koordinierte Bevölkerungsvorausberechnung, online unter (21.01.2007): http://www.destatis.de/presse/deutsch/pk/2006/bevoelkerungsprojektion2050i.pdf

Statistisches Bundesamt (StBA) (Hg.) 2009: 12. koordinierte Bevölkerungsvorausberechnung, online unter (30.07.2011): http://www.destatis.de/jetspeed/portal/cms/Sites/destatis/Internet/DE/Presse/pk/2009/Bevoelkerung/pressebroschuere_bevoelkerungsentwicklung2009,property=file.pdf

Statistisches Bundesamt u.a. (StBA) (Hg.) 2008: Datenreport 2008. Ein Sozialbericht für die Bundesrepublik Deutschland, online unter (14.04.2010): http://www.destatis.de/jetspeed/portal/cms/Sites/destatisInternet/DE/Content/Publikationen/Querschnittsveroeffentlichungen/Datenreport/Downloads/Datenreport2008,property=file.pdf

Staudinger, Ursula M. u.a. 1996: Selbst, Persönlichkeit und Lebensgestaltung im Alter: Psychologische Widerstandsfähigkeit und Vulnerabilität, in: Mayer, Karl Ulrich (Hg.) 1996: Die Berliner Altersstudie: Ein Projekt der Berlin-Brandenburgischen Akademie der Wissenschaften, Berlin: Akademie Verlag, S. 321-350

Staudinger, Ursula M./Greve, Werner 2001: Resilienz im Alter, in: Deutsches Zentrum für Altersfragen (Hg.): Personale, gesundheitliche und Umweltressourcen im Alter, Expertisen zum Dritten Altenbericht der Bundesregierung, Band 1, Opladen: Leske + Budrich, S. 95-144

Staudinger, Ursula M./Greve, Werner 2007: Resilienz im Alter aus der Sicht der Lebensspannen-Psychologie, in: Opp, Günther/Fingerle, Michael (Hg.) 2007: Was Kinder stärkt. Erziehung zwischen Risiko und Resilienz, 2. Aufl., München, Basel: Ernst Reinhardt Verlag, S. 116-134

Steinkamp, Günther 1993: Soziale Ungleichheit, Erkrankungsrisiko und Lebenserwartung: Kritik der sozialepidemiologischen Ungleichheitsforschung, in: Sozial- und Präventivmedizin, Jg. 38, H. 3, S. 111-122

Steinkamp, Günther 1999: Soziale Ungleichheit in Mortalität und Morbidität, in: Schlicht, Wolfgang/Dickhuth, Hans Herrmann (Hg.): Gesundheit für alle: Fiktion oder Realität?, Stuttgart, New York: Schattauer, S. 101-154

Stelmach, W. u.a. 2004: How income and education contribute to risk factors for cardiovascular disease in the elderly in a former communist country, in: Public Health, Jg. 118, H. 6, S. 439-449

Streich, Waldemar 2009: Vulnerable Gruppen: „Verwundbarkeit“ als politiksensibilisierende Metapher in der Beschreibung gesundheitlicher Ungleichheit, in: Richter, Matthias/Hurrelmann, Klaus (Hg.): Gesundheitliche Ungleichheit. Grundlagen, Probleme, Perspektiven, 2. Aufl., Wiesbaden: VS Verlag für Sozialwissenschaften, S. 301-307

Subramanian, S.V./Kim, Daniel J./Kawachi, Ichiro 2002: Social Trust and Self-Rated Health in US Communities: A Multilevel Analysis, in: Journal of Urban Health: Bulletin of the New York Academy of Medicine, Jg. 79, H. 4 Sonderband 1), S. S21-S34

Sutton, Philip W. u.a. 2005: The Emotional well-being of Young People: A Review of the Literature, online unter (16.02.2010): http://www4.rgu.ac.uk/files/CL%20EWB%20Lit%20Review%20Feb%202005.pdf

Szydlik, Mark (Hg.) 2004: Generation und Ungleichheit, Wiesbaden: VS Verlag für Sozialwissenschaften

Tanner, Marcel 2006: Risiko, Vulnerabilität und Resilienz, in: van Eeuwijk, Peter/Obrist, Birgit (Hg.): Vulnerabilität, Migration und Altern. Medizinethnologische Ansätze im Spannungsfeld von Theorie und Praxis, Zürich: Seismo, S. 119-124

Tarter, Ralph E./Vanyukov, Michael 1999: Re-Visiting the Validity of the Construct of Resilience, in: Glantz, Meyer D./Johnson, Jeanette L. (Hg.): Resilience and Development: Positive Life Adaptations, New York u.a.: Kluwer, S. 85-100

Tesch-Römer, Clemens/Engster, Heribert/Wurm, Susanne (Hg.) 2006: Altwerden in Deutschland: Sozialer Wandel und individuelle Entwicklung in der zweiten Lebenshälfte, Wiesbaden: VS Verlag für Sozialwissenschaften

Tesch-Römer, Clemens u.a. 2002: Die zweite Welle des Alterssurveys. Erhebungsdesign und Instrumente, Deutsches Zentrum für Altersfragen, Berlin

Tesch-Römer, Clemens/Wurm, Susanne 2009a: Theoretische Positionen zu Gesundheit und Alter, in: Böhm, Katrin/Tesch-Römer, Clemens/Ziese, Thomas (Hg.): Gesundheit und Krankheit im Alter, Beiträge zur Gesundheitsberichterstattung des Bundes, Robert Koch-Institut, Berlin, S. 7-20

Tesch-Römer, Clemens/Wurm, Susanne 2009b: Lebenssituation älter werdender und alter Menschen in Deutschland, in: Böhm, Katrin/Tesch-Römer, Clemens/Ziese, Thomas (Hg.): Gesundheit und Krankheit im Alter, Beiträge zur Gesundheitsberichterstattung des Bundes, Robert Koch-Institut, Berlin, S. 113-120

Tews, Hans Peter 1993: Neue und alte Aspekte des Strukturwandels des Alters, in: Naegele, Gerhard/Tews, Hans Peter (Hg.): Lebenslagen im Strukturwandel des Alters. Alternde Gesellschaft – Folgen für die Politik, Opladen: Westdeutscher Verlag, S. 15-42

Tews, Hans Peter 1999: Von der Pyramide zum Pilz. Demographische Veränderungen in der Gesellschaft, in: Niederfranke, Annette/Naegele, Gerhardt/Frahm, Eckart (Hg.): Funkkolleg Altern 1. Die vielen Gesichter des Alterns, Opladen: Westdeutscher Verlag, S. 137-185

Thieme, Frank (Hg.) 2008: Alter(n) in der alternden Gesellschaft. Eine soziologische Einführung in die Wissenschaft vom Alter(n), Wiesbaden: VS Verlag für Sozialwissenschaften

Thorslund, Mats/Lundberg, Olle 1994: Health and inequalities amnong the oldest old, in: Journal of Aging and Health, Jg. 6, H. 1, S. 51-69

Tobias, Martin/Jackson, Gary/Ken Huang, Li-Chia Yeh 2007: Do Healthy and Unhealthy Behaviors Cluster in New Zealand?, in: Australian and New Zealand Journal of Public Health, Jg. 31, H. 2, S. 155-162

Tokarski, Walter 1993: Lebensstile: Ein brauchbarer Ansatz für die Analyse des Altersstrukturwandels?, in: Naegele, Gerhard/Tews, Hans Peter (Hg.): Lebenslagen im Strukturwandel des Alters. Alternde Gesellschaft – Folgen für die Politik, Opladen: Westdeutscher Verlag, S. 116-132

Tsimbos, Cleon 2010: An Assessment of Socio-Economic Inequalities in Health Among the Elderly in Greece, Italy and Spain, in: International Journal of Public Health, Jg. 55, H. 1, S. 5-15

Tusaie, Kathleen/Dyer, Janyce 2004: Resilience: A Historical Review of the Construct, in: Holistic Nursing Practice, Jg. 18, H. 1, S. 3-8

Ulrich, Ralf E. 2004: Demographic Change in Germany and Implications for the Health System, in: Journal of Public Health, Jg. 13, H. 1, S. 10-15

Van Deth, Jan W. 2008: Measuring Social Capital, in: Castiglione, Dario/van Deth, Jan W./Wolleb, Guglielmo (Hg.): The Handbook of Social Capital, Oxford: Oxford University Press, S. 150-175

Van Eeuwijk, Peter/Obrist, Birgit (Hg.) 2006: Vulnerabilität, Migration und Altern. Medizinethnologische Ansätze im Spannungsfeld von Theorie und Praxis, Zürich: Seismo

Veenstra, Gerry 2000: Social Capital, SES and Health: An Individual-Level Analysis, in: Social Science and Medicine, Jg. 50, H. 5, S. 619-629

Veenstra, Gerry 2002: Social Capital and Health (Plus Wealth, Income Inequality and Regional Health Governance), in: Social Science and Medicine, Jg. 54, H. 6, S. 849-868

Veenstra, Gerry 2005: Location, Location, Location: Contextual and Compositional Health Effects of Social Capital in British Columbia, Canada, in: Social Science and Medicine, Jg. 60, H. 9, S. 2059-2071

Vereinte Nationen (UN) 1948: Allgemeine Erklärung der Menschenrechte, online unter (01.04.2010): http://www.unhchr.ch/udhr/lang/ger.htm

Vereinte Nationen (UN) 1966: Internationaler Pakt über wirtschaftliche, soziale und kulturelle Rechte, online unter (01.04.2010): http://www.auswaetriges.amt.de/diplo/de/Aussenpolitik/Themen/Menschenrechte/Download/IntSozialpakt.pdf

Victor, Christina R. 1991: Continuity or change: inequalities in health in later life, in: Ageing and Society, Jg. 11, H. 1, S. 23-29

Wadenpohl, Sabine 2006: Für einen guten Abschluss sorgen. Resilienz alter Menschen mit dementiell erkrankten Partnern/-innen, online unter (15.01.2010): http://deposit.dnb.de/cgi-bin/dokserv?idn=980299918&dok_var=d1&dok_ext=pdf&filename=980299918.pdf

Wagner, Gerd/Schupp, Jürgen/Rendtel, Ulrich 1994: Das Sozio-ökonomische Panel (SOEP) – Methoden der Datenproduktion und -aufbereitung im Längsschnitt, in: Hauser, R./Ott, N./Wagner, G. (Hg.): Deutsche Forschungsgemeinschaft. Mikroanalytische Grundlagen der Gesellschaftspolitik, Band II, Erhebungsverfahren, Analysemethoden und Mikrosimulation, Berlin: Akademie Verlag, S. 70-112

Wagner, Gerd u.a. 1996: Wirtschaftliche Lage und wirtschaftliches Handeln alter Menschen, in: Mayer, Karl Ulrich/Baltes, Paul B. (Hg.): Die Berliner Altersstudie, Ein Projekt der Berlin-Brandenburgischen Akademie der Wissenschaften, Band 3, Berlin: Akademie Verlag, S. 277-299

Walla, Wolfgang/Eggen, Bernd/Lipinski, Heike 2006: Der demographische Wandel: Herausforderungen für Politik und Wirtschaft, Stuttgart: Kohlhammer

Waller, Heiko 2002: Sozialmedizin. Grundlagen und Praxis, 5. Aufl., Stuttgart: Kohlhammer

Walter, Ulla/Schwartz, Friedrich Wilhelm 2001: Gesundheit der Älteren und Potentiale der Prävention und Gesundheitsförderung, in: Deutsches Zentrum für Altersfragen (Hg.): Personale, gesundheitliche und Umweltressourcen im Alter, Expertisen zum Dritten Altenbericht der Bundesregierung, Band 1, Opladen: Leske + Budrich, S. 145-251

Walter, U./Schneider, N./Bisson, S. 2006: Krankheitslast und Gesundheit im Alter. Herausforderungen für die Prävention und gesundheitliche Versorgung, in: Bundegesundheitsblatt – Gesundheitsforschung – Gesundheitsschutz, Jg. 49, H. 6, S. 537-546

Waltz, Edwin Millard 1981: Soziale Faktoren bei der Entstehung und Bewältigung von Krankheit – ein Überblick über die empirische Literatur, in: Badura, Bernhard (Hg.) 1981: Soziale Unterstützung und chronische Krankheit. Zum Stand sozialepidemiologischer Forschung, Frankfurt am Main: Suhrkamp, S. 40-119

Weber, Max 1980 [1921]: Wirtschaft und Gesellschaft. Grundriss der verstehenden Soziologie, 5. Aufl., Tübingen: J.C.B. Mohr

Wegener, Bernd 1988: Kritik des Prestiges, Opladen: Westdeutscher Verlag

Wehler, Hans-Ulrich 1979: Vorüberlegungen zur historischen Analyse sozialer Ungleichheit, in: Wehler, Hans-Ulrich (Hg.): Klassen in der europäischen Sozialgeschichte, Göttingen: Vandenhoeck & Rupprecht, S. 9-32

Wehler, Hans-Ulrich (Hg.) 1979: Klassen in der europäischen Sozialgeschichte, Göttingen: Vandenhoeck & Rupprecht

Weicher, Christoph 2007: Stichwort „Vulnerabilität“, in: Fuchs-Heinritz, Werner u.a. (Hg.): Lexikon zur Soziologie, 4. Aufl., Wiesbaden: VS Verlag für Sozialwissenschaften, S. 715

Weins, Cornelia 2004: Werden moderne Gesellschaften wieder ungleicher? Die Entwicklung der Lohnungleichheit in Deutschland und den USA zwischen 1980 und 2000, Diskussionspapier zur Konferenz „Finanzmarkt-Kapitalismus“ am 25.-27. März 2004 in Bad Herrenalb

Weiss, Regula 2006: Vulnerabilität und Resilienz aus transdisziplinärer Sicht, in: van Eeuwijk, Peter/Obrist, Birgit (Hg.): Vulnerabilität, Migration und Altern. Medizinethnologische Ansätze im Spannungsfeld von Theorie und Praxis, Zürich: Seismo, S. 25-47

Weitkunat, Rolf 1998: Computergestützte Telefoninterviews als Instrument der sozial- und verhaltensepidemiologischen Gesundheitsforschung, Berlin: Logos Verlag

Weitkunat, Rolf/Haisch, Jochen/Kessler, Manfred (Hg.) 1997: Public Health und Gesundheitspsychologie. Konzepte, Methoden, Prävention, Versorgung, Politik, Bern: Huber

Weltgesundheitsorganisation/World Health Organization (WHO) 1986: Ottawa Charter for Health Promotion, First International Conference on Health Promotion, online unter (02.04.2010): http://www.who.int/hpr/NPH/docs/ ottawa_charter_hp.pdf

Weltgesundheitsorganisation/World Health Organization (WHO) 1998: WHO Report Obesity. Preventing and Managing the Global Epidemic, online unter (07.06.2010): http://whqlibdoc.who.int/hq/1998/WHO_NUT_NCD_98.1_(p1-158).pdf

Wendt, Claus/Wolf, Christof (Hg.): Soziologie der Gesundheit, Kölner Zeitschrift für Soziologie und Sozialpsychologie (KZfSS), Sonderheft 46, Wiesbaden: VS Verlag für Sozialwissenschaften

Werner, Emmy E. 1990: Protective Factors and Individual Resilience, in: Meisels, Samuel J./Schonkoff, Jack P. (Hg.): Handbook of Early Childhood Intervention, Cambridge: Cambridge University Press, S. 97-116

Werner, Emmy E. 1994: Overcoming the Odds, in: Developmental and Behavioral Pediatrics, Jg. 15, H. 2, S. 131-136

Werner, Emmy E. 1995: Resilience in Development, in: Current Directions in Psychological Science, Jg. 4, H. 3, S. 81-85

Werner, Emmy E. 2007a: Entwicklung zwischen Risiko und Resilienz, in: Opp, Günther/Fingerle, Michael (Hg.) 2007: Was Kinder stärkt. Erziehung zwischen Risiko und Resilienz, 2. Aufl., München, Basel: Ernst Reinhardt Verlag, S. 20-31

Werner, Emmy E. 2007b: Resilienz: Ein Überblick über internationale Längsschnittstudien, in: Opp, Günther/Fingerle, Michael (Hg.) 2007: Was Kinder stärkt. Erziehung zwischen Risiko und Resilienz, 2. Aufl., München, Basel: Ernst Reinhardt Verlag, S. 311-326

West, Brady/Welch, Kathleen/Galecki, Andrzej T. 2007: Linear mixed models. A practical guide using statistical sofware, London, New York: Chapman & Hall/CRC

West, Patrick 1991: Rethinking the health selection explanation for health inequalities, in: Social Science and Medicine, Jg. 32, H. 4, S. 373-384

Westle, Bettina/Gabriel, Oscar W. (Hg.) 2008: Sozialkapital. Eine Einführung, Baden-Baden: Nomos

Weyer, Johannes (Hg.) 2000: Soziale Netzwerke. Konzepte und Methoden der sozialwissenschaftlichen Netzwerkforschung, München, Wien: Oldenbourg

Weyerer, Siegfried u.a. 2008: Epidemiologie körperlicher Erkrankungen und Einschränkungen im Alter. Grundriss Gerontologie, Bd. 13, Stuttgart: Kohlhammer

Wiesner, Gerd 2001: Der Lebensverlängerungsprozess in Deutschland. Stand – Entwicklung – Folgen, Beiträge zur Gesundheitsberichterstattung des Bundes, Robert Koch-Institut, Berlin

Wiesner, G./Bittner, E. 2005: Zur Inzidenz und Prävalenz von Mehrfachkrankheiten in Deutschland, in: Arbeitsmedizin-Sozialmedizin-Umweltmedizin, Jg. 40, H. 9, S. 490-498

Winkler, J. 1998: Die Messung des sozialen Status mit Hilfe eines Index in den Gesundheitssurveys der DHP, in: Ahrens, W./Bellach, B.-M./Jöckel, K.-H. (Hg.): Messung soziodemographischer Merkmale in der Epidemiologie, Schriften des Robert Koch-Instituts (RKI) 1, München: MMV Medizin Verlag, S. 69-74

Winkler, J./Stolzenberg, H. 1999: Der Sozialschichtindex im Bundesgesundheitssurvey, in: Gesundheitswesen, Sonderheft 2, Jg. 61, S. S178-S183

Wolf, Christof 2003: Soziale Ungleichheit, Gesundheit und Krankheit, Abschlussbericht an die Deutsche Forschungsgemeinschaft, Forschungsinstitut für Soziologie, Universität zu Köln, online unter (19.02.2009): http://www.uni-koeln.de/wiso-fak/fisoz/FORSCHUNG/SUKUG/SUKUG%20Endbericht.pdf

Wolf, Christof/Wendt, Claus 2006: Perspektiven der Gesundheitssoziologie, in: Wendt, Claus/Wolf, Christof (Hg.): Soziologie der Gesundheit, Kölner Zeitschrift für Soziologie und Sozialpsychologie (KZfSS), Sonderheft 46, Wiesbaden: VS Verlag für Sozialwissenschaften, S. 9-33

Woll-Schumacher, Irene 1994: Soziale Schichtung im Alter, in: Geißler, Rainer (Hg.): Soziale Schichtung und Lebenschancen in der Bundesrepublik Deutschland, Stuttgart: Enke, S. 220-256

Wood-Dauphinee, Sharon 1999: Assessing Quality of Life in Clinical Research: From Where We Have Come and Where Are We Going?, in: Journal of Clinical Epidemiology, Jg. 52, H. 4, S. 355-363

Woolcock, Michael 1998: Social Capital and Economic Development: Toward a Theoretical Synthesis and Policy Framework, in: Theory and Society, Jg. 27, H. 2, S. 151-208

Wurm, Susanne/Lampert, Thomas/Menning, Sonja 2009: Subjektive Gesundheit, in: Böhm, Katrin/Tesch-Römer, Clemens/Ziese, Thomas (Hg.): Gesundheit und Krankheit im Alter, Beiträge zur Gesundheitsberichterstattung des Bundes, Robert Koch-Institut, Berlin, S. 79-91

Wustmann, Corinna 2004: Resilienz. Widerstandskraft von Kindern in Tageseinrichtungen fördern, Berlin, Düsseldorf, Mannheim: Cornelsen

Zander, Margherita 2008: Armes Kind – starkes Kind? Die Chance der Resilienz, Wiesbaden: VS Verlag für Sozialwissenschaften

Zapf, Wolfgang/Schupp, Jürgen/Habich, Roland (Hg.) 1996: Lebenslagen im Wandel: Sozialberichterstattung im Längsschnitt, Frankfurt am Main, New York: Campus

Ziegelmann, Jochen Philipp 2002: Gesundheits- und Krankheitsbegriffe, in: Schwarzer, Ralf/Jerusalem, Matthias/Weber, Hannelore (Hg.): Gesundheitspsychologie von A bis Z. Ein Handwörterbuch, Göttingen: Hogrefe, S. 149-152

11 Anhang

11.1 Forschungsfrage und Hypothesen

Tabelle 20: Forschungsproblem, zentrale These und Hypothesen

Forschungs-problem		Welche Ansatzpunkte können sozialwissenschaftliche Analysen aufzeigen, um sozial bedingte Ungleichheiten der Morbidität im Rentenalter zu reduzieren (vgl. Abschnitt 2.3)?
Zentrale These		Gesundheitlich resiliente alte Menschen der „unteren“ Sozialschichten unterscheiden sich durch gesundheitsrelevante, sozialstrukturelle verankerte Lebensbedingungen und Lebensweisen, die zumindest teilweise unabhängig von der sozialen Schichtzugehörigkeit sind, von gesundheitlich vulnerablen alten Menschen der jeweils gleichen Sozialschicht (vgl. Abschnitt 3).
Hypothesen	Risiko-Indikator und Risiko-Mechanismen	H1a: Je niedriger die soziale Schichtzugehörigkeit des Haushaltes, desto höher sind die während des Lebenslauf individuell angehäuften materiellen und psychosozialen Belastungen und umso geringer ist die durchschnittliche gesundheitliche Lebensqualität im Rentenalter (sozialer Schichtgradient gesundheitlicher Lebensqualität). Das Risiko einer schlechten gesundheitlichen Lebensqualität im Alter demnach in den „unteren“ Sozialschichten im Vergleich zu den übrigen Statuslagen am höchsten. In der intrastratumiären Perspektive variieren weder die gesundheitliche Lebensqualität noch gesundheitliche Resilienz bzw. Vulnerabilität in Abhängigkeit dieser Risiko-Mechanismen, da gesundheitsrelevante materielle und psychosoziale Belastungen für Angehörige der „unteren“ Sozialschichten in ähnlicher Weise wirksam sind. H1b: Je höher das Lebensalter, umso geringer ist der graduelle, inverse Zusammenhang zwischen der sozialen Schichtzugehörigkeit des Haushalts und der gesundheitlichen Lebensqualität (Destrukturierungs- bzw. Nivellierungsthese), ohne jedoch bei den Hochaltrigen völlig zu verschwinden. Auch der Einfluss des einzelnen Risiko-Indikators „untere Sozialschicht-Zugehörigkeit“ auf die gesundheitliche Lebensqualität schwächt sich folglich im Altersgang ab, löst sich aber nicht völlig auf (vgl. Abschnitt 7.1).
	Soziale Schutzfaktoren	H2: Je „gesundheitsbewusster“ ein Gesundheitslebensstil, d.h. je höher der Anteil der gesundheitsfördernden Praktiken oder Einstellungen, die ein bestimmter Gesundheitslebensstils umfasst, umso größer ist die Wahrscheinlichkeit gesundheitlicher Resilienz alter Menschen aus „unteren“ sozialen Schichten (vgl. Abschnitt 7.1). H3a: Je höher die Anzahl und die Qualität der sozialen Beziehungen, die Personen im Rahmen inner- und außerfamiliärer sozialer Netzwerke pflegen, desto mehr soziales Kapital steht individuell zur Verfügung (Beziehungskapital) und umso größer ist die Wahrscheinlichkeit gesundheitlicher Resilienz alter Menschen aus „unteren“ Sozialschichten. H3b: Je höher die Ausstattung des Wohnumfeldes/der Nachbarschaft mit sozialem Kapital (Systemkapital), desto größer ist die Wahrscheinlichkeit gesundheitlicher Resilienz alter Menschen aus „unteren“ Sozialschichten (vgl. Abschnitt 7.1).
	Resilienz-konstellationen	H4: Gesundheitlich resiliente Alte der „unteren“ Sozialschichten unterscheiden sich nicht nur durch einzelne, isolierte protektive Faktoren von den vulnerablen Alten der jeweils gleichen Sozialschicht, sondern durch typische Muster von protektiven Faktoren und Risikofaktoren (Resilienzkonstellationen). Solche individuellen Muster lassen sich zu gruppentypischen bzw. kollektiven Resilienzkonstellationen bündeln. Je mehr protektive Faktoren sich innerhalb einer bestimmten Resilienzkonstellation bündeln, desto höher ist die gesundheitliche Lebensqualität alter Menschen (vgl. Abschnitt 7.1).

Quelle: Eigene Darstellung

11.2 Panelstudien mit Alters- und Gesundheitsbezug

Neben dem Sozio-ökonomischen Panel (SOEP), das als Grundlage der empirischen Analysen ausgewählt wurde (vgl. Abschnitt 8.1), existieren gegenwärtig eine Reihe von Panelstudien mit Alters- und Gesundheitsbezug, die mehr oder weniger geeignete Daten für die Analyse der in Abschnitt 7.1 formulierten Hypothesen enthalten (vgl. Müller/Bormann 2004, S. 58ff.). Allerdings verwendeten bereits einige deskriptive Untersuchungen zu sozial bedingten Ungleichheiten der Gesundheitschancen im hohen Lebensalter Teile dieses Datenmaterials (vgl. Abschnitt 2.1.2). Dies schränkt die Tauglichkeit einiger der im Folgenden aufgeführten Datenquellen für die Analyse der Forschungsfragen dieser Arbeit prinzipiell ein.

Es handelte sich bei den Panelstudien im Einzelnen um

- den Alters-Survey (DEAS) des Deutschen Zentrums für Alternsforschung,
- die Berliner Altersstudie (BASE)[196],
- die Epidemiologische Studie zu Chancen der Verhütung, Früherkennung und optimalen Therapie chronischer Erkrankungen in der älteren Bevölkerung (ESTHER)[197],
- die Interdisziplinäre Längsschnittstudie des Erwachsenenalters über Bedingungen gesunden und zufriedenen Älterwerdens (ILSE)[198],

---

[196] Zum Studiendesign, den theoretischen Grundlagen sowie den erhobenen Themenbereichen und Indikatoren der Berliner Altersstudie vgl. Baltes u.a. 1996, S. 21ff.

[197] Bei der ESTHER-Studie handelt es sich um eine bevölkerungsbezogene, prospektive Kohortenstudie, in der detaillierte Informationen zum Gesundheitszustand, zur Soziodemografie und zu den gesundheitsrelevanten Lebensgewohnheiten (Rauchgewohnheiten, Alkoholkonsum, Ernährung und Bewegung) erhoben wurden. Die ESTHER-Kohorte verfügt über eine sehr breite Datenbasis. So umfasst die Basisstichprobe des Jahres 2000 ca. 10.000 Probanden zwischen 54-74 Jahren mit Hauptwohnsitz im Saarland. Eine enge Zusammenarbeit mit dem saarländischen Krebsregister, das Daten zur Inzidenz und Mortalität von Krebserkrankungen bereitstellte, ist ein weiteres Qualitätsmerkmal der ESTHER-Kohorte. Die 1. Welle führte das Studienteam in den Jahren 2000-2002 durch, die 2. Welle zwischen 2004 und 2006. Insgesamt sind follow-up's über 20 Jahre geplant (vgl. Müller/Bormann 2004, S. 82). Allerdings erhoben die Forscher den sozioökonomischen Status der Teilnehmer der ESTHER-Kohorte lediglich über die Angaben zum höchsten allgemeinen Bildungsabschluss und der Dauer der schulischen Bildung in Jahren (vgl. Löw u.a. 2004, S. 2644ff.). Aus diesem Grund sind die Angaben zum sozioökonomischen Status der ESTHER-Studie nicht geeignet, ein differenziertes Bild gesundheitlich riskanter Statuslagen oder den vermittelnden Mechanismen (vgl. Abschnitt 5.1) im hohen Le-bensalter oder in früheren Lebensphasen zu zeichnen.

[198] Bei der „Interdisziplinären Längsschnittstudie des Erwachsenenalters über Bedingungen gesunden und zufriedenen Älterwerdens“ (ILSE) handelt es sich um eine prospektive Kohortenstudie, deren erste drei Wellen die beteiligten Studienzentren in den Jahren 1993 bis 2007 erhoben. Da die ILSE-Studie einen sinnvollen Abschluss erst dann erreicht, wenn die jüngere Geburtskohorte mit dem Lebensalter der älteren Kohorte gleichzieht, plant das Studienteam eine Gesamtlaufzeit von 20 Jahren mit mehreren follow-ups. Ein solches längsschnittliches Paneldesign erlaubt es, sowohl intraindivi-

- den Lebenserwartungssurvey (LES) des Bundesinstituts für Bevölkerungsforschung (BiB) sowie
- den Survey of Health, Ageing and Retirement in Europe (SHARE).[199]

Bei der ILSE und ESTHER-Studie handelt es sich um Projekte mit (gesundheits-)psychologischem bzw. epidemiologischem Schwerpunkt. Der LES, der Alters-Survey, der SHARE, die BASE sowie das SOEP sind Projekte mit sozial- bzw. wirtschaftswissenschaftlichen Schwerpunkten. Dies hat wesentliche Implikationen u.a. für das Verhältnis zwischen den jeweils erhobenen Indikatoren der sozioökonomischen Lage, den assoziierten Risiko-Mechanismen und deren

---

duelle Entwicklungen im Altersprozess als auch interindividuelle Unterschiede zu analysieren (vgl. Martin/Martin 2000, S. 16). Seit 1993 fördert das Bundesministerium für Familie, Senioren, Frauen und Jugend und das Ministerium für Wissenschaft, Forschung und Kunst des Landes Baden Württemberg die ILSE-Kohorte. Die Studie schafft eine empirische Grundlage zur zukünftigen Altenpolitik, welche auf die Erarbeitung effektiver Präventions- und Interventionsmaßnahmen zur Erhaltung autonomer Lebensführung und Lebenszufriedenheit bis ins hohe Alter abzielt (vgl. Motel-Klingebiel u.a. 2003, S. 24). Das Studiendesign der ILSE basiert auf der Überlegung, dass die Forschung grundlegende Prozesse des Alterns nur durch die Untersuchung von Kohorten-, Geschlechts- und Ost-West-Unterschieden verstehen bzw. erklären kann (vgl. Martin u.a. 2000, S. 2). Aus diesem Grund führt die ILSE einen Kohortenvergleich der Geburtskohorten 1930-1932 und 1950-1952 durch. Die ILSE-Studie weist eine multidisziplinäre Ausrichtung auf. Gesundheit und Lebenszufriedenheit im höheren Lebensalter werden als Ergebnis eines lebenslangen Zusammenwirkens von psychischen, sozialen, biologischen und ökonomischen Determinanten und Prozessen verstanden. Aus diesem Grund integriert die Studie medizinische, soziologische, psychologische, ernährungs- und sportwissenschaftliche Aspekte. Neben einer umfangreichen biografischen Exploration, die u.a. Angaben zum sozioökonomischen Status und den Wohnbedingungen enthält, erhob die ILSE detaillierte psychologische Daten. Die medizinische Untersuchung umfasste u.a. eine allgemeine körperliche Untersuchung, eine Funktionsdiagnostik und ein ausführliches „Geriatrisches Assessment", welches vor allem der Untersuchung der funktionalen Gesundheit der Probanden diente. Zusätzlich erfasste die Studie eine Reihe von medizinischen Laborparametern und das Ernährungsverhalten mit Hilfe eines Fragebogens. Eine sport- und bewegungswissenschaftliche Untersuchung gab Aufschluss über die motorische Leistungsfähigkeit und die Beweglichkeit der Probanden. Mittels eines Fragebogens wurde die Sportbiografie der Probanden, deren körperliche Bewegungsaktivität im Alltag, deren Freizeitbeschäftigungen und deren Einstellungen zum Sport ermittelt (vgl. Martin/Martin 2000, S. 24).

199 Vor allem für internationale Vergleichsstudien bietet der „Survey of Health, Ageing and Retirement in Europe" (SHARE) ein umfangreiches und aktuelles Datenmaterial. Die zweite Welle des Surveys schloss im Mai 2007 ab, so dass Sozialforscher auf Grundlage dieser Daten Längsschnittanalysen durchführen können. Da die nationale Stichprobe mit 3.020 zufällig ausgewählten und befragten Personen für die deutsche Wohnbevölkerung repräsentativ ist, ermöglicht sie auch verallgemeinerbare, separate Analysen für die Bundesrepublik. Ein Vorteil des SHARE-Datensatzes im Hinblick auf die Forschungsfrage liegt in der ausschließlichen Befragung von mindestens 50jährigen Menschen. Ein Nachteil der SHARE-Daten besteht darin, dass sie gesundheitsrelevante Einstellungen und Kontrollüberzeugungen nicht erfassen. Die Daten des SHARE-Projekts können daher nur eindimensionale, verhaltensbezogene Gesundheitslebensstile abbilden. Hierfür finden sich detaillierte Angaben zu Rauchgewohnheiten, Alkoholkonsum und körperlicher Betätigung (vgl. Tabelle 21).

Wahrnehmung sowie dem gesundheitsbezogenen Verhalten und Mentalitäten auf der einen und den Indikatoren der gesundheitlichen Lebensqualität auf der anderen Seite. Daher ging es bei der Auswahl der geeigneten Datenquelle vor allem darum, eine Studie mit einem für die Operationalisierung der obigen Hypothesen (vgl. Abschnitt 7) geeigneten Verhältnis bzw. einer möglichst großen Schnittmenge aus diesen beiden Themenbereichen zu finden.

Tabelle 21: Merkmale längsschnittlicher Datenquellen mit Alters- und Gesundheitsbezug

Bezeichnung der Studie	**DEAS**	**BASE**	**ESTHER**	**ILSE**	**LES**	**SHARE**	**SOEP**
Anzahl der Wellen und Messzeitpunkte[a]	3 (1996, 2002, 2008)	9 (1990-1993 bis 2008/2009)	3 (2000-2002, 2004-2006, 2008-2010 (laufend))	3 (1993-1995, 2000, 2007)	2 (1984-1986 (West); 1991/1992 (Ost), 1998)	3 (2004, 2006/2007, 2008/2009[b])	25 (1984 bis 2008)
Gesundheitliche Lebensqualität	+	-	-	-	++	-	++
Risiko-Indikator	++	++	+	++	++	++	++
Risiko-Mechanismen	+	++	-	++	+	+	++
Gesundheitliche Verhaltensweisen	+	+	++	++	++	++	++
Gesundheitliche Einstellungen	+	+	-	-	+	-	+
Beziehungskapital	++	++	-	++	+	++	++
Systemkapital	+	+	-	+	+	+	+

a: Stand vom Dezember 2009

b: Die dritte Welle der SHARE-Kohorte sammelte detaillierte biografische und lebenslaufbezogene Informationen von Befragten aus dreizehn europäischen Ländern (sogenannte „SHARELIFE"-Befragung); diese Daten standen jedoch zum Zeitpunkt der Erstellung der vorliegenden Arbeit noch nicht als Public Use File zur Verfügung.

- : Keine Informationen/Daten verfügbar.

+: Nur wenige oder querschnittliche Informationen (so lagen bspw. Angaben zur gesundheitlichen Lebensqualität anhand des sogenannten „WHOQOL-bref" im Alters-Survey nur für das Jahr 2002 vor).

++: Es standen umfangreiche, qualitativ hochwertige oder längsschnittliche Daten zu dem jeweiligen Themenbereich zur Verfügung.

Quelle: Eigene Darstellung

Nach einer ersten Durchsicht der verfügbaren Informationen wurden die ILSE, die BASE, die ESTHER-Studie sowie die SHARE-Kohorte aus der näheren Auswahl geeigneter Datenquellen ausgeschlossen. Diese Studien enthielten keine Daten zur gesundheitlichen Lebensqualität alter Menschen auf der Grundlage eines mehrdimensionalen, standardisierten und validierten Instruments (vgl. Tabelle 21). Die vier Datenquellen erfüllten somit nicht die Voraussetzungen zur Messung einer „positiven" gesundheitlichen Anpassung im Sinne des Konzeptes gesundheitlicher Resilienz (vgl. u.a. Abschnitt 3.4).[200] Lediglich der Alters-Survey, der Lebenserwartungssurvey und das Sozio-ökonomische Panel setzten entsprechende Messinstrumente ein (vgl. Tabelle 21). Sie sind daher zur Untersuchung gesundheitlicher Resilienz im Alter im hier verstandenen Sinne grundsätzlich geeignet. Die folgenden beiden Abschnitte beschreiben die beiden erstgenannten Datenquellen näher und bewerten ihre Tauglichkeit zur Operationalisierung der komplexen theoretischen Annahmen, wie sie die Abschnitte 3 bis 7 formulieren.

11.2.1 Deutscher Alters-Survey (DEAS)

Der Alters-Survey stellt eine umfassende Untersuchung der „zweiten Lebenshälfte" dar. Die Studie verfolgt das Ziel, Informationsgrundlagen für politische Entscheidungsträger und die interessierte Öffentlichkeit einerseits sowie Daten für die wissenschaftliche Forschung andererseits bereitzustellen. Die berufliche und nachberufliche Lebenssituation älterer Menschen, ihre Familienbeziehungen,

---

[200] Darüber hinaus war bei der BASE- und ILSE-Kohorte die geringe Stichprobengröße problematisch. So wiederholte die BASE-Kohorte zwar seit 1990/1993 in acht weiteren Messzeitpunkten bis ins Jahr 2008/2009 die Befragung. Allerdings schrumpfte die ursprüngliche Stichprobengröße von 516 Probanden bereits zum 7. Messzeitpunkt im Jahre 2005 auf 37 Personen (vgl. die Ausführungen zur Entwicklung der Stichprobengrößen der BASE-Kohorte unter http://www.base-berlin.mpg.de/de/Samples.html (Datum des Zugriffs: 30.03.2009)). Eine derart geringe Stichprobengröße lässt auf der Bevölkerungsebene keine generalisierbaren statistischen Aussagen zu, weshalb die BASE-Kohorte als geeigneter Datensatz zur Überprüfung der obigen Hypothesen ausscheidet.
Bei der ILSE handelt es sich um eine Studie mit multizentrischem Ansatz, d.h. sie zog eine geschichtete Melderegisterstichprobe aus den jeweiligen Untersuchungsregionen. Die geplante Stichprobenkonzeption sah ursprünglich eine für die Bundesrepublik repräsentative Erhebung vor. Aus pragmatischen Gründen beschränkte man sich bei der konkreten Umsetzung der Studie auf fünf Erhebungszentren (Heidelberg, Bonn, Erlangen-Nürnberg, Leipzig und Rostock). Die zweite Erhebungswelle realisierten lediglich die Studienzentren Heidelberg, Leipzig und Rostock.
Eine statistische Aussagekraft über die städtische Population der betrachteten Erhebungszentren hinaus strebte die ILSE-Stichprobe nicht an und ist de facto nicht gegeben. Aus der Kohorte der zwischen 1930 und 1932 Geborenen nahmen insgesamt nur 552 Personen der ersten und 497 Personen an der zweiten Welle teil (vgl. Martin/Martin 2000 S. 19; Lehr/Schmitt 1997 S. 18). Aufgrund der geringen Fallzahlen sind vor allem ätiologische, aber auch deskriptive Analysen für einzelne Gruppen alter Menschen methodisch nur innerhalb recht enger Grenzen durchführbar und daher nur schwer zu rechtfertigen. Trotz der überaus breiten Datenbasis der ILSE-Kohorte kommt diese daher aus statistischen Gesichtspunkten als Datenquelle für die Analyse von Prozessen gesundheitlicher Resilienz nur sehr eingeschränkt in Betracht.

ihre Teilhabe am gesellschaftlichen Leben sowie ihre Vorstellungen und Lebensentwürfe stehen im Mittelpunkt des Interesses. Die Studienkohorte des Alters-Surveys basiert auf einer relativ großen, anspruchsvoll angelegten Repräsentativstichprobe der deutschen Bevölkerung im Alter von 40-85 Jahren. Auf dieser Basis können Auswertungen des Alters-Surveys valide Ergebnisse zur Verbreitung und Bedingungsstruktur von Lebenslagen und Lebenskontexten gewinnen. Der Alters-Survey bildet sowohl aus soziologischer wie auch aus psychologischer Perspektive Lebensentwürfe, Einstellungen, Bedürfnislagen und Sinnstrukturen alternder Menschen ab. Die Basisstichprobe des Jahres 1996, an der 4.838 Personen im Alter zwischen 40 und 85 Jahren teilnahmen, war groß genug, um – freilich nur in synchroner Perspektive – auch kleinere Bevölkerungsgruppen noch mit Aussicht auf Erfolg analysieren zu können (vgl. Kohli 2005, S. 21).[201] Daher ist die Basiserhebung des Alters-Surveys prinzipiell geeignet, gesundheitlich vulnerable Gruppen im hohen Alter zu identifizieren und differenziert zu beschreiben. Die erste Welle des Alters-Surveys führte das infas Institut für angewandte Sozialwissenschaft in Zusammenarbeit mit der Forschungsgruppe Altern und Lebenslauf, Berlin und der Forschungsgruppe Psychogerontologie mit Sitz in Nijmegen durch.

Bei einem weitaus kleineren Teil der Befragten führten die Forscher zum zweiten Erhebungszeitpunkt im Jahr 2002 eine erneute Befragung durch. Die hieraus resultierende Panelstichprobe umfasst insgesamt nur noch 1.524 Teilnehmer im Alter zwischen 40 und 85 (1996) bzw. 46 und 91 Jahren (2002), was die Aussagekraft statistischer Analysen für die Bevölkerung im Rentenalter auf Grund der geringen Stichprobengröße einschränkt.[202] Die dritte Welle des Alters-Surveys führten die beteiligten Forschungsinstitute im Jahr 2008 durch. Sie stand

---

[201] Eine Übersicht zu den Methoden, der Datengrundlage und dem Erhebungsinstrumentarium der 1. Welle des Alters-Surveys findet sich bei Künemund 2005a, S. 34ff.

[202] In der 2. Welle des Alters-Surveys befragten die verantwortlichen Institute neben dem Panel auch eine Replikationsstichprobe in Privathaushalten lebender Deutscher im Alter von 40 bis 85 Jahren und eine Ausländerstichprobe, d.h. Menschen im Alter von 40 bis 85 Jahren, die zum Befragungszeitpunkt nicht die deutsche Staatsangehörigkeit besaßen. Im Jahre 2008 führten sie die 3. Welle des Alters-Surveys durch. Die beiden Basisstichproben aus den Jahren 1996 und 2002 (B-1996 und B-2002) führt der Alters-Surveys zum dritten Erhebungszeitpunkt als Panel fort. Die Zahl insgesamt realisierbarer Interviews der erneuten Befragung beträgt aufgrund der Ergebnisse der fortlaufenden Panelpflege und der Erfahrungen aus der zweiten Erhebungswelle wahrscheinlich rund 2.100. Hiervon stammen etwa 900 Befragte im Alter von 52 bis 97 Jahren aus der Erhebung der ersten Welle sowie etwa 1.200 Befragte im Alter von 46 bis 91 Jahren aus der Stichprobe der zweiten Welle. Zudem zieht und untersucht das Deutsche Institut für Altersfragen eine neue Querschnittsstichprobe 40- bis 85jähriger (Geburtsjahrgänge 1923-1968) als Basisstichprobe B-2008 (vgl. hierzu die ausführlichen Angaben auf der Homepage des Deutschen Zentrums für Altersfragen unter: http://www.dza.de/nn_11404/DE/Forschung/Alterssurvey/alterssurvey__node.html?__nnn=true. Eine detaillierte Beschreibung der einzelnen Stichproben und der Erhebungsinstrumente der zweiten Welle des Alters-Surveys findet sich auch bei Tesch-Römer u.a. 2002.

während der Erstellung dieser Arbeit noch nicht zur Verfügung.[203] Bei dem verfügbaren Datenmaterial der Panelstichprobe des Alters-Surveys handelt es sich somit – aus der Perspektive des Jahres 2010 – nicht um aktuelle Daten zur Analyse gesundheitlicher Resilienz alter Menschen.

Die in den bisherigen Wellen des Alters-Surveys erhobenen Informationen umfassen Angaben zur Soziodemografie der Befragten, zu Migrationserfahrungen sowie zur aktuellen oder ehemaligen Erwerbstätigkeit, dem Übergang in den Ruhestand und den aktuellen materiellen Lebensbedingungen, wie bspw. der Wohnsituation in der zweiten Lebenshälfte. Zudem stellte der Alters-Survey Fragen zu Ausmaß und Qualität sozialer Netze und der sozialen Unterstützung, den präferierten Freizeitaktivitäten und der gesellschaftlichen Partizipation. Eine Reihe von Instrumenten beschäftigte sich mit dem gesundheitlichen Zustand, dem Gesundheitsverhalten und der Hilfs- und Pflegebedürftigkeit der über 40jährigen. So erhoben diese u.a. Angaben zur subjektiven Gesundheit, zu depressiven Befindlichkeiten, zu schweren Krankheiten und Verletzungen, zur Inanspruchnahme ärztlicher Leistungen sowie zu Krankenhausaufenthalten während der zurückliegenden Monate. Ein Themenbereich des Alters-Surveys beschäftigte sich umfassend mit alltäglichen Funktionseinschränkungen und der damit eng zusammenhängenden Hilfs- und Pflegebedürftigkeit der Befragten. In diesem Zusammenhang erfragte der Survey die erhaltene haushälterische, betreuende und pflegerische Hilfe, die Hauptunterstützungsperson, der Bezug von Leistungen der Pflegeversicherungen sowie die Inanspruchnahme der Sozialhilfeleistung „Hilfe zur Pflege“. In der zweiten Erhebungswelle nahm der Alters-Survey das standardisierte Instrument des „WHOQOL-bref“ der Weltgesundheitsorganisation (WHO) zur Messung der gesundheitlichen Lebensqualität erstmals auf (vgl. Müller/Bormann 2004, S. 77; Tesch-Römer u.a. 2002, S. 14ff.).[204]

Eine Übersicht des Datenmaterials zeigte, dass der Alters-Survey vergleichsweise wenige lebenslaufbezogene Informationen enthält. Daher ist es nur sehr eingeschränkt möglich, prozessuale Fragestellungen auf der Grundlage dieser Datenquelle zu untersuchen. Zudem kann der Alters-Survey zweidimensi-

---

[203] Nach den Angaben des Datenhalters (Deutsches Zentrum für Altersfragen) wurden im Zuge der jüngsten Welle des Surveys rund 990 Personen im Alter von 52 bis 97 Jahren aus der Erhebung der ersten Welle zum dritten Mal befragt. Die 3. Welle des Alters-Surveys ist voraussichtlich Ende des Jahres 2010 als Public Use File zugänglich.

[204] Zusätzlich setzte der Alters-Survey zum Thema „physische und mentale Gesundheit“ eine Reihe von standardisierten Erhebungsinstrumenten ein: Die PANAS-Scale („Positive and Negative Effect Scale“ von Watson, Clark und Tellegen), die Lebenszufriedenheitsskala von Pavot und Diener sowie die Einsamkeitsskala nach De Jong-Gierveld und Kamphuis. Ab der zweiten Erhebungswelle erfragte der Survey auch die CES-D-Skala (ADS-Skala zu depressiven Symptomen) (vgl. Müller/Bormann 2004, S. 77f.).

onale Gesundheitslebensstile nur unter massiven Einschränkungen bei den gesundheitsbezogenen Verhaltensweisen operationalisieren, da das Datenmaterial lediglich Angaben zu Art und Häufigkeit des Tabakkonsums, sportlicher Betätigung und dem Body Mass Index (BMI) liefert.

11.2.2 Lebenserwartungssurvey (LES)

Der vom Bundesinstitut für Bevölkerungsforschung unter dem Projektnamen „Lebensstile und ihr Einfluss auf Gesundheit und Lebenserwartung" durchgeführte Lebenserwartungssurvey (LES) untersuchte schwerpunktmäßig die Entwicklung von Mortalität und Morbidität in Zusammenhang mit Veränderungen der Lebens- und Umweltbedingungen sowie individueller Lebensweisen (vgl. Müller/Bormann 2004, S. 67; Gärtner 2005, S. 21). Die Basiserhebung setzte sich aus den Daten des Nationalen Gesundheitssurveys in Westdeutschland aus den Jahren 1984-1986 sowie des im Jahre 1991/1992 unter dem Titel „Leben und Gesundheit in Deutschland" durchgeführten Nationalen Gesundheitssurvey Ost in den neuen Bundesländern zusammen (vgl. Gärtner 2005, S. 21). In der 2. Welle des Lebenserwartungssurveys aus dem Jahre 1998 wurden diese Personen in West- und Ostdeutschland erneut befragt. Der Personenkreis für die Wiederholungsbefragung beschränkte sich auf Menschen über 45 Jahre, d.h. im Follow-Up wurden im Jahre 1997 nur die 1952 und früher Geborenen befragt (vgl. Gärtner 2005, S. 25). Bezogen auf die Altersgruppe der über 45jährigen ergab sich eine Gesamtzahl von 8.474 Befragten in den alten und 1.546 Befragten in den neuen Bundesländern. Nach der Wiederholungsbefragung lagen für 3.939 (West) bzw. 904 (Ost) Personen auswertbare Angaben vor (vgl. Gärtner 2005, S. 27; Müller/Bormann 2004, S. 68). Zudem erhob ein Mortalitäts-Follow-Up die Sterbedaten von Befragten der 1. Welle, die bis zum Jahr 1997 innerhalb Deutschlands verstarben (vgl. Müller/Bormann 2004, S. 67).

Der Lebenserwartungssurvey enthält eine Reihe von Angaben, die ihn für die Untersuchung von Prozessen gesundheitlicher Resilienz alter Menschen attraktiv machen. So erfasste dieser Survey sowohl Angaben zu den Schichtmerkmalen Bildung, Berufsstatus und Einkommen als auch zur gesundheitsbezogenen Lebensqualität anhand des SF-36.[205] Der Survey bietet Sozialforschern

[205] Auch wenn das Bundesinstitut für Bevölkerungsforschung den Lebenserwartungssurvey nicht mit dem für einen Gesundheitssurvey notwendigen inhaltlichen Tiefe im medizinischen Bereich durchführen konnte (vgl. Gärtner 2005, S. 21), so enthält er doch einige Gesundheitsindikatoren, wie bspw. Angaben zum funktionalen Status auf der Grundlage der „Activities of Daily Living" (ADL), subjektive Angaben zum Vorhandensein von Krankheiten oder Beschwerden, eine Selbsteinschätzung bzw. Zufriedenheit mit der eigenen Gesundheit sowie Angaben zur Zahl der Arztbesuche während des letzten Jahres (vgl. Tabelle 21).

die Möglichkeit, schichtspezifische Belastungen, bspw. aus dem ehemaligen oder aktuellen Arbeitsumfeld, kritische Lebensereignisse, Erfahrungen von Arbeitslosigkeit oder schlechte Wohnbedingungen als Risiko-Mechanismen ebenso zu untersuchen, wie die protektiven Effekte sozialer Ressourcen aus Beziehungsnetzwerken und des näheren Wohnumfeldes. Aspekte des Gesundheitsverhaltens, wie das Achten auf gesunde Ernährung, die Einnahme von Vitaminen oder Stärkungsmitteln, der individuelle Genussmittelkonsum, sportliche Aktivitäten sowie Übergewicht erfasste der Lebenserwartungssurvey ebenso, wie Angaben zu gesundheitsbezogenen Einstellungen (vgl. Müller/Bormann 2004, S. 68). Diese Angaben erlauben die Messung zweidimensionaler Gesundheitslebensstile.

Obschon manche Autoren den Lebenserwartungssurvey bisweilen als „...die wichtigste deutsche Panelerhebung mit Schwerpunkt auf Gesundheitsvariablen“ (Müller/Bormann 2004, S. 68) bezeichnen, weist er den großen Nachteil auf, dass er lediglich zwei Wellen umfasst, von denen die letzte bereits mehr als 10 Jahre zurückliegt. Die im Jahre 2010 durchgeführten Auswertungen dieser Daten würden daher Ergebnisse von fast schon „zeithistorischem“ Charakter produzieren, die das aktuelle gesundheitliche Ungleichheitsgeschehen im hohen Lebensalter nur näherungsweise wiedergeben. Darüber hinaus werteten bereits einschlägige Publikationen die Daten des Lebenserwartungssurveys zu gesellschaftlichen Einflüssen der Morbidität und Mortalität in der zweiten Lebenshälfte aus, insbesondere zu Gesundheitslebensstilen,[206] wodurch die Gefahr entsteht, mit einer weiteren Sekundäranalyse redundante Ergebnisse zu produzieren.

[206] Vgl. die Beiträge des Sammelbandes von Gärtner/Grünheid/Luy 2005.

11.3 Tabellen

Tabelle 22: Demografische und soziale Merkmale der Analysestichprobe des SOEP in den Jahren 2002, 2004, 2006 und 2008

Soziodemografische Merkmale		2002 SOEP		2002 Amtl. Stat.	2004 SOEP		2006 SOEP		2008 SOEP	
		Anzahl	(%)	(%)+	Anzahl	(%)	Anzahl	(%)	Anzahl	(%)
Geschlecht	Männlich	1.219	44,4	39,5	1.219	44,4	1.219	44,4	1.219	44,4
	Weiblich	1.527	55,6	60,5	1.527	55,6	1.527	55,6	1.527	55,6
Lebensalter	65-79 Jahre	2.513	91,5	76,8	2.346	85,5	2.142	78,0	1.915	69,8
	80 und älter	232	8,5	23,2	399	14,5	604	22,0	830	30,2
Familienstand	Verheiratet	1.881	68,5	54,7	1.813	66,1	1.723	62,8	1.632	59,4
	Ledig	90	3,3	6,1	88	3,2	88	3,2	84	3,0
	Geschieden	123	4,5	5,2	129	4,7	132	4,8	133	4,8
	Verwitwet	651	23,7	34,0	715	26,0	803	29,2	897	32,7
Wohnregion	West	2.028	73,9	78,9	2.017	73,5	2.013	73,3	2.011	73,2
	Ost	717	26,1	21,1	728	26,5	733	26,7	735	26,8
Ruhestand	Ja	2.519	91,7	97,1	2.567	93,5	2.638	96,1	2.641	96,2
	Nein	227	8,3	2,9	178	6,5	107	3,9	104	3,8
Gesamt		2.754	100,0	100,0	2.745	100,0	2.745	100,0	2.745	100,0

+: Angaben der Statistischen Jahrbücher des Statistischen Bundesamtes 2003 und 2004 (vgl. Statistisches Bundesamt 2003, S. 106; Statistisches Bundesamt 2004, S. 41ff.). Die Tabelle enthält die mit dem Produkt der Bleibewahrscheinlichkeiten der Jahre 2002 bis 2008 gewichteten absoluten und relativen Häufigkeiten des SOEP.

Quelle: Sozio-ökonomisches Panel (SOEP); eigene Berechnung und Darstellung

11.3.1 Soziale Schichtzugehörigkeit als gesundheitlicher Risikofaktor und die Dynamik des Schichtgradienten

Tabelle 23: Kategorien des Index der sozioökonomischen Lage auf der Grundlage der Einzelindikatoren, „höchste allgemeine und berufliche Bildung“, „Äquivalenzeinkommen“ und „berufliche Stellung“

Schulbildung		Berufliche Qualifikation	Äquivalenz-einkommen	Berufliche Stellung	Punkt-wert
Ohne Abschluss, Haupt- /Volksschule, Realschule / Mittlere Reife, POS / 10. Klasse, Fach-hochschulreife / Fachoberschule, anderer Schulabschluss	und	Keinen Berufsabschluss, anderer Berufsabschluss	< 50%	Ungelernte Arbeiter	1
Ohne Abschluss, Haupt-/ Volksschule, anderer Schulabschluss	und	Lehre, Berufsfachschule, Handelsschule, Fachschule	≥ 50% bis < 70%	Angelernte Arbeiter, gelernte oder Facharbeiter, sonstige Arbeiter, Landwirte, Genossenschaftsbauern	2
Realschule / Mittlere Reife	und	Lehre, Berufsfachschule, Handelsschule, Fachschule	≥ 70% bis < 90%	Vorarbeiter / Kolonnenführer / Meister / Poliere / Brigadiere, Angestellte mit einfacher Tätigkeit, Beamte im einfachen Dienst, mithelfende Familienangehörige	3
POS / 10. Klasse, Fachhochschulreife / Fachoberschule	und	Lehre, Berufsfachschule, Handelsschule, Fachschule	≥ 90% bis < 110%	Angestellte Industrie- / Werkmeister, Angestellte mit qualifizierter Tätigkeit, sonstige Angestellte, Beamte im mittleren Dienst	4
Abitur / EOS	und	Keinen Berufsabschluss, Lehre, Berufsfachschule, Handelsschule, Fachschule	≥ 110% bis < 130%	Selbstständige mit bis zu 9 Mitarbeitern	5
Abitur / EOS	und	Fachhochschule / Ingenieurschule	≥ 130% bis < 150%	Angestellte mit hochqualifizierter Tätigkeit, Beamte im gehobenen Dienst, Freiberuflich / selbstständige Akademiker / Künstler / Publizist, Selbstständige ohne weitere Angabe	6
Abitur / EOS	und	Universität / Hochschule	> 150%	Angestellte mit umfassender Führungstätigkeit, Beamte im höheren Dienst, Selbstständige mit 10 und mehr Mitarbeitern	7

Quelle: Lampert/Kroll 2009, S. 325; eigene Darstellung

Tabelle 24: Merkmale der Gesundheitslebensstile der „Aktiven-Gesundheitsbewussten“, der „Besorgten-Inaktiven“, der „Aktiven-Risikofreudigen“ und der „Optimistischen Genießer“ aus der Studienkohorte des SOEP im gesamten Untersuchungszeitraum

Ausgewählte Merkmale der Lebensstilgruppe im Untersuchungszeitraum	Median bzw. zeitraumbezogene Anteile in % in der jeweiligen Lebensstil-Gruppe				**Median bzw. % in der gesamten Studienkohorte** (n=10.981)
	„Aktive-Gesundheitsbewusste“ (n=3.316)	**„Besorgte-Inaktive“** (n=3.442)	**„Aktive-Risikofreudige“** (n=1.860)	**„Optimistische Genießer“** (n=2.363)	
Median der mentalen gesundheitlichen Lebensqualität	55,3	47,0	54,6	53,8	52,5
Median der physischen gesundheitlichen Lebensqualität	44,1	34,3	44,5	43,9	41,7
Anteil der Frauen	59,2	62,1	44,6	49,7	55,6
Lebensalter in Jahren (Median)	73	74	72	73	73
Anteil der Hochaltrigen (80 Jahre und älter)	19,1	23,0	12,9	16,9	18,8
Sehr starkes / starkes Achten auf gesundheitsbewusste Ernährung	99,8	61,6	58,5	0,2	59,4
Gesundheitliche Risikobereitschaft	0,0	2,8	39,4	0,0	7,6
Keine gesundheitlichen Sorgen	22,4	0,0	17,2	19,9	13,9
Täglich oder wöchentlich Sport	16,0	7,8	17,6	7,4	11,8
Nie Sport getrieben	62,6	82,1	59,4	78,1	71,6
Rauchen gegenwärtig	5,8	8,3	14,2	12,6	9,5
Starke Raucher (Pack-years>500)	2,9	4,5	9,8	8,4	5,7
Hoher Alkoholkonsum	35,9	45,3	20,9	31,6	35,4
BMI>30 (Adipositas)	12,2	24,8	19,4	22,0	19,5
Weniger als 7,5 Stunden Schlaf	46,8	50,3	37,9	47,3	46,5
Hohe physische Gesundheit (PCS>50)	27,1	4,3	26,7	22,3	18,8
Hohe mentale Gesundheit (MCS>50)	72,0	39,7	69,3	67,1	60,4
Geringe physische Gesundheit (PCS≤25)	1,8	11,2	1,5	1,9	4,7
Geringe mentale Gesundheit (MCS≤25)	0,2	4,1	0,5	0,4	1,5

Angaben beziehen sich auf den Längsschnitt über alle Messzeitpunkte der Jahre 2002 bis 2008, d.h. es wurde der Anteil der Messzeitpunkte angegeben, in denen die Befragten bestimmte gesundheitliche Verhaltensweisen oder Einstellungen praktizierten. Die Tabelle enthält die mit dem Produkt der Bleibewahrscheinlichkeiten der Jahre 2002 bis 2008 gewichteten Angaben des SOEP.

Quelle: Sozio-ökonomisches Panel (SOEP); eigene Berechnung und Darstellung

Tabelle 25: Gesundheitsrang der einzelnen Gesundheitslebensstile

Gesundheits-lebensstil	Gesundheitsförderliche Komponenten		Gesundheitsschädigende Komponenten		Verhältnis	Rang
	Stark	Schwach	Stark	Schwach		
Aktive-Gesund-heitsbewusste	5	1	0	0	6/0	1
Besorgte-Inaktive	0	3	5	0	3/5	4
Aktive-Risiko-freudige	3	1	2	1	4/3	2
Optimistische Genießer	1	2	1	3	3/4	3

Quelle: Sozio-ökonomisches Panel (SOEP); eigene Berechnung und Darstellung

Tabelle 26: Gesundheitslebensstile der über 64jährigen in den Jahren 2002 bis 2008 in Haushalten der Unterschicht und der unteren Mittelschicht

Gesundheits-lebensstil	**2002**		**2004**		**2006**		**2008**		**2002 bis 2008**	
	Anzahl	**(%)**	**Anzahl**	**(%)**	**Anzahl**	**(%)**	**Anzahl**	**(%)**	**Anzahl**	**(%)**
Aktive-Gesund-heitsbewusste	348	26,4	384	18,8	362	26,1	323	21,5	1.417	25,6
Besorgte-Inaktive	408	31,0	480	36,1	553	39,9	617	41,2	2.058	37,2
Aktive-Risiko-freudige	168	12,7	178	13,4	176	12,7	180	12,0	702	12,7
Optimistische Genießer	394	29,9	289	21,7	295	21,3	379	25,3	1.357	24,5
Gesamt	1.318	100,0	1.331	100,0	1.386	100,0	1.499	100,0	5.534	100,0

Die Tabelle enthält die mit dem Produkt der Bleibewahrscheinlichkeiten der Jahre 2002 bis 2008 gewichteten Angaben des SOEP.

Quelle: Sozio-ökonomisches Panel (SOEP); eigene Berechnung und Darstellung

Tabelle 27: Gesundheitslebensstile in den Gruppen gesundheitlich resilienter und vulnerabler Männer in den Jahren 2002 bis 2008 nach sozialer Schichtzugehörigkeit

Statusgruppe	Gesundheitslebensstil	2002 bis 2008				Odds Ratio	95%-KI	
		Resilient		Vulnerabel			Untergrenze	Obergrenze
		Anzahl	(%)	Anzahl	(%)			
Unterschicht	Aktive-Gesundheitsbewusste	10	18,9	33	15,5	1,26	0,58	2,75
	Besorgte-Inaktive	0	0,0	99	46,5	0,00	-	-
	Aktive-Risikofreudige	10	18,9	39	18,3	1,07	0,50	2,29
	Optimistische Genießer	33	62,3	42	19,7	**6,68**	**3,49**	**12,77**
	Gesamt	53	100,0	213	100,0	-	-	-
Untere Mittelschicht	Aktive-Gesundheitsbewusste	77	24,8	264	24,3	0,98	0,73	1,32
	Besorgte-Inaktive	35	11,3	413	38,0	**0,21**	**0,14**	**0,30**
	Aktive-Risikofreudige	82	26,4	99	9,1	**3,58**	**2,58**	**4,95**
	Optimistische Genießer	117	37,6	312	28,7	**1,50**	**1,15**	**1,96**
	Gesamt	311	100,0	1.088	100,0	-	-	-

Die Tabelle enthält die mit dem Produkt der Bleibewahrscheinlichkeiten der Jahre 2002 bis 2008 gewichteten Angaben des SOEP. Es wurden die Chancenverhältnisse („Odds Ratios") zwischen gesundheitlich resilienten und vulnerablen Personen pro Gesundheitslebensstil berechnet.

Quelle: Sozio-ökonomisches Panel (SOEP); eigene Berechnung und Darstellung

Tabelle 28: Gesundheitslebensstile in den Gruppen gesundheitlich resilienter und vulnerabler Frauen in den Jahren 2002 bis 2008 nach sozialer Schichtzugehörigkeit

Statusgruppe	Gesundheitslebensstil	2002 bis 2008				Odds Ratio	95%-KI	
		Resilient		Vulnerabel			Untergrenze	Obergrenze
		Anzahl	(%)	Anzahl	(%)			
Unterschicht	Aktive-Gesundheitsbewusste	30	35,3	185	25,2	**1,63**	**1,02**	**2,62**
	Besorgte-Inaktive	15	17,6	290	39,5	**0,33**	**0,19**	**0,59**
	Aktive-Risikofreudige	12	14,1	58	7,9	1,88	0,96	3,67
	Optimistische Genießer	28	32,9	201	27,4	1,30	0,81	2,10
	Gesamt	85	100,0	734	100,0	-	-	-
Untere Mittelschicht	Aktive-Gesundheitsbewusste	136	41,2	390	23,7	**2,26**	**1,77**	**2,89**
	Besorgte-Inaktive	48	14,5	768	46,7	**0,19**	**0,14**	**0,27**
	Aktive-Risikofreudige	53	16,1	184	11,2	**1,53**	**1,10**	**2,13**
	Optimistische Genießer	93	28,2	304	18,5	**1,73**	**1,32**	**2,26**
	Gesamt	330	100,0	1.646	100,0	-	-	-

Die Tabelle enthält die mit dem Produkt der Bleibewahrscheinlichkeiten der Jahre 2002 bis 2008 gewichteten Angaben des SOEP. Es wurden die Chancenverhältnisse („Odds Ratios") zwischen gesundheitlich resilienten und vulnerablen Personen pro Gesundheitslebensstil berechnet.

Quelle: Sozio-ökonomisches Panel (SOEP); eigene Berechnung und Darstellung

Tabelle 29: Verteilung von Typen des individuellen Beziehungskapitals in den Gruppen gesundheitlich resilienter und vulnerabler Männer in den Jahren 2002 bis 2008 nach sozialer Schichtzugehörigkeit

Statusgruppe	Beziehungskapital	2002 bis 2008				Odds Ratio	95%-KI	
		Resilient		Vulnerabel			Untergrenze	Obergrenze
		Anzahl	(%)	Anzahl	(%)			
Unterschicht	Gering	17	32,1	109	51,4	**0,45**	**0,24**	**0,85**
	Geringe Qualität bei hohem Umfang (Mischtyp 1)	22	41,5	31	14,6	**4,19**	**2,16**	**8,16**
	Hohe Qualität bei geringem Umfang (Mischtyp 2)	5	9,4	40	18,9	0,48	0,19	1,25
	Hoch	9	17,0	32	15,1	1,09	0,48	2,47
	Gesamt	53	100,0	212	100,0	-	-	-
	Fehlend	0	0,0	1*	0,5	-	-	-
Untere Mittelschicht	Gering	96	30,9	367	33,8	0,88	0,67	1,15
	Geringe Qualität bei hohem Umfang (Mischtyp 1)	74	23,8	304	18,8	**1,36**	**1,00**	**1,84**
	Hohe Qualität bei geringem Umfang (Mischtyp 2)	36	11,6	200	18,4	**0,57**	**0,39**	**0,84**
	Hoch	105	33,8	316	29,1	1,25	0,95	1,63
	Gesamt	311	100,0	1.087	100,0	-	-	-
	Fehlend	0	0,0	1*	0,1	-	-	-

Die Tabelle enthält die mit dem Produkt der Bleibewahrscheinlichkeiten der Jahre 2002 bis 2008 gewichteten Angaben des SOEP. Es wurden die Chancenverhältnisse („Odds Ratios") zwischen gesundheitlich resilienten und vulnerablen Personen pro Typ des Beziehungskapitals berechnet.
*: Bei diesen beiden „fehlenden" Werten handelt es sich um Rundungsfehler, die durch die längschnittliche Gewichtungsvariable des SOEP in SPSS hervorgerufen wurden.

Quelle: Sozio-ökonomisches Panel (SOEP); eigene Berechnung und Darstellung

Tabelle 30: Verteilung von Typen des individuellen Beziehungskapitals in den Gruppen gesundheitlich resilienter und vulnerabler Frauen in den Jahren 2002 bis 2008 nach sozialer Schichtzugehörigkeit

Status-gruppe	**Beziehungskapital**	**2002 bis 2008**				**Odds Ratio**	**95%-KI**	
		Resilient		**Vulnerabel**			**Unter-grenze**	**Ober-grenze**
		Anzahl	**(%)**	**Anzahl**	**(%)**			
Unterschicht	Gering	39	45,9	310	42,5	1,17	0,74	1,83
	Geringe Qualität bei hohem Umfang (Mischtyp 1)	9	10,6	119	16,3	0,62	0,31	1,27
	Hohe Qualität bei geringem Umfang (Mischtyp 2)	13	15,3	152	20,9	0,69	0,37	1,27
	Hoch	24	28,2	148	20,3	1,54	0,93	2,55
	Gesamt	85	100,0	729	100,0	-	-	-
	Fehlend	0	0,0	5	0,7	-	-	-
Untere Mittelschicht	Gering	92	27,9	653	39,8	**0,49**	**0,45**	**0,76**
	Geringe Qualität bei hohem Umfang (Mischtyp 1)	80	24,2	230	14,0	**1,97**	**1,48**	**2,62**
	Hohe Qualität bei geringem Umfang (Mischtyp 2)	63	19,1	382	23,3	0,79	0,59	1,06
	Hoch	95	28,8	376	22,9	**1,36**	**1,04**	**1,77**
	Gesamt	330	100,0	1.641	100,0	-	-	-
	Fehlend	0	0,0	5	0,3	-	-	-

Die Tabelle enthält die mit dem Produkt der Bleibewahrscheinlichkeiten der Jahre 2002 bis 2008 gewichteten Angaben des SOEP. Es wurden die Chancenverhältnisse („Odds Ratios“) zwischen gesundheitlich resilienten und vulnerablen Personen pro Typ des Beziehungskapitals berechnet.

Quelle: Sozio-ökonomisches Panel (SOEP); eigene Berechnung und Darstellung

Tabelle 31: Verteilung von Typen des Systemkapitals in den Gruppen gesundheitlich resilienter und vulnerabler Männer in den Jahren 2002 bis 2008 nach sozialer Schichtzugehörigkeit

Statusgruppe	**Systemkapital des Wohnumfeldes**	**2002 bis 2008**				**Odds Ratio**	**95%-KI**	
		Resilient		**Vulnerabel**			**Unter-grenze**	**Ober-grenze**
		Anzahl	**(%)**	**Anzahl**	**(%)**			
Unterschicht	Gering	8	16,3	59	29,6	0,46	0,20	1,03
	Mittel	34	69,4	127	63;8	1,22	0,65	2,28
	Hoch	7	14,3	13	6,5	2,43	0,93	6,36
	Gesamt	49	100,0	199	100,0	-	-	-
	Fehlend	4	7,5	14	6,6	-	-	-
Untere Mittelschicht	Gering	57	20,1	214	21,3	0,92	0,66	1,27
	Mittel	154	54,4	635	63,3	**0,69**	**0,54**	**0,89**
	Hoch	72	25,4	154	15,4	**1,81**	**1,32**	**2,48**
	Gesamt	283	100,0	1.003	100,0	-	-	-
	Fehlend	28	9,0	85	7,8	-	-	-

Die Tabelle enthält die mit dem Produkt der Bleibewahrscheinlichkeiten der Jahre 2002 bis 2008 gewichteten Angaben des SOEP. Es wurden die Chancenverhältnisse („Odds Ratios") zwischen gesundheitlich resilienten und vulnerablen Personen pro Typ des Systemkapitals berechnet.

Quelle: Sozio-ökonomisches Panel (SOEP); eigene Berechnung und Darstellung

Tabelle 32: Verteilung von Typen des Systemkapitals in den Gruppen gesundheitlich resilienter und vulnerabler Frauen in den Jahren 2002 bis 2008 nach sozialer Schichtzugehörigkeit

Statusgruppe	Systemkapital des Wohnumfeldes	2002 bis 2008				Odds Ratio	95%-KI	
		Resilient		Vulnerabel			Unter-grenze	Ober-grenze
		Anzahl	(%)	Anzahl	(%)			
Unterschicht	Gering	7	10,0	110	18,1	0,54	0,25	1,17
	Mittel	47	67,1	409	67,4	0,97	0,62	1,52
	Hoch	16	22,9	88	14,5	1,64	0,90	2,96
	Gesamt	70	100,0	607	100,0	-	-	-
	Fehlend	15	17,6	127	17,3	-	-	-
Untere Mittelschicht	Gering	30	15,5	186	18,6	0,78	0,52	1,18
	Mittel	125	64,4	673	67,2	0,88	0,69	1,12
	Hoch	39	20,1	142	14,2	1,44	0,99	2,09
	Gesamt	194	100,0	1.001	100,0	-	-	-
	Fehlend	136	41,2	645	39,2	-	-	-

Die Tabelle enthält die mit dem Produkt der Bleibewahrscheinlichkeiten der Jahre 2002 bis 2008 gewichteten Angaben des SOEP. Es wurden die Chancenverhältnisse („Odds Ratios") zwischen gesundheitlich resilienten und vulnerablen Personen pro Typ des Systemkapitals berechnet.

Quelle: Sozio-ökonomisches Panel (SOEP); eigene Berechnung und Darstellung

Tabelle 33: Konstellationen protektiver Faktoren der über 64jährigen Männer aus der Unterschicht in der SOEP-Studienkohorte

Konstellation protektiver Faktoren	**„Aktive-Gesundheits-bewusste“**	**„Besorgte-Inaktive“**	**„Aktive-Risikofreudige“**	**„Optimistische Genießer“**	**Hohe Lebens-zufriedenheit**	**Physische gesundheitliche Lebensqualität**						
						Resilient		**Vulnerabel**			**95%-KI**	
						Anzahl	**(%)**	**Anzahl**	**(%)**	**Odds Ratio**	**Obere Grenze**	**Untere Grenze**
1	Ja	Nein	Nein	Nein	Nein	7	13,7	17	8,1	1,78	0,70	4,54
2	Nein	Ja	Nein	Nein	Nein	0	0,0	61	31,1	-	-	-
3	Nein	Nein	Ja	Nein	Nein	7	13,7	22	10,5	1,29	0,51	3,22
4	Nein	Nein	Nein	Ja	Nein	13	25,5	20	9,6	**2,99**	**1,37**	**6,52**
5	Ja	Nein	Nein	Nein	Ja	3	5,9	15	7,2	0,77	0,21	2,79
6	Nein	Ja	Nein	Nein	Ja	0	0,0	34	16,3	-	-	-
7	Nein	Nein	Ja	Nein	Ja	2	3,9	16	7,7	0,58	0,15	2,32
8	Nein	Nein	Nein	Ja	Ja	19	37,3	20	9,6	**5,10**	**2,47**	**10,52**
		Gesamt				51	100,0	209	100,0	-	-	-
		Fehlend				2	3,8	4	1,9	-	-	-

Die Tabelle enthält die mit dem Produkt der Bleibewahrscheinlichkeiten der Jahre 2002 bis 2008 gewichteten Angaben des SOEP. Fett formatierte Angaben beziehen sich auf statistisch signifikante Ergebnisse auf dem Niveau α=5%.

Quelle: Sozio-ökonomisches Panel (SOEP); eigene Berechnung und Darstellung

Tabelle 34: Konstellationen protektiver Faktoren der über 64jährigen Männer aus der unteren Mittelschicht in der SOEP-Studienkohorte

Konstellation protektiver Faktoren	„Aktive-Gesundheits-bewusste“	„Besorgte-Inaktive“	„Aktive-Risikofreudige“	„Optimistische Genießer“	Hohe Lebens-zufriedenheit	Physische gesundheitliche Lebensqualität: Resilient Anzahl	Resilient (%)	Vulnerabel Anzahl	Vulnerabel (%)	Odds Ratio	95%-KI Obere Grenze	95%-KI Untere Grenze
1	Ja	Nein	Nein	Nein	Nein	14	4,7	107	10,0	**0,44**	**0,25**	**0,78**
2	Nein	Ja	Nein	Nein	Nein	23	7,6	262	24,4	**0,25**	**0,16**	**0,39**
3	Nein	Nein	Ja	Nein	Nein	42	14,0	48	4,5	**3,41**	**2,21**	**5,27**
4	Nein	Nein	Nein	Ja	Nein	40	13,3	171	15,9	0,79	0,55	1,14
5	Ja	Nein	Nein	Nein	Ja	61	20,3	151	14,1	**1,52**	**1,09**	**2,11**
6	Nein	Ja	Nein	Nein	Ja	10	3,3	150	14,0	**0,21**	**0,11**	**0,41**
7	Nein	Nein	Ja	Nein	Ja	36	12,0	50	4,7	**2,74**	**1,75**	**4,28**
8	Nein	Nein	Nein	Ja	Ja	75	24,9	135	12,6	**2,22**	**1,62**	**3,05**
		Gesamt				301	100,0	1.074	100,0	-	-	-
		Fehlend				10	3,2	14	1,3	-	-	-

Die Tabelle enthält die mit dem Produkt der Bleibewahrscheinlichkeiten der Jahre 2002 bis 2008 gewichteten Angaben des SOEP. Fett formatierte Angaben beziehen sich auf statistisch signifikante Ergebnisse auf dem Niveau α=5%.

Quelle: Sozio-ökonomisches Panel (SOEP); eigene Berechnung und Darstellung

Tabelle 35: Konstellationen protektiver Faktoren der über 64jährigen Frauen aus der Unterschicht in der SOEP-Studienkohorte

Konstellation protektiver Faktoren	**„Aktive-Gesundheitsbewusste"**	**„Besorgte-Inaktive"**	**„Aktive-Risikofreudige"**	**„Optimistische Genießer"**	**Hohe Lebenszufriedenheit**	**Hohe Anzahl enger Freunde**	**Hohe Anzahl von Verwandten**	**Mentale gesundheitliche Lebensqualität**				**95%-KI**		
								Resilient		**Vulnerabel**		**Odds Ratio**	**Untere Grenze**	**Obere Grenze**
								Anzahl	**(%)**	**Anzahl**	**(%)**			
1	Ja	Nein	Nein	Nein	Nein	Ja	Nein	3	3,5	17	2,6	1,81	0,56	5,89
2	Nein	Ja	Nein	Nein	Nein	Ja	nein	5	5,9	19	2,9	2,49	0,92	6,72
3	Nein	Nein	Ja	Nein	Nein	Ja	Nein	0	0,0	19	2,9	-	-	-
4	Nein	Nein	Nein	Ja	Nein	Ja	Nein	0	0,0	14	2,1	-	-	-
5	Ja	Nein	Nein	Nein	Nein	Nein	Ja	8	9,4	23	3,5	**3,35**	**1,47**	**7,64**
6	Nein	Ja	Nein	Nein	Nein	Nein	Ja	2	2,4	57	8,6	0,23	0,05	1,12
7	Nein	Nein	Ja	Nein	Nein	Nein	Ja	0	0,0	13	2,0	-	-	-
8	Nein	Nein	Nein	Ja	Nein	Nein	Ja	2	2,4	24	3,6	0,59	0,12	2,92
9	Ja	Nein	Nein	Nein	Nein	Nein	Nein	0	0,0	25	3,8	-	-	-
10	Nein	Ja	Nein	Nein	Nein	Nein	Nein	0	0,0	106	16,0	-	-	-
11	Nein	Nein	Ja	Nein	Nein	Nein	Nein	3	3,5	6	0,9	3,84	0,90	16,28
12	Nein	Nein	Nein	Ja	Nein	Nein	Nein	6	7,1	50	7,6	0,95	0,38	2,35
13	Ja	Nein	Nein	Nein	Nein	Ja	Ja	1	1,2	10	1,5	0,95	0,13	6,71
14	Nein	Ja	Nein	Nein	Nein	Ja	Ja	0	0,0	18	2,7	-	-	-
15	Nein	Nein	Ja	Nein	Nein	Ja	Ja	1	1,2	3	0,5	2,92	0,33	25,80
16	Nein	Nein	Nein	Ja	Nein	Ja	Ja	3	3,5	12	1,8	2,37	0,68	8,30
17	Ja	Nein	Nein	Nein	Ja	Ja	Ja	5	5,9	10	1,5	**4,60**	**1,53**	**13,86**
18	Nein	Ja	Nein	Nein	Ja	Ja	Ja	2	2,4	10	1,5	2,03	0,47	8,68
19	Nein	Nein	Ja	Nein	Ja	Ja	Ja	3	3,5	0	0,0	-	-	-
20	Nein	Nein	Nein	Ja	Ja	Ja	Ja	7	8,2	22	3,3	**2,75**	**1,13**	**6,68**
21	Ja	Nein	Nein	Nein	Ja	Ja	Nein	4	4,7	9	1,4	**4,31**	**1,32**	**14,03**
22	Nein	Ja	Nein	Nein	Ja	Ja	Nein	1	1,2	6	0,9	1,61	0,20	12,82
23	Nein	Nein	Ja	Nein	Ja	Ja	Nein	0	0,0	0	0,0	-	-	-
24	Nein	Nein	Nein	Ja	Ja	Ja	Nein	3	3,5	10	1,5	2,95	0,82	10,64
25	Ja	Nein	Nein	Nein	Ja	Nein	Ja	7	8,2	16	2,4	**3,96**	**1,58**	**9,93**
26	Nein	Ja	Nein	Nein	Ja	Nein	Ja	4	4,7	26	3,9	1,26	0,42	3,78
27	Nein	Nein	Ja	Nein	Ja	Nein	Ja	0	0,0	10	1,5	-	-	-
28	Nein	Nein	Nein	Ja	Ja	Nein	Ja	1	1,2	23	3,5	0,43	0,07	2,84
29	Ja	Nein	Nein	Nein	Ja	Nein	Nein	1	1,2	32	4,8	0,28	0,04	1,93
30	Nein	Ja	Nein	Nein	Ja	Nein	Nein	1	1,2	37	5,6	0,24	0,04	1,67
31	Nein	Nein	Ja	Nein	Ja	Nein	Nein	5	5,9	0	0,0	-	-	-
32	Nein	Nein	Nein	Ja	Ja	Nein	Nein	7	8,2	34	5,1	1,74	0,73	4,15
Gesamt								85	100,0	661	100,0	-	-	-
Fehlend								0	0,0	73	9,9	-	-	-

Die Tabelle enthält die mit dem Produkt der Bleibewahrscheinlichkeiten der Jahre 2002 bis 2008 gewichteten Angaben des SOEP. Fett formatierte Angaben beziehen sich auf statistisch signifikante Ergebnisse auf dem Niveau $\alpha=5\%$. Für Nr. 19 und 31 wurde ein exakter Fischer Test durchgeführt, da hier keine Odds Ratios berechnet werden konnten.

Quelle: Sozio-ökonomisches Panel (SOEP); eigene Berechnung und Darstellung

Tabelle 36: Konstellationen protektiver Faktoren der über 64jährigen Frauen aus der unteren Mittelschicht in der SOEP-Studienkohorte

Konstellation protektiver Faktoren	**„Aktive-Gesundheits-bewusste"**	**„Besorgte-Inaktive"**	**„Aktive-Risiko-freudige"**	**„Optimistische Genießer"**	**Hohe Lebenszufriedenheit**	**Hohe Anzahl enger Freunde**	**Hohe Anzahl von Verwandten**	**Mentale gesundheitliche Lebensqualität**				**95%-KI**		
								Resilient		**Vulnerabel**		**Odds Ratio**	**Untere Grenze**	**Obere Grenze**
								Anzahl	**(%)**	**Anzahl**	**(%)**			
1	Ja	Nein	Nein	Nein	Nein	Ja	Nein	1	0,3	26	1,6	0,21	0,03	1,42
2	Nein	Ja	Nein	Nein	Nein	Ja	nein	6	1,8	93	5,9	**0,28**	**0,12**	**0,67**
3	Nein	Nein	Ja	Nein	Nein	Ja	Nein	4	1,2	15	0,9	1,21	0,38	3,89
4	Nein	Nein	Nein	Ja	Nein	Ja	Nein	2	0,6	32	2,0	0,38	0,10	1,38
5	Ja	Nein	Nein	Nein	Nein	Nein	Ja	2	0,6	59	3,7	**0,19**	**0,05**	**0,71**
6	Nein	Ja	Nein	Nein	Nein	Nein	Ja	11	3,4	133	8,4	**0,39**	**0,21**	**0,73**
7	Nein	Nein	Ja	Nein	Nein	Nein	Ja	0	0,0	27	1,7	-	-	-
8	Nein	Nein	Nein	Ja	Nein	Nein	Ja	8	2,4	33	2,1	1,23	0,57	2,66
9	Ja	Nein	Nein	Nein	Nein	Nein	Nein	5	1,5	82	5,2	**0,30**	**0,12**	**0,75**
10	Nein	Ja	Nein	Nein	Nein	Nein	Nein	6	1,8	229	14,5	**0,11**	**0,05**	**0,25**
11	Nein	Nein	Ja	Nein	Nein	Nein	Nein	9	2,8	29	1,8	1,56	0,73	3,36
12	Nein	Nein	Nein	Ja	Nein	Nein	Nein	11	3,4	84	5,4	0,61	0,32	1,17
13	Ja	Nein	Nein	Nein	Nein	Ja	Ja	9	2,8	15	0,9	**2,99**	**1,29**	**6,91**
14	Nein	Ja	Nein	Nein	Nein	Ja	Ja	1	0,3	55	3,5	0,12	0,02	0,66
15	Nein	Nein	Ja	Nein	Nein	Ja	Ja	3	0,9	22	1,4	0,77	0,24	2,43
16	Nein	Nein	Nein	Ja	Nein	Ja	Ja	6	1,8	15	0,9	2,02	0,78	5,25
17	Ja	Nein	Nein	Nein	Ja	Ja	Ja	39	11,9	21	1,3	**10,37**	**6,01**	**17,88**
18	Nein	Ja	Nein	Nein	Ja	Ja	Ja	6	1,8	26	1,6	1,13	0,45	2,81
19	Nein	Nein	Ja	Nein	Ja	Ja	Ja	16	4,9	26	1,6	**3,25**	**1,73**	**6,12**
20	Nein	Nein	Nein	Ja	Ja	Ja	Ja	25	7,6	20	1,3	**6,77**	**3,71**	**12,36**
21	Ja	Nein	Nein	Nein	Ja	Ja	Nein	21	6,4	39	2,5	**2,74**	**1,58**	**4,73**
22	Nein	Ja	Nein	Nein	Ja	Ja	Nein	3	0,9	51	3,2	**0,28**	**0,08**	**0,91**
23	Nein	Nein	Ja	Nein	Ja	Ja	Nein	8	2,4	13	0,8	**3,13**	**1,31**	**7,51**
24	Nein	Nein	Nein	Ja	Ja	Ja	Nein	15	4,6	15	0,9	**5,16**	**2,52**	**10,59**
25	Ja	Nein	Nein	Nein	Ja	Nein	Ja	20	6,1	44	2,8	**2,37**	**1,38**	**4,08**
26	Nein	Ja	Nein	Nein	Ja	Nein	Ja	2	0,6	56	3,5	**0,20**	**0,05**	**0,75**
27	Nein	Nein	Ja	Nein	Ja	Nein	Ja	0	0,0	21	1,3	-	-	-
28	Nein	Nein	Nein	Ja	Ja	Nein	Ja	11	3,4	25	1,6	**2,29**	**1,12**	**4,69**
29	Ja	Nein	Nein	Nein	Ja	Nein	Nein	38	11,6	88	5,6	**2,30**	**1,54**	**3,44**
30	Nein	Ja	Nein	Nein	Ja	Nein	Nein	13	4,0	101	6,4	0,65	0,36	1,16
31	Nein	Nein	Ja	Nein	Ja	Nein	Nein	13	4,0	24	1,5	**2,78**	**1,40**	**5,49**
32	Nein	Nein	Nein	Ja	Ja	Nein	Nein	13	4,0	61	3,9	1,06	0,58	1,96
Gesamt								327	100,0	1.580	100,0	-	-	-
Fehlend								3	0,9	66	4,0	-	-	-

Die Tabelle enthält die mit dem Produkt der Bleibewahrscheinlichkeiten der Jahre 2002 bis 2008 gewichteten Angaben des SOEP. Fett formatierte Angaben beziehen sich auf statistisch signifikante Ergebnisse auf dem Niveau α=5%.

Quelle: Sozio-ökonomisches Panel (SOEP); eigene Berechnung und Darstellung